Simone Schick, Benjamin Puente Schick, Dr. Yurdakul Cakir-Dikkaya

Mit Satzstraßen SCHRITT FÜR SCHRITT zum Deutsch-Profi

Grammatik, Wortschatz und Dialoge

anschaulich, systematisch und differenziert erarbeiten

Verlag an der Ruhr

Impressum

Titel
Mit Satzstraßen Schritt für Schritt zum Deutsch-Profi
Grammatik, Wortschatz und Dialoge anschaulich, systematisch und differenziert erarbeiten

Autorinnen
Simone Schick (Hrsg.), Benjamin Puente Schick, Dr. Yurdakul Cakir-Dikkaya

Titelbildmotiv
© Norbert Höveler

Illustrationen
© Norbert Höveler, soweit nicht anders angegeben

Druck
AZ Druck und Datentechnik GmbH, Kempten, DE

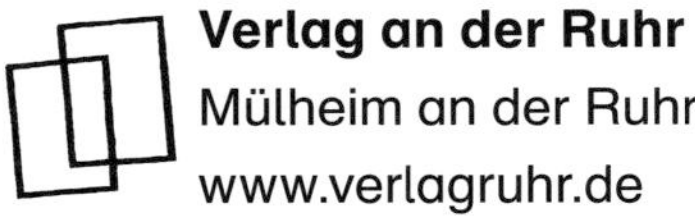

Geeignet für die Klassen 1–4

Unser Beitrag zum Umweltschutz:
Wir sind seit 2008 ein ÖKOPROFIT®-Betrieb und setzen uns damit aktiv für den Umweltschutz ein. Das ÖKOPROFIT®-Projekt unterstützt Betriebe dabei, die Umwelt durch nachhaltiges Wirtschaften zu entlasten. Unsere Produkte sind grundsätzlich auf chlorfrei gebleichtes und nach Umweltschutzstandards zertifiziertes Papier gedruckt.

© JJAVA – Fotolia.com

Alle im Download befindlichen Dateien finden Sie auf der Produktseite dieses Buches in unserem Shop: www.verlagruhr.de

ISBN 978-3-8346- 64022-2

Inhaltsverzeichnis

Inhaltsverzeichnis

Vorwort

Liebe Kolleginnen und Kollegen,

wir kennen sie alle – „die Schrecken der deutschen Sprache“. Im Deutschen haben wir zum Beispiel drei Artikel, die sich je nach Kasus verändern. Da ist zunächst einmal „die Katze“, aber in einem anderen Zusammenhang heißt es „Der Kopf der Katze ist schwarz“. Es heißt „Das ist Asifs Bleistift.“, aber „Die Farbe des Bleistiftes ist schön“. Die spätere Fähigkeit, komplexe Sätze richtig zu sprechen und Texte vollständig zu verstehen, hängt also vom Erlernen der Fälle und der Genusmarkierungen der Artikel ab. In seinen humoristischen Ausführungen stellt der amerikanische Autor John Madison anschaulich fest, dass es im Deutschen 16 (!) verschiedene Möglichkeiten gibt, um „the“ zu sagen, und noch mal 16, um „a/an“ zu sagen[1]. Und damit nicht genug:
Es gibt auch noch 32 (!) unterschiedliche Adjektivendungen (im Englischen: keine einzige).
Fakt ist: Das Erlernen der deutschen Sprache ist schwierig. Viele neu zugewanderte Menschen können sich schnell in der Alltagssprache verständigen, haben aber Schwierigkeiten beim Lesen von anspruchsvollen Texten oder beim Verschriftlichen von eigenen Texten. Der ungesteuerte Spracherwerb, wenngleich sehr wichtig, reicht oft nicht aus, um auch die korrekte Bildungssprache zu lernen.
Das richtige Erlernen der Grammatik ist aber Voraussetzung für eine erfolgreiche schulische Laufbahn, weshalb ein effektiver DaZ-Unterricht so wichtig ist. Allerdings sind DaZ-Lerngruppen sehr heterogen und Lernende brauchen viel Material zum Üben, Anwenden und Festigen. Dafür fehlt DaZ-Lehrkräften häufig angemessenes und kohärentes Material, was die Lehr- und Lernbedingungen sehr erschwert. Solch ein Material halten Sie gerade in Ihren Händen.
Die von uns konzipierten Satzstraßen vermitteln komplizierte grammatische Zusammenhänge in anschaulicher, verständlicher und transparenter Weise. Dabei geht es nicht um zähes Auswendiglernen von Regeln, sondern um die Einbettung grammatischer Stolpersteine in situative Zusammenhänge. Unsere Lehrerfahrung hat gezeigt, dass DaZ-Lernende im Unterricht zu Sprachforschern werden, die Gesetzmäßigkeiten entdecken, Besonderheiten der deutschen Sprache untersuchen und, idealerweise, mit anderen Sprachsystemen vergleichen, wenn sie mit angebrachten Materialien arbeiten. Um das zu fördern, haben wir Satzstraßen entwickelt, die leicht zugänglich sind und durch ihren systematischen und sukzessiven Aufbau auch die kommunikativen Kompetenzen stärken. Sie können mit der Lehrkraft, mit MitschülerInnen, Paten und Patinnen zum Einsatz kommen und ermöglichen so einen effektiveren Spracherwerb. Selbstverständlich lassen sich die Satzstraßen auch im regulären Deutschunterricht einsetzen, denn auch Schüler und Schülerinnen mit Deutsch als Erstsprache (L1) haben immer häufiger Sprachförderbedarf.
Die Satzstraßen bieten vielseitige Einsatzmöglichkeiten für einen handlungsorientierten DaZ-, Sprachförder- und Deutschunterricht. Das Material ist angemessen für den Einsatz in der Grundschule, in der Sekundarstufe I und II und für das Selbststudium. Das Training kann sowohl mündlich als auch schriftlich stattfinden und wird durch die Möglichkeit der Selbstkontrolle unterstützt.
Wir wünschen Ihnen und Ihren SchülerInnen viel Spaß und Erfolg und hoffen, die Lernbedingungen für jetzige und zukünftige Deutsch- und DaZ-Lernende und Lehrende nachhaltig zu verbessern.

Simone Schick (Hrsg.),
Benjamin Puente Schick,
Dr. Yurdakul Cakir-Dikkaya

[1] *Aus: Madison, J./Trinkaus, P. (2010). Nothing for ungood. Köln: Bastei.*

Didaktische Hinweise

Für wen wurden die Satzstraßen konzipiert?

Die Satzstraßen sind sowohl für den **Einstiegsunterricht** mit neu zugewanderten Kindern und Jugendlichen ohne Vorkenntnisse in der deutschen Sprache als auch für **fortgeschrittene DaZ-Lernende** konzipiert. Die beiden Differenzierungsstufen und ihre zahlreichen Übungsmaterialien ermöglichen eine individuelle Förderung, sodass die Satzstraßen in der Grundschule und der Sekundarstufe I/II eingesetzt werden können. Die Materialien eignen sich sowohl für Sprachförderkurse, den regulären Deutschunterricht in der Regelklasse als auch zum Selbststudium. Das Satzstraßenkonzept kann sowohl unabhängig als auch zur Ergänzung zu anderen Lehrwerken eingesetzt werden.

Welche Ziele werden angestrebt?

Das Satzstraßen-Konzept zielt darauf, dass Deutschlernende durch schnelle und strukturierte Spracherfolge das Erlernen der deutschen Sprache von Anfang an positiv erleben. Lernende erwerben einen grundlegenden Wortschatz und trainieren diesen spiralcurricular in neuen grammatikalischen Zusammenhängen. Durch die immer wiederkehrenden Sprachstrukturen und Redemuster gewinnen sie zunehmend an Sprechsicherheit. Auf diese Weise lernen sie, alltägliche kommunikative Situationen selbstständig zu bewältigen, und erleben den Umgang mit der deutschen Sprache als lustvoll und gewinnbringend. Lernende entwickeln ein Gefühl für die deutsche Sprache und ihre Strukturen. Gleichzeitig festigen sie richtige grammatische Strukturen, denn die Materialien visualisieren den DaZ-Lernenden schwierige Phänomene der deutschen Grammatik anschaulich und differenziert. Der systematische Aufbau und passende Zusatzmaterialien ermöglichen gezieltes und intensives Training. DaZ-Lernende, die sich noch im Prozess der Alphabetisierung befinden, können gezielt die Genusmarkierung der Nomen üben, während fortgeschrittene Lernende beispielsweise die Adjektivendungen mit unbestimmtem Artikel im Dativ trainieren.

Warum braucht DaZ-Unterricht ein systematisches und flexibles Lernprogramm?

Das Konzept für die Satzstraßen basiert sowohl auf unsereren langjährigen praktischen Erfahrungen im Umgang mit SeiteneinsteigerInnen, DaZ/DaF-Kindern, Studenten und Studentinnen als auch auf den aktuellen Einsichten der Zweitspracherwerbsforschung[2,3]. Die heterogenen Lernbedingungen des DaZ-Unterrichts erfordern ein Lernprogramm, das zugänglich und gleichzeitig sinnvoll strukturiert ist. Es muss individuelle Förderung ermöglichen, ohne das Gesamtkonzept zu vernachlässigen. Die Satzstraßen haben durch ihren leicht verständlichen Aufbau den Vorteil, dass die DaZ-Lernenden auch mit Menschen trainieren können, die keinen oder nur wenig Erfahrung im Umgang mit Mehrsprachigkeit haben, so wie die neuen DaZ-Lehrkräfte, ReferendarInnen oder MitarbeiterInnen in der Nachmittagsbetreuung. Wir haben berücksichtigt, dass DaZ-Lernende im Regel- bzw. Fachunterricht oft auf sich allein gestellt sind und sich grammatische Strukturen selbstständig aneignen müssen. Deshalb setzen wir bei den Satzstraßen auf selbsterklärende und visuelle Strukturen, die es den Lernenden erlauben, allein und/oder mit anderen Lernenden zu arbeiten.

Welche Materialien beinhaltet das Werk?

Das Werk besteht aus zwei aufeinander aufbauenden Stufen, nämlich „Differenzierungsstufe 1“ (98 Straßen) und „Differenzierungsstufe 2“ (78 Straßen). Jede Satzstraße visualisiert ein bestimmtes sprachliches Phänomen/Problem in kompletten Sätzen. Zusätzlich beinhaltet jede Satzstraße auch einen Mini-Dialog, der nachgesprochen, auswendig gelernt und verinnerlicht werden soll. Unter dem Mini-Dialog gibt es zusätzliches Wortmaterial. Die Lernenden sollen die Satzstraße wie auch den Mini-Dialog mit weiteren passenden Wort-Bildkarten üben, trainieren und vertiefen. Unter dem neuen Wortmaterial befindet sich eine LehrerInnenzeile (LZ), die

[2] *Hoffmann, L./Kameyama, S./Riedel, M./Sahiner, P./Wulff, N. (2017). Deutsch als Zweitsprache. Erich Schmidt Verlag.*

[3] *Gass, S./Mackey, A. (2012). The Routledge handbook of second language acquisition. Routledge.*

Didaktische Hinweise

der Orientierung dient. Sie beinhaltet folgende Angaben in dieser Reihenfolge[4]:

- Differenzierungsstufe
- Nummer der Satzstraße
- sprachliches Phänomen
- Numerus, Kasus, Genus
- gegebenenfalls Angaben zum Artikel oder Adjektiv

Diese Angaben finden sich auch in der **Übersichtstabelle** (ab S. 12 und ab S. 114) und dienen der Orientierung, Kontrolle und individuellen Förderung. Zusätzlich zur LehrerInnenzeile zeigt die Übersicht auch den Fokus und Wortschatz der Satzstraße, der damit auch gezielt trainiert werden kann.

Der **Wortschatz** ist illustriert und beinhaltet Singular und Plural. Im Dativ und Genitiv (kursiv gedruckte 3. Zeile) listet dieser auch die korrekte Form auf. Den Wortschatz inklusive Nomen, Verben und Adjektiven gibt es zu folgenden Themenbereichen:

- In der Schule
- Kleidung und Körper
- Essen und Trinken
- Menschen, Berufe und Tiere
- Länder
- Wohnen

Beide Differenzierungsstufen sind wiederum in vier Module eingeteilt, die dem jeweiligen Fall entsprechen. Die Module beinhalten in der Regel Übungen im Singular, im Plural, zur Substantivdeklination mit bestimmtem/unbestimmtem Artikel, zur Verneinung, zur Substantivdeklination mit Possessivartikel und zu weiteren Variationen. Die langsame Progression der Satzstraßen in der Differenzierungsstufe 1 ist bewusst gewählt worden. Jede Substantivdeklination wird für jeden der vier Fälle zunächst für sich allein eingeführt, bevor spätere Übungsformen alle Singular- und Pluralformen eines Falles in einer Satzstraße anbieten. Die Differenzierungsstufe 1 verzichtet auf Adjektive und ihre jeweiligen Endungen. Die Progression der Satzstraßen in der Differenzierungsstufe 2 ist deutlich steiler als die der Differenzierungsstufe 1. Hier werden zunächst alle Artikel eines Falles im Singular und danach im Plural gemeinsam in einer Satzstraße trainiert. Im Anschluss folgen zusätzlich Übungen zu den verschiedenen Adjektivendungen.

Zudem beinhaltet das Buch **Zusatzmaterialien als Download**

- Farbkarte
- Alphabetische Tabelle mit Übersicht über Wortschatz
- Wortschatz in Wort und Bild für die DaZ-Lernende
- Karte mit Flaggen
- Erklärseite für Possessivartikel
- Tipps für einen handlungsorientierten Unterricht
- Individuelle Arbeitspläne für DaZ-Lernende; Blankovorlage als Kopiervorlage
- Blankovorlage für eine eigene Satzstraße
- Fotos aus der Praxis
- Videos aus der Praxis

Die entsprechenden Dateien finden Sie auf der Produktseite dieses Buches unter www.verlagruhr.de

Wie kann und soll mit den Satzstraßen gearbeitet werden?

1. Die Wortschatzarbeit

Wie im Vorwort bereits angesprochen, ist die intensive Übung der Genusmarkierung (der = blau, die = rot, das = grün) absolut grundlegend für den richtigen Spracherwerb, da sich komplizierte grammatikalische Konstruktionen oft nur dann erschließen, wenn die Lernenden mit den grammatikalischen Geschlechtern vertraut sind. Damit muss bereits vor oder während der Alphabetisierung begonnen werden. Die Satzstraßen setzen also auf eine konkrete und visuelle Wortschatzarbeit. Unter den rele-

[4] *Anmerkung: Die LehrerInnenzeilen für die Satzstraßen mit Possessivartikeln beinhalten in manchen Fällen eine Dopplung, wenn sowohl die Satzstraße als auch der Possessivartikel im Singular stehen. Dann heißt die Satzstraße zum Beispiel so: „LZ: Diff. 1, Satzstraße 19: Substantivdeklination mit dem Possessivartikel 1. & 2. Person Singular – Nominativ – Maskulinum/Femininum/Neutrum – Singular“. Das erste „Singular“ bezieht sich dabei immer auf die grammatische Kategorie, sprich den Possessivartikel. Das zweite „Singular“ steht am Ende und bezieht sich auf die komplette Satzstraße oder das Bezugsnomen.*

vanten Nomen in den Satzstraßen befindet sich immer ein Artikelpunkt, in der Pluralform zwei. Diese Farbpunkte sollen von den Lernenden richtig ausgemalt werden und ermöglichen so eine spätere Fremd- und Selbstkontrolle. Jede Wortbildkarte beinhaltet also den Artikelpunkt, die Singular- und die Pluralform und im Falle des Dativs und Genitivs auch die relevante Form, die kursiv gekennzeichnet ist. Das Prädikat ist jeweils eingekreist. Somit kann die jeweilige Position des Prädikates im Satz anschaulich thematisiert werden. Mithilfe der Satzstraßen können LernanfängerInnen also schnell neues Vokabular in kommunikativen Zusammenhängen lernen. Lernende, die bereits ein grundlegendes Vokabular und Sprachverständnis haben, starten entweder mit der Differenzierungsstufe 1 und durchlaufen diese etwas schneller oder sie starten sofort mit der Differenzierungsstufe 2.

2. Trainieren mit den Satzstraßen

Übungen für AnfängerInnen:

Die Satzstraßen sollten zusammen mit der Lehrkraft besprochen und anschließend bearbeitet werden, damit die Arbeitsweise richtig eingeübt wird. Später können MitschülerInnen oder andere Patinnen und Paten mit den DaZ/Deutsch-Lernenden üben.

1. Die Lernenden lesen die Satzstraße und spuren mit dem Finger die gewählte Satzstraße nach.
2. Das Genus der Nomen wird bestimmt und der Artikelpunkt farbig gekennzeichnet. Das Kennzeichen der **Genusmarkierung** unterstützt das systematische Lernen.
3. Das farbliche **Nachspuren** der gesamten Straßen ist besonders für Lernanfänger empfehlenswert. Bereits alphabetisierte Lernende können die Satzstraßen **abschreiben**.
4. Durch das **wiederholte Sprechen der Satzstraßen** – auch das Chorsprechen (siehe Tipps) – werden die grammatischen Strukturen verinnerlicht und können automatisiert angewendet werden.
5. Erst danach werden die **Mini-Dialoge** trainiert. Das abwechslungsreiche Trainieren der kleinen, einfachen Mini-Dialoge ist sehr wichtig. Zusammen mit dem/der LernpartnerIn werden wechselweise (Frage – Antwort) die Dialoge vorgespielt, nachgesprochen und auswendig gelernt. Je nach Alter kann hier auch mit der Stimme, Mimik und Gestik gespielt werden.
6. Die Unterstriche (Artikel/Pronomen) in einigen Satzstraßen dienen der visuellen Verdeutlichung der jeweiligen Betonung im Satz (Ist das mein Bleistift? Nein, das ist mein Bleistift.).
7. Nach dieser Phase der Imitation folgt die Phase der **Reproduktion**: Die geübten Sprachstrukturen und Redemuster werden situationsgerecht mit dem weiteren Wort-Bild-Material der Übungsseite geübt.
8. Das aktive Einüben der neuen Wörter darf nicht isoliert passieren, sondern wird ausschließlich in **kompletten Sätzen** trainiert, die den Wortschatz mit Sprachstrukturen verbinden.
9. Mögliche Stolperstellen (Umlaute, ch-Laut etc.) sollen durchaus thematisiert werden. Das Einführen von Sprachstrukturen und Redemustern sollte durch die Lehrkraft erfolgen.

Übungen für fortgeschrittene Lernende:

Fortgeschrittene Lernende lernen den Umgang mit den Satzstraßen mithilfe der Lehrkraft in der Regel etwas schneller. Dabei gilt dasselbe Prinzip wie oben, allerdings bieten sich hier Zusatzübungen an.

1. Bei fortgeschrittenen Lernenden liegt der Fokus besonders auf der eigenständigen **Konstruktion** von neuen Sätzen, in denen das Gelernte selbstständig und in neuen Zusammenhängen angewendet wird. Dazu können eigene Sätze mit dem **bereits bekannten wie auch neuen Wort-Bild-Material** gesprochen und verschriftlicht werden.
2. Falls ausreichend Sprachverständnis vorhanden ist, bietet sich bei jedem neuen sprachlichen Phänomen auch eine **Sprachbetrachtung** an. Dabei helfen Fragen wie „Was fällt dir auf?“, „Was kennst du schon?“, „Was ist neu für dich?“, „Wo verändert sich etwas?“, „Worauf muss man achten?“. Sind die Lernenden beispielsweise mit der Genusmarkierung des bestimmten Artikels (der, die, das) vertraut, erkennen sie oft schnell die Gemeinsamkeiten mit dem unbestimmten Artikel (ein, eine, ein). Die Sprachbetrachtung basiert auf der Idee, dass DaZ-Lernende zu SprachforscherInnen werden und eigene Erklärungen oder Regeln finden. Lernende, die

dazu angeregt werden, selbstständig Zusammenhänge zu erkennen, erhalten einen tieferen Einblick in die deutsche Sprache, behalten Gelerntes eher und entwickeln ein hilfreiches Sprachverständnis.

3. Wann immer es sinnvoll erscheint, sollte im Plenum das Thema **Mehrsprachigkeit** angesprochen werden. Verfügen die DaZ-Lernende über geeignete Sprachkenntnisse, dann bieten sich überaus interessante **Sprachvergleiche** an: Wie sieht das im Englischen oder in den jeweiligen Herkunftssprachen aus? Dies hilft, sprachliche Kompetenzen zu fördern, und ermöglicht den Lernenden, eigene Zusammenhänge zu erkennen. Außerdem verbessert sich das Lernklima in der Klasse.

Um das Kennenlernen der **grammatischen Termini** zu erleichtern, enthalten die LehrerInnenzeilen hierzu genaue Angaben. Fortgeschrittene Lernende sollten die entsprechenden Bezeichnungen kennenlernen. Das Erlernen von Fachsprache verstehen wir nicht als Selbstzweck, sondern als ein Werkzeug, um gezielt Sprache zu untersuchen und zu vergleichen.

Welche Materialien benötigt jeder DaZ-Lernende darüber hinaus?

- einen Schnellhefter, DIN A4, für die individuellen Satzstraßen und die Arbeitspläne (s. Download)
- Buntstifte für die Genusmarkierung in blau, rot und grün

Welche weiteren Materialien empfehlen wir für die Arbeit im Plenum?

- vergrößerte und laminierte Satzstraßen (DIN A3 oder größer)
- blaue, rote und grüne Kreide/Farbpunkte

Welche weiteren Einsatzmöglichkeiten sind möglich?

Die **Blankovorlage** für eine eigene Satzstraße lässt sich differenziert einsetzen (siehe Zusatzmaterialien, S. 7). Hier kann der spezielle Klassenwortschatz geübt werden oder im Sinne eines **sprachsensiblen Fachunterrichts** können **Fachbegriffe** oder **Formulierungen** aus allen Unterrichtsfächern systematisch trainiert werden. Hierzu bietet es sich auch an, eine **große Satzstraße** (DIN A3 oder größer) zu laminieren und mit kleinen Taschen zu versehen, um unterschiedliche Satzstrukturen mit verschiedenem Vokabular zu üben. Eine **großformatige Satzstraße** lässt sich mit farbiger Kreide oder mit Asphaltfarben auf den **Schulhof** malen (s. Fotos aus der Praxis im Download). So können die DaZ-Lernenden die Straßen tatsächlich ablaufen und dabei trainieren.

Wie werden die Satzstraßen ausgewählt?

Die Auswahl der Differenzierungsstufe und die Festlegung des Moduls wird von der **Lernausgangslage** der Lernenden bestimmt. Entweder überprüft man mündlich die bereits erworbenen Grammatikkenntnisse oder bearbeitet schriftliche Übungen. Dazu eignen sich die Satzstraßen in Form eines Lückentextes, in dem das zu übende grammatische Phänomen abgedeckt wird. Allerdings sollte die Reihenfolge der Satzstraßen **innerhalb** eines Moduls nicht verändert werden, da die steigende Progression der Satzstrukturen beachtet werden muss. Die Übersicht und ein individueller **Arbeitsplan** geben Auskunft über bereits gesichertes Vokabular und bekannte Sprachstrukturen und Redemuster. Das ist besonders dann wichtig, wenn Lernende von mehreren Lehrkräften, Patinnen und Paten betreut werden.

Warum sollen die Dialoge in Partnerarbeit trainiert werden? Was können die Lernpatenschaften leisten?

Das laute Mitsprechen der Dialoge ermöglicht das **Einschleifen von Satzstrukturen** und die **kommunikative Situation** erhöht die Aufmerksamkeit. Durch den Rollentausch innerhalb der Mini-Dialoge ist ein Wechsel von „SchülerIn“ und „LehrerIn“ möglich und erstrebenswert. So wechseln sich die fragende Person und die antwortende Person ständig ab. Durch die mögliche Einbeziehung von Paten und Patinnen (IntegrationshelferInnen, ehrenamtliche HelferInnen, MitschülerInnen, ältere Kinder, Eltern etc.) erhält das Konzept eine besonders hilfreiche und praktische Variante. Die vielen Menschen, die sich engagieren möchten, aber auf der Suche nach einem adäquaten Weg sind, können sich nun konstruktiv und gewinnbringend am Deutschlernprozess beteiligen. Sie werden zu Deutschlernpaten und -patinnen und somit zu sprachlichen Vorbildern. Die Paten erhalten durch die Satzstraßen einen strukturierten Leitfaden durch die deutsche Grammatik. Mithilfe des individuellen Arbeitsplans (s. Download) kann der jeweils aktuelle Leistungsstand des DaZ-Lernenden sofort erkannt werden, selbst dann, wenn verschiedene Patinnen und Paten einen Lernenden betreuen. Die Paten können auch die Wortschatzarbeit unterstützen.

In unserem eigenen Unterricht sind die Sprachpaten (MitschülerInnen, ältere SchülerInnen) mittlerweile zu einem festen Bestandteil geworden[5]. Sie begleiten den Sprachförder- oder Regelunterricht, indem sie mit ihrem Patenkind intensiv und ganz individuell den Wortschatz und die Satzstraßen trainieren. Unserer Erfahrung nach fördert solches Peer-Tutoring auch den Zusammenhalt in der Lerngruppe. Denn dadurch, dass die Patinnen und Paten Verantwortung übernehmen, entstehen auch hilfreiche zwischenmenschliche Beziehungen. Entsprechende Absprachen mit Eltern und KlassenlehrerInnen müssen natürlich getroffen werden.

Wie können interkulturelle Lernchancen genutzt werden, die sich durch ein Zusammentreffen verschiedener Herkunftssprachen ergeben?
Zahlreiche Unterrichtswerke geben praktische Hinweise auf mögliche interkulturelle Lernchancen und sollten genutzt werden, wo immer es sinnvoll ist. Wenn die Patinnen und Paten zum Beispiel versuchen, die unbekannten Laute aus den Herkunftssprachen der DaZ-Lernenden nachzusprechen, merken sie, wie schwierig dies teilweise ist. Dadurch zollen sie den Kindern Respekt für ihre tägliche Anstrengung beim Sprachenlernen.

Sprachsensibler Unterricht sollte auch auf Plenumsebene stattfinden und die Kompetenzen der Kinder in ihrer Herkunftssprache einbeziehen. Dabei sollten Sie auf Äußerungen wie „Wie sagt man das in deiner Sprache?“ verzichten, denn diese können exkludierend wirken. Wir raten eher zu Formulierungen wie „Wie sagt ihr in der Familie dazu?“. Traditionen und Rituale aus den Herkunftsländern sollten in den Unterricht einfließen. So können die DaZ-Lerner ihre eigenen und die anderen Lebenswelten bewusst kennenlernen und würdigen. Das ergänzt kontrastive Sprachvergleiche. Guter Deutschunterricht beschränkt sich selbstverständlich nicht nur auf eine gelenkte und systematische Sprachförderung. Das freie Sprechen sollte einen wichtigen Platz einnehmen. Die Kinder sollen ermutigt werden, unabhängig von ihrer Sprachkompetenz zu sprechen. In einer guten Lernatmosphäre mit transparenten Gesprächsregeln gedeiht eine **gesunde Erzählkultur**. Ebenso wichtig ist die Hinführung zum Lesen und der Aufbau **einer Lesekultur**. Mehrsprachige Bücher unterstützen diese Prozesse. Die Satzstraßen entfalten ihr volles Potenzial, wenn sie Teil eines solchen sprach- und kultursensiblen Unterrichts werden.

Was kann dieses Deutschlernwerk nicht leisten?
Mit den Satzstraßen der Differenzierungsstufen 1 und 2 kann ein solides Fundament für den Spracherwerb der deutschen Sprache gelegt werden. Doch leider sind damit noch nicht alle Stolperstellen der deutschen Sprache angesprochen. Das System kann auch auf andere grammatische Probleme angewendet werden. Das bietet sich an, sobald die Lernenden das System verinnerlicht haben.

[5] *Siehe dazu auch: Schachner, A./, Schick, S.: Einfach Deutsch lernen – Mini-Dialoge und 400 Wortschatzbilder für den Einstiegsunterricht mit Flüchtlings- und Migrantenkindern. Verlag an der Ruhr, Mülheim an der Ruhr, 2017.*

Mit Satzstraßen

SCHRITT FÜR SCHRITT

zum Deutsch-Profi

Differenzierungs-stufe 1

Übersicht Satzstraßen Differenzierungsstufe 1

	Thema/sprachliches Phänomen	Numerus	Kasus	Genus	Fokus	Wortschatz
1.	Substantivdeklination mit dem best. Artikel	S	Nom	M	der	**Schule** Bleistift, Computer
2.		S	Nom	F	die	Schere, Tafel
3.		S	Nom	N	das	Buch, Heft
4.		S	Nom	M, F, N	der, die, das	Computer, Tafel, Heft
5.		Pl	Nom	M, F, N	die	
6.	Substantivdeklination mit dem unbest. Artikel	S	Nom	M	ein	Tisch, Stuhl
7.		S	Nom	F	eine	Tasche, Mappe
8.		S	Nom	N	ein	Tablet, Regal
9.		S	Nom	M, F, N	ein, eine, ein	Stuhl, Mappe, Regal
10.	Satzfrage	S	Nom	M, F, N	Ist das ...?	Tisch, Lampe, Regal
11.	Verneinung	S	Nom	M	kein	Anspitzer, Kleber
12.		S	Nom	F	keine	Dose, Schere
13.		S	Nom	N	kein	Wörterbuch, Lineal
14.		S	Nom	M, F, N	kein, keine, kein	Kleber, Dose, Wörterbuch
15.		Pl	Nom	M, F, N	keine	
16.	Substantivdeklination mit dem Possessivartikel 1. & 2. Prs. S.	S	Nom	M	mein – dein	Pinsel, Radiergummi
17.		S	Nom	F	meine – deine	Schere, Kreide
18.		S	Nom	N	mein – dein	Lineal, Geodreieck®
19.		S	Nom	M, F, N	mein – dein, meine – deine, mein – dein	Pinsel, Dose, Lineal
20.		Pl	Nom	M, F, N	meine – deine	
21.	Substantivdeklination mit dem Possessivartikel 3. Prs. S.	S	Nom	M	sein – ihr	**Kleidung** Pullover, Gürtel
22.		S	Nom	F	seine – ihre	Tasche, Jacke
23.		S	Nom	N	sein – ihr	Hemd, T-Shirt
24.		S	Nom	M, F, N	sein – ihr, seine – ihre, sein – ihr	Pullover, Tasche, T-Shirt
25.		Pl	Nom	M, F, N	seine – ihre	
26.	Substantivdeklination mit dem best. Artikel	S	Akk	M	den	**Essen & Trinken** Orangensaft, Kakao
27.		S	Akk	F	die	Cola, Milch
28.		S	Akk	N	das	Wasser, Müsli
29.		S	Akk	M, F, N	den, die, das	Orangensaft, Cola, Wasser
30.		Pl	Akk	M, F, N	die	Orangensaft, Cola, Brot
31.	Substantivdeklination mit dem unbest. Artikel	S	Akk	M	einen	Apfel, Joghurt
32.		S	Akk	F	eine	Banane, Suppe
33.		S	Akk	N	ein	Ei, Brötchen
34.		S	Akk	M, F, N	einen, eine, ein	Apfel, Banane, Ei
35.	Verneinung	S	Akk	M	keinen	Käse, Schinken
36.		S	Akk	F	keine	Marmelade, Paprika
37.		S	Akk	N	kein	Müsli, Brot
38.		S	Akk	M, F, N	keinen, keine, kein	Schinken, Paprika, Müsli
39.		Pl	Akk	M, F, N	keine	Apfel, Paprika, Ei

Übersicht Satzstraßen Differenzierungsstufe 1

	Thema/sprachliches Phänomen	Numerus	Kasus	Genus	Fokus	Wortschatz
40.	**Substantivdeklination mit dem Possessivartikel 1. & 2. Prs. S.**	S	Akk	M	meinen – deinen	**Küche** Löffel, Teller
41.		S	Akk	F	meine – deine	Gabel, Tasse
42.		S	Akk	N	mein – dein	Messer, Glas
43.		S	Akk	M, F, N	meinen – deinen, meine – deine, mein – dein	Teller, Gabel, Messer
44.		Pl	Akk	M, F, N	meine – deine	Becher, Flasche, Glas
45.	**Substantivdeklination mit dem Possessivartikel 3. Prs. S.**	S	Akk	M	seinen – ihren	**Kleidung** Schuh, Rucksack
46.		S	Akk	F	seine – ihre	Hose, Kappe
47.		S	Akk	N	sein – ihr	Hemd, Handtuch
48.		S	Akk	M, F, N	seinen – ihren seine – ihre sein – ihr	Schuh, Kappe, Hemd
49.		Pl	Akk	M, F, N	seine – ihre	Rucksack, Kappe, Handtuch
50.	**Substantivdeklination mit dem best. Artikel**	S	Dat	M	dem V: malen	**Menschen und Tiere** Mann, Opa, Onkel, Kopf
51.		S	Dat	F	der V: malen	Frau, Tante, Oma, Nase
52.		S	Dat	N	dem V: malen	Kind, Pferd, Mädchen, Mund
53.		S	Dat	M, F, N	dem, der, dem V: malen	Mann, Frau, Kind, Augen
54.		S	Dat	M	dem V: geben	Arzt, Lehrer, Schüler, Schokolade
55.		S	Dat	F	der V: geben	Lehrerin, Familie, Schülerin, Buch
56.		S	Dat	N	dem V: geben	Mädchen, Baby, Kind, Kappe
57.		S	Dat	M, F, N	dem, der, dem V: geben	Schüler, Lehrerin, Kind, Füller
58.		Pl	Dat	M, F, N	den V: geben	Mann, Frau, Kind, Schal
59.	**Substantivdeklination mit dem unbest. Artikel**	S	Dat	M	einem V: helfen	Arzt, Lehrer, Schüler
60.		S	Dat	F	einer V: helfen	Lehrerin, Ärztin, Schülerin
61.		S	Dat	N	einem V: helfen	Mädchen, Kind, Kaninchen
62.		S	Dat	M, F, N	einem, einer, einem V: helfen	Schüler, Schülerin, Kind
63.	**Vorangestellter Genitiv ohne Artikel**	S	Gen	M, F	s-Genitiv	**Menschen und Kleidung** Papas, Mamas, Lena, Nuri, Pullover
64.	**Substantivdeklination mit dem best. Artikel**	S	Gen	M	des	Mann, Lehrer, Arzt, Pullover
65.		S	Gen	F	der	Frau, Lehrerin, Ärztin, Pullover
66.		S	Gen	N	des	Kind, Mädchen, Pullover
67.		S	Gen	M, F, N	des, der, des	Lehrer, Lehrerin, Kind, Pullover
68.		Pl	Gen	M, F, N	der	Lehrer, Lehrerin, Kind, Pullover

Übersicht Satzstraßen Differenzierungsstufe 1

	Thema/sprachliches Phänomen	Numerus	Kasus	Genus	Fokus	Wortschatz
69.	Substantivdeklination mit dem unbest. Artikel	S	Gen	M	eines	**Menschen und Tiere** Mann, Vogel, Hund, Kopf
70.		S	Gen	F	einer	Frau, Katze, Kuh, Kopf
71.		S	Gen	N	eines	Kind, Pferd, Kaninchen, Kopf
72.		S	Gen	M, F, N	eines, einer, eines	Hund, Katze, Pferd, Kopf
73.	Substantivdeklination mit dem Possessiv-artikel 1. Prs. S.	S	Gen	M	meines	**Schule** Bleistift, Ordner, Anspitzer, Farbe
74.		S	Gen	F	meiner	Tasche, Mappe, Schere, Farbe
75.		S	Gen	N	meines	Tablet, Lineal, Heft, Farbe
76.		S	Gen	M, F, N	meines, meiner, meines	Filzstift, Mappe, Heft, Farbe
77.		Pl	Gen	M, F, N	meiner	
78.	Substantivdeklination mit dem Possessiv-artikel 2. Prs. S.	S	Gen	M	deines	Filzstift, Ordner, Anspitzer, Farbe
79.		S	Gen	F	deiner	Tasche, Mappe, Schere, Farbe
80.		S	Gen	N	deines	Tablet, Lineal, Heft, Farbe
81.		S	Gen	M, F, N	deines, deiner, deines	Filzstift, Mappe, Heft, Farbe
82.		Pl	Gen	M, F, N	deiner	
83.	Substantivdeklination mit dem Possessiv-artikel 3. Prs. S.	S	Gen	M	seines, ihres	Filzstift, Ordner, Anspitzer, Farbe
84.		S	Gen	F	seiner, ihrer	Tasche, Mappe, Schere, Farbe
85.		S	Gen	N	seines, ihres	Tablet, Lineal, Heft, Farbe
86.		S	Gen	M, F, N	seines – ihres, seiner – ihrer, seines – ihres	Filzstift, Mappe, Heft, Farbe
87.		Pl	Gen	M, F, N	seiner – ihrer	
88.	Substantivdeklination mit Häufigkeitsadverbien ohne Artikel	S	Akk	M, F, N	immer, oft, manch-mal, selten, nie	**Essen und Trinken** Orangensaft, Milch, Wasser
89.		Pl	Akk	M, F, N	immer, oft, manch-mal, selten, nie	Apfel, Banane, Brötchen
90.	Präpositionen (Ortsangabe)	S	Dat	M	im	**Länder** Iran, Irak, Libanon
91.		S	Dat	F	in der	Schweiz, Mongolei, Ukraine
92.		S	Dat	N	in	Algerien, Pakistan, Russland
93.	Präpositionen (Herkunftsangabe)	S	Dat	M	aus dem	Irak, Iran, Libanon
94.		S	Dat	F	aus der	Türkei, Ukraine, Slowakei
95.		S	Dat	N	aus	Deutschland, Guatemala, Indonesien
96.	Präpositionen (Richtungsangabe)	S	Akk	M	in den	Kongo, Jemen, Niger
97.		S	Akk	F	in die	Türkei, Ukraine, Slowakei
98.		S	Dat	M	nach	Italien, Kamerun, Indonesien

1. Bildet Sätze mit der Satzstraße.

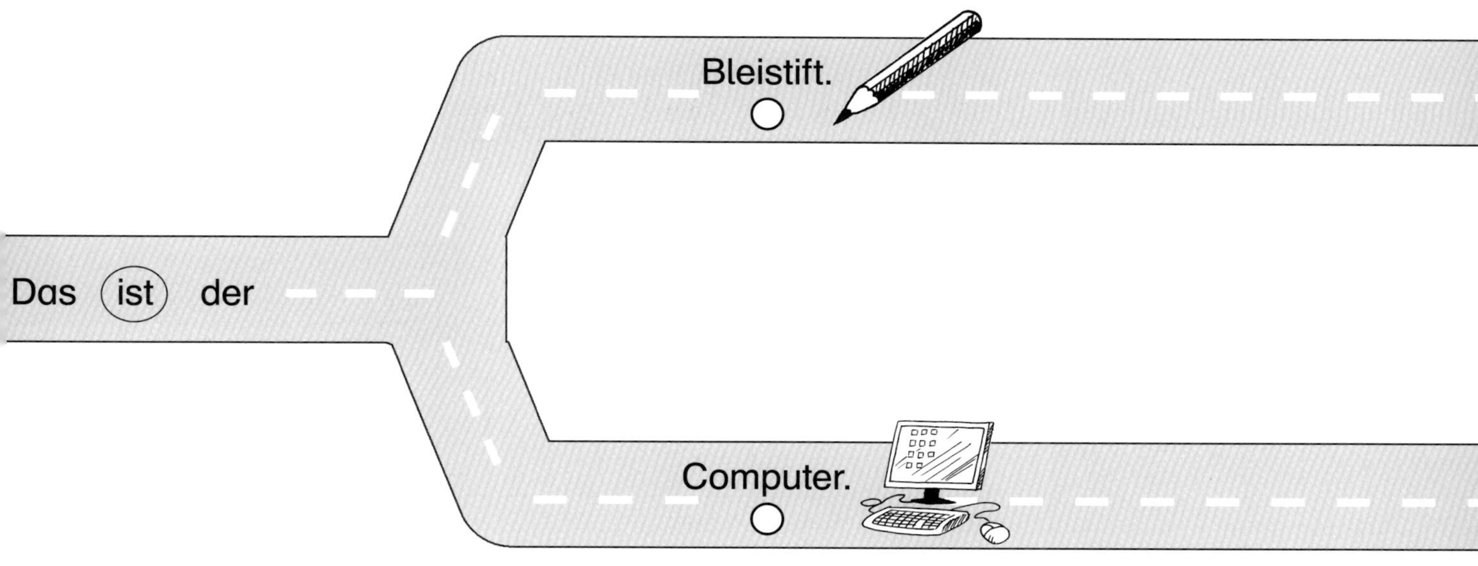

2. Sprecht den Mini-Dialog.

Das ist der Bleistift.

Wie bitte? Der Bleistift?

Ja, das ist der Bleistift.

3. Bildet weitere Dialoge.

 ○ der Bleistift die Bleistifte	 ○ der Computer die Computer	 ○ der Tisch die Tische	 ○ der Pinsel die Pinsel
 ○ der Taschen- rechner die Taschen- rechner	 ○ der Rucksack die Rucksäcke	 ○ der Farbkasten die Farbkästen	 ○ der Kleber die Kleber

LZ: Diff. 1, Satzstraße 1: Substantivdeklination mit dem best. Artikel Singular – Nominativ – Maskulinum

1. Bildet Sätze mit der Satzstraße.

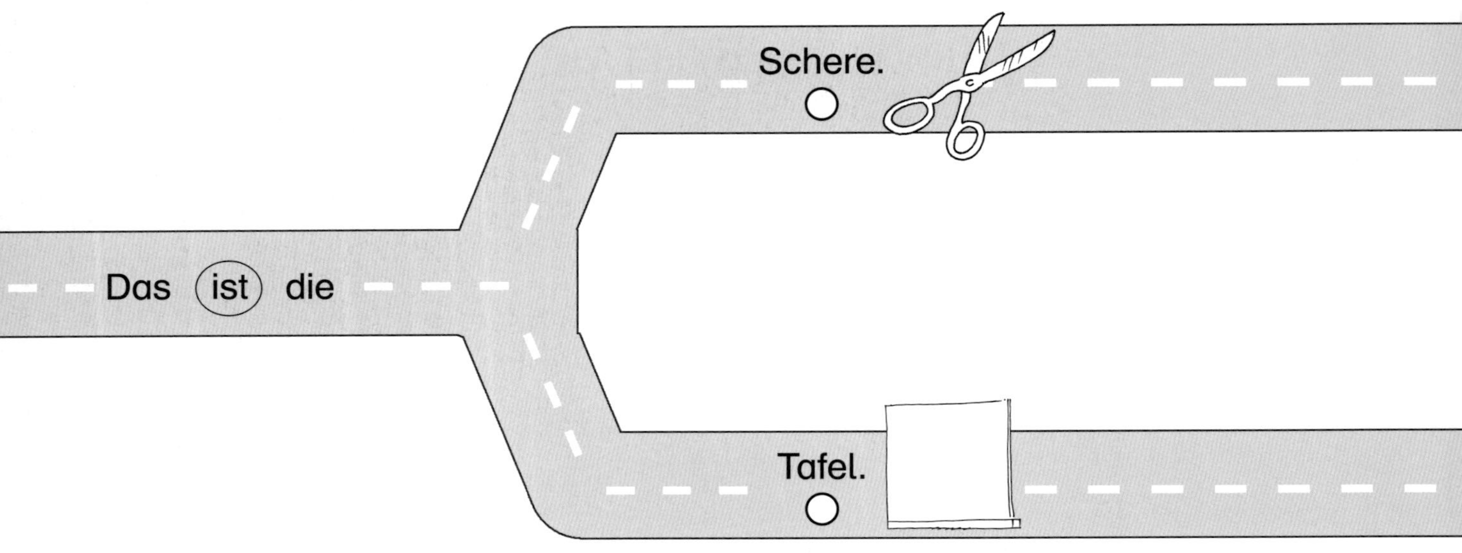

2. Sprecht den Mini-Dialog.

Das ist die Schere.

Wie bitte? Die Schere?

Ja, das ist die Schere.

3. Bildet weitere Dialoge.

die Schere die Scheren	die Tafel die Tafeln	die Kreide die Kreiden	die Mappe die Mappen
die Tabelle die Tabellen	die Tasche die Taschen	die Flasche die Flaschen	die Dose die Dosen

LZ: Diff. 1, Satzstraße 2: Substantivdeklination mit dem best. Artikel Singular – Nominativ – Femininum

1. Bildet Sätze mit der Satzstraße.

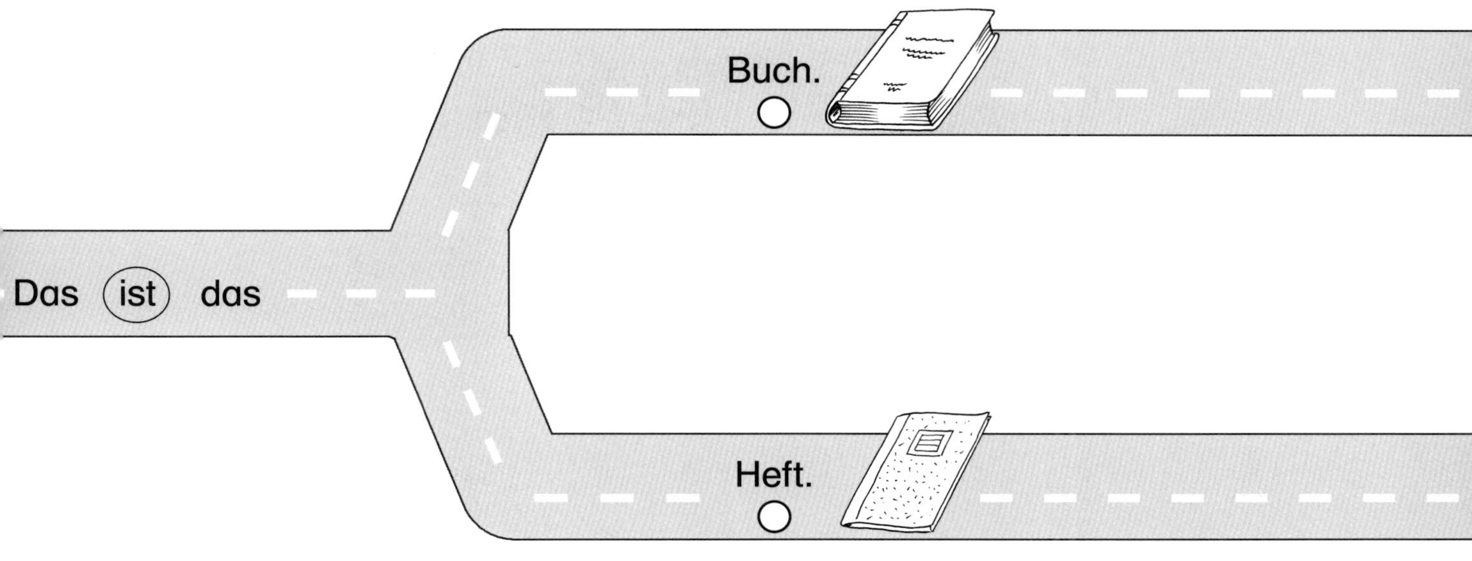

2. Sprecht den Mini-Dialog.

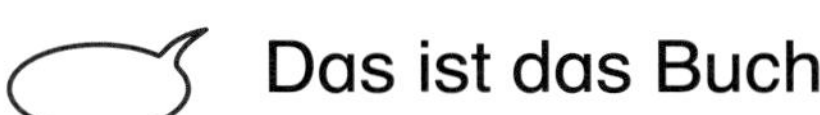

Das ist das Buch.

Wie bitte? Das Buch?

Ja, das ist das Buch.

3. Bildet weitere Dialoge.

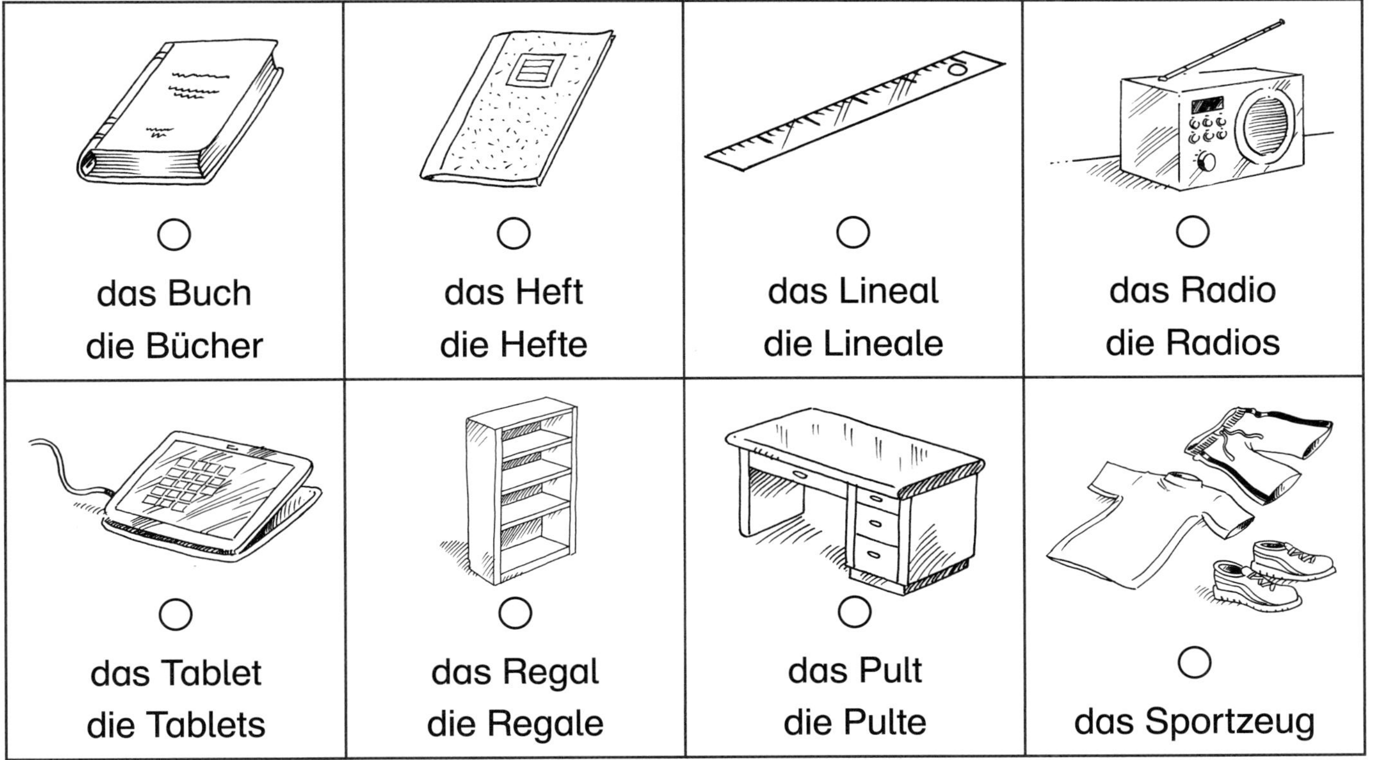

das Buch die Bücher	das Heft die Hefte	das Lineal die Lineale	das Radio die Radios
das Tablet die Tablets	das Regal die Regale	das Pult die Pulte	das Sportzeug

LZ: Diff. 1, Satzstraße 3: Substantivdeklination mit dem best. Artikel Singular – Nominativ – Neutrum

1. Bildet Sätze mit der Satzstraße.

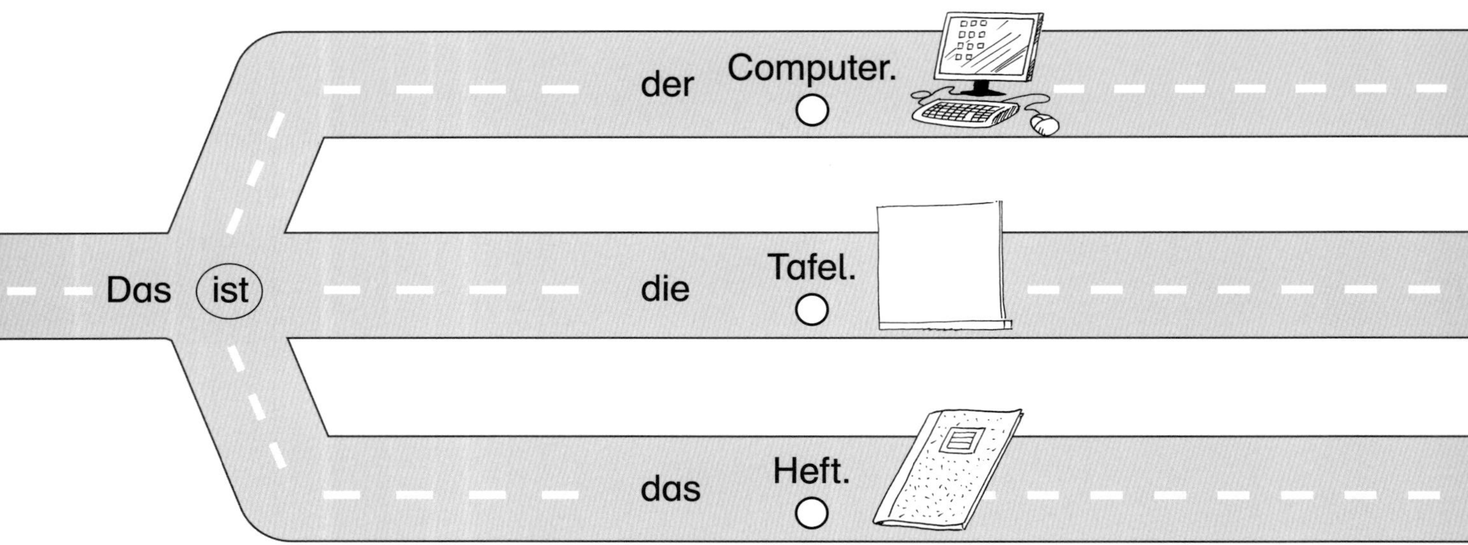

2. Sprecht den Mini-Dialog.

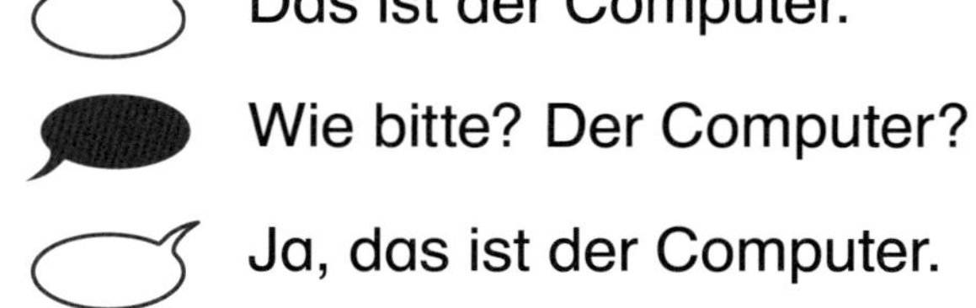

3. Bildet weitere Dialoge.

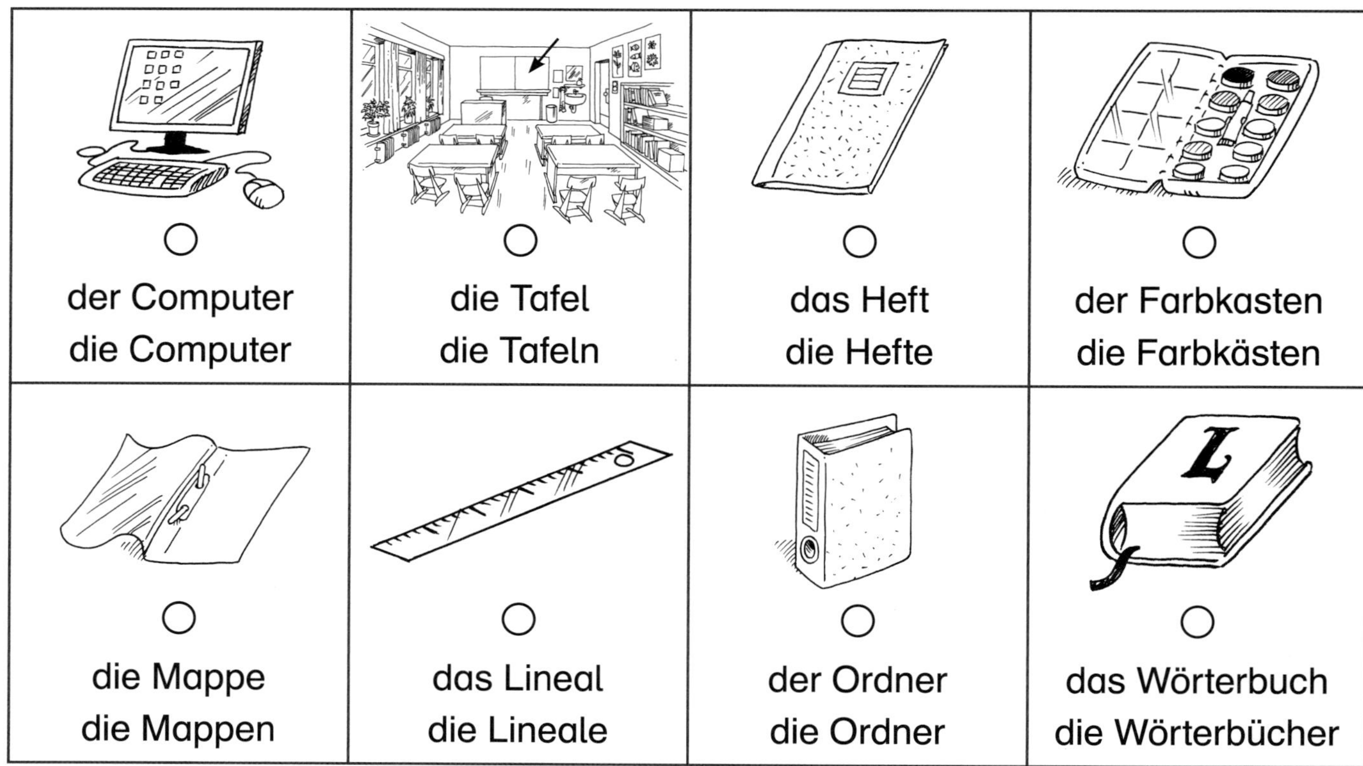

der Computer die Computer	die Tafel die Tafeln	das Heft die Hefte	der Farbkasten die Farbkästen
die Mappe die Mappen	das Lineal die Lineale	der Ordner die Ordner	das Wörterbuch die Wörterbücher

Z: Diff. 1, Satzstraße 4: Substantivdeklination mit dem best. Artikel Singular – Nominativ – Maskulinum/Femininum/Neutrum

1. Bildet Sätze mit der Satzstraße.

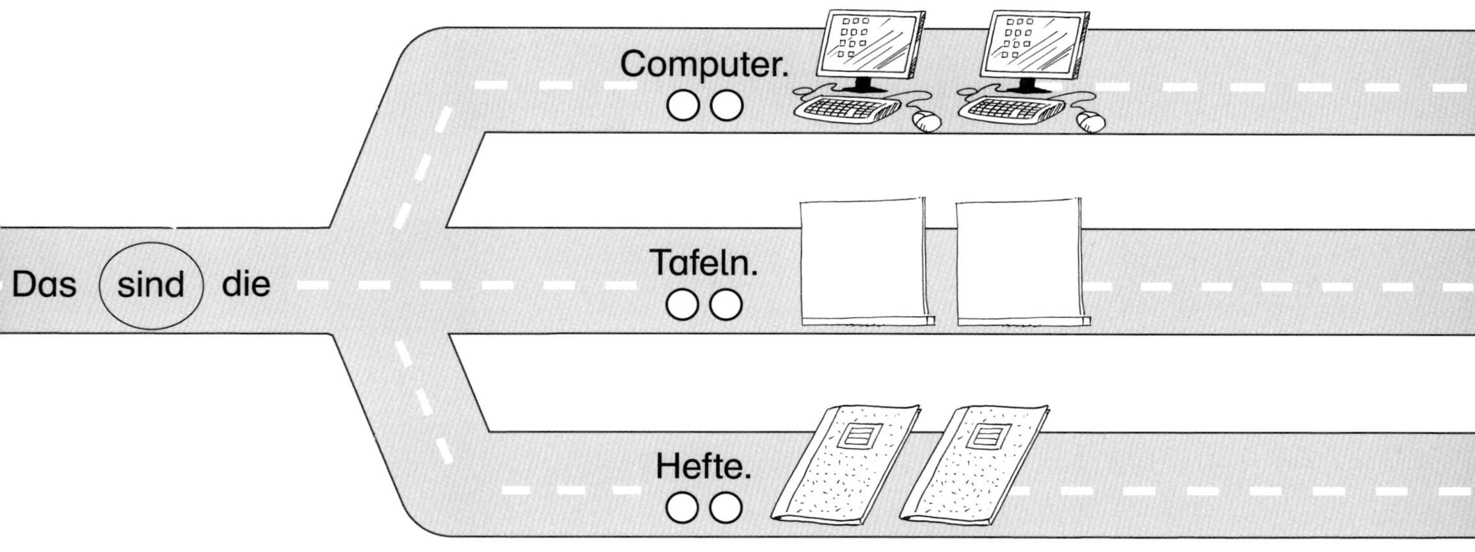

2. Sprecht den Mini-Dialog.

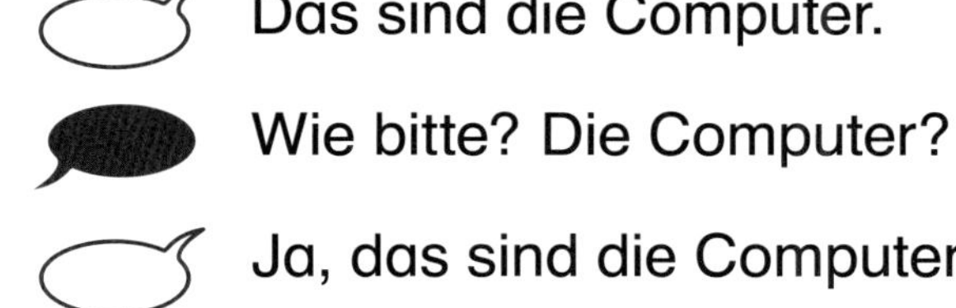

Das sind die Computer.

Wie bitte? Die Computer?

Ja, das sind die Computer.

3. Bildet weitere Dialoge.

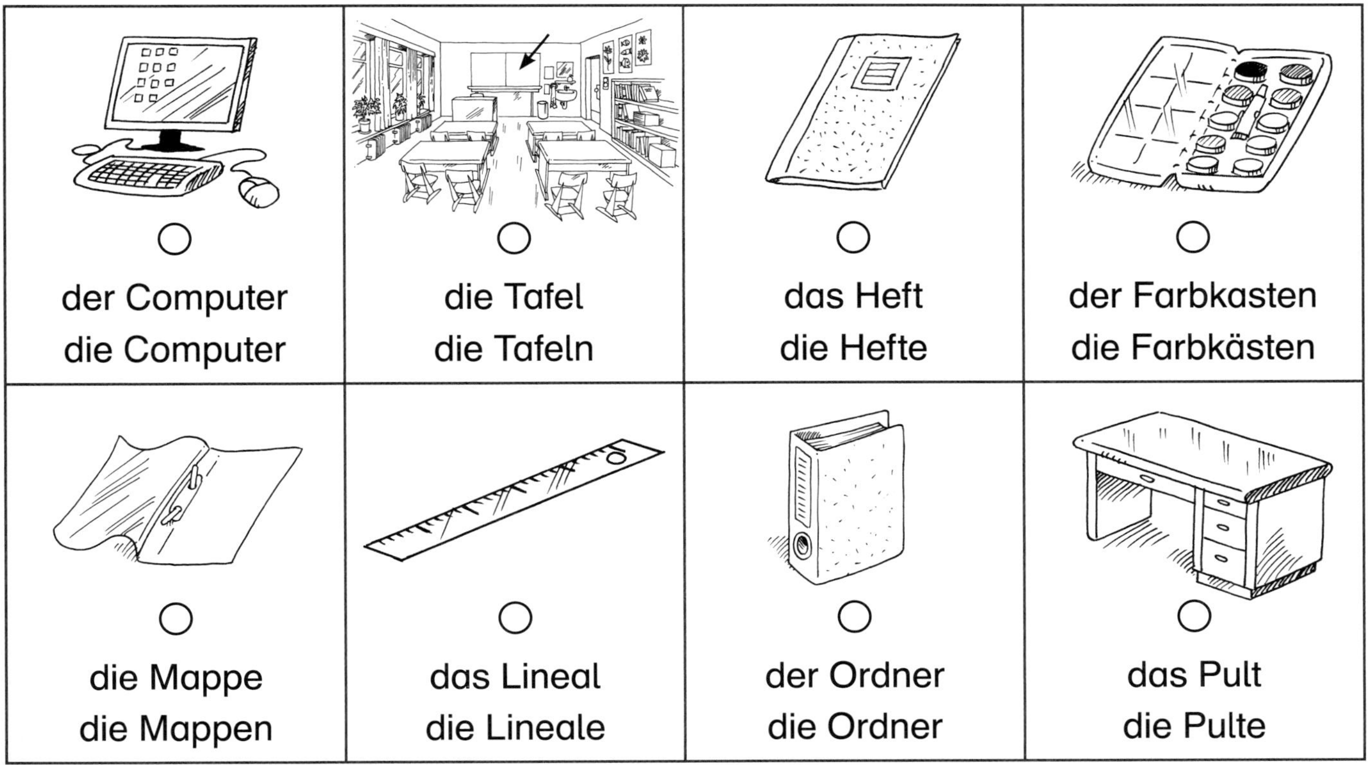

LZ: Diff. 1, Satzstraße 5: Substantivdeklination mit dem best. Artikel Plural – Nominativ – Maskulinum/Femininum/Neutrum

1. **Bildet Sätze mit der Satzstraße.**

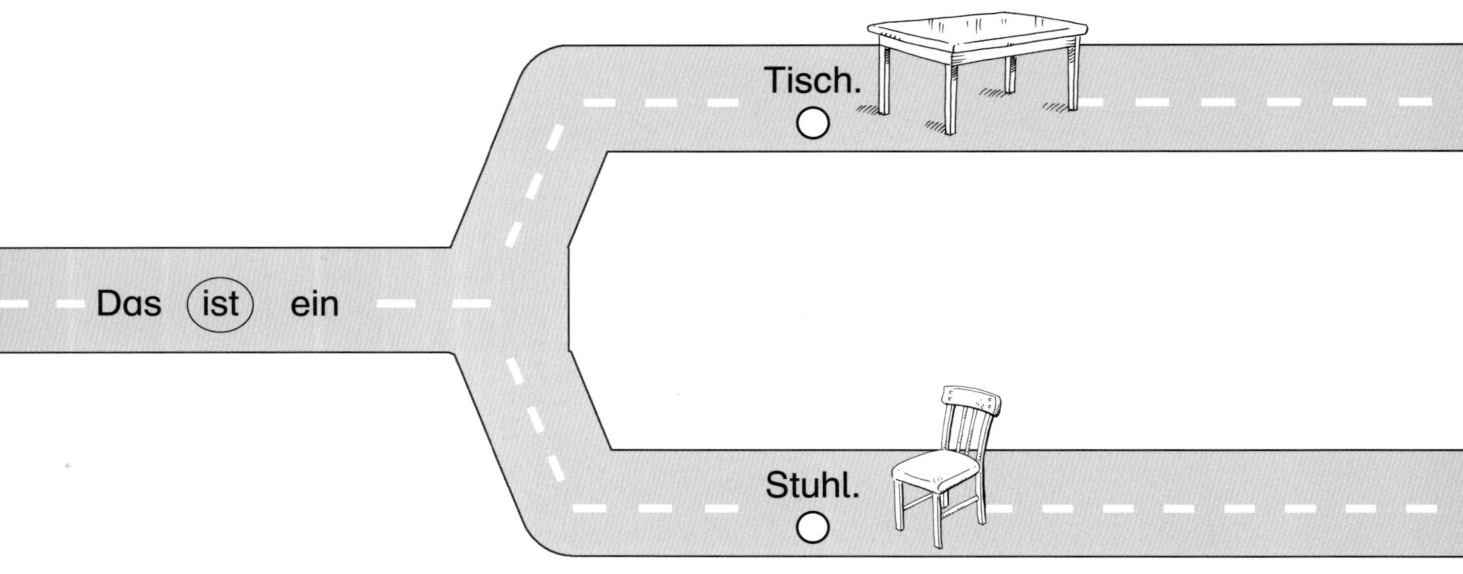

2. **Sprecht den Mini-Dialog.**

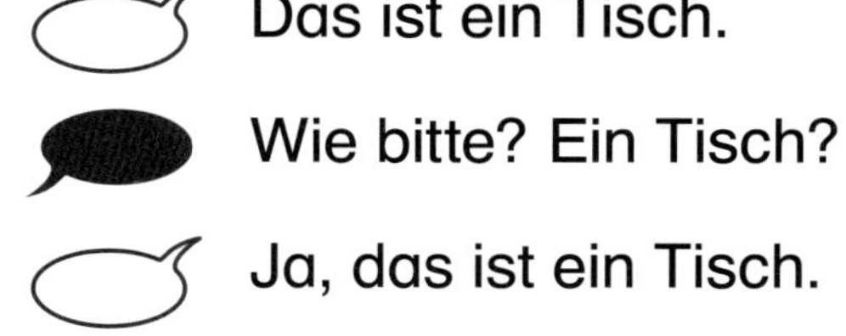

3. **Bildet weitere Dialoge.**

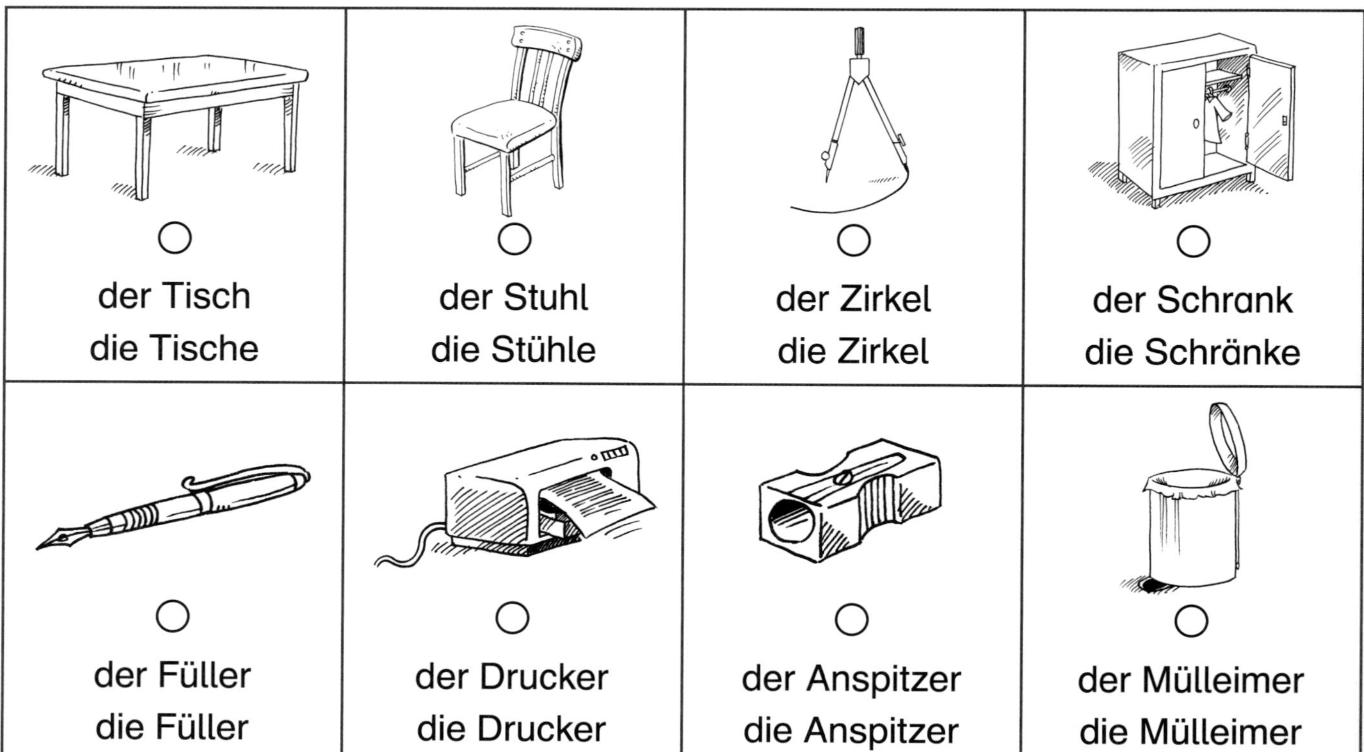

der Tisch die Tische	der Stuhl die Stühle	der Zirkel die Zirkel	der Schrank die Schränke
der Füller die Füller	der Drucker die Drucker	der Anspitzer die Anspitzer	der Mülleimer die Mülleimer

LZ: Diff. 1, Satzstraße 6: Substantivdeklination mit dem unbest. Artikel Singular – Nominativ – Maskulinum

1. Bildet Sätze mit der Satzstraße.

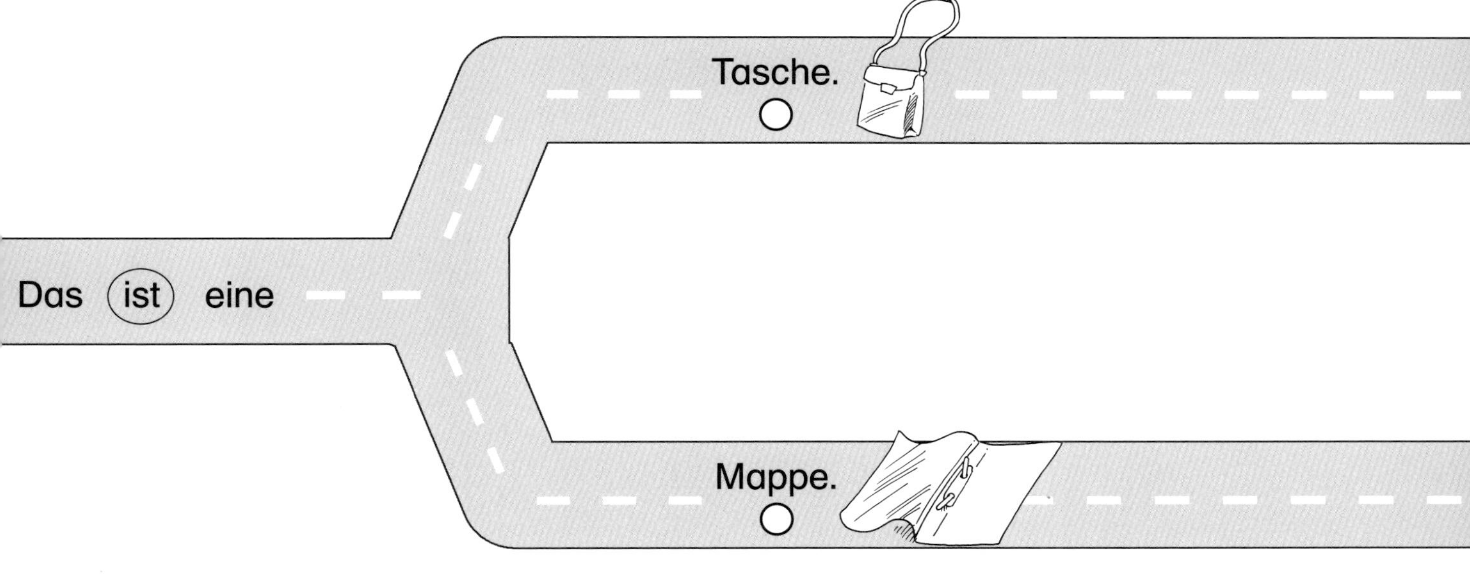

2. Sprecht den Mini-Dialog.

Das ist eine Tasche.

Wie bitte? Eine Tasche?

Ja, das ist eine Tasche.

3. Bildet weitere Dialoge.

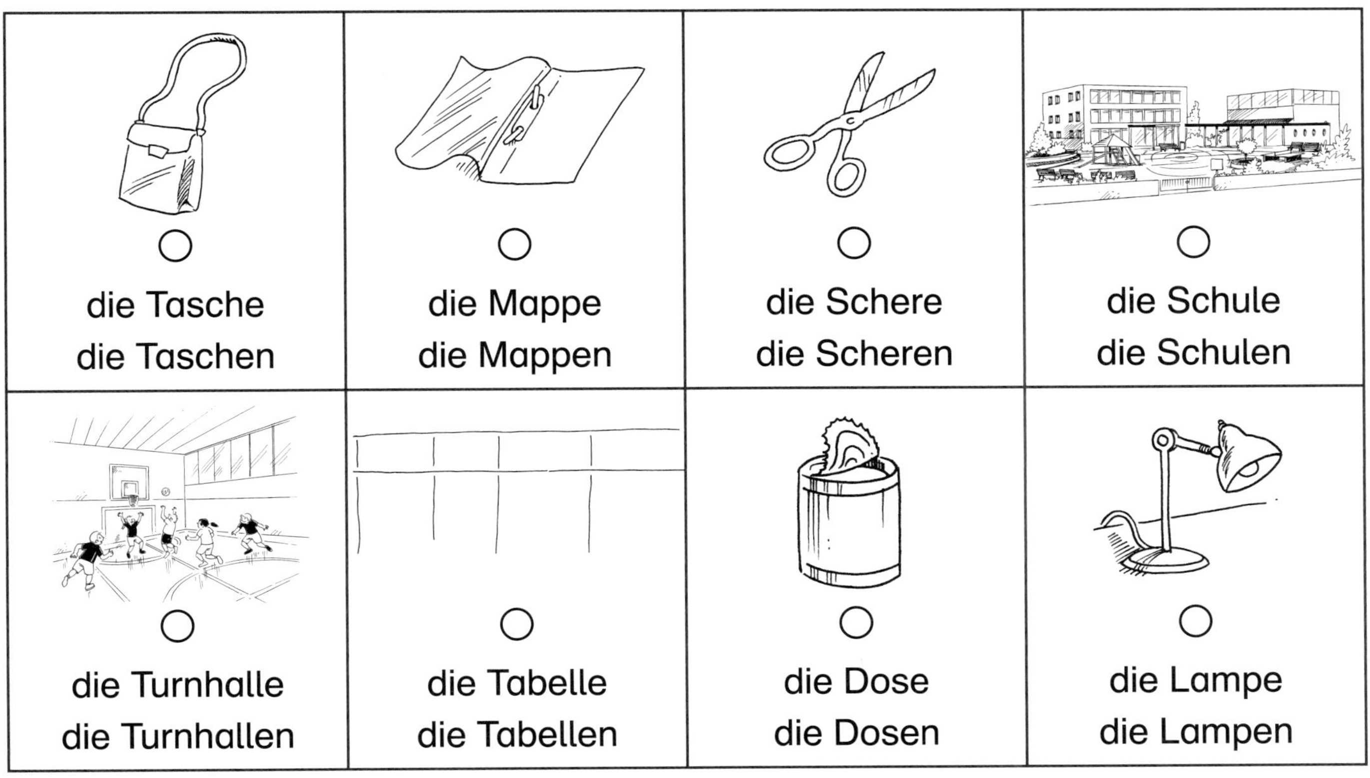

LZ: Diff. 1, Satzstraße 7: Substantivdeklination mit dem unbest. Artikel Singular – Nominativ – Femininum

1. Bildet Sätze mit der Satzstraße.

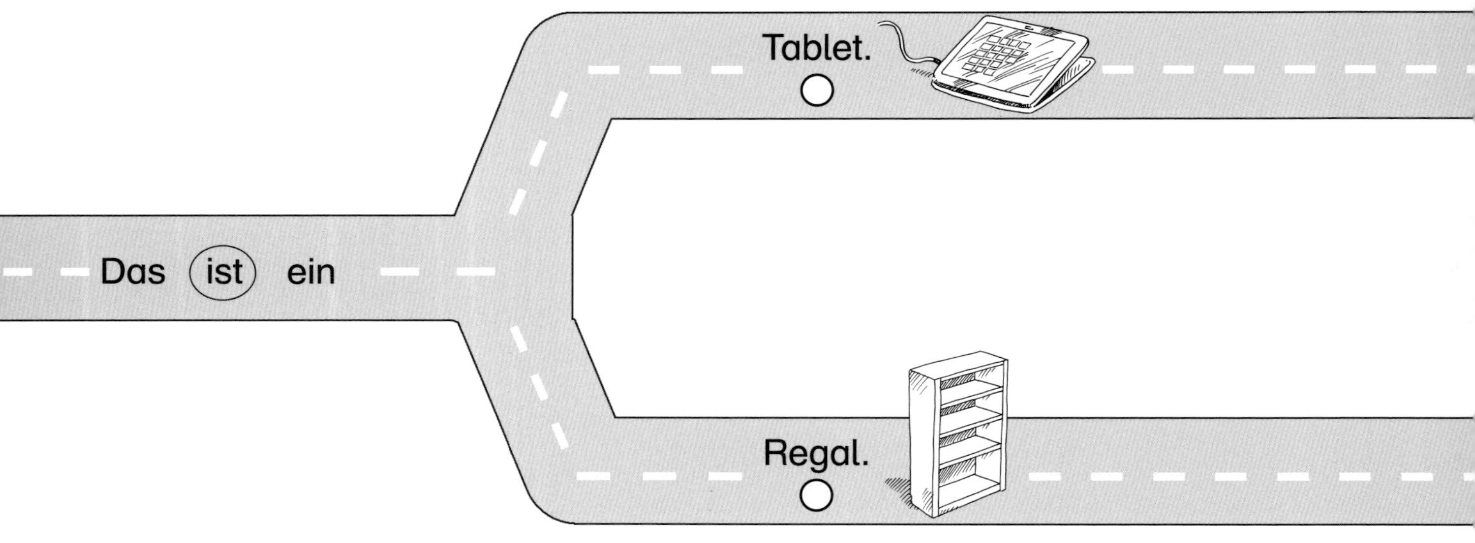

2. Sprecht den Mini-Dialog.

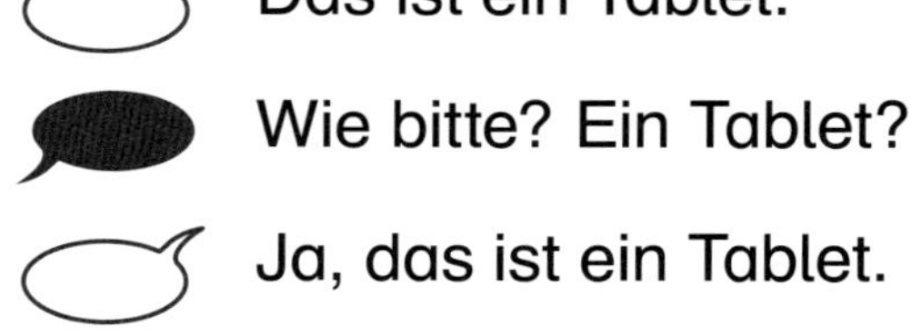

3. Bildet weitere Dialoge.

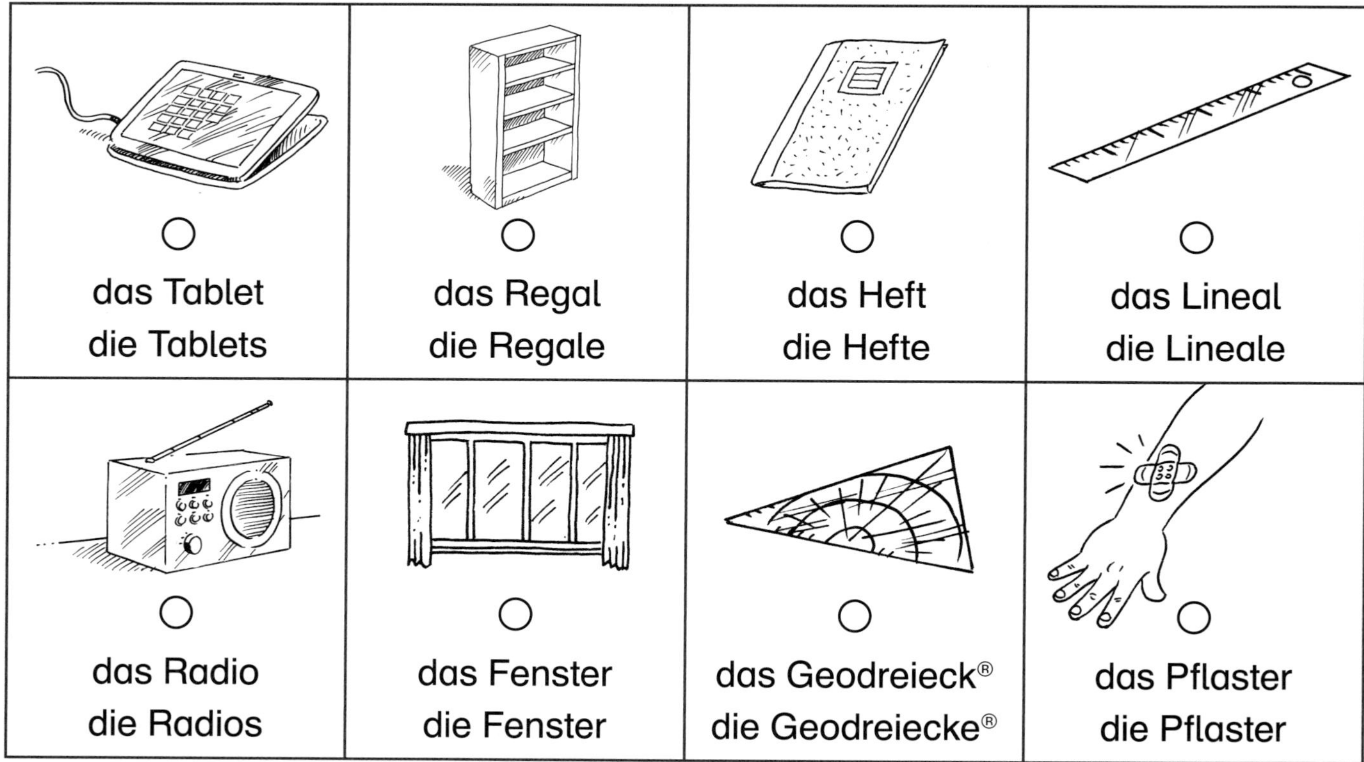

LZ: Diff. 1, Satzstraße 8: Substantivdeklination mit dem unbest. Artikel Singular – Nominativ – Neutrum

1. Bildet Sätze mit der Satzstraße.

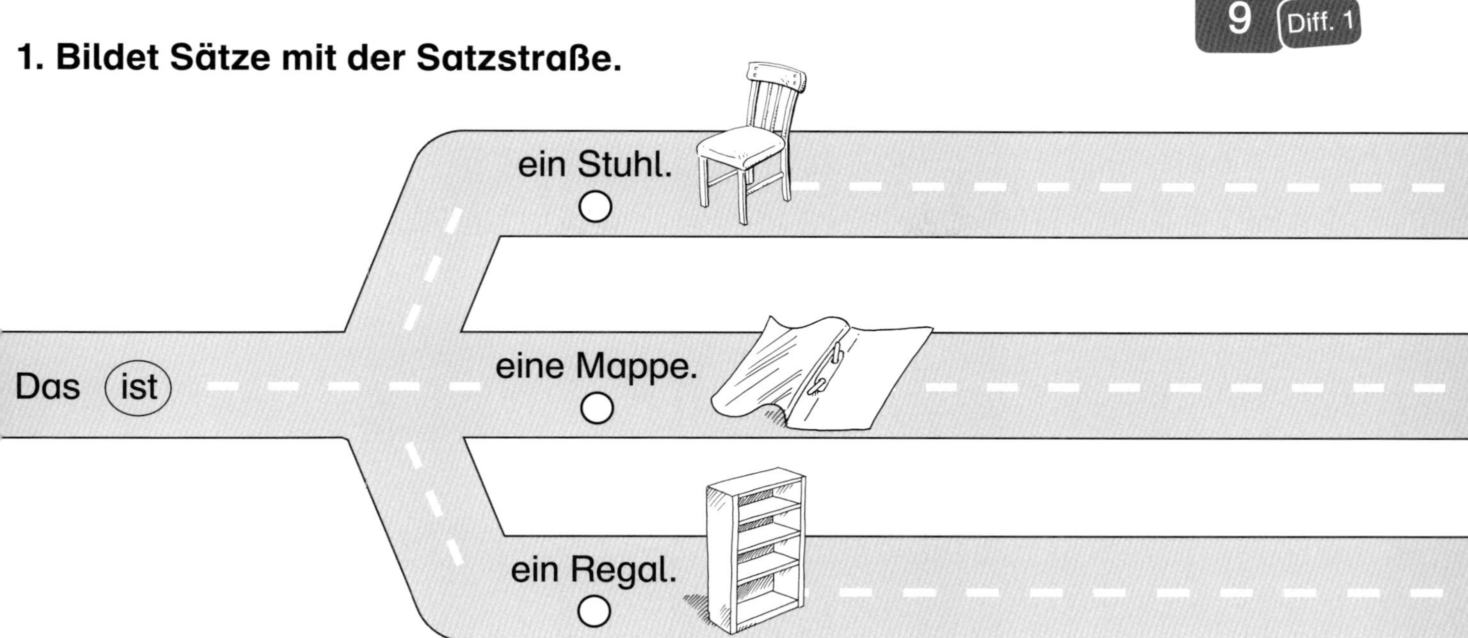

2. Sprecht den Mini-Dialog.

Entschuldigung, was ist das?

Das ist ein Stuhl.

Ach so, das ist ein Stuhl.

3. Bildet weitere Dialoge.

 der Stuhl die Stühle	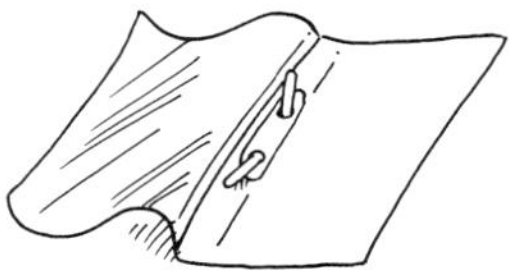 die Mappe die Mappen	 das Regal die Regale	 der Drucker die Drucker
 die Dose die Dosen	 das Pflaster die Pflaster	 der Klassenraum die Klassen- räume	 die Uhr die Uhren

LZ: Diff. 1, Satzstraße 9: Substantivdeklination mit dem unbest. Artikel Singular – Nominativ – Maskulinum/Femininum/Neutrum

1. Bildet Sätze mit der Satzstraße.

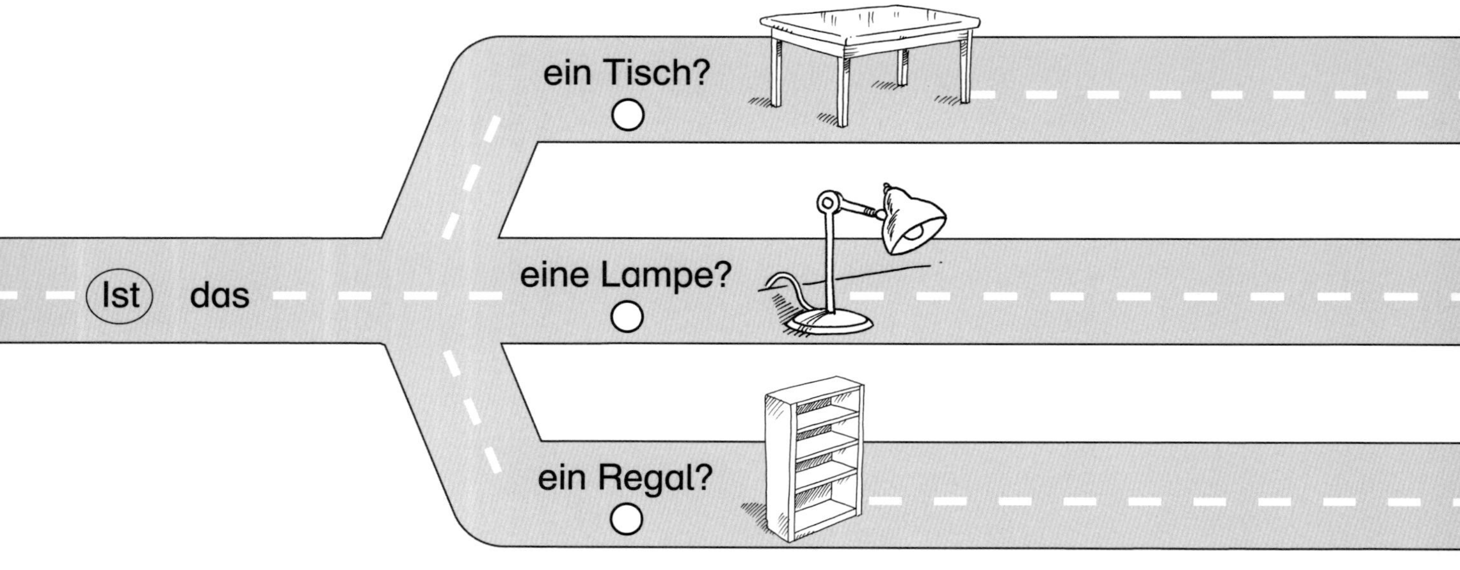

2. Sprecht den Mini-Dialog.

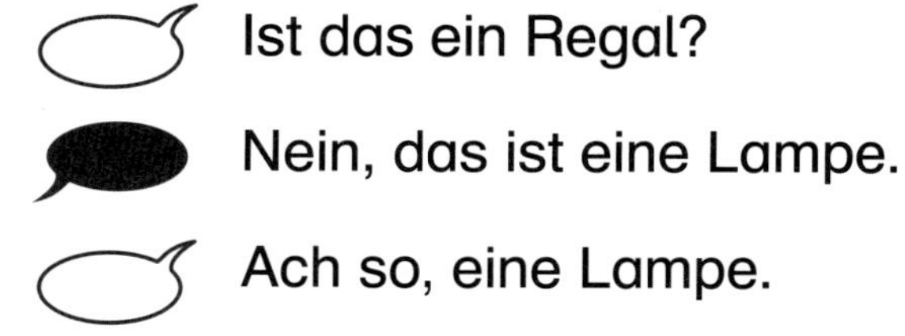

Ist das ein Regal?

Nein, das ist eine Lampe.

Ach so, eine Lampe.

3. Bildet weitere Dialoge.

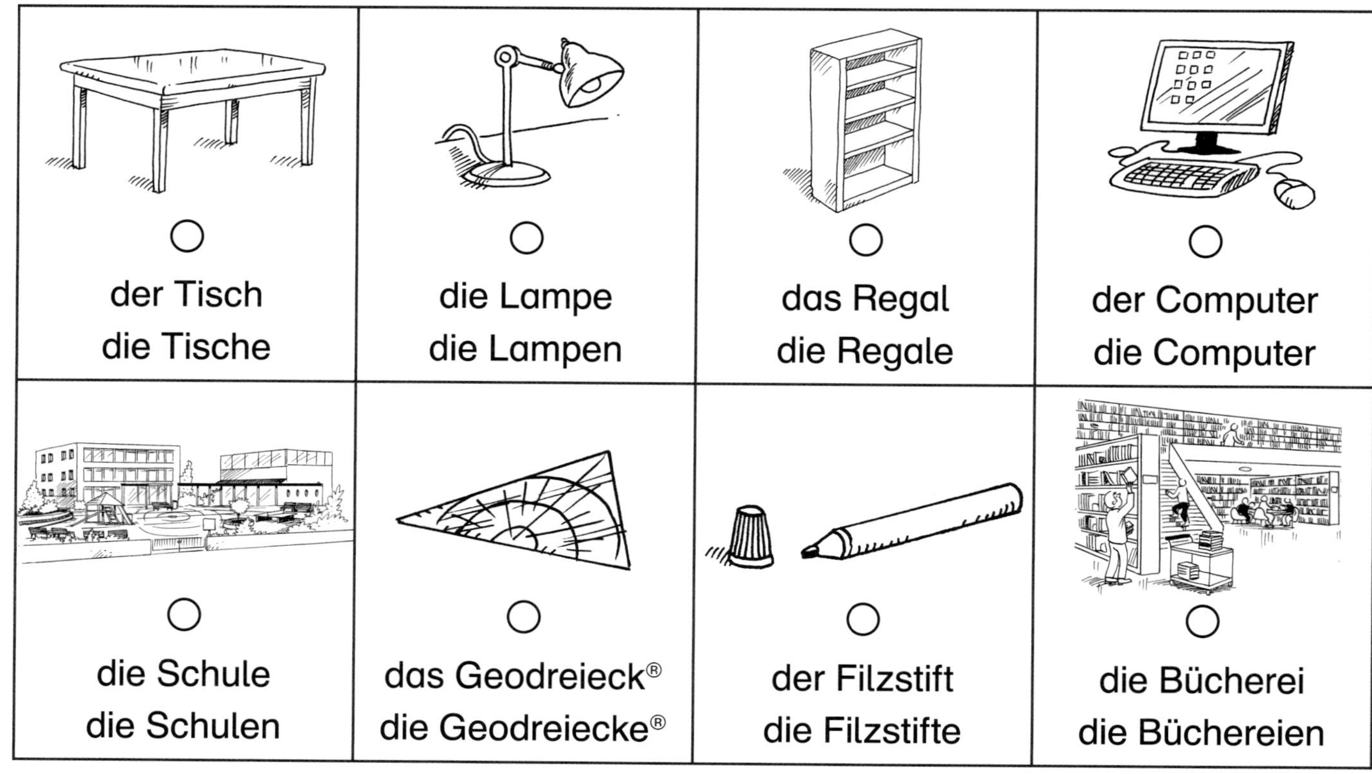

der Tisch die Tische	die Lampe die Lampen	das Regal die Regale	der Computer die Computer
die Schule die Schulen	das Geodreieck® die Geodreiecke®	der Filzstift die Filzstifte	die Bücherei die Büchereien

LZ: Diff. 1, Satzstraße 10: Satzfrage Singular – Maskulinum/Femininum/Neutrum

1. Bildet Sätze mit der Satzstraße.

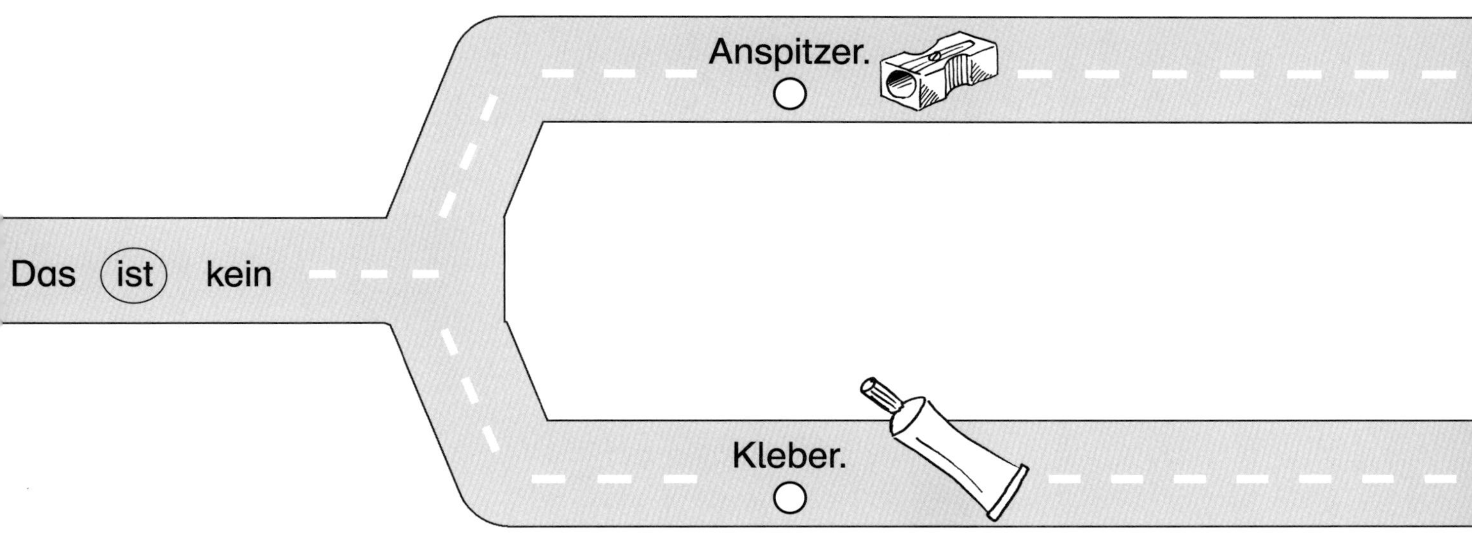

2. Sprecht den Mini-Dialog.

Ist das ein Anspitzer?

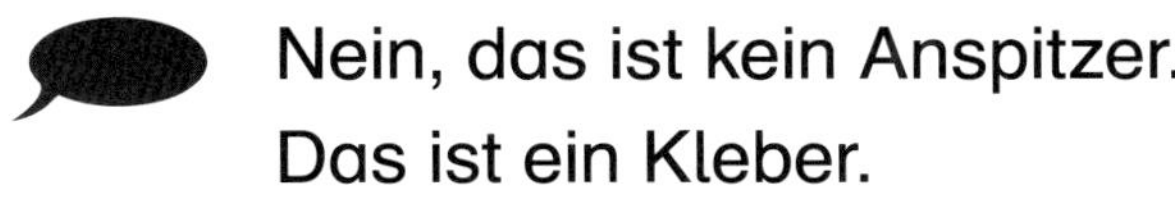
Nein, das ist kein Anspitzer.
Das ist ein Kleber.

Ach so, danke.

3. Bildet weitere Dialoge.

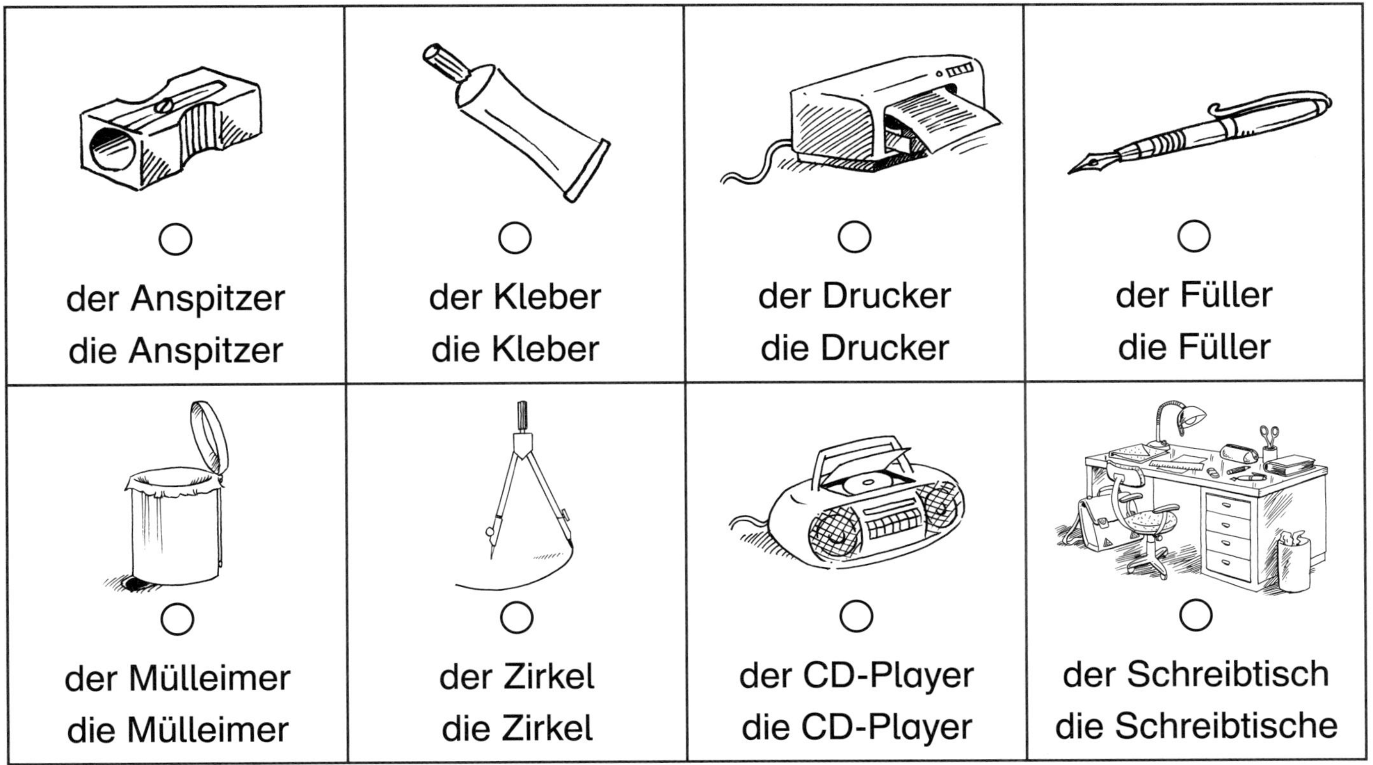

der Anspitzer die Anspitzer	der Kleber die Kleber	der Drucker die Drucker	der Füller die Füller
der Mülleimer die Mülleimer	der Zirkel die Zirkel	der CD-Player die CD-Player	der Schreibtisch die Schreibtische

LZ: Diff. 1, Satzstraße 11: Verneinung Singular – Nominativ – Maskulinum

1. Bildet Sätze mit der Satzstraße.

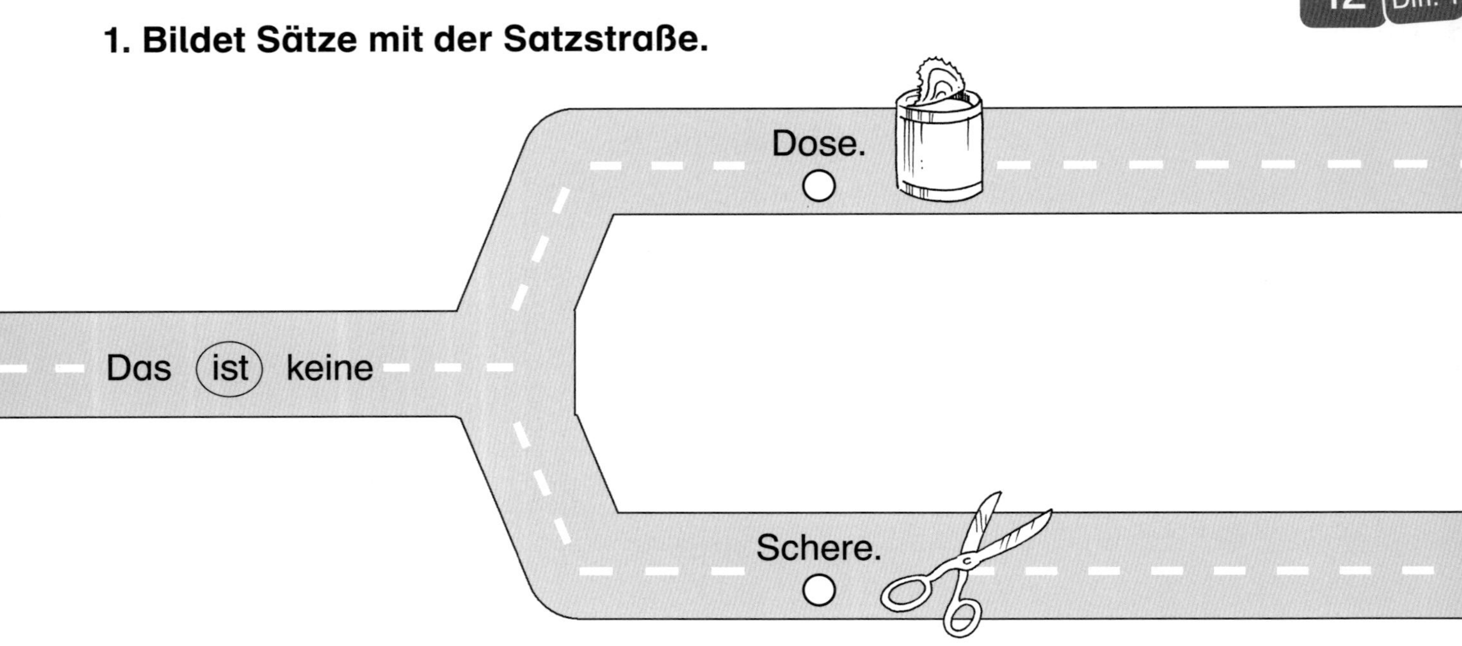

2. Sprecht den Mini-Dialog.

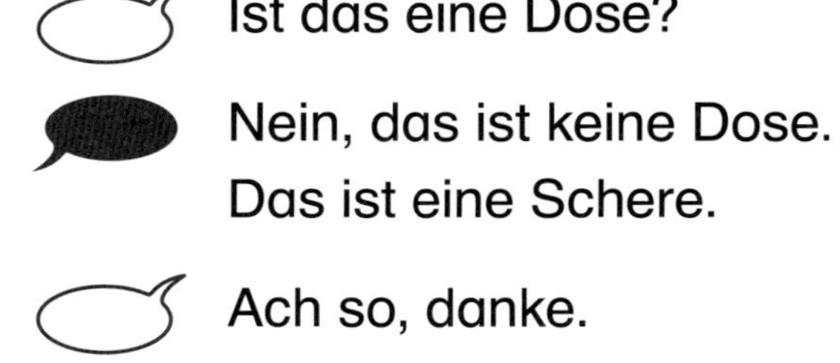

Ist das eine Dose?

Nein, das ist keine Dose.
Das ist eine Schere.

Ach so, danke.

3. Bildet weitere Dialoge.

die Dose die Dosen	die Schere die Scheren	die Turnhalle die Turnhallen	die Lampe die Lampen
die Blume die Blumen	die Tafel die Tafeln	die Bücherei die Büchereien	die Zahl die Zahlen

LZ: Diff. 1, Satzstraße 12: Verneinung Singular – Nominativ – Femininum

1. Bildet Sätze mit der Satzstraße.

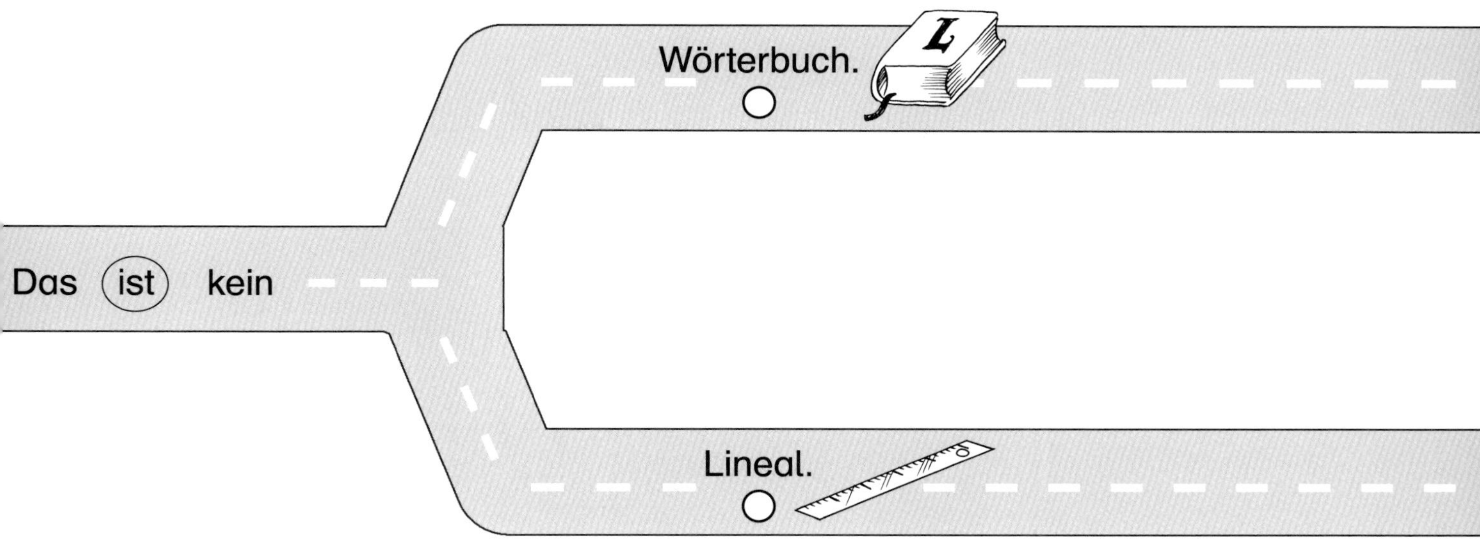

2. Sprecht den Mini-Dialog.

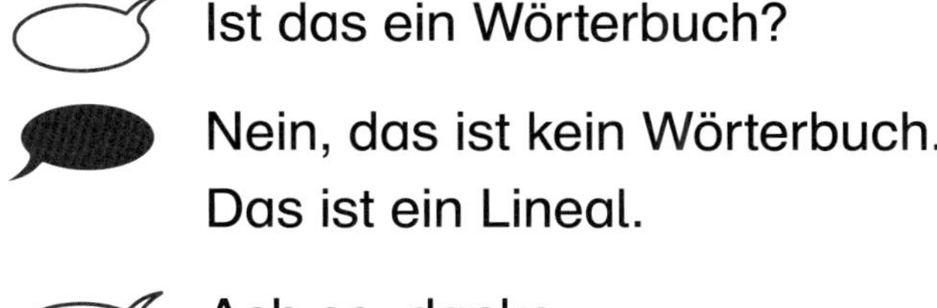

3. Bildet weitere Dialoge.

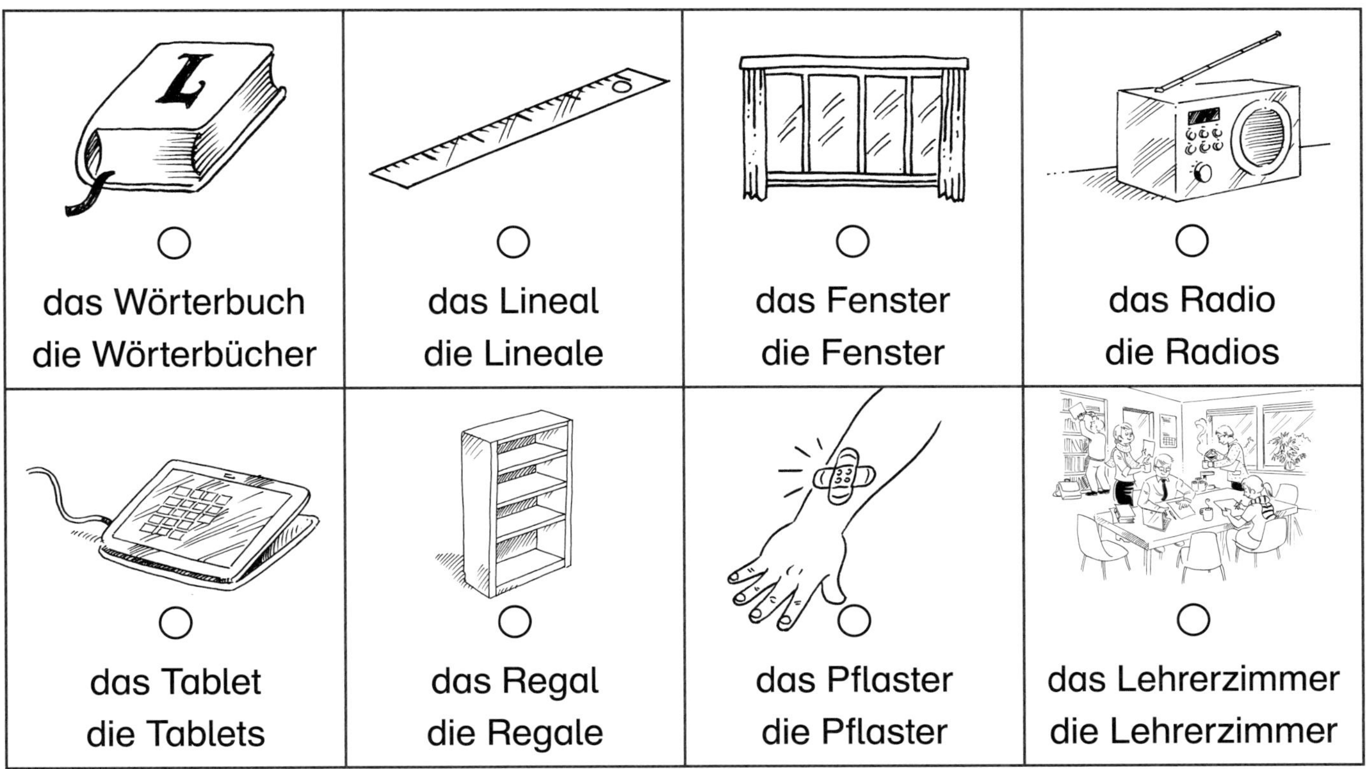

LZ: Diff. 1, Satzstraße 13: Verneinung Singular – Nominativ – Neutrum

1. Bildet Sätze mit der Satzstraße.

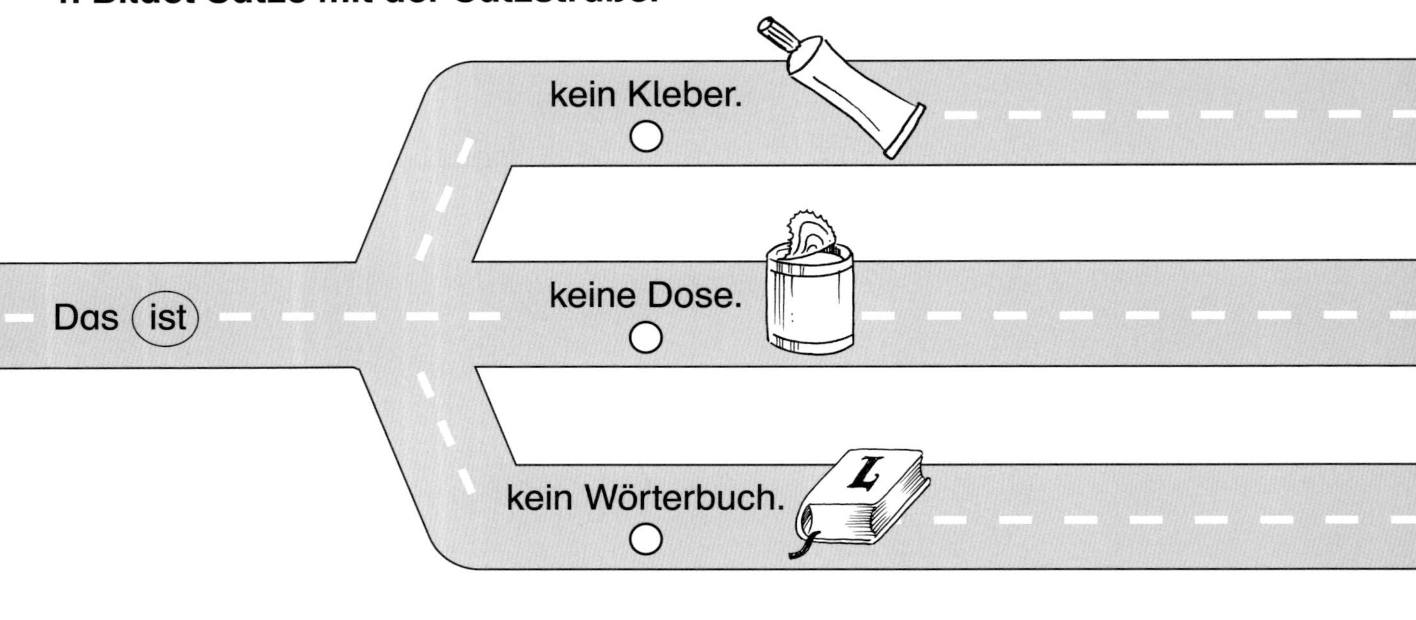

2. Sprecht den Mini-Dialog.

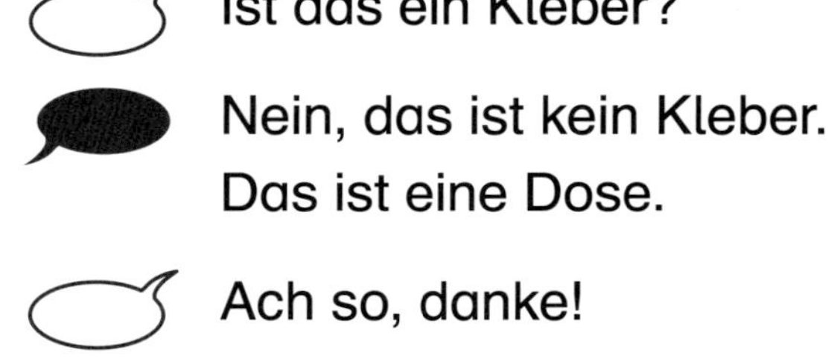

3. Bildet weitere Dialoge.

LZ: Diff. 1, Satzstraße 14: Verneinung Singular – Nominativ – Maskulinum/Femininum/Neutrum

1. Bildet Sätze mit der Satzstraße.

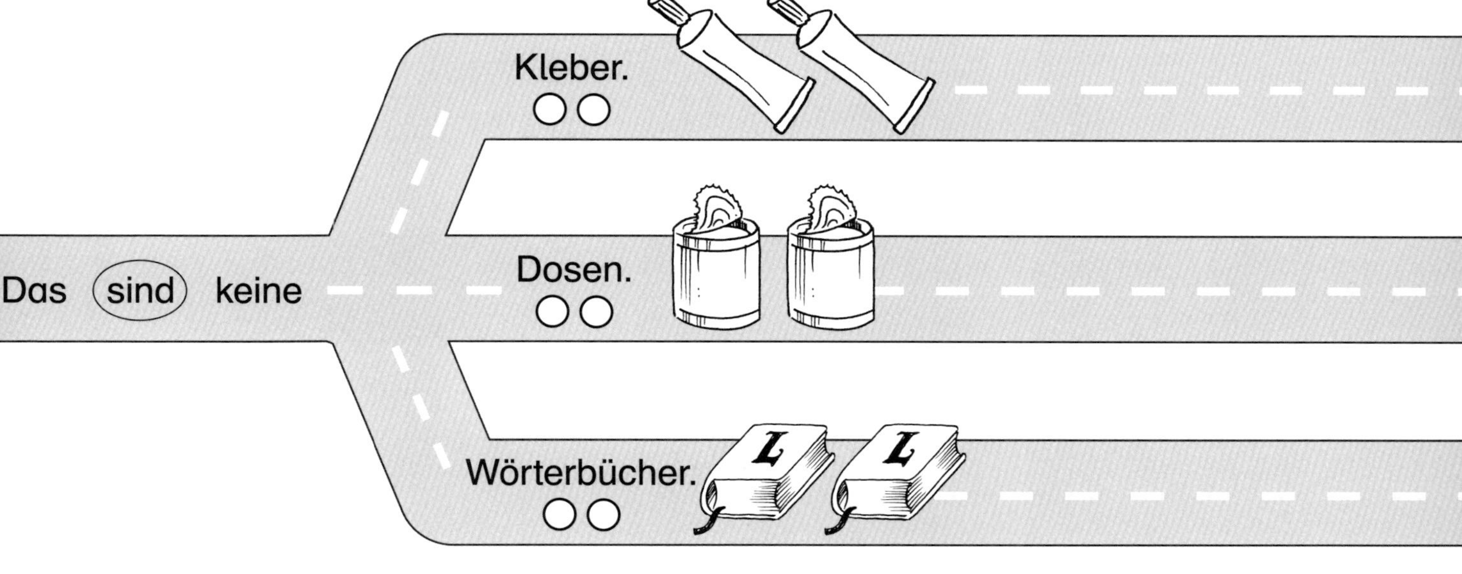

2. Sprecht den Mini-Dialog.

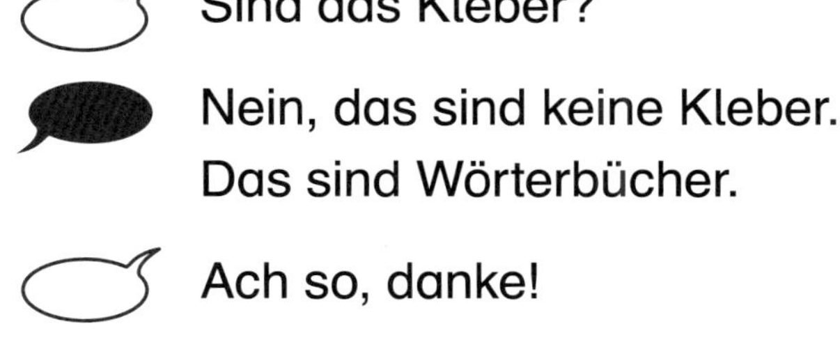

3. Bildet weitere Dialoge.

der Kleber die Kleber	die Dose die Dosen	das Wörterbuch die Wörterbücher	der Turnschuh die Turnschuhe
die Zahl die Zahlen	das Pflaster die Pflaster	die Bücherei die Büchereien	der Buchstabe die Buchstaben

LZ: Diff. 1, Satzstraße 15: Verneinung Plural – Nominativ – Maskulinum/Femininum/Neutrum

1. Bildet Sätze mit der Satzstraße.

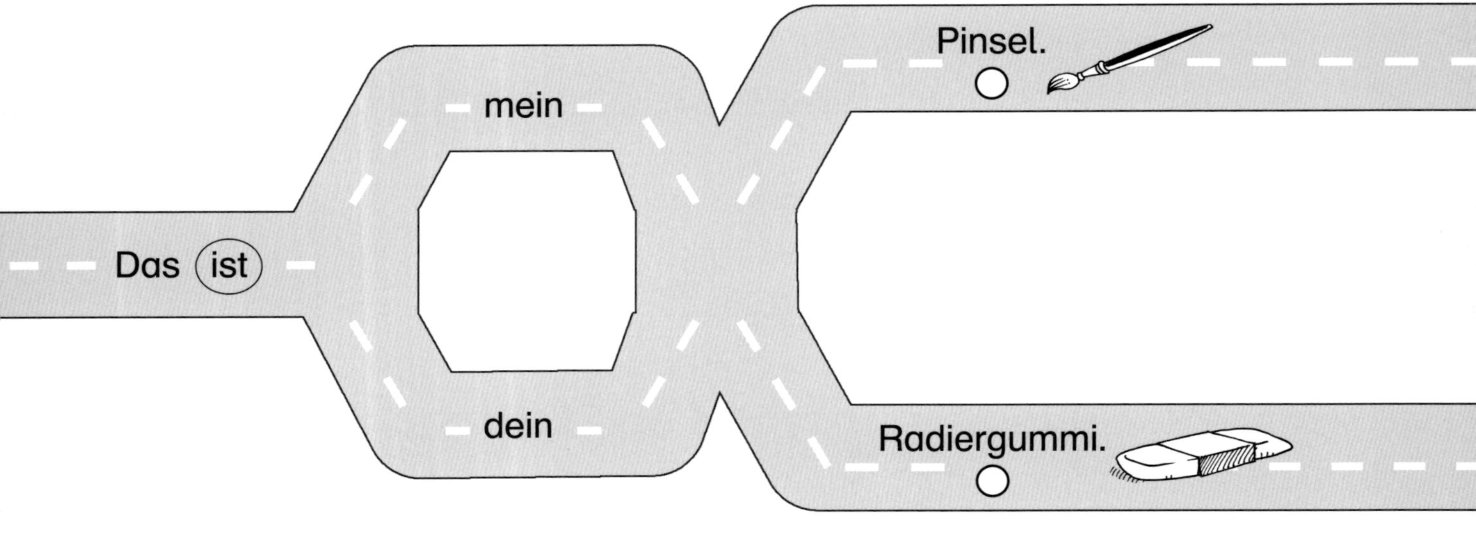

2. Sprecht den Mini-Dialog.

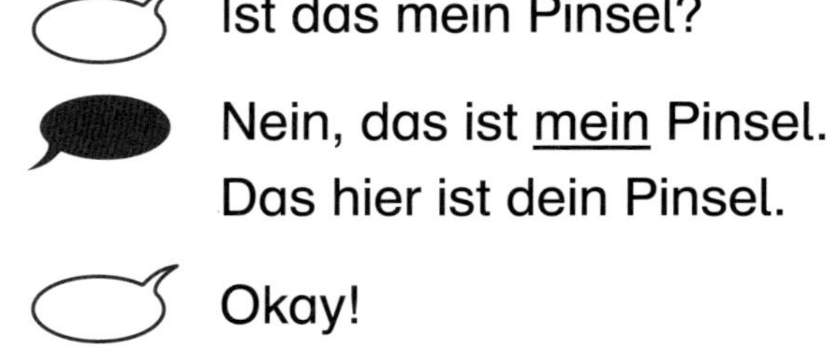

Ist das mein Pinsel?

Nein, das ist <u>mein</u> Pinsel.
Das hier ist dein Pinsel.

Okay!

3. Bildet weitere Dialoge.

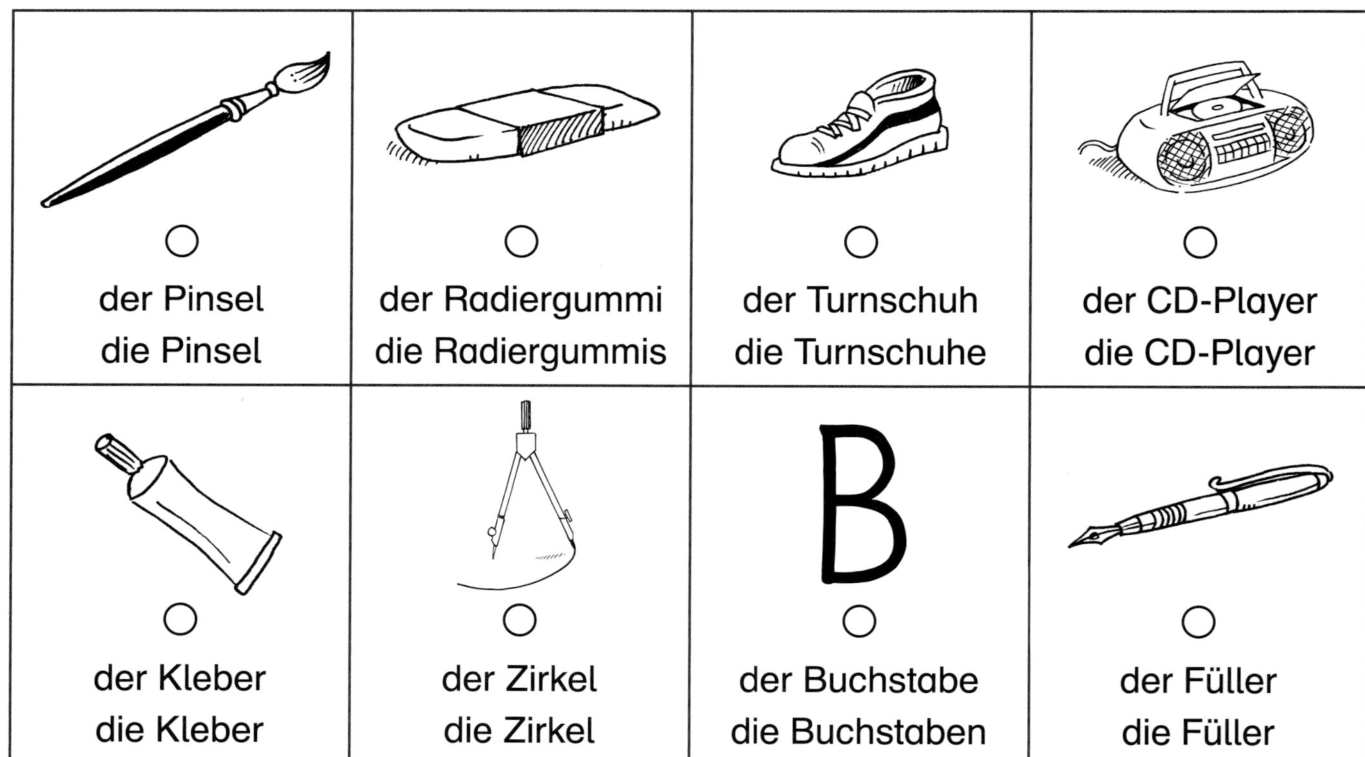

der Pinsel die Pinsel	der Radiergummi die Radiergummis	der Turnschuh die Turnschuhe	der CD-Player die CD-Player
der Kleber die Kleber	der Zirkel die Zirkel	der Buchstabe die Buchstaben	der Füller die Füller

LZ: Diff. 1, Satzstraße 16: Substantivdeklination mit dem Possessivartikel 1. & 2. Person Singular – Nominativ – Maskulinum – Singular

1. Bildet Sätze mit der Satzstraße.

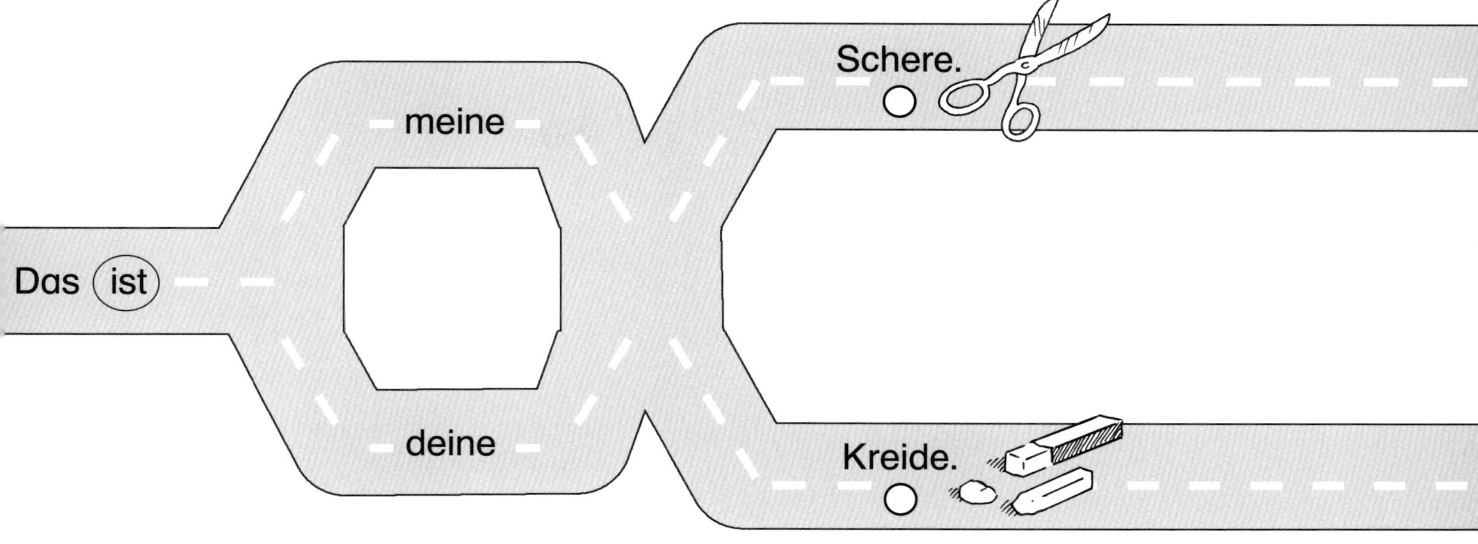

2. Sprecht den Mini-Dialog.

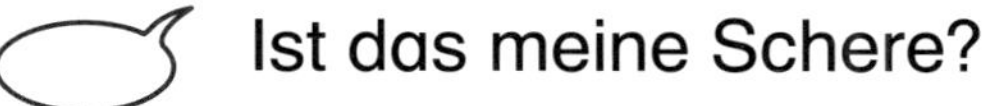
Ist das meine Schere?

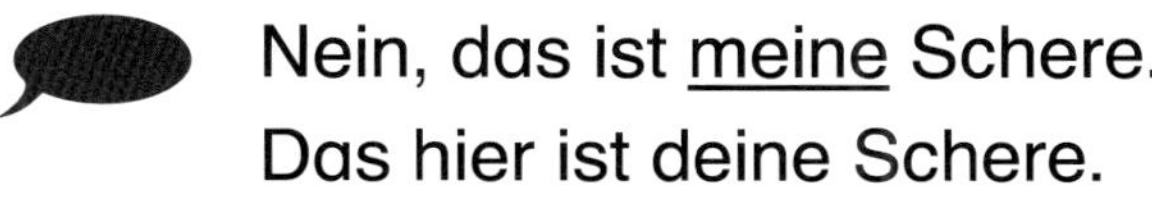
Nein, das ist <u>meine</u> Schere.
Das hier ist deine Schere.

Okay.

3. Bildet weitere Dialoge.

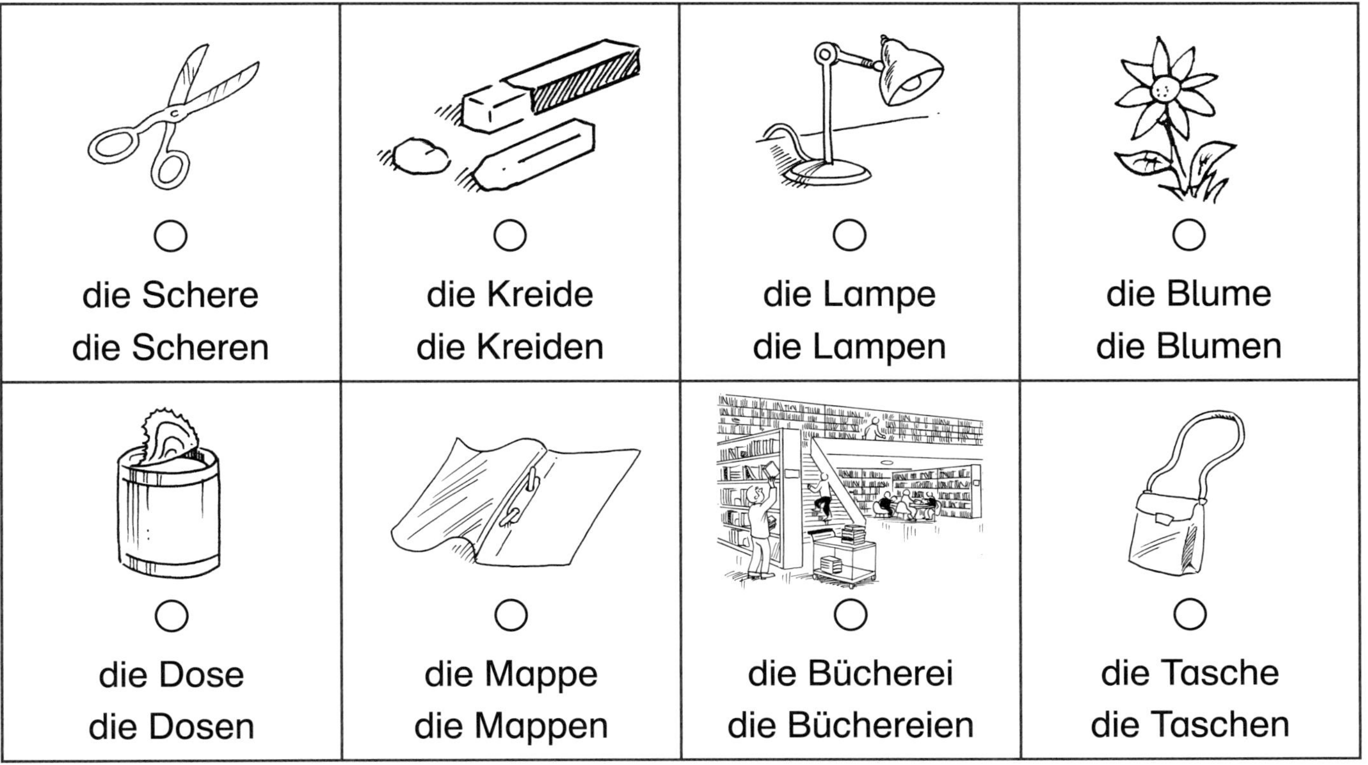

○ die Schere die Scheren	○ die Kreide die Kreiden	○ die Lampe die Lampen	○ die Blume die Blumen
○ die Dose die Dosen	○ die Mappe die Mappen	○ die Bücherei die Büchereien	○ die Tasche die Taschen

LZ: Diff. 1, Satzstraße 17: Substantivdeklination mit dem Possessivartikel 1. & 2. Person Singular – Nominativ – Femininum – Singular

1. Bildet Sätze mit der Satzstraße.

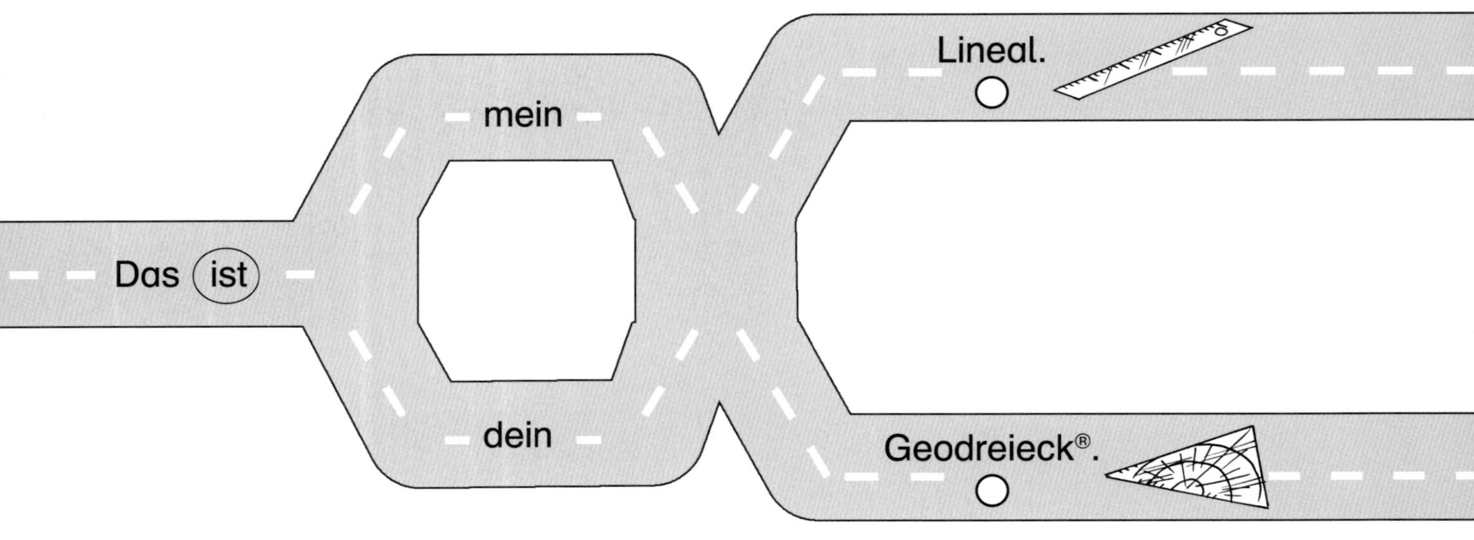

2. Sprecht den Mini-Dialog.

Ist das mein Lineal?

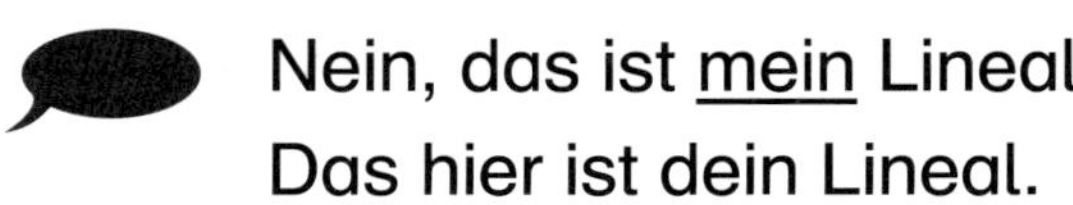
Nein, das ist <u>mein</u> Lineal.
Das hier ist dein Lineal.

Okay.

3. Bildet weitere Dialoge.

das Lineal die Lineale	das Geodreieck® die Geodreiecke®	das Radio die Radios	das Tablet die Tablets
das Buch die Bücher	das Sportzeug –	das Pult die Pulte	das Feder- mäppchen die Feder- mäppchen

LZ: Diff. 1, Satzstraße 18: Substantivdeklination mit dem Possessivartikel 1. & 2. Person Singular – Nominativ – Neutrum – Singular

1. Bildet Sätze mit der Satzstraße.

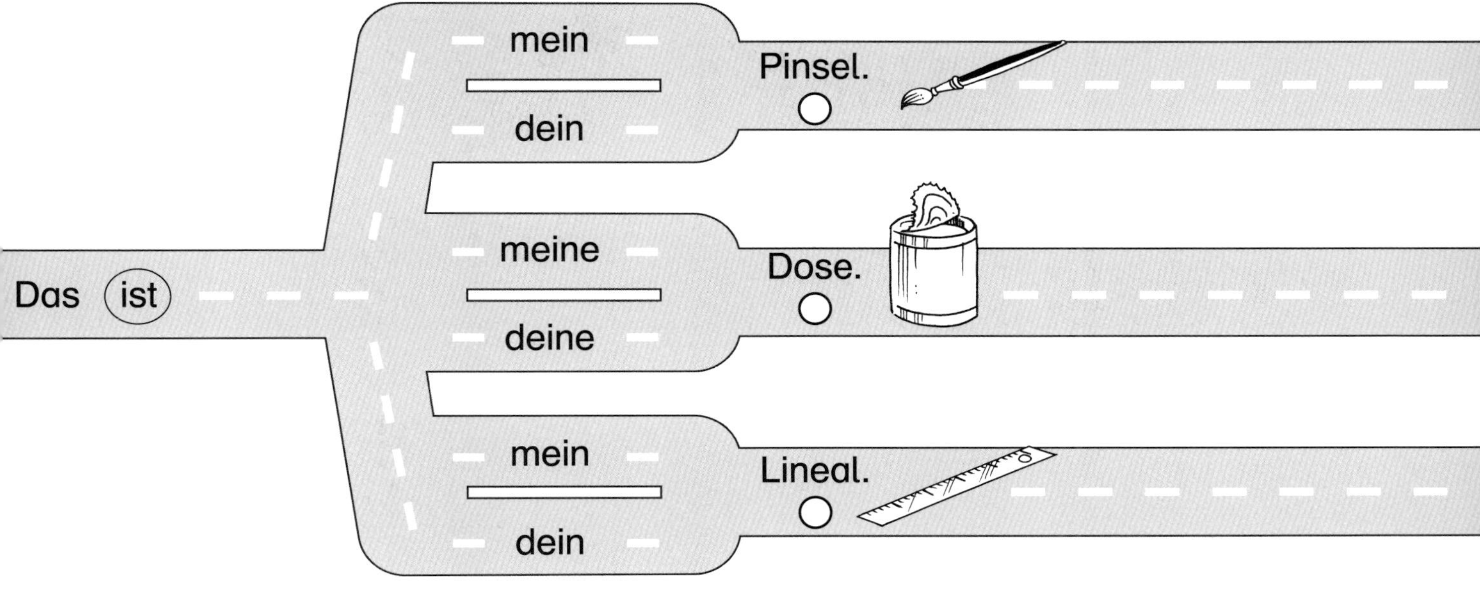

2. Sprecht den Mini-Dialog.

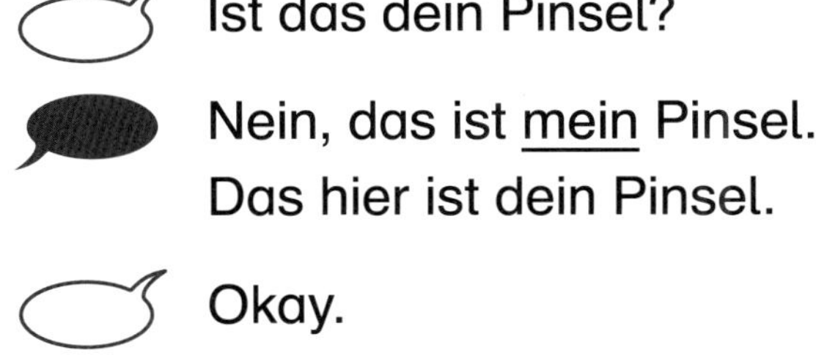

3. Bildet weitere Dialoge.

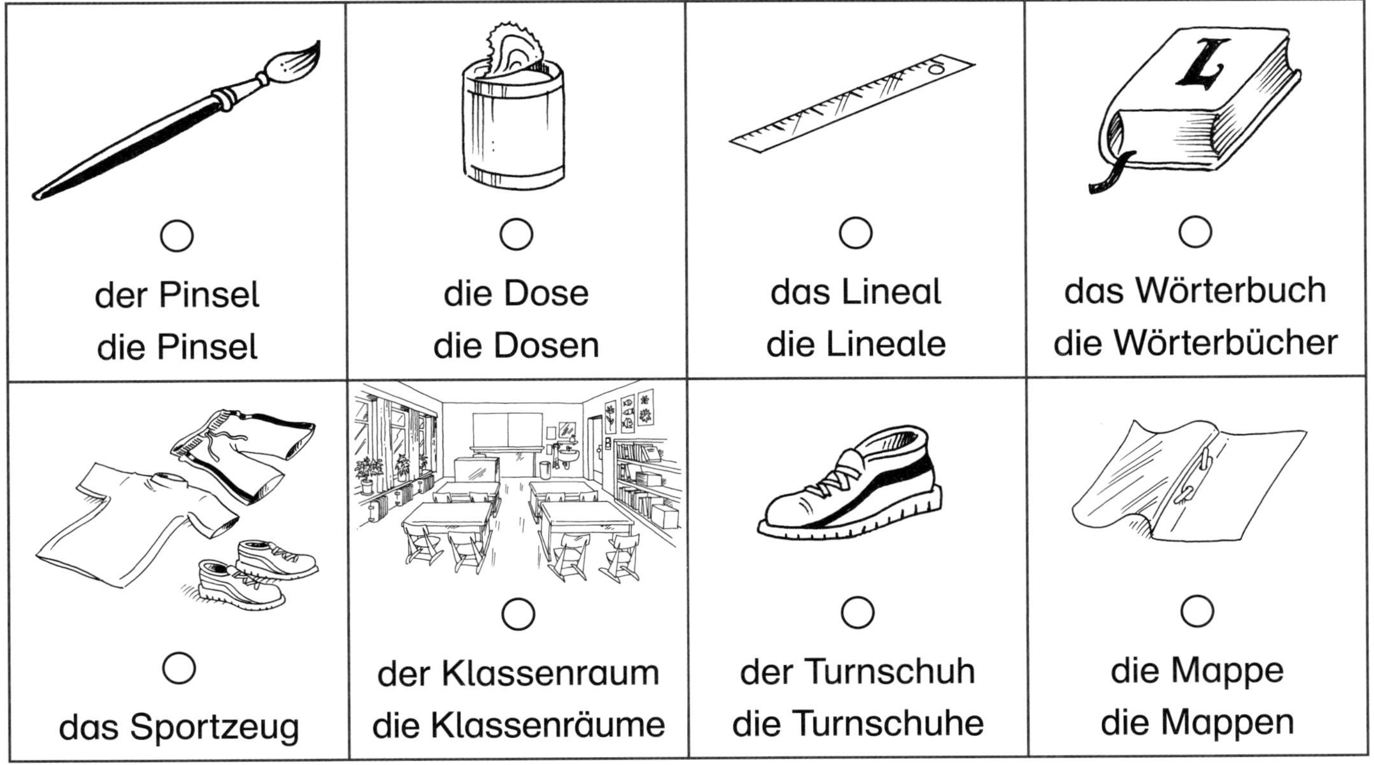

LZ: Diff. 1, Satzstraße 19: Substantivdeklination mit dem Possessivartikel 1. & 2. Person Singular – Nominativ Maskulinum – Femininum – Neutrum – Singular

1. Bildet Sätze mit der Satzstraße.

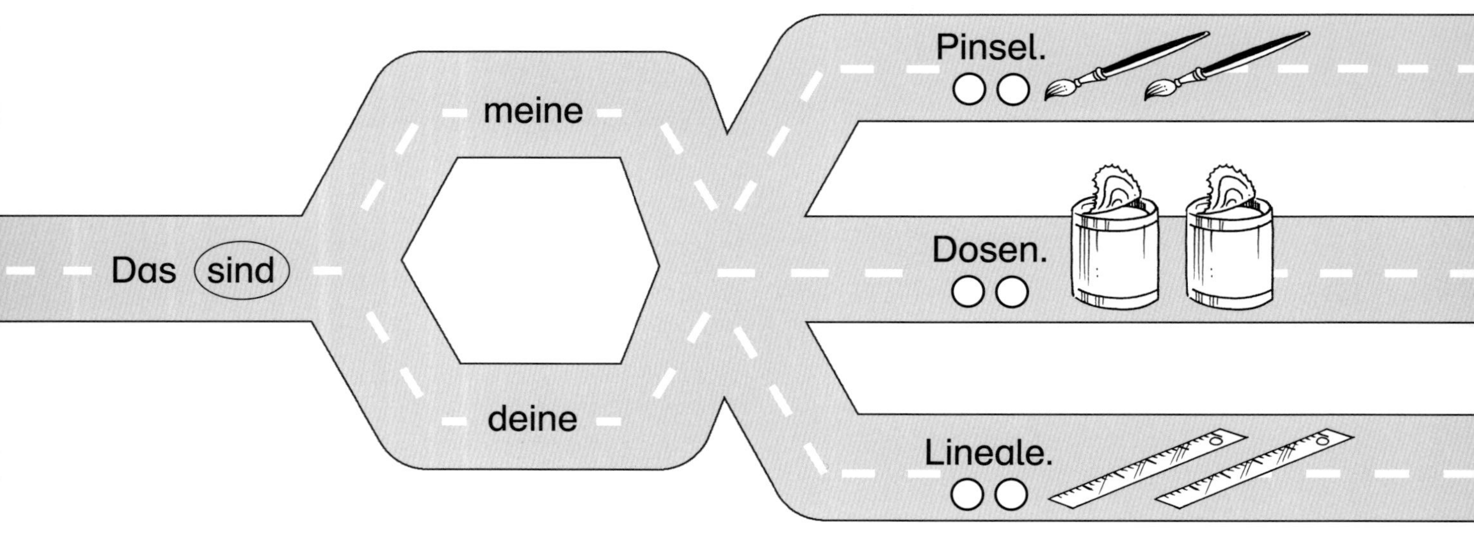

2. Sprecht den Mini-Dialog.

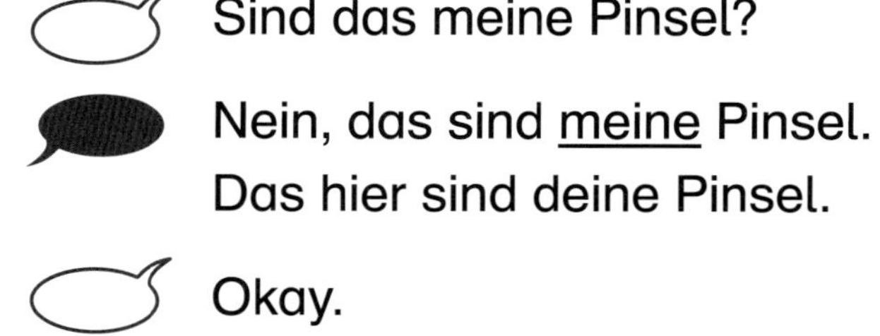

Sind das meine Pinsel?

Nein, das sind <u>meine</u> Pinsel.
Das hier sind deine Pinsel.

Okay.

3. Bildet weitere Dialoge.

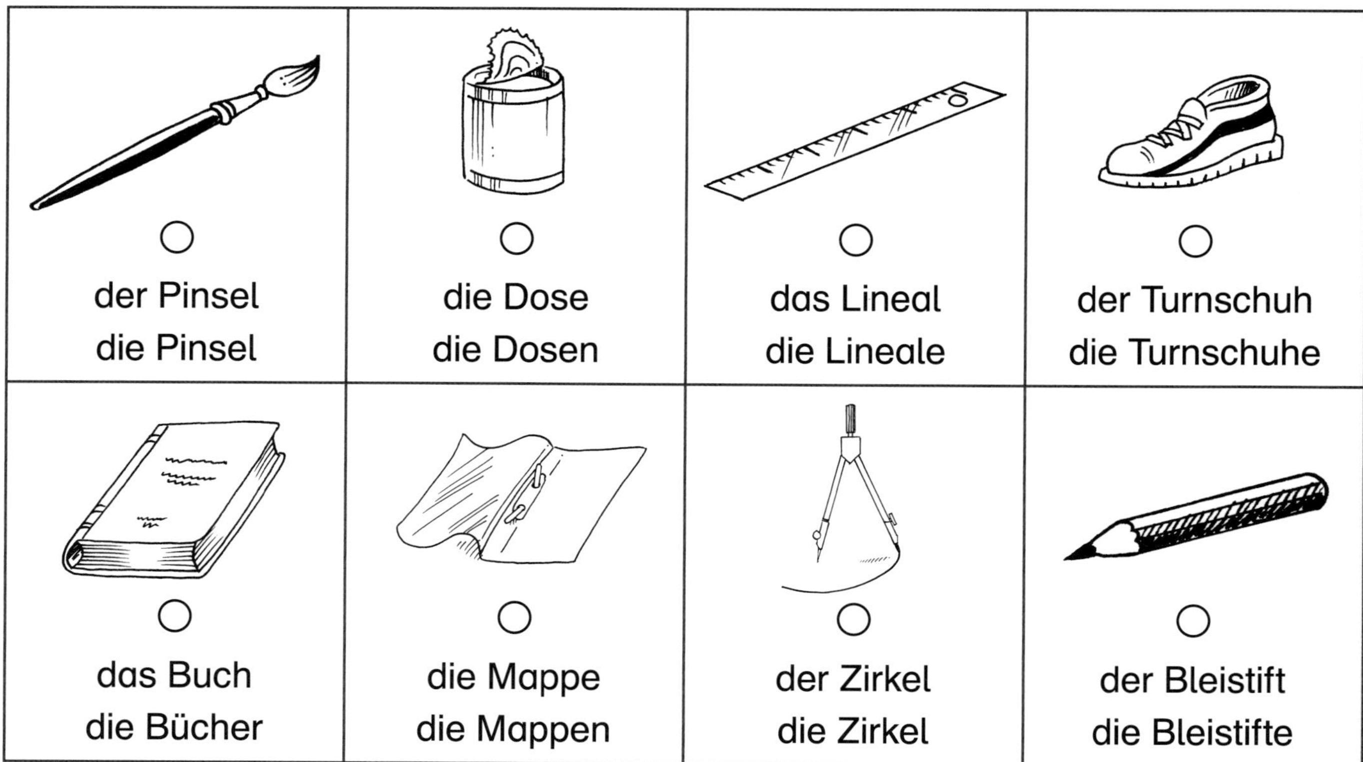

der Pinsel die Pinsel	die Dose die Dosen	das Lineal die Lineale	der Turnschuh die Turnschuhe
das Buch die Bücher	die Mappe die Mappen	der Zirkel die Zirkel	der Bleistift die Bleistifte

LZ: Diff. 1, Satzstraße 20: Substantivdeklination mit dem Possessivartikel 1. & 2. Person Singular – Nominativ – Maskulinum/Femininum/Neutrum – Plural

1. Bildet Sätze mit der Satzstraße.

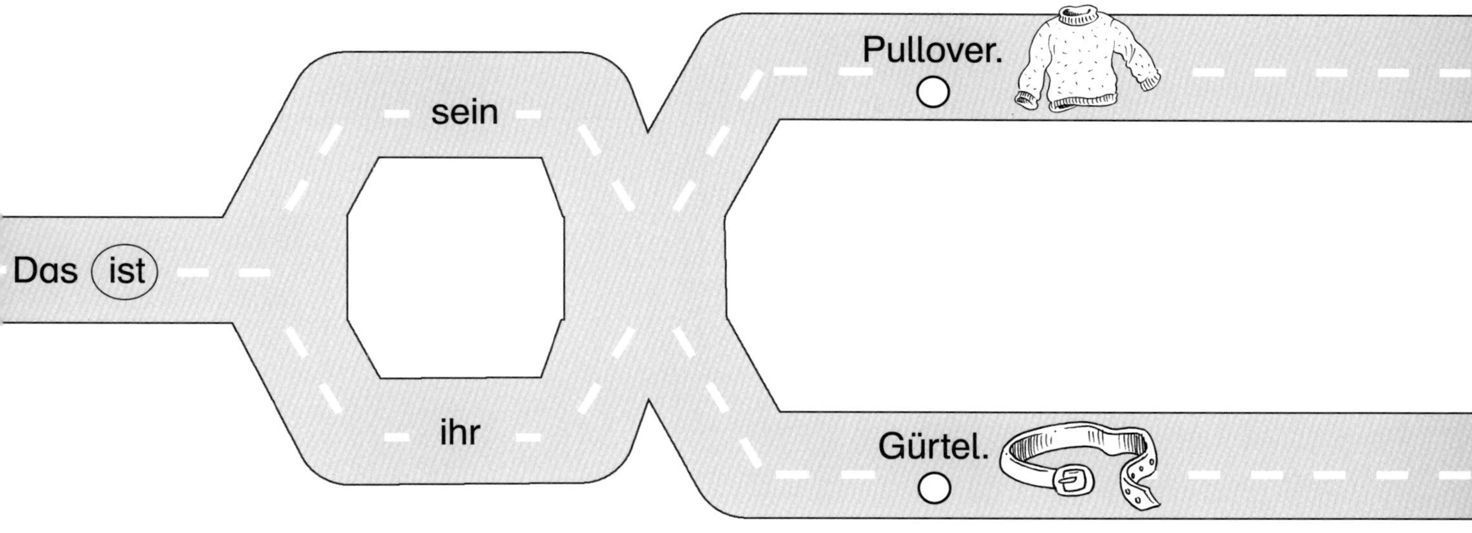

2. Sprecht den Mini-Dialog.

 Ist das sein Pullover?

 Nein, das ist ihr Pullover.
Das hier ist sein Pullover.

 Okay.

3. Bildet weitere Dialoge.

der Pullover die Pullover	der Gürtel die Gürtel	der Handschuh die Handschuhe	der Jogginganzug die Jogginganzüge
der Rock die Röcke	der Schal die Schals	der Schuh die Schuhe	der Stiefel die Stiefel

LZ: Diff. 1, Satzstraße 21: Substantivdeklination mit dem Possessivartikel 3. Person Singular – Nominativ – Maskulinum – Singular

1. Bildet Sätze mit der Satzstraße.

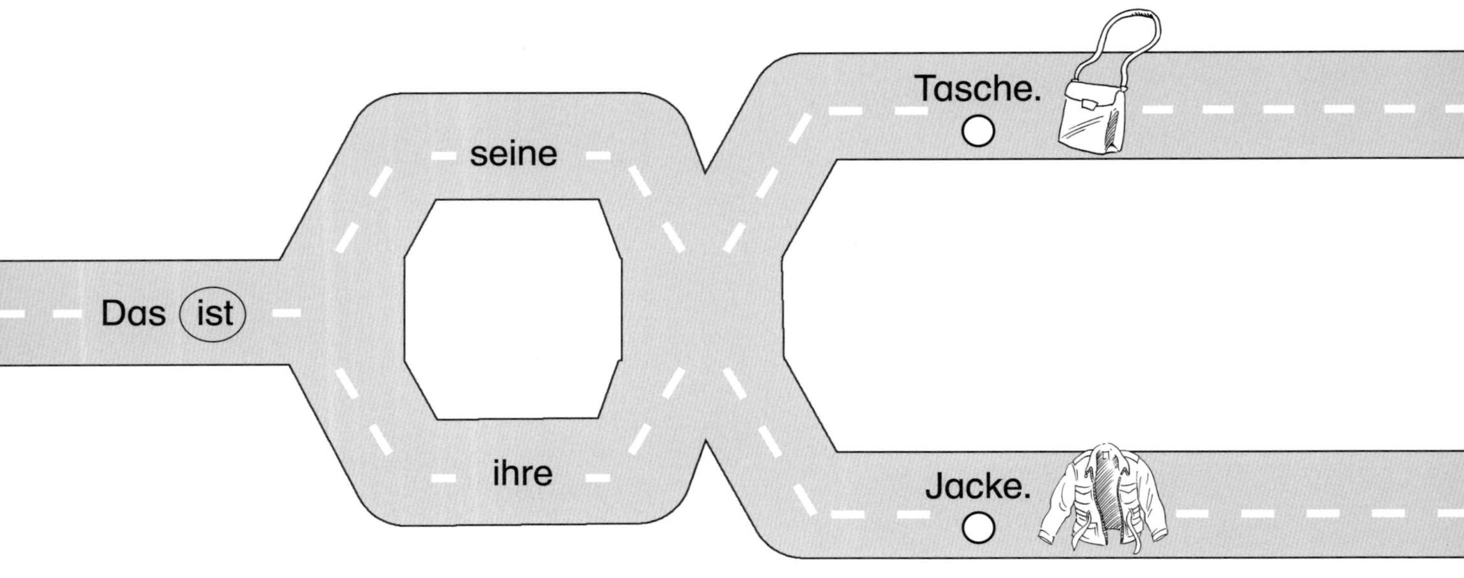

2. Sprecht den Mini-Dialog.

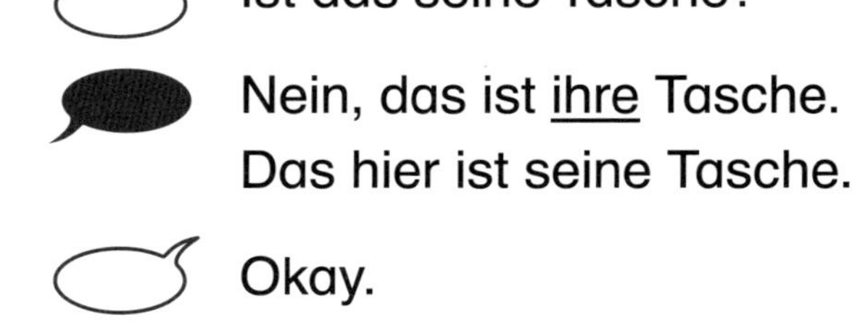

Ist das seine Tasche?

Nein, das ist ihre Tasche.
Das hier ist seine Tasche.

Okay.

3. Bildet weitere Dialoge.

die Tasche die Taschen	die Jacke die Jacken	die Badehose die Badehosen	die Hose die Hosen
die Mütze die Mützen	die Socke die Socken	die Kappe die Kappen	die Weste die Westen

LZ: Diff. 1, Satzstraße 22: Substantivdeklination mit dem Possessivartikel 3. Person Singular – Nominativ – Femininum – Singular

1. Bildet Sätze mit der Satzstraße.

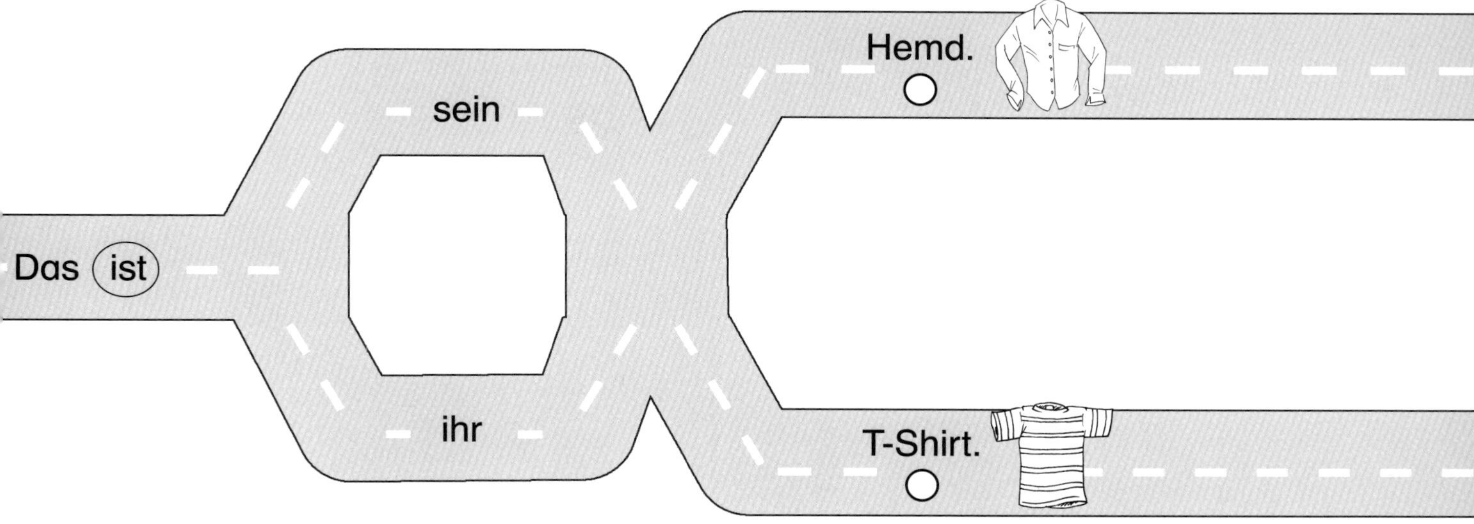

2. Sprecht den Mini-Dialog.

Ist das sein Hemd?

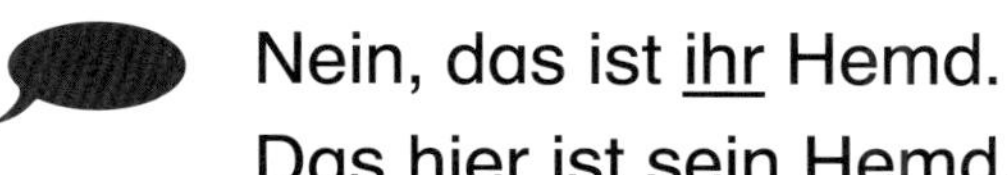
Nein, das ist ihr Hemd.
Das hier ist sein Hemd.

Okay.

3. Bildet weitere Dialoge.

das Hemd die Hemden	das T-Shirt die T-Shirts	das Handtuch die Handtücher	das Kleid die Kleider
das Sportzeug –	das Trikot die Trikots	das Haarband die Haarbänder	das Stirnband die Stirnbänder

LZ: Diff. 1, Satzstraße 23: Substantivdeklination mit dem Possessivartikel 3. Person Singular – Nominativ – Neutrum – Singular

1. Bildet Sätze mit der Satzstraße.

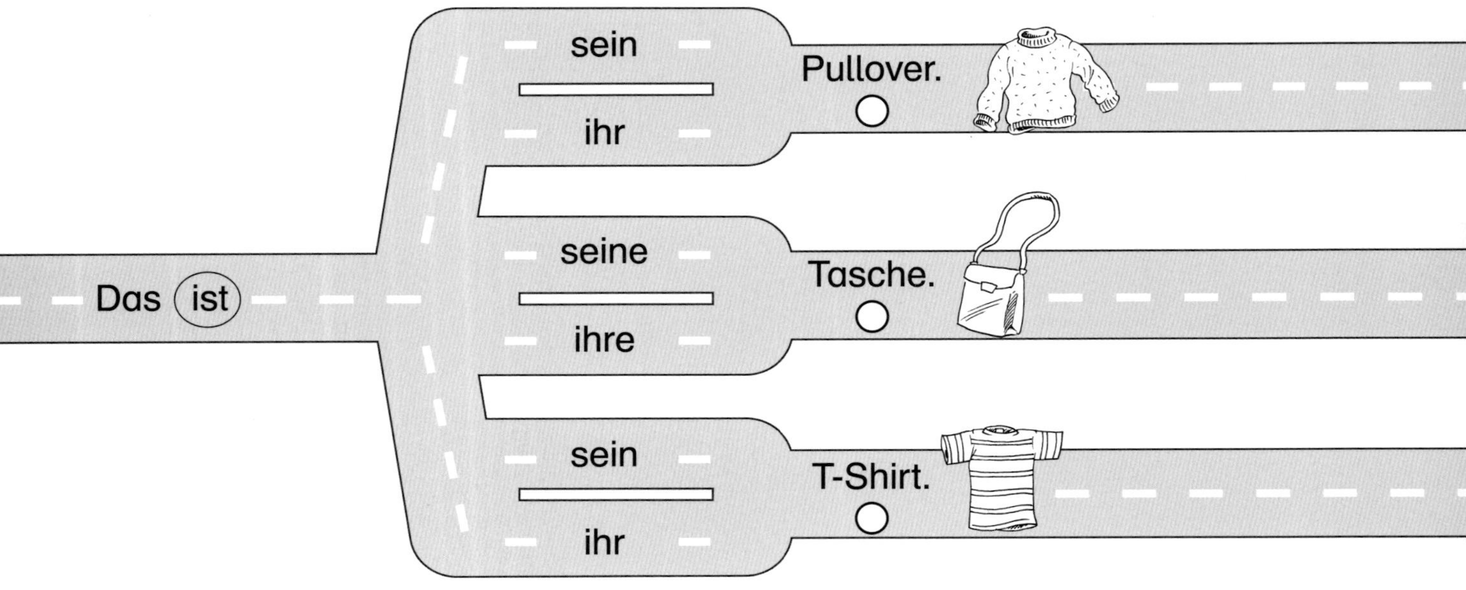

2. Sprecht den Mini-Dialog.

Ist das sein Pullover?

Nein, das ist ihr Pullover.
Das hier ist sein Pullover.

Okay.

3. Bildet weitere Dialoge.

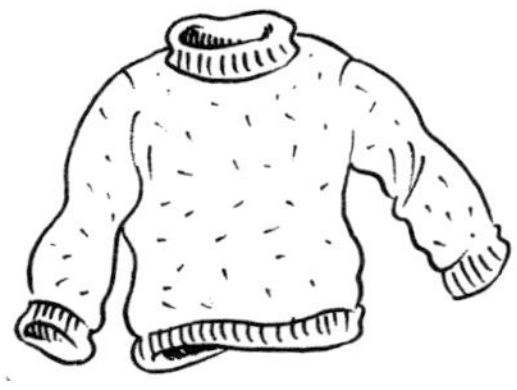 ○ der Pullover die Pullover	 ○ die Tasche die Taschen	 ○ das T-Shirt die T-Shirts	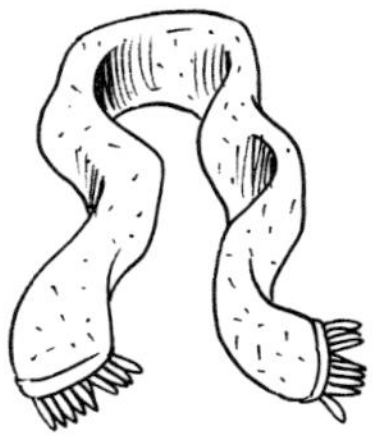 ○ der Schal die Schals
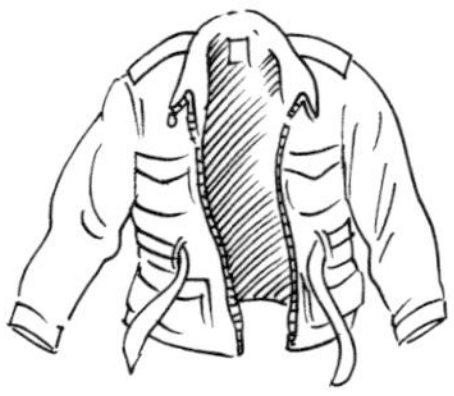 ○ die Jacke die Jacken	 ○ das Kleid die Kleider	 ○ die Mütze die Mützen	 ○ der Jogginganzug die Jogging- anzüge

LZ: Diff. 1, Satzstraße 24: Substantivdeklination mit dem Possessivartikel 3. Person Singular – Nominativ – Maskulinum/Femininum/Neutrum – Singular

1. Bildet Sätze mit der Satzstraße.

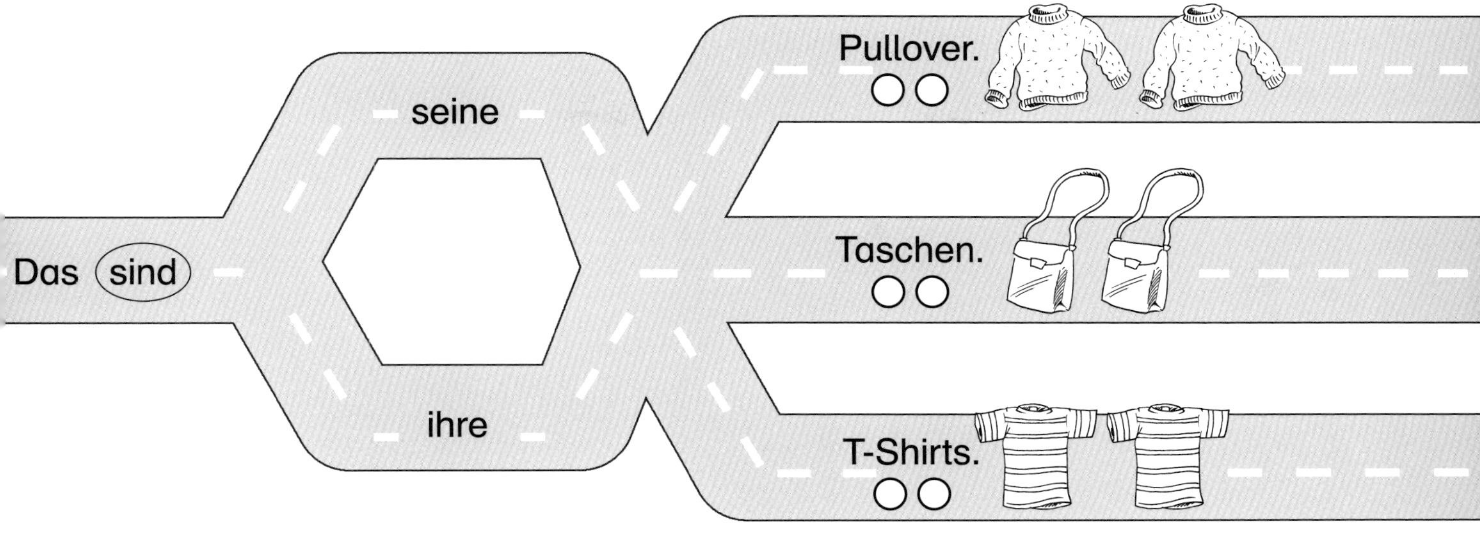

2. Sprecht den Mini-Dialog.

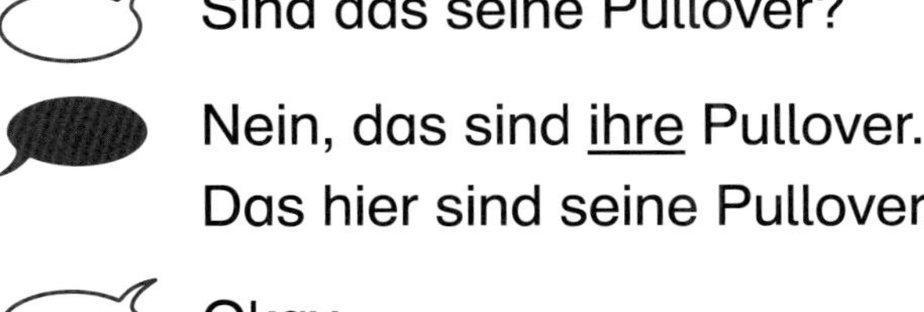

Sind das seine Pullover?

Nein, das sind <u>ihre</u> Pullover.
Das hier sind seine Pullover.

Okay.

3. Bildet weitere Dialoge.

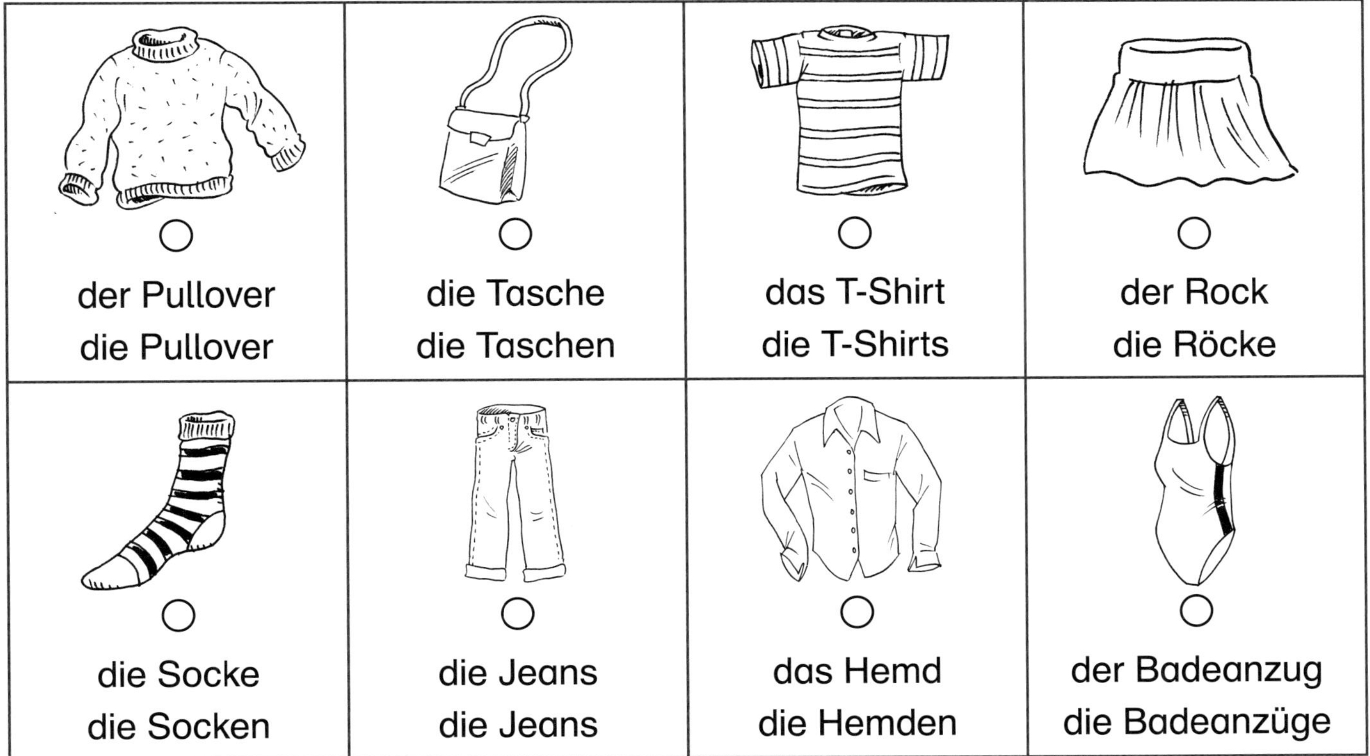

der Pullover die Pullover	die Tasche die Taschen	das T-Shirt die T-Shirts	der Rock die Röcke
die Socke die Socken	die Jeans die Jeans	das Hemd die Hemden	der Badeanzug die Badeanzüge

LZ: Diff. 1, Satzstraße 25: Substantivdeklination mit dem Possessivartikel 3. Person Singular – Nominativ – Maskulinum/Femininum/Neutrum – Plural

1. Bildet Sätze mit der Satzstraße.

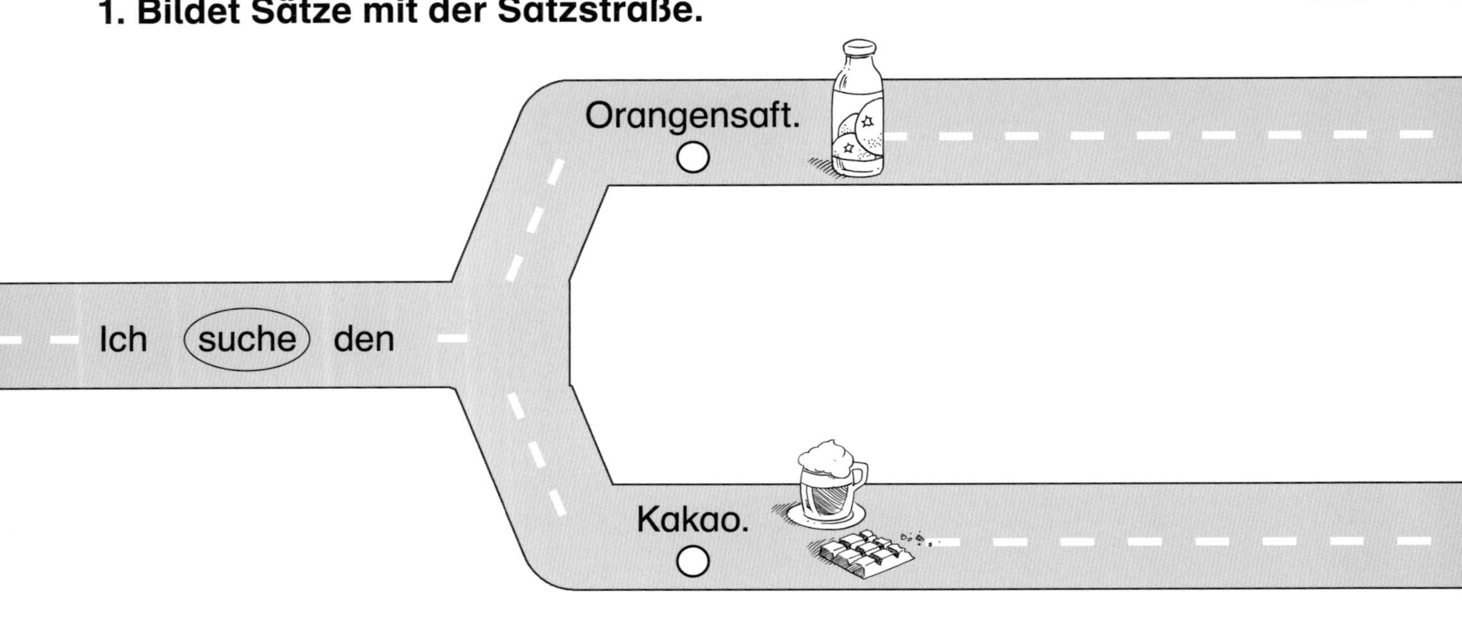

2. Sprecht den Mini-Dialog.

Hallo, was suchst du?

Ich suche den Orangensaft.

Oh, wie lecker.

3. Bildet weitere Dialoge.

der Orangensaft die Orangensäfte	der Kakao die Kakaos	der Kaffee die Kaffees	der Tee die Tees
der Apfel die Äpfel	der Salat die Salate	der Kuchen die Kuchen	der Fisch die Fische

LZ: Diff. 1, Satzstraße 26: Substantivdeklination mit dem best. Artikel Singular – Akkusativ – Maskulinum

1. Bildet Sätze mit der Satzstraße.

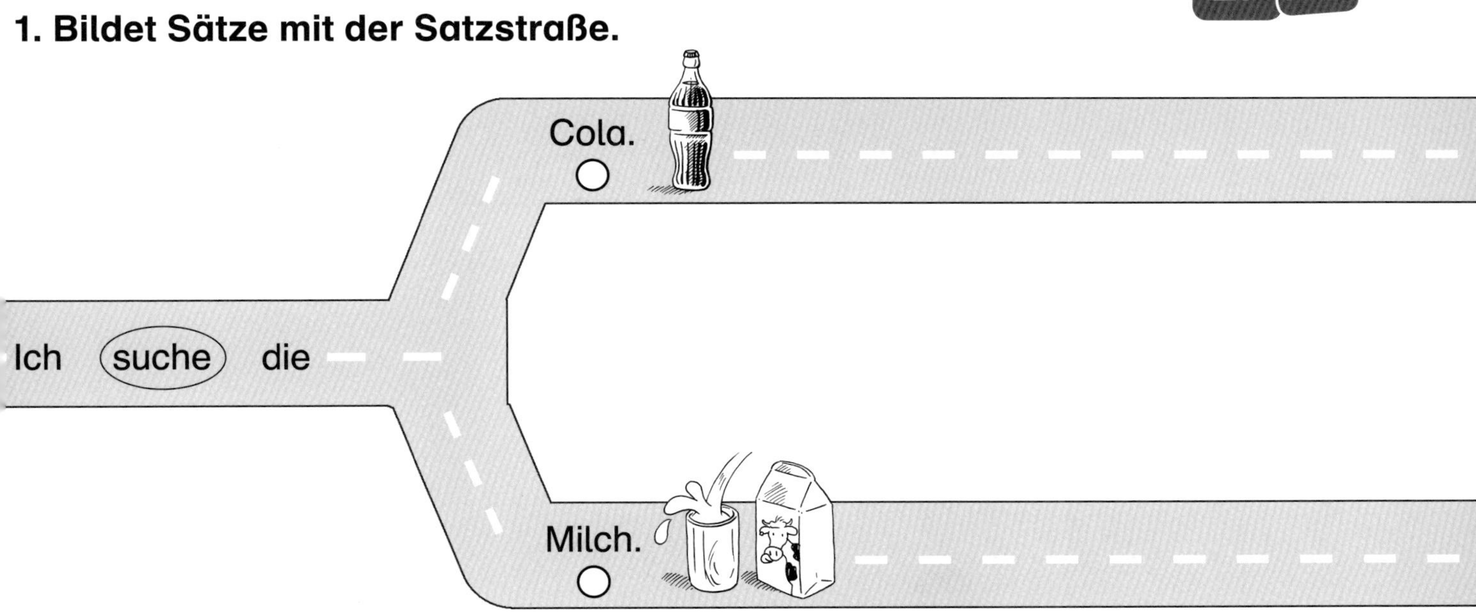

2. Sprecht den Mini-Dialog.

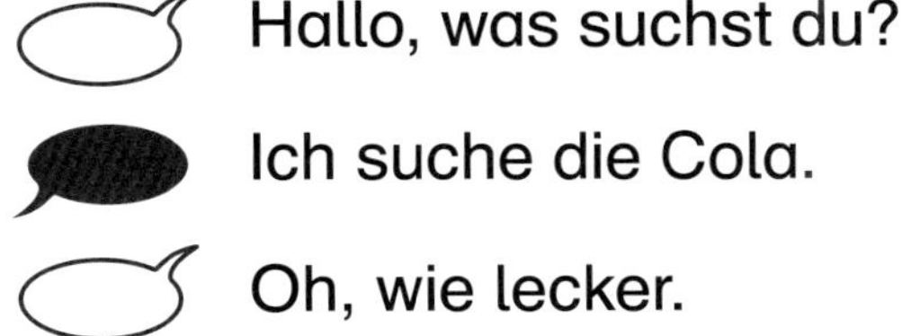

3. Bildet weitere Dialoge.

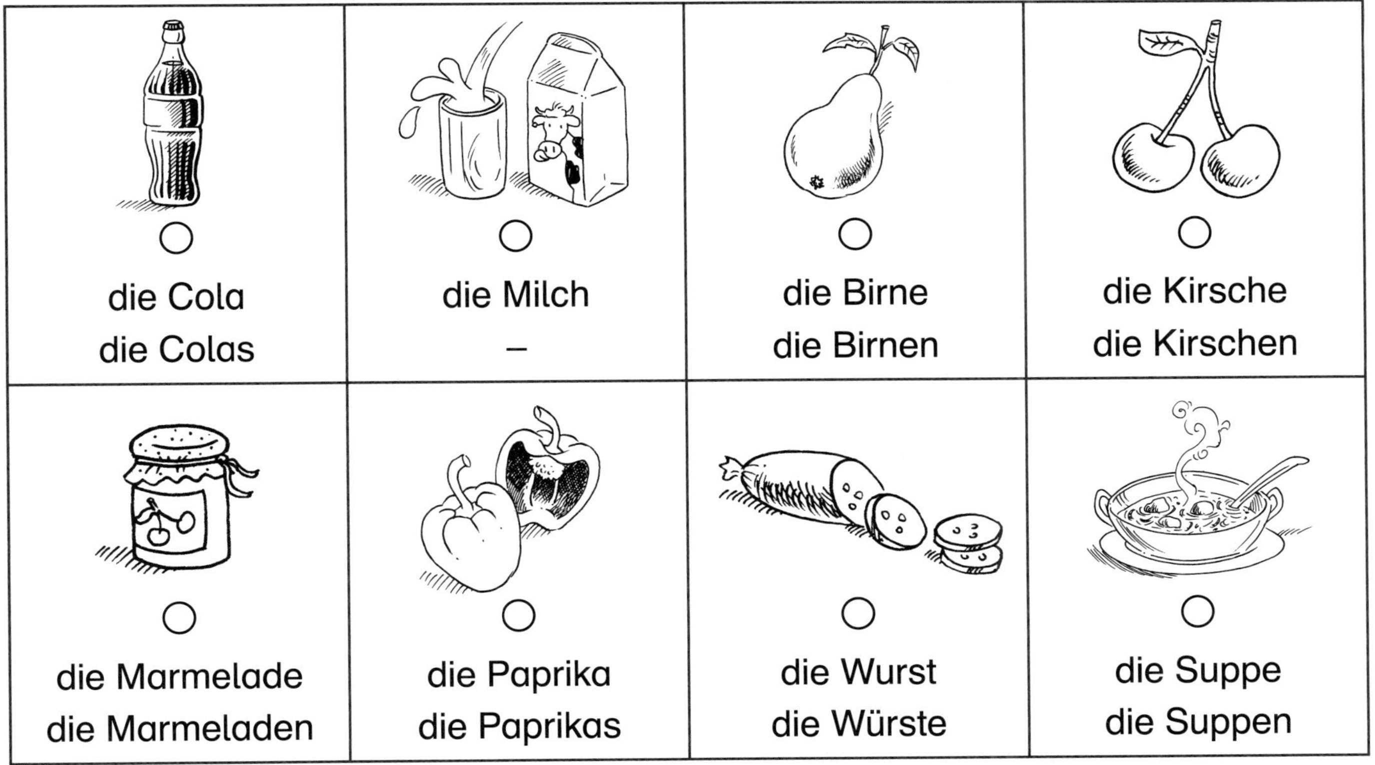

die Cola die Colas	die Milch –	die Birne die Birnen	die Kirsche die Kirschen
die Marmelade die Marmeladen	die Paprika die Paprikas	die Wurst die Würste	die Suppe die Suppen

LZ: Diff. 1, Satzstraße 27: Substantivdeklination mit dem best. Artikel Singular – Akkusativ – Femininum

1. Bildet Sätze mit der Satzstraße.

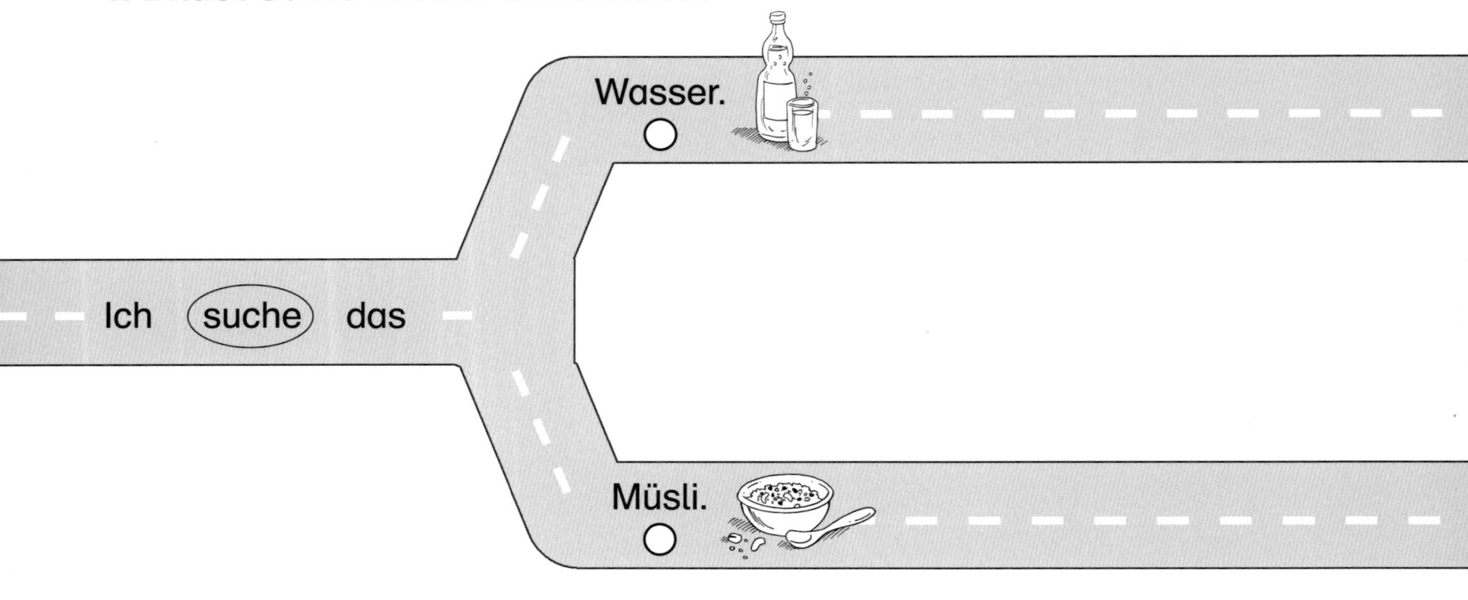

2. Sprecht den Mini-Dialog.

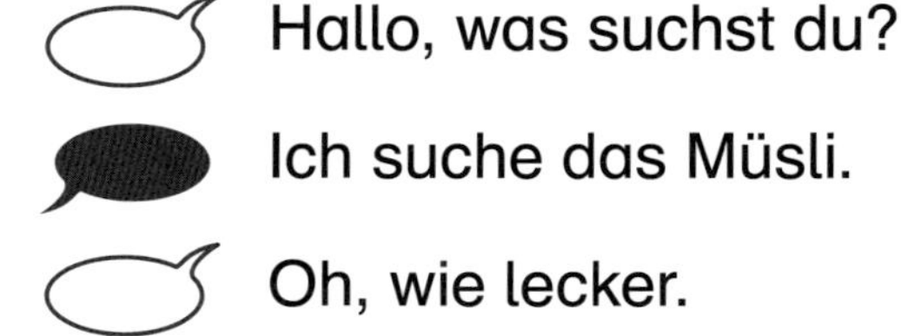

3. Bildet weitere Dialoge.

das Wasser –	das Glas die Gläser	das Ei die Eier	das Obst –
das Müsli die Müslis	das Brot die Brote	das Brötchen die Brötchen	das Gemüse –

LZ: Diff. 1, Satzstraße 28: Substantivdeklination mit dem best. Artikel Singular – Akkusativ – Neutrum

1. Bildet Sätze mit der Satzstraße.

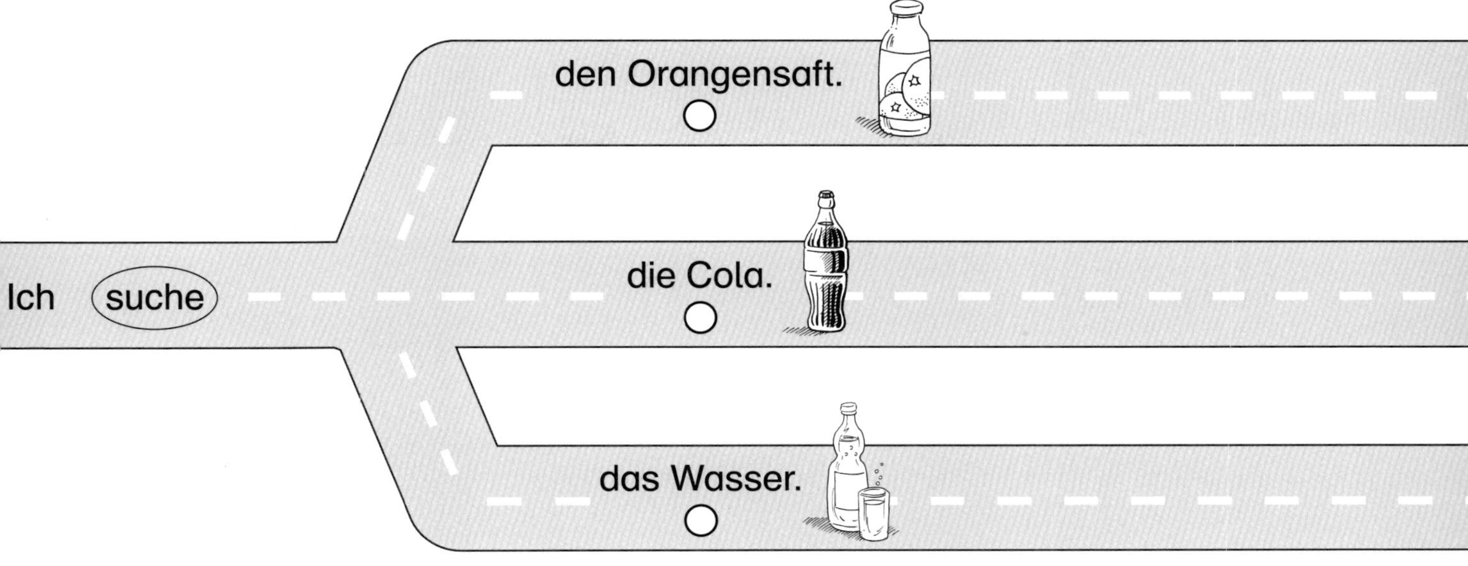

2. Sprecht den Mini-Dialog.

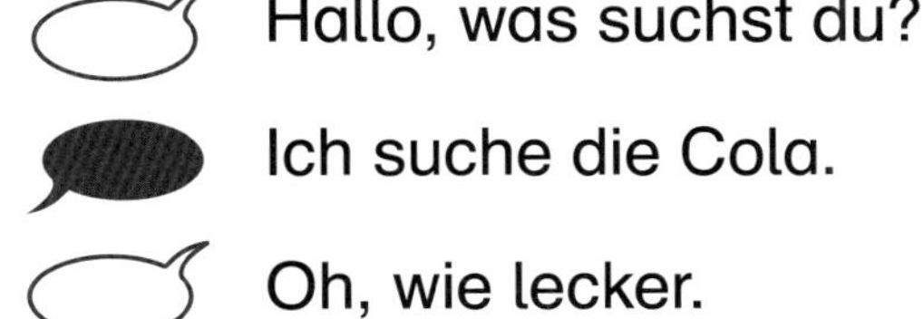

Hallo, was suchst du?

Ich suche die Cola.

Oh, wie lecker.

3. Bildet weitere Dialoge.

der Orangensaft die Orangensäfte	die Cola die Colas	das Wasser –	der Kakao die Kakaos
die Marmelade die Marmeladen	das Ei die Eier	die Banane die Bananen	die Schokolade die Schokoladen

LZ: Diff. 1, Satzstraße 29: Substantivdeklination mit dem best. Artikel Singular – Akkusativ – Maskulinum/ Femininum/Neutrum

1. Bildet Sätze mit der Satzstraße.

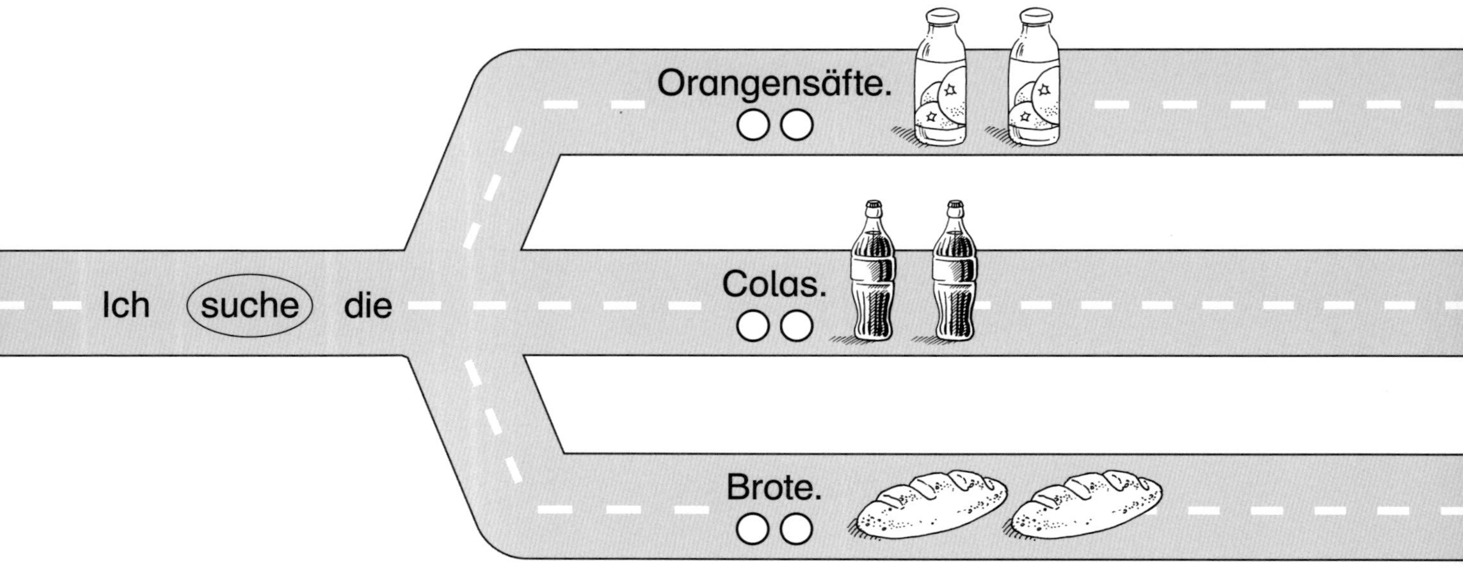

2. Sprecht den Mini-Dialog.

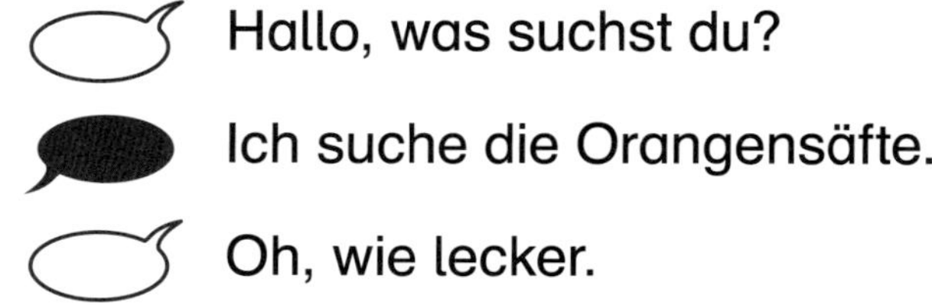

Hallo, was suchst du?

Ich suche die Orangensäfte.

Oh, wie lecker.

3. Bildet weitere Dialoge.

der Orangensaft die Orangensäfte	die Cola die Colas	das Brot die Brote	die Ananas die Ananas
die Erdbeere die Erdbeeren	der Schinken die Schinken	der Joghurt die Joghurts	die Kartoffel die Kartoffeln

LZ: Diff. 1, Satzstraße 30: Substantivdeklination mit dem best. Artikel Plural – Akkusativ – Maskulinum/Femininum/Neutrum

1. Bildet Sätze mit der Satzstraße.

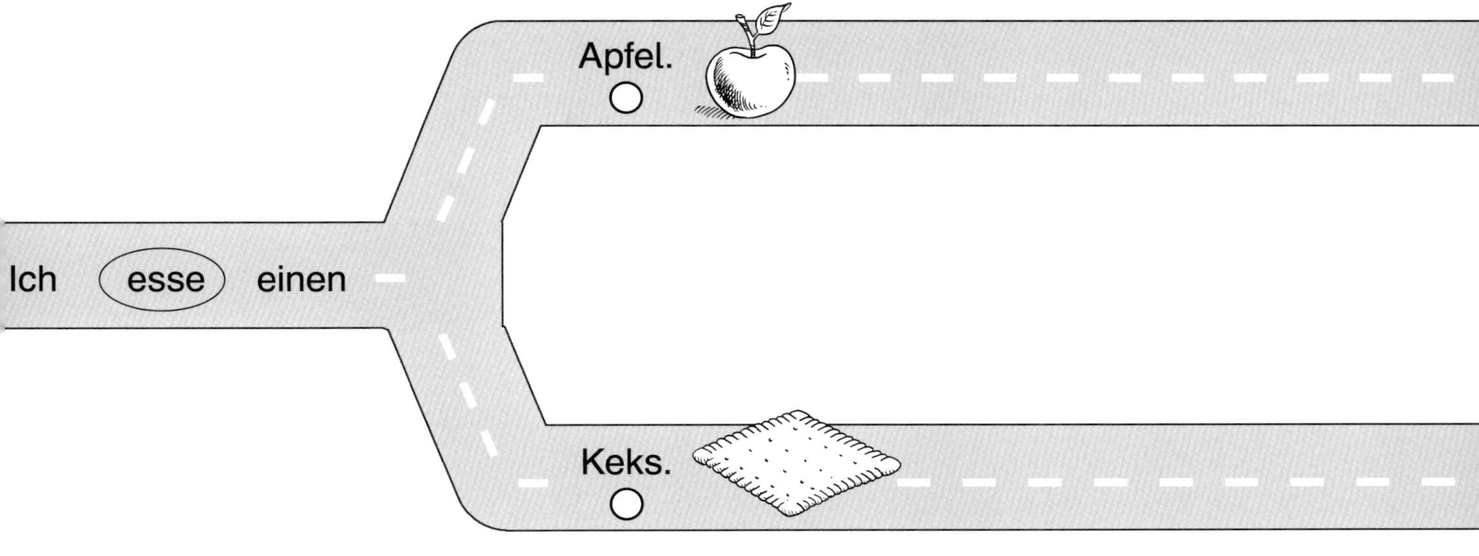

2. Sprecht den Mini-Dialog.

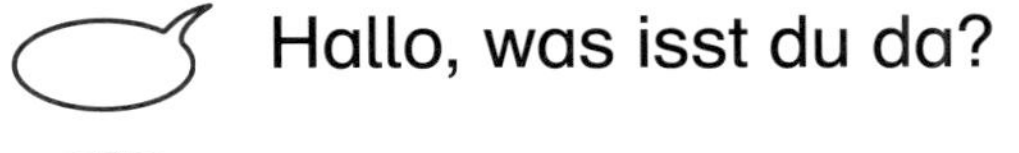

Hallo, was isst du da?

Ich esse einen Apfel.

Oh, wie lecker.

3. Bildet weitere Dialoge.

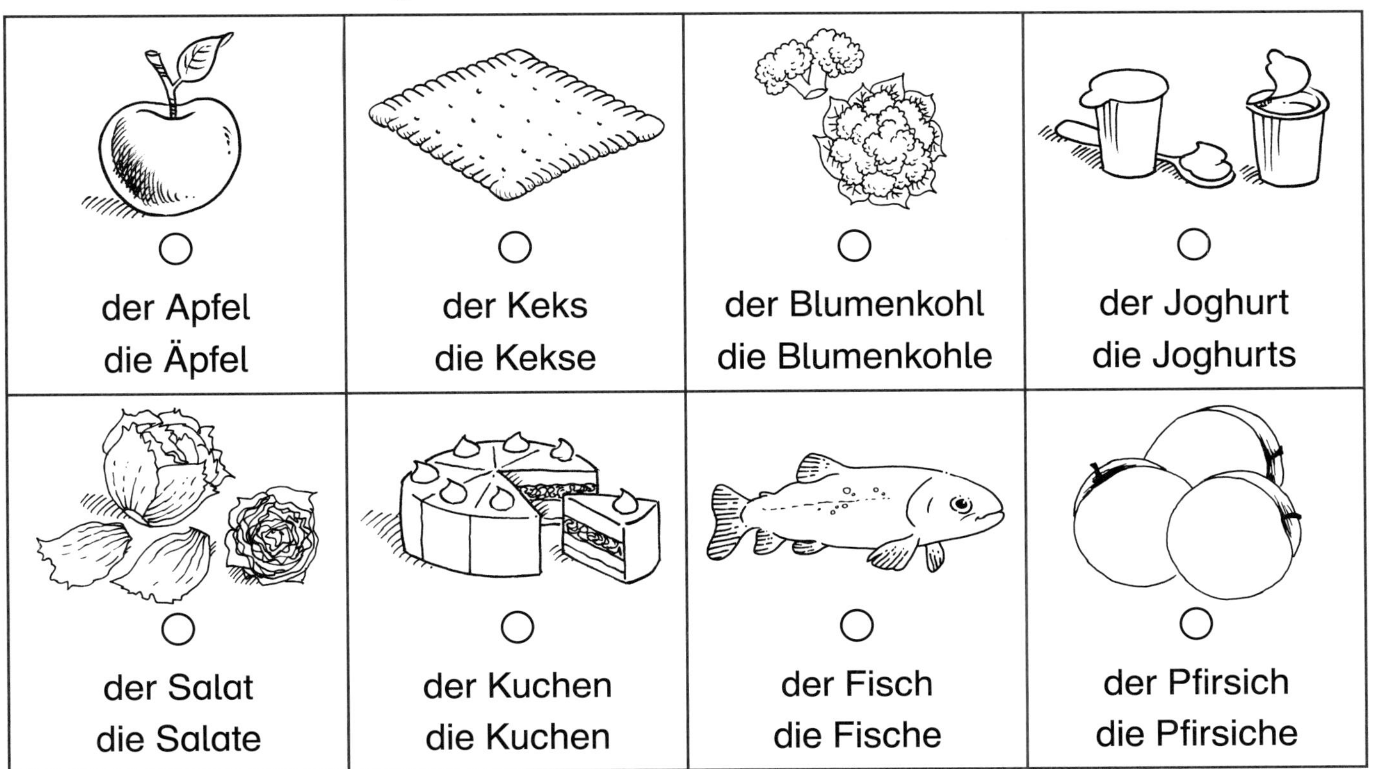

der Apfel die Äpfel	der Keks die Kekse	der Blumenkohl die Blumenkohle	der Joghurt die Joghurts
der Salat die Salate	der Kuchen die Kuchen	der Fisch die Fische	der Pfirsich die Pfirsiche

LZ: Diff. 1, Satzstraße 31: Substantivdeklination mit dem unbest. Artikel Singular – Akkusativ – Maskulinum

1. Bildet Sätze mit der Satzstraße.

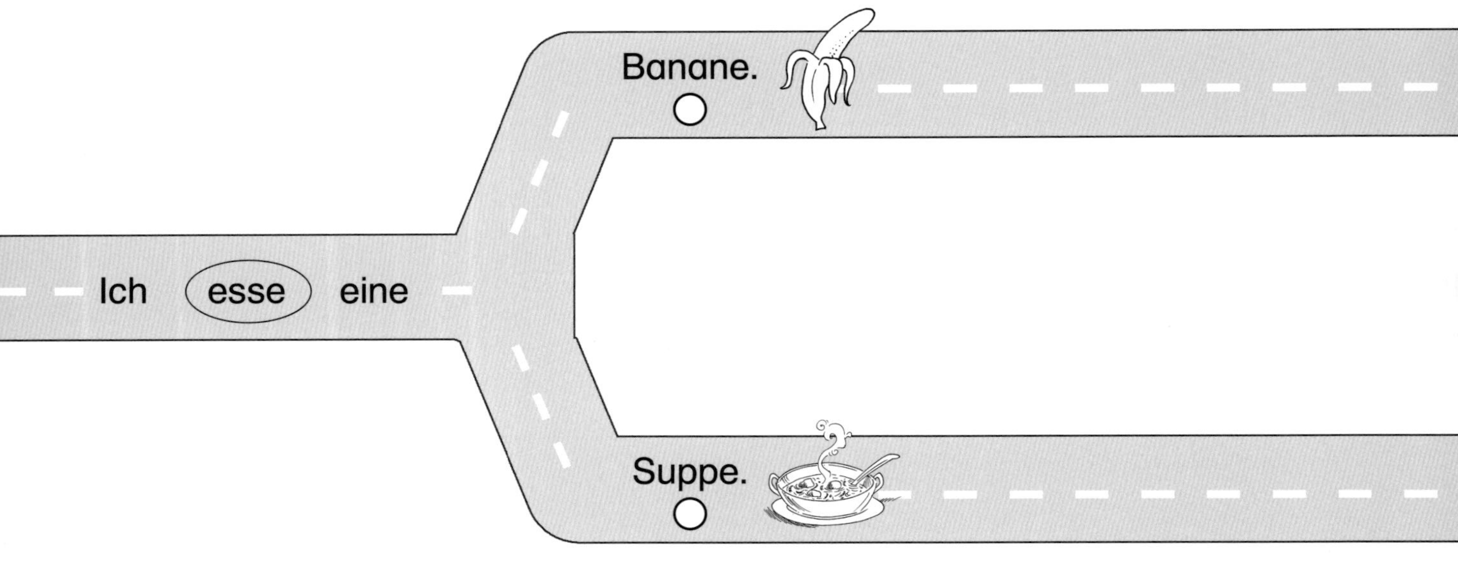

2. Sprecht den Mini-Dialog.

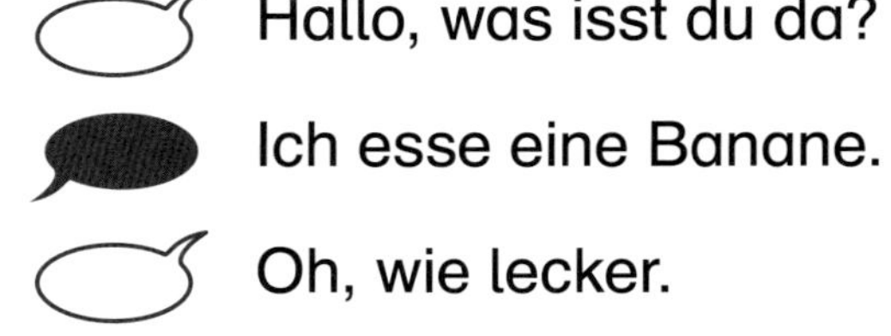

3. Bildet weitere Dialoge.

LZ: Diff. 1, Satzstraße 32: Substantivdeklination mit dem unbest. Artikel Singular – Akkusativ – Femininum

1. Bildet Sätze mit der Satzstraße.

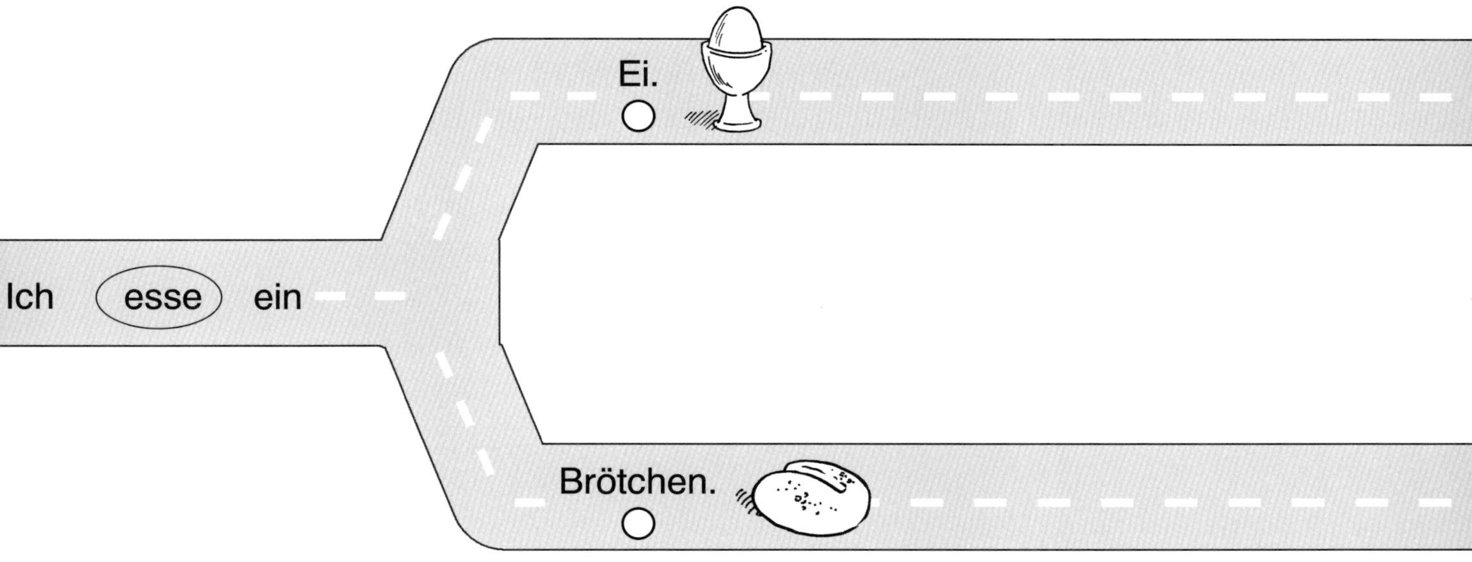

2. Sprecht den Mini-Dialog.

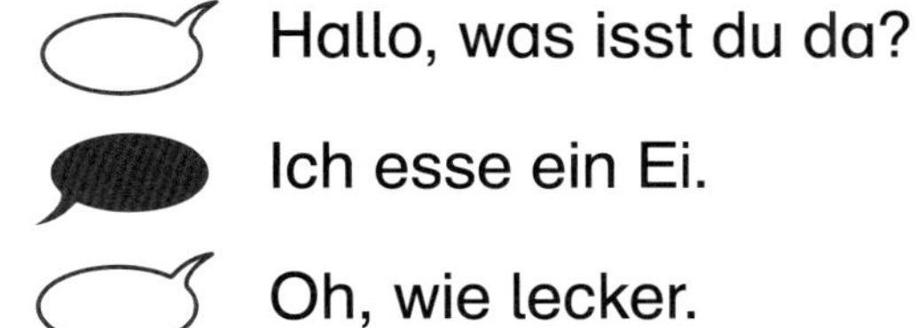

3. Bildet weitere Dialoge.

 ○ das Ei die Eier	 ○ das Brötchen die Brötchen	 ○ das Eis –	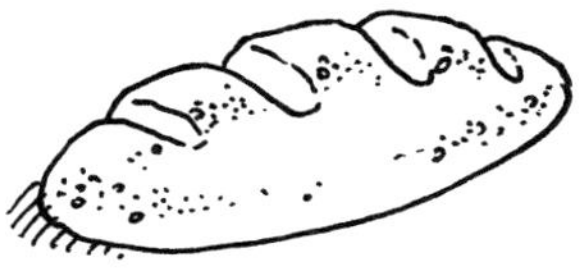 ○ das Brot die Brote
 ○ das Müsli die Müslis	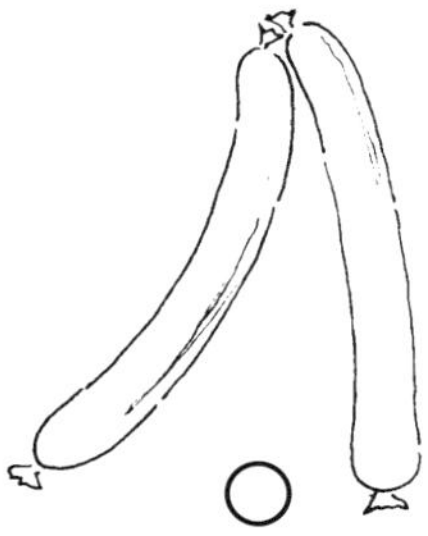 ○ das Würstchen die Würstchen	 ○ das Radieschen die Radieschen	 ○ das Fisch- stäbchen die Fisch- stäbchen

LZ: Diff. 1, Satzstraße 33: Substantivdeklination mit dem unbest. Artikel Singular – Akkusativ – Neutrum

1. Bildet Sätze mit der Satzstraße.

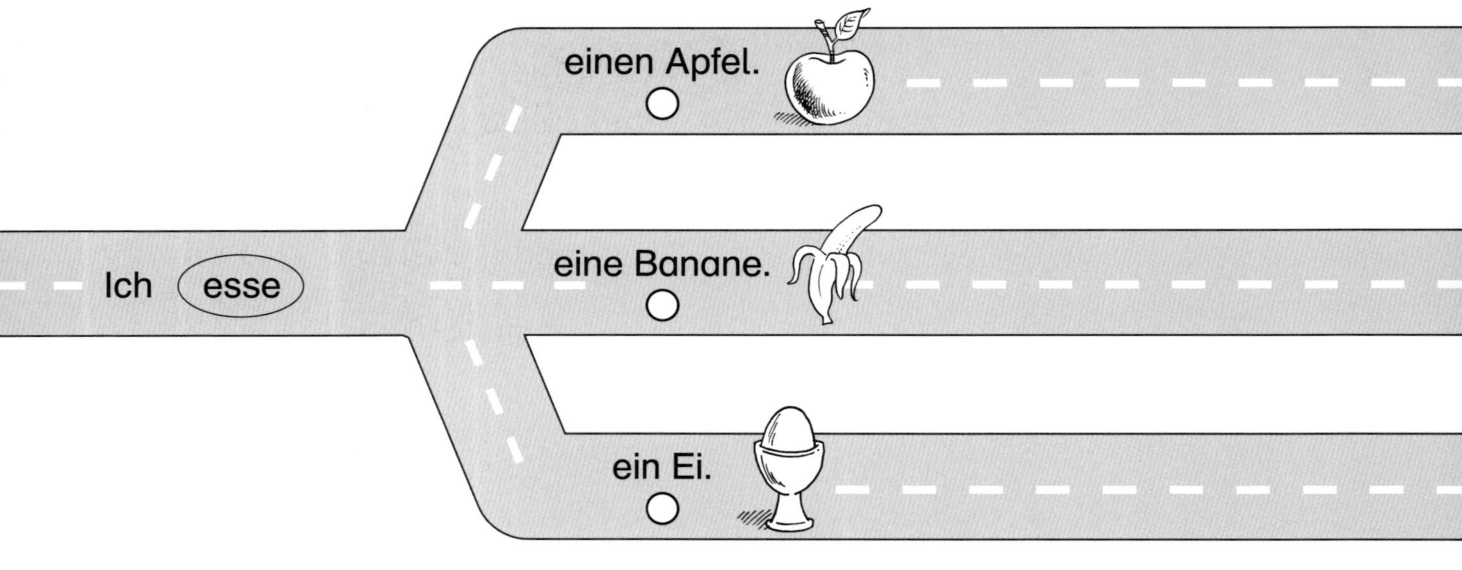

2. Sprecht den Mini-Dialog.

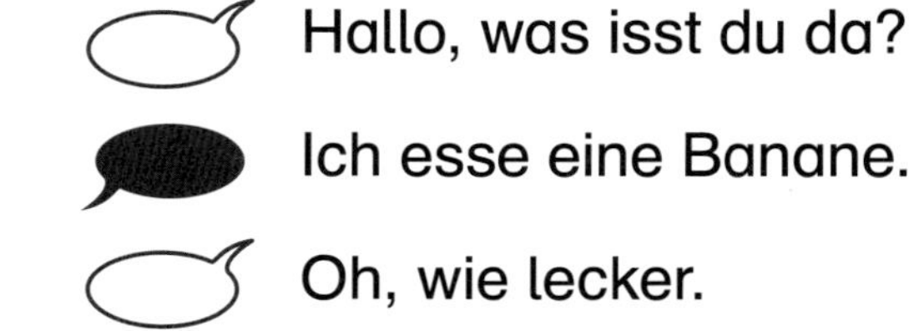

3. Bildet weitere Dialoge.

LZ: Diff. 1, Satzstraße 34: Substantivdeklination mit dem unbest. Artikel Singular – Akkusativ – Maskulinum/ Femininum/Neutrum

1. Bildet Sätze mit der Satzstraße.

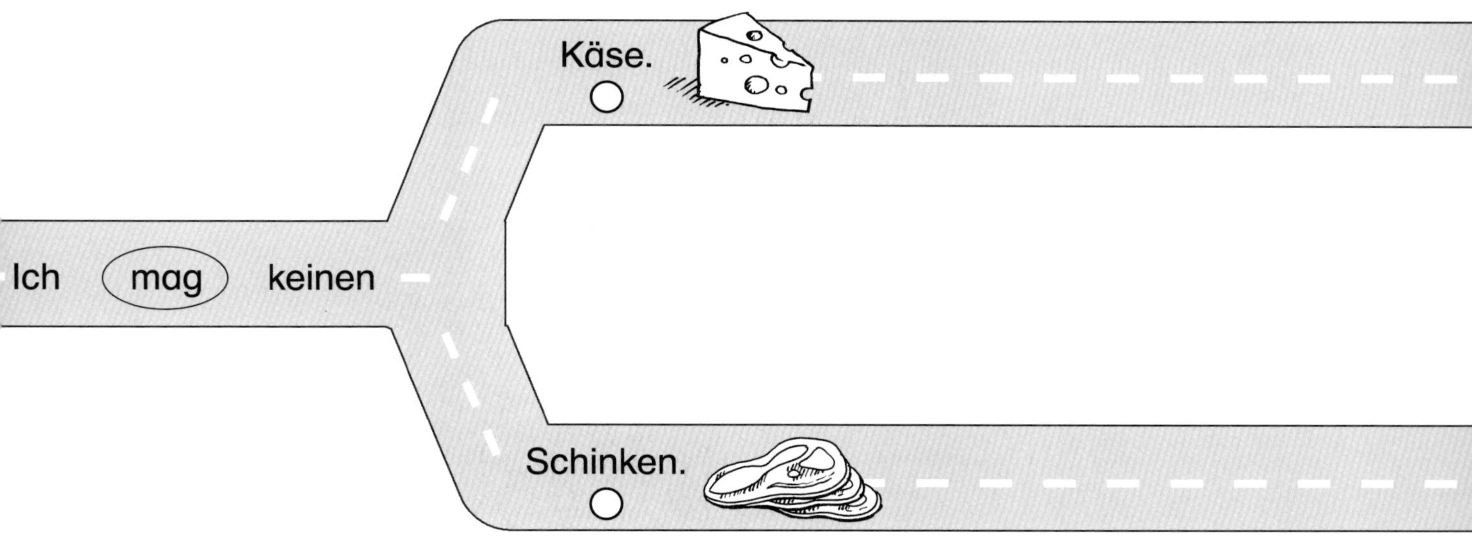

2. Sprecht den Mini-Dialog.

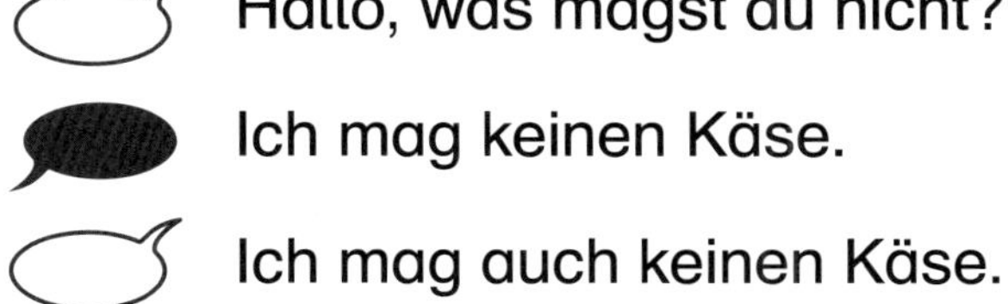

3. Bildet weitere Dialoge.

 der Käse –	 der Schinken die Schinken	 der Aufschnitt –	 der Honig –
 der Pfeffer –	 der Reis –	 der Knoblauch –	 der Kakao die Kakaos

LZ: Diff. 1, Satzstraße 35: Verneinung Singular – Akkusativ – Maskulinum

1. Bildet Sätze mit der Satzstraße.

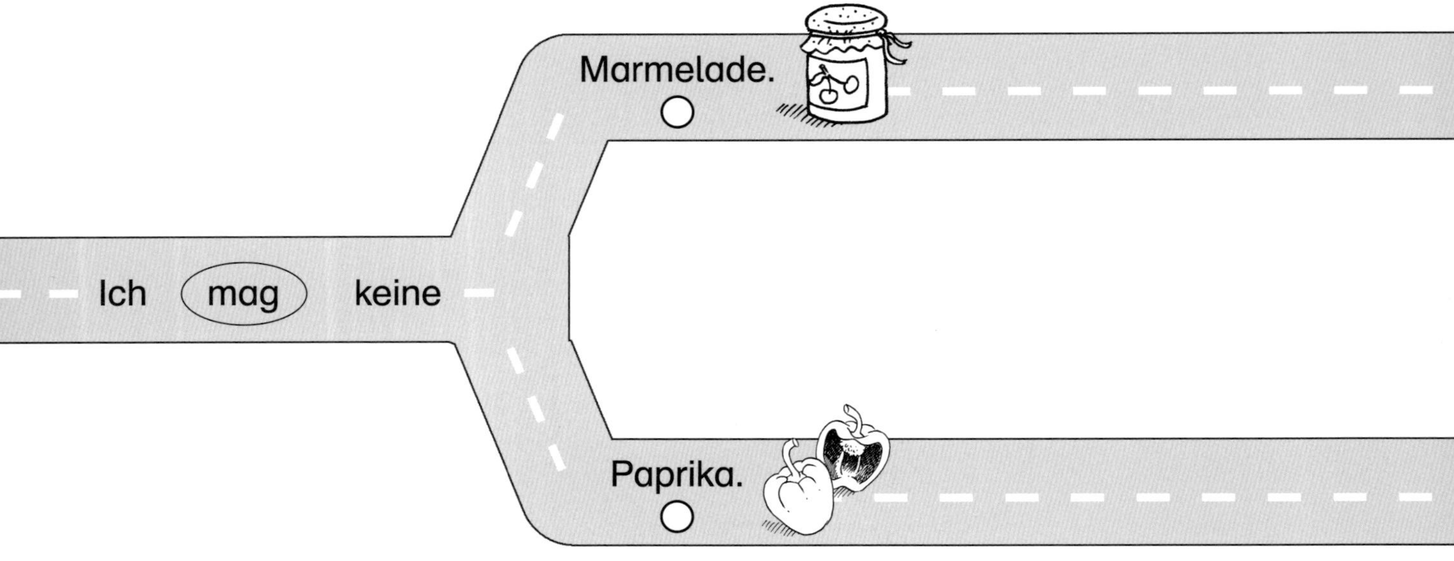

2. Sprecht den Mini-Dialog.

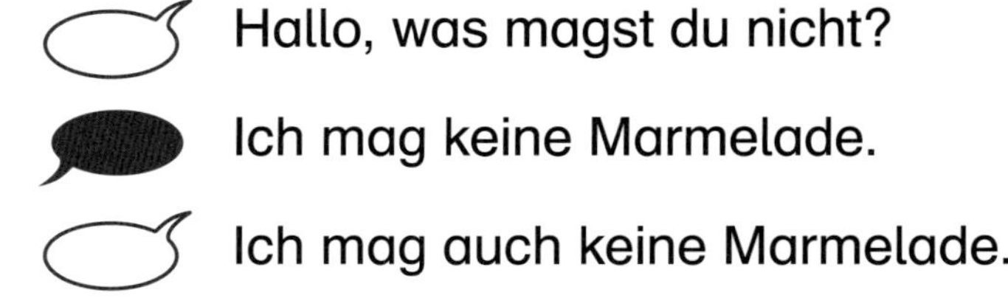

3. Bildet weitere Dialoge.

die Marmelade die Marmeladen	die Paprika die Paprikas	die Gurke die Gurken	die Melone die Melonen
die Tomate die Tomaten	die Zwiebel die Zwiebeln	die Schokolade die Schokoladen	die Kartoffel die Kartoffeln

LZ: Diff. 1, Satzstraße 36: Verneinung Singular – Akkusativ – Femininum

1. Bildet Sätze mit der Satzstraße.

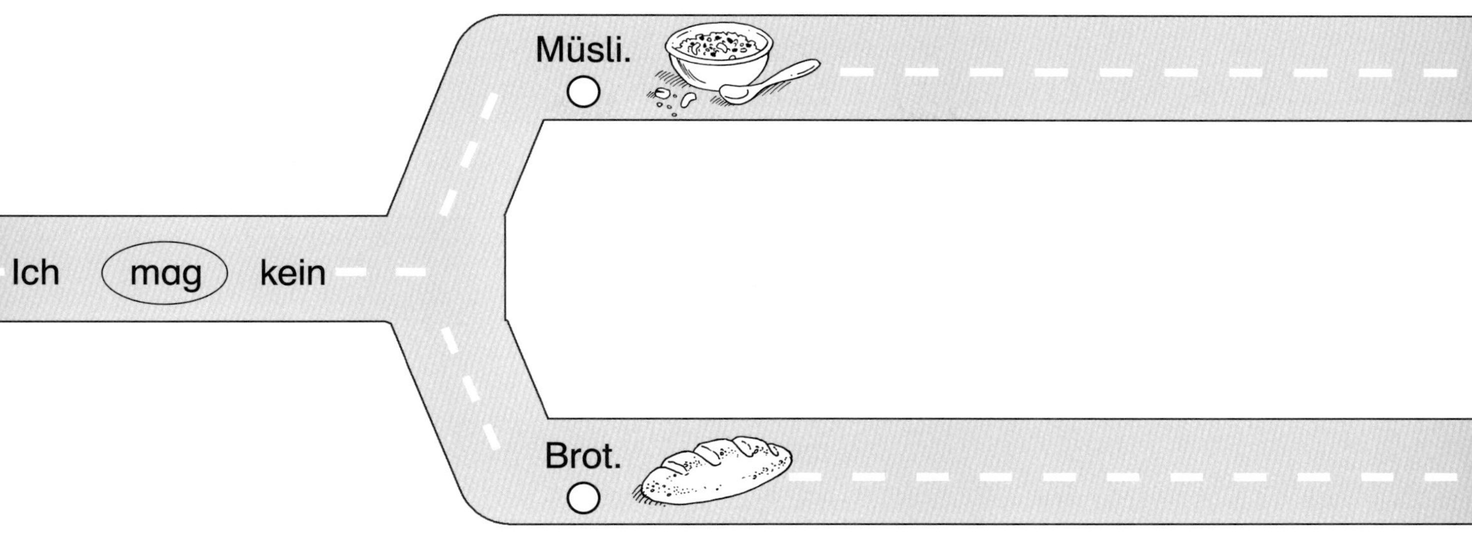

2. Sprecht den Mini-Dialog.

 Hallo, was magst du nicht?

 Ich mag kein Müsli.

 Ich mag auch kein Müsli.

3. Bildet weitere Dialoge.

das Müsli die Müslis	das Brot die Brote	das Ei die Eier	das Eis –
das Fleisch –	das Obst –	das Salz die Salze	das Gemüse –

LZ: Diff. 1, Satzstraße 37: Verneinung Singular – Akkusativ – Neutrum

1. Bildet Sätze mit der Satzstraße.

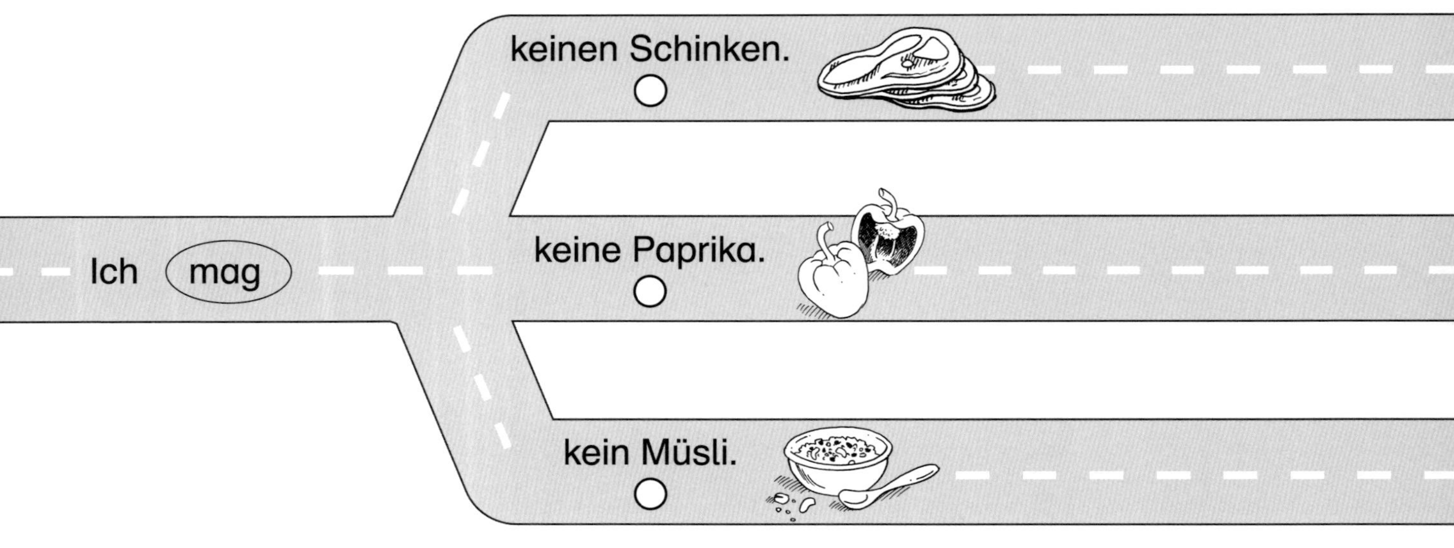

2. Sprecht den Mini-Dialog.

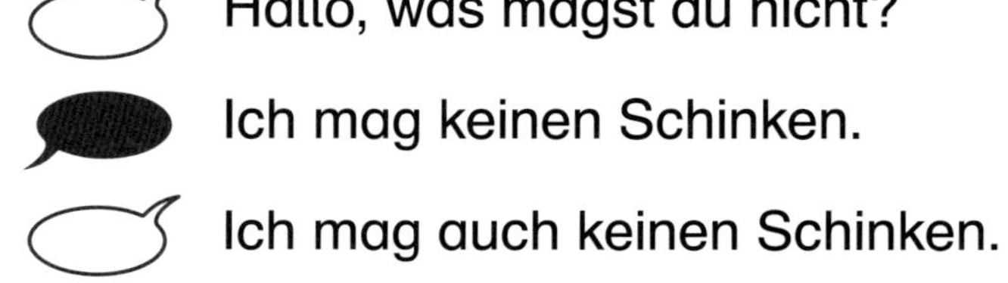

3. Bildet weitere Dialoge.

der Schinken die Schinken	die Paprika die Paprikas	das Müsli die Müslis	der Reis –
die Tomate die Tomaten	das Fleisch –	die Zwiebel die Zwiebeln	der Kakao die Kakaos

LZ: Diff. 1, Satzstraße 38: Verneinung Singular – Akkusativ – Maskulinum/Femininum/Neutrum

1. Bildet Sätze mit der Satzstraße.

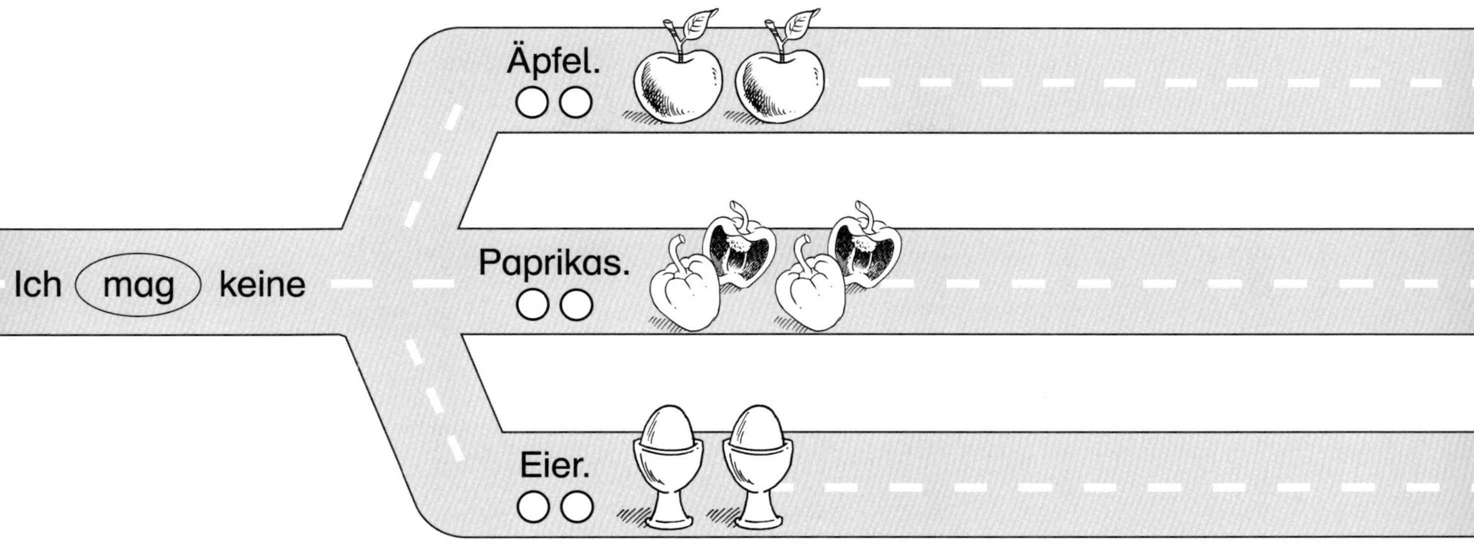

2. Sprecht den Mini-Dialog.

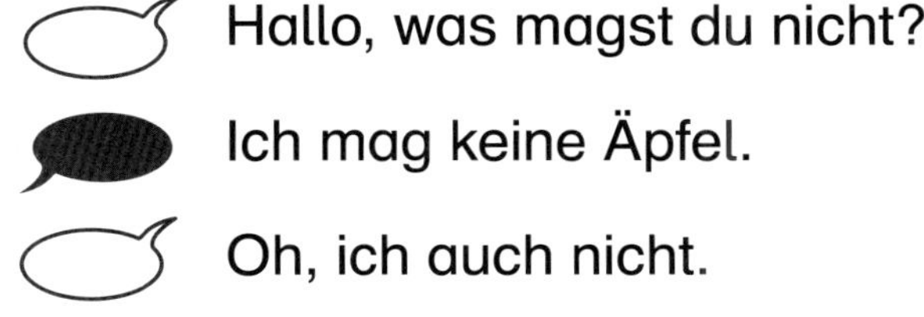

Hallo, was magst du nicht?

Ich mag keine Äpfel.

Oh, ich auch nicht.

3. Bildet weitere Dialoge.

der Apfel die Äpfel	die Paprika die Paprikas	das Ei die Eier	die Nudel die Nudeln
die Weintraube die Weintrauben	die Tomate die Tomaten	das Brötchen die Brötchen	der Salat die Salate

LZ: Diff. 1, Satzstraße 39: Verneinung Plural – Akkusativ – Maskulinum/Femininum/Neutrum

1. Bildet Sätze mit der Satzstraße.

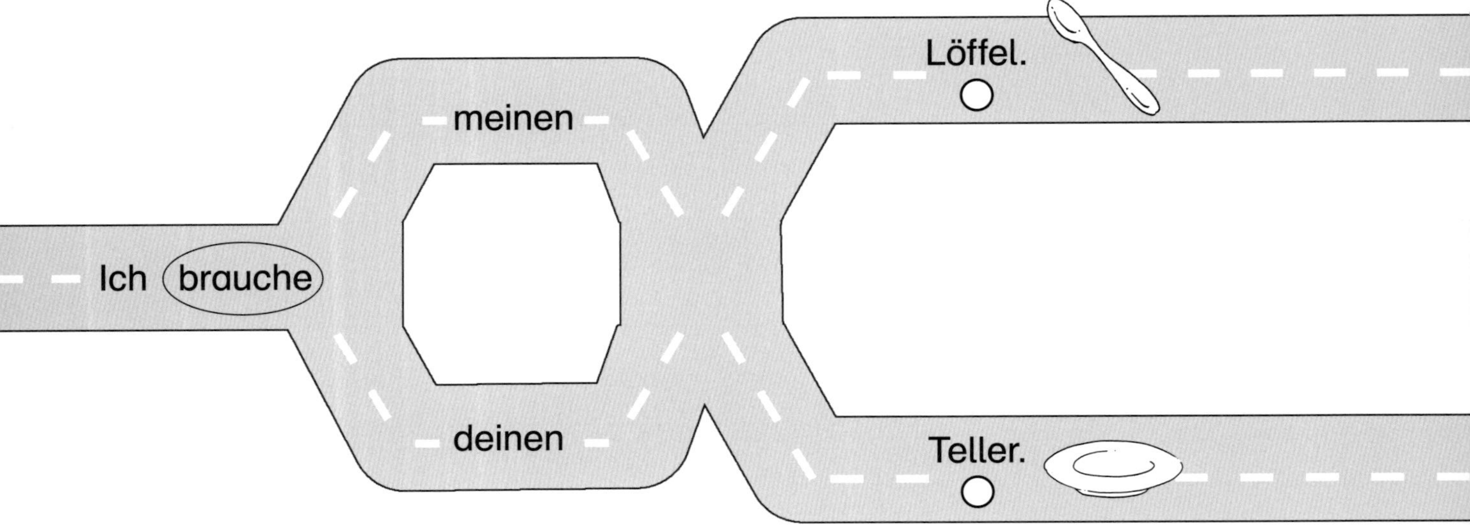

2. Sprecht den Mini-Dialog.

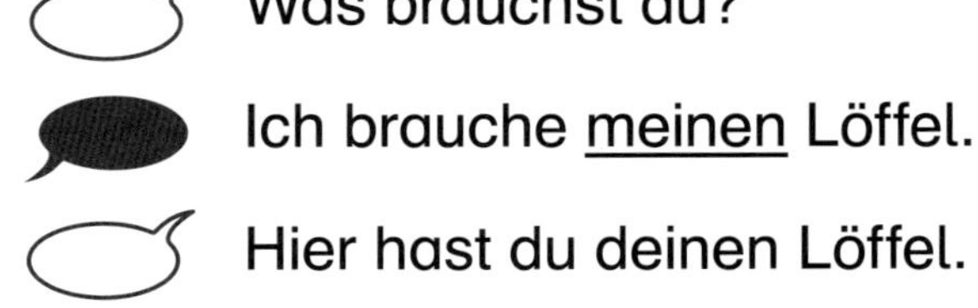

Was brauchst du?

Ich brauche meinen Löffel.

Hier hast du deinen Löffel.

3. Bildet weitere Dialoge.

der Löffel die Löffel	der Teller die Teller	der Becher die Becher	der Toaster die Toaster
der Messbecher die Messbecher	der Deckel die Deckel	der Wasserkocher die Wasserkocher	der Topf die Töpfe

LZ: Diff. 1, Satzstraße 40: Substantivdeklination mit dem Possessivartikel 1. & 2. Person Singular – Akkusativ – Maskulinum – Singular

1. Bildet Sätze mit der Satzstraße.

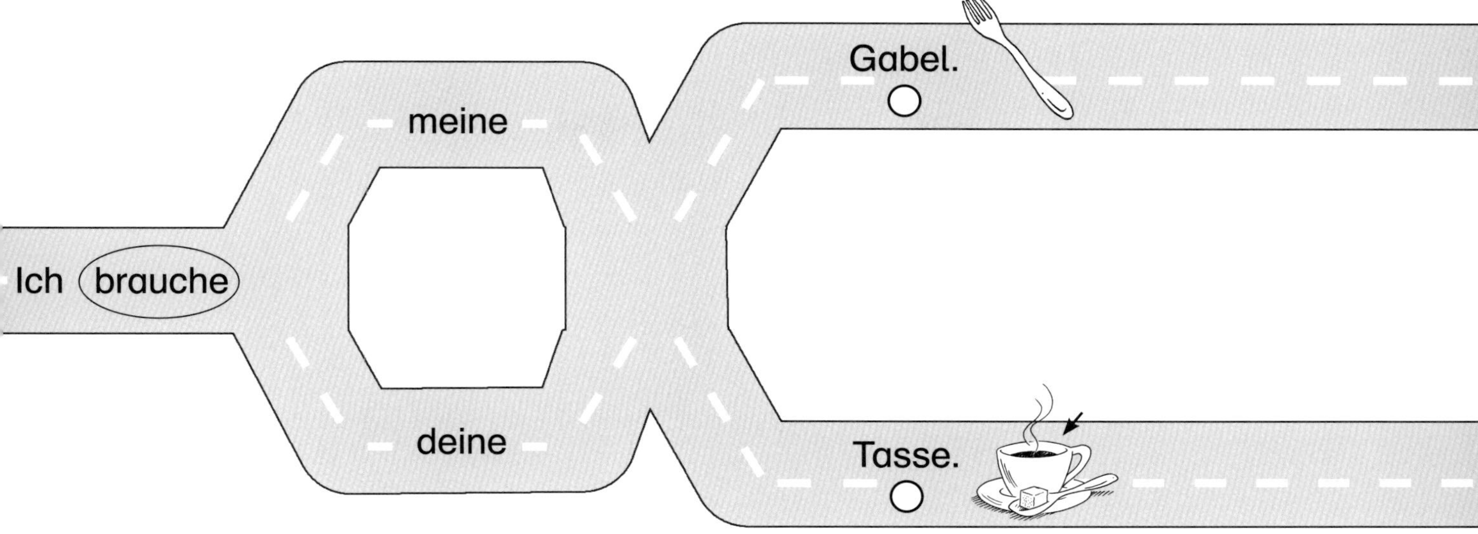

2. Sprecht den Mini-Dialog.

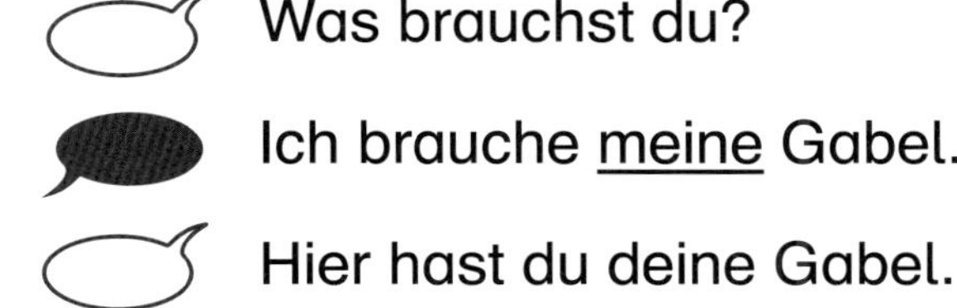

3. Bildet weitere Dialoge.

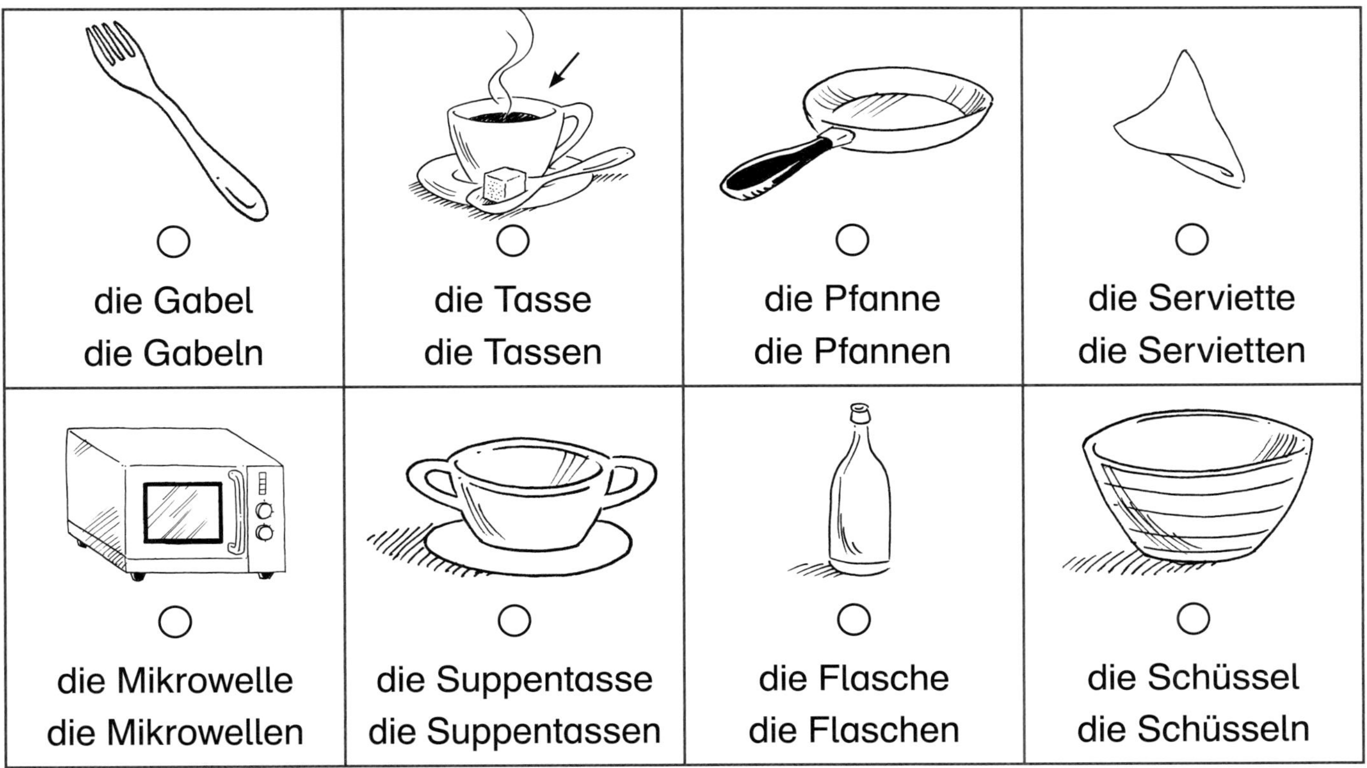

LZ: Diff. 1, Satzstraße 41: Substantivdeklination mit dem Possessivartikel 1. & 2. Person Singular – Akkusativ – Femininum – Singular

1. Bildet Sätze mit der Satzstraße.

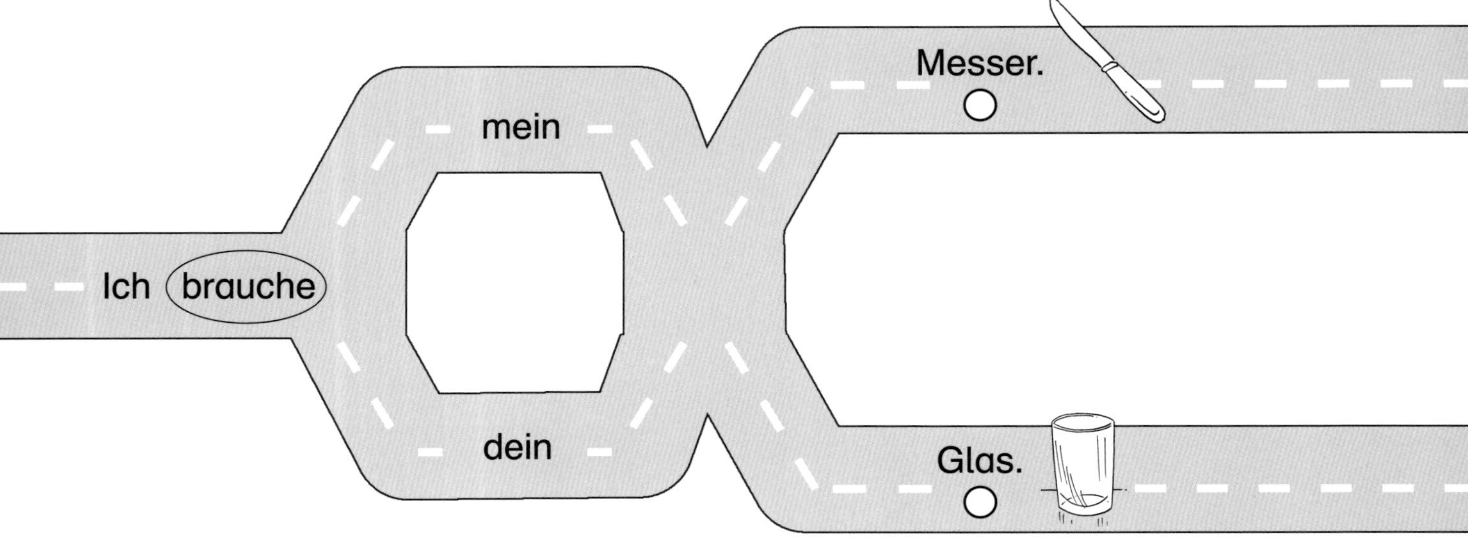

2. Sprecht den Mini-Dialog.

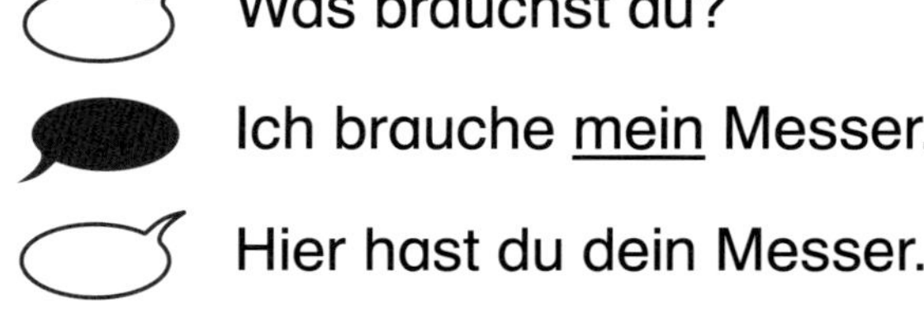

Was brauchst du?

Ich brauche <u>mein</u> Messer.

Hier hast du dein Messer.

3. Bildet weitere Dialoge.

das Messer die Messer	das Glas die Gläser	das Besteck –	das Rezept die Rezepte
das Schälchen die Schälchen	das Sieb die Siebe	das Salz die Salze	das Öl die Öle

LZ: Diff. 1, Satzstraße 42: Substantivdeklination mit dem Possessivartikel 1. & 2. Person Singular – Akkusativ – Neutrum – Singular

1. Bildet Sätze mit der Satzstraße.

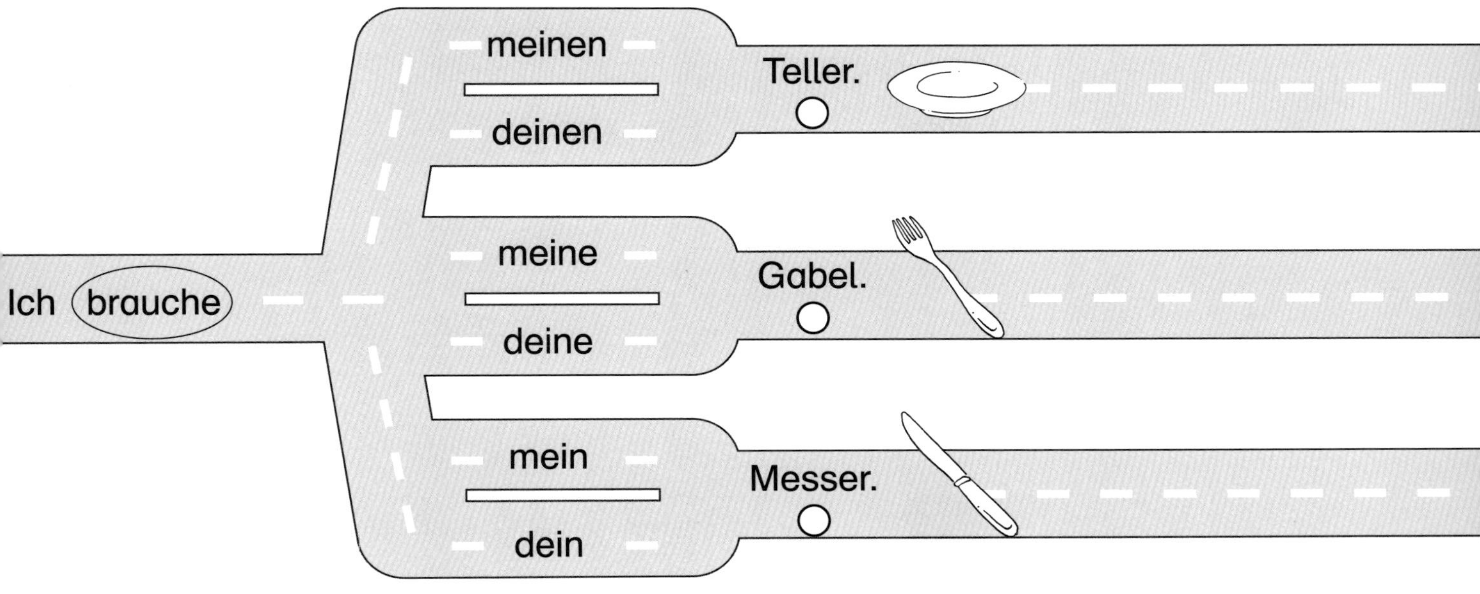

2. Sprecht den Mini-Dialog.

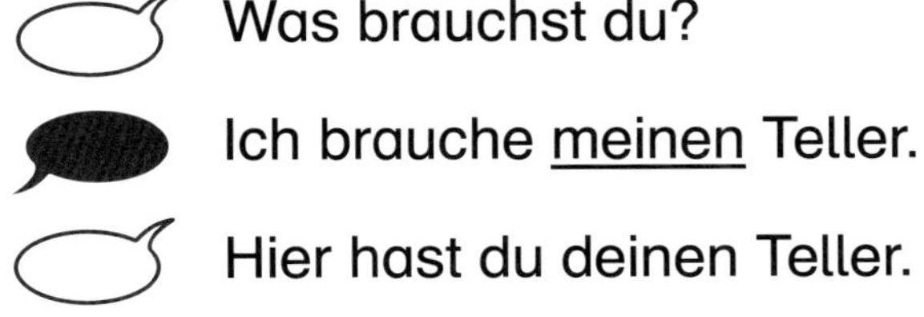

3. Bildet weitere Dialoge.

LZ: Diff. 1, Satzstraße 43: Substantivdeklination mit dem Possessivartikel 1. & 2. Person Singular – Akkusativ – Maskulinum/Femininum/Neutrum – Singular

1. Bildet Sätze mit der Satzstraße.

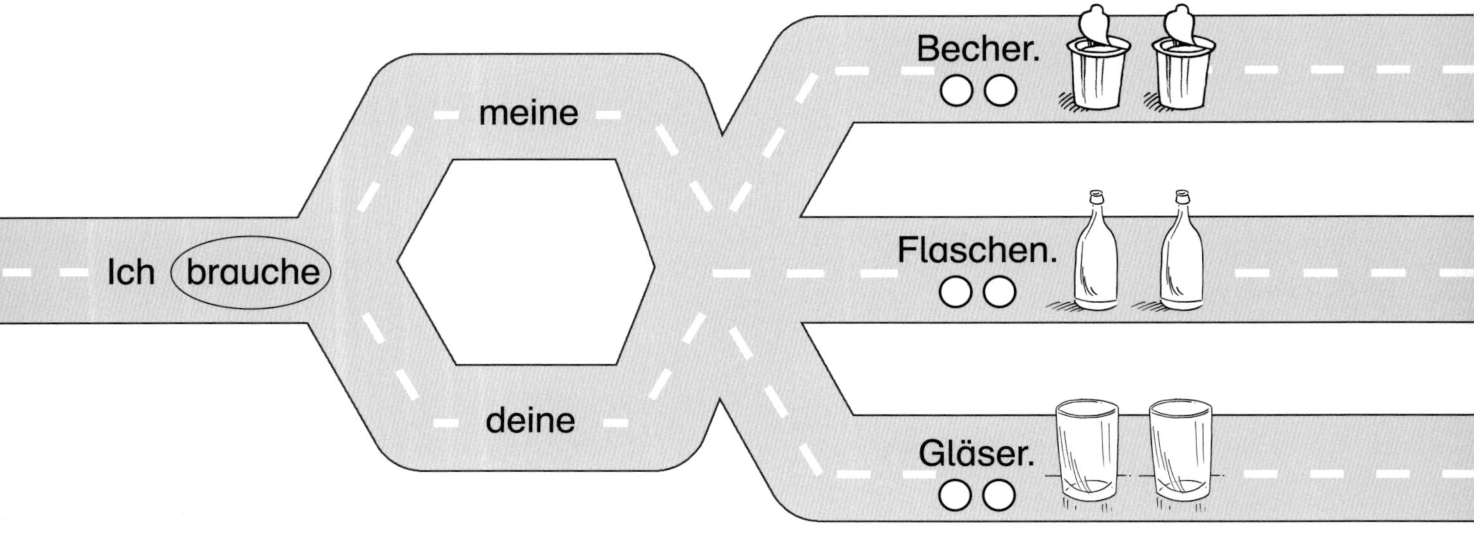

2. Sprecht den Mini-Dialog.

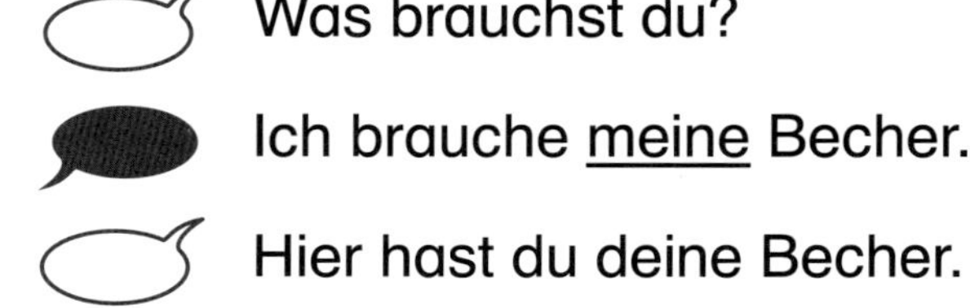

3. Bildet weitere Dialoge.

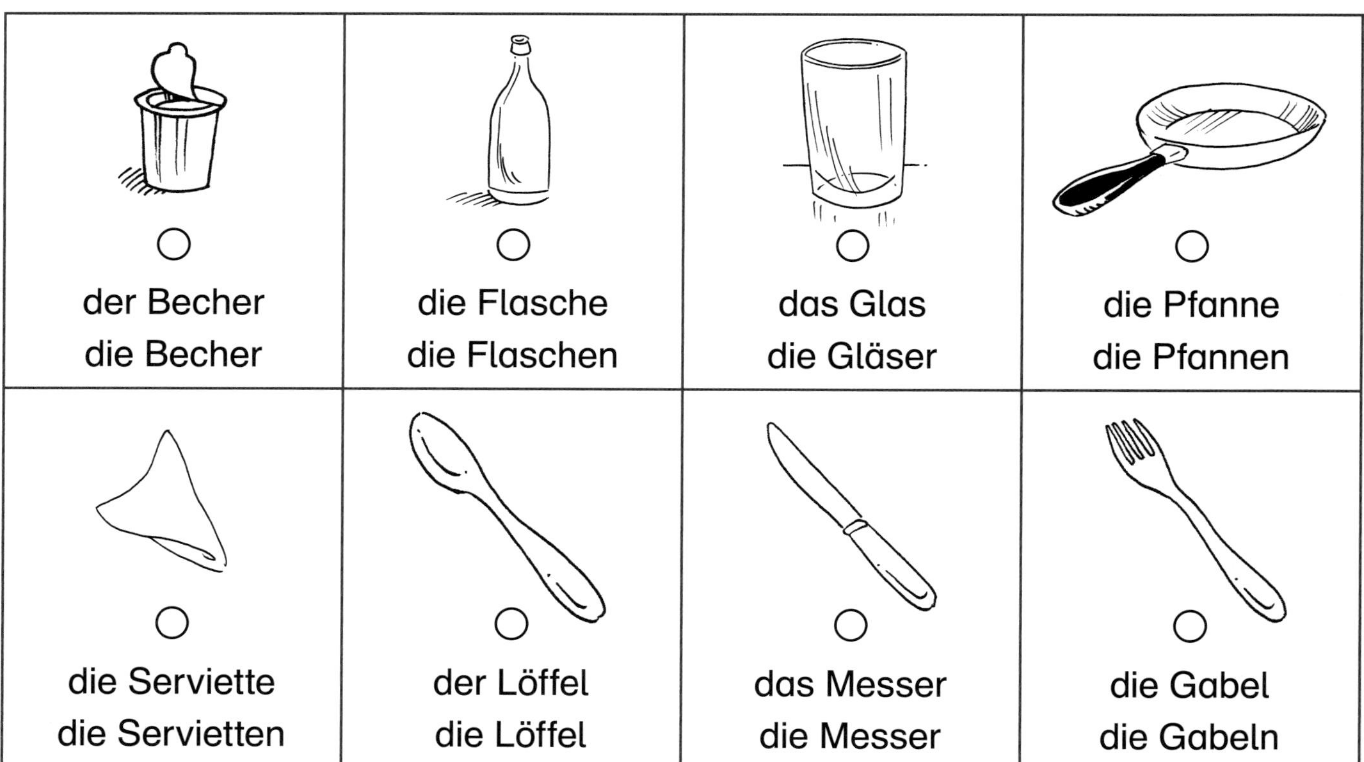

LZ: Diff. 1, Satzstraße 44: Substantivdeklination mit dem Possessivartikel 1. & 2. Person Singular – Akkusativ – Maskulinum/Femininum/Neutrum – Plural

1. Bildet Sätze mit der Satzstraße.

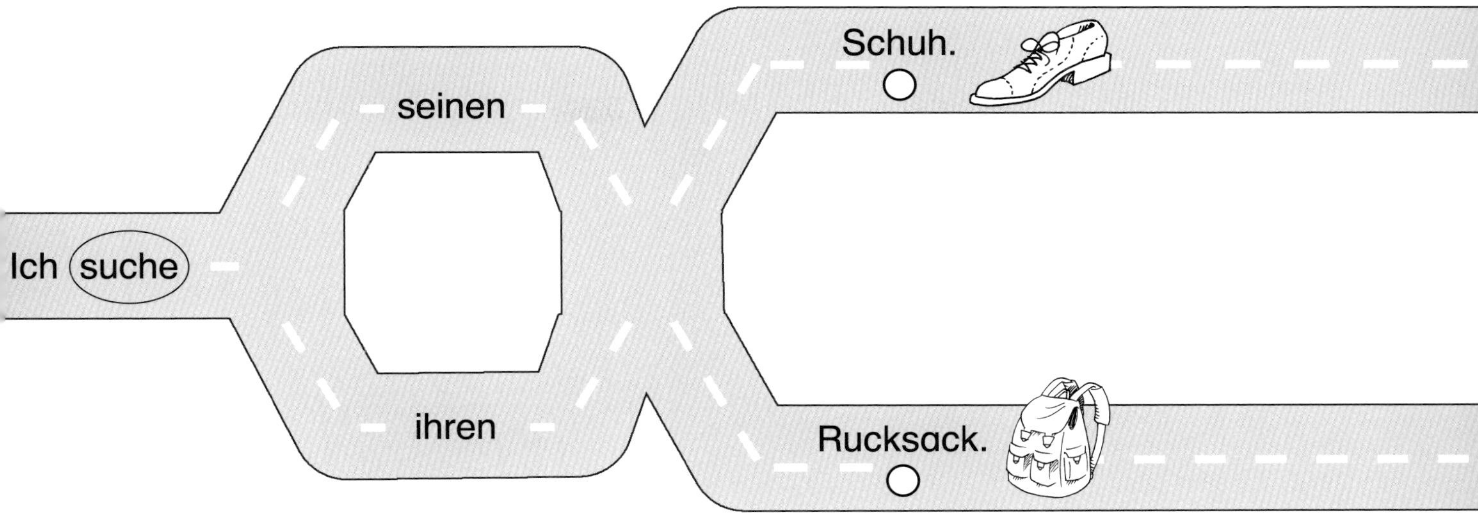

2. Sprecht den Mini-Dialog.

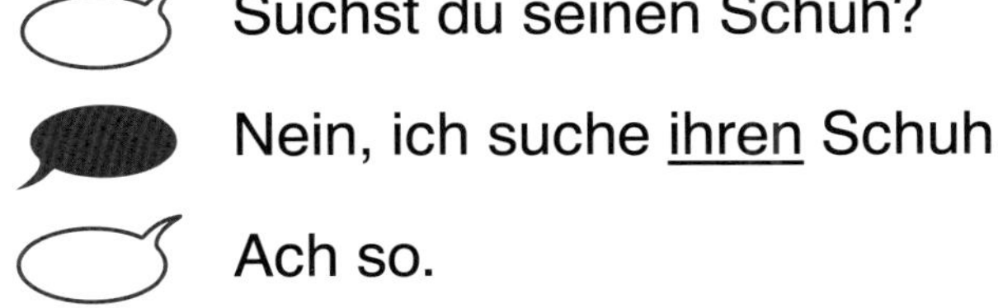

3. Bildet weitere Dialoge.

 ○ der Schuh die Schuhe	 ○ der Rucksack die Rucksäcke	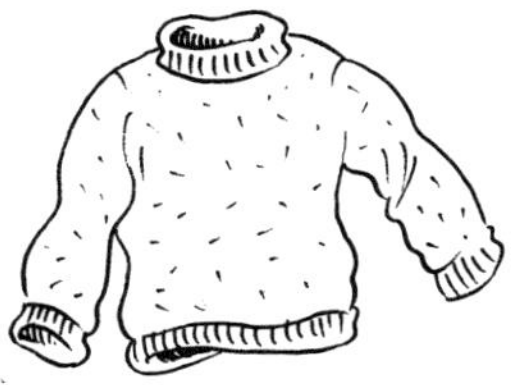 ○ der Pullover die Pullover	 ○ der Rock die Röcke
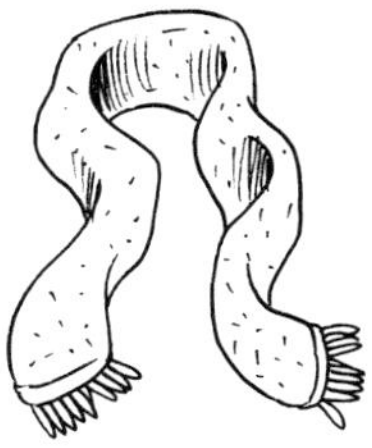 ○ der Schal die Schals	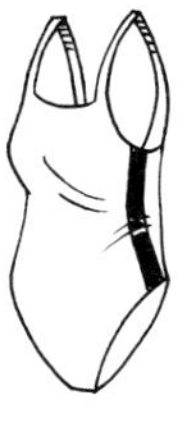 ○ der Badeanzug die Badeanzüge	 ○ der Jogginganzug die Jogging-anzüge	 ○ der Stiefel die Stiefel

LZ: Diff. 1, Satzstraße 45: Substantivdeklination mit dem Possessivartikel 3. Person Singular – Akkusativ – Maskulinum – Singular

1. Bildet Sätze mit der Satzstraße.

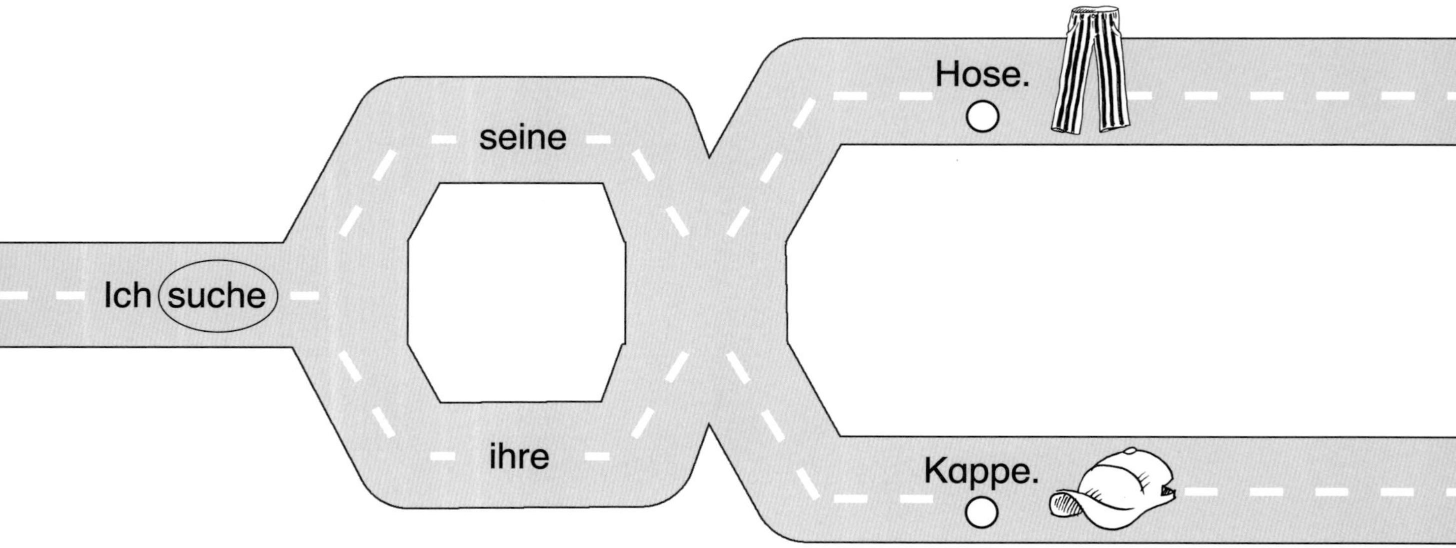

2. Sprecht den Mini-Dialog.

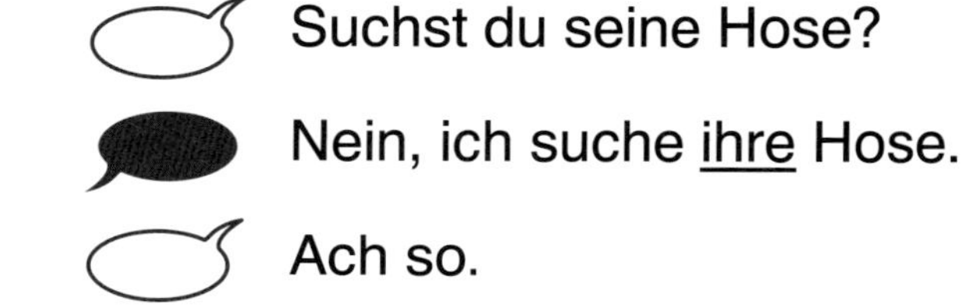

3. Bildet weitere Dialoge.

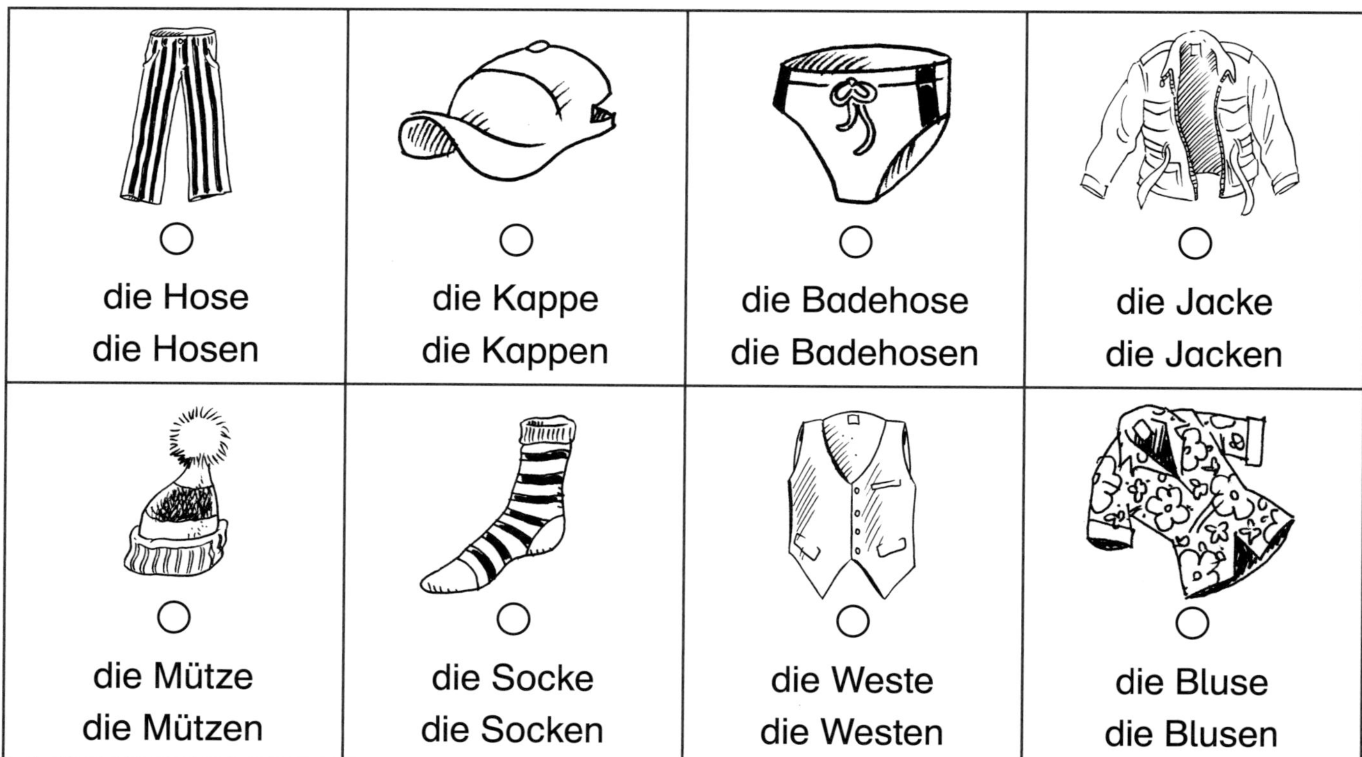

LZ: Diff. 1, Satzstraße 46: Substantivdeklination mit dem Possessivartikel 3. Person Singular – Akkusativ – Femininum – Singular

1. Bildet Sätze mit der Satzstraße.

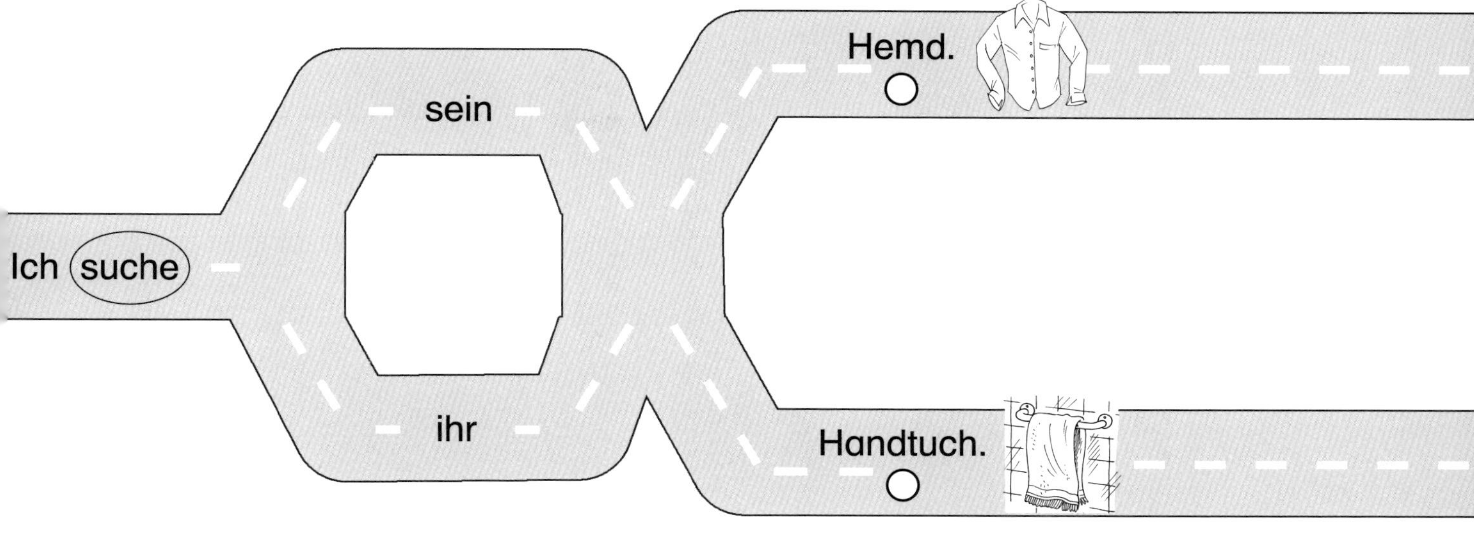

2. Sprecht den Mini-Dialog.

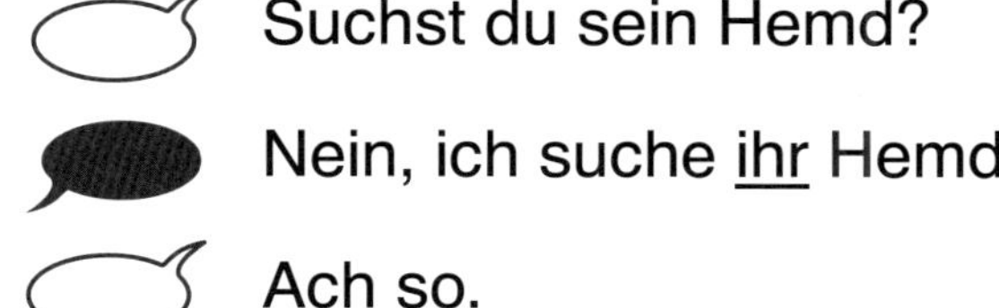

3. Bildet weitere Dialoge.

LZ: Diff. 1, Satzstraße 47: Substantivdeklination mit dem Possessivartikel 3. Person Singular – Akkusativ – Neutrum – Singular

1. Bildet Sätze mit der Satzstraße.

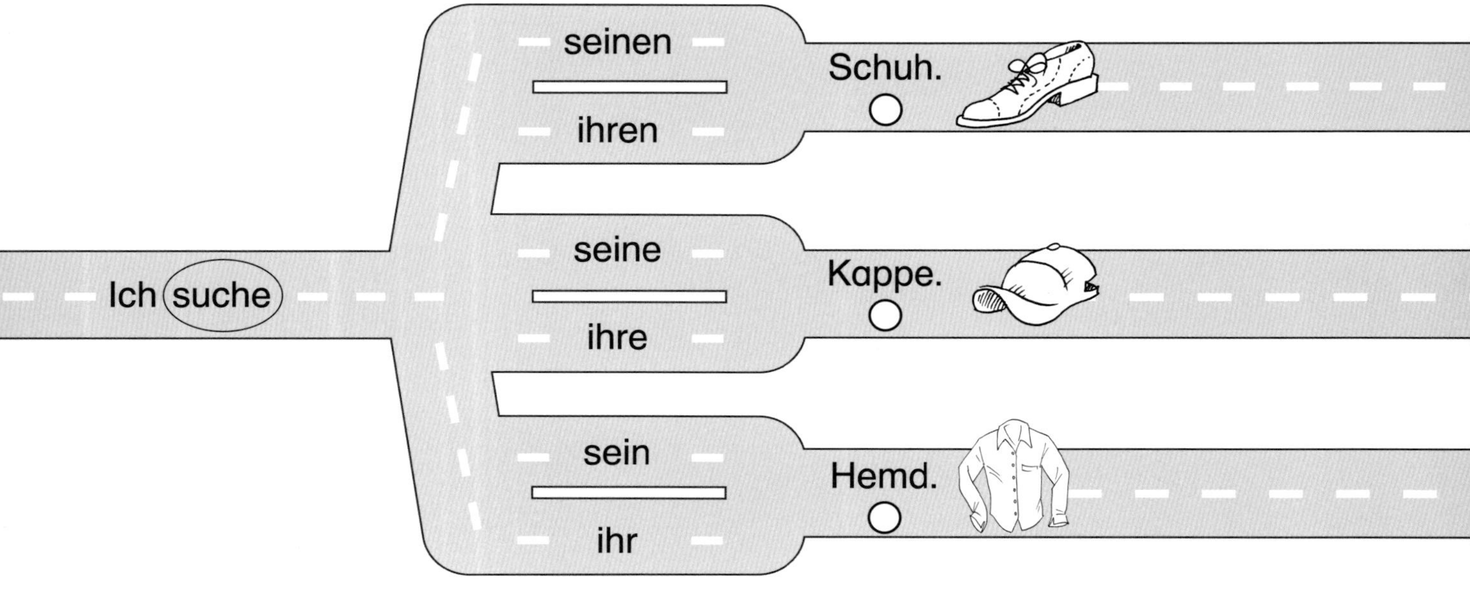

2. Sprecht den Mini-Dialog.

Suchst du seinen Schuh?

Nein, ich suche ihren Schuh.

Ach so, danke.

3. Bildet weitere Dialoge.

der Schuh die Schuhe	die Kappe die Kappen	das Hemd die Hemden	der Gürtel die Gürtel
die Socke die Socken	das Sportzeug –	das Kleid die Kleider	der Schal die Schals

LZ: Diff. 1, Satzstraße 48: Substantivdeklination mit dem Possessivartikel 3. Person Singular – Akkusativ – Maskulinum/Femininum/Neutrum – Singular

1. Bildet Sätze mit der Satzstraße.

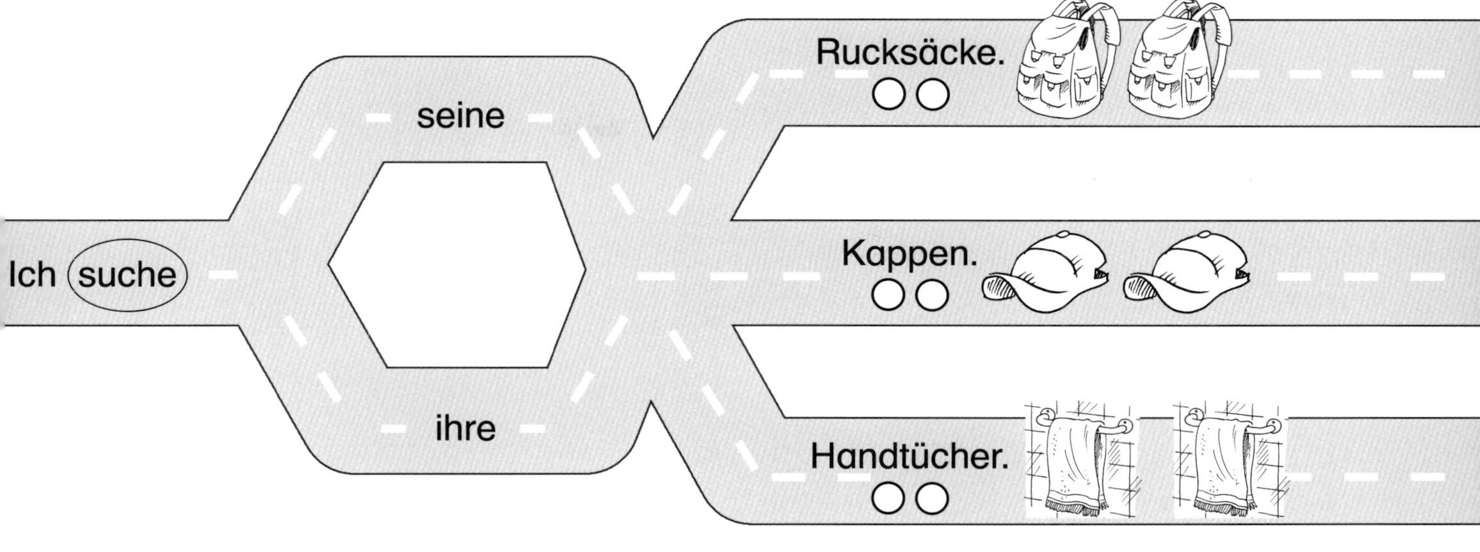

2. Sprecht den Mini-Dialog.

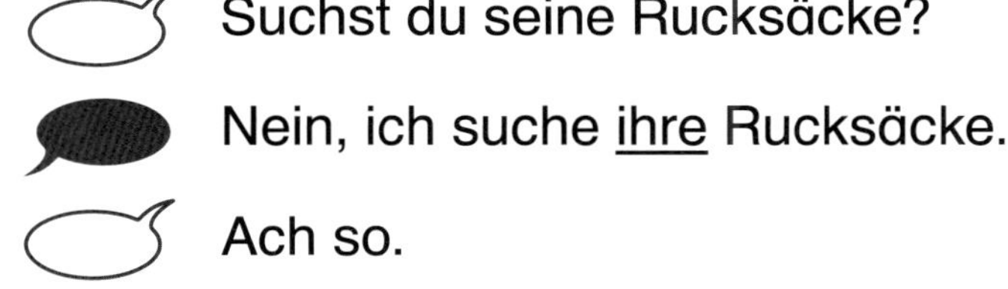

Suchst du seine Rucksäcke?

Nein, ich suche ihre Rucksäcke.

Ach so.

3. Bildet weitere Dialoge.

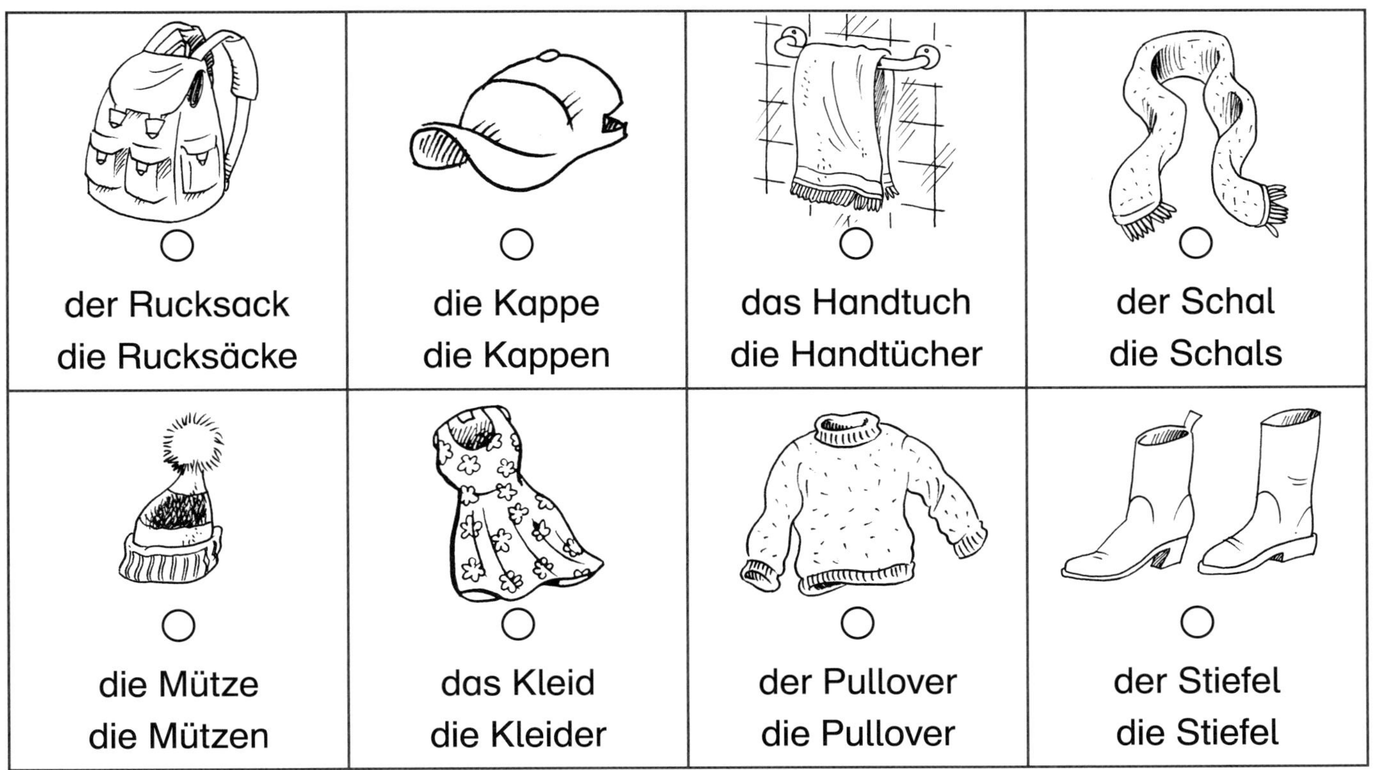

der Rucksack die Rucksäcke	die Kappe die Kappen	das Handtuch die Handtücher	der Schal die Schals
die Mütze die Mützen	das Kleid die Kleider	der Pullover die Pullover	der Stiefel die Stiefel

LZ: Diff. 1, Satzstraße 49: Substantivdeklination mit dem Possessivartikel 3. Person Singular – Akkusativ – Maskulinum/Femininum/Neutrum – Plural

1. Bildet Sätze mit der Satzstraße.

2. Sprecht den Mini-Dialog.

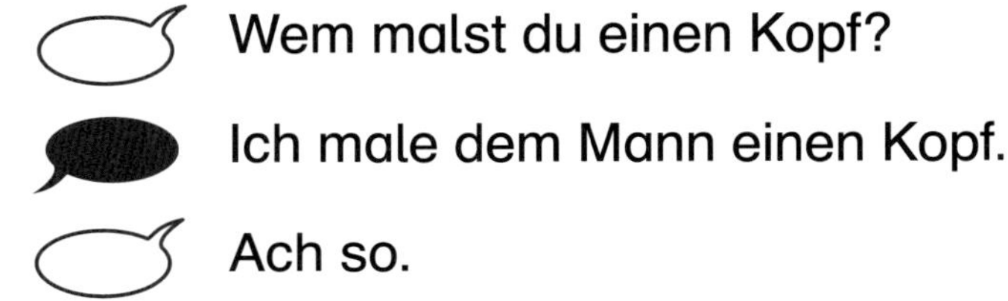

3. Bildet weitere Dialoge.

 der Mann die Männer *dem Mann*	 der Opa die Opas *dem Opa*	 der Onkel die Onkel *dem Onkel*	 der Bruder die Brüder *dem Bruder*
 der Sohn die Söhne *dem Sohn*	 der Vater die Väter *dem Vater*	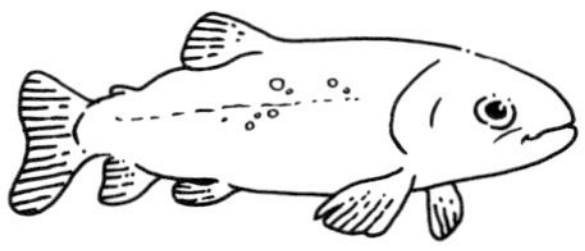 der Fisch die Fische *dem Fisch*	 der Frosch die Frösche *dem Frosch*

LZ: Diff. 1, Satzstraße 50: Substantivdeklination mit dem best. Artikel Singular – Dativ – Maskulinum – mit „malen"

1. Bildet Sätze mit der Satzstraße.

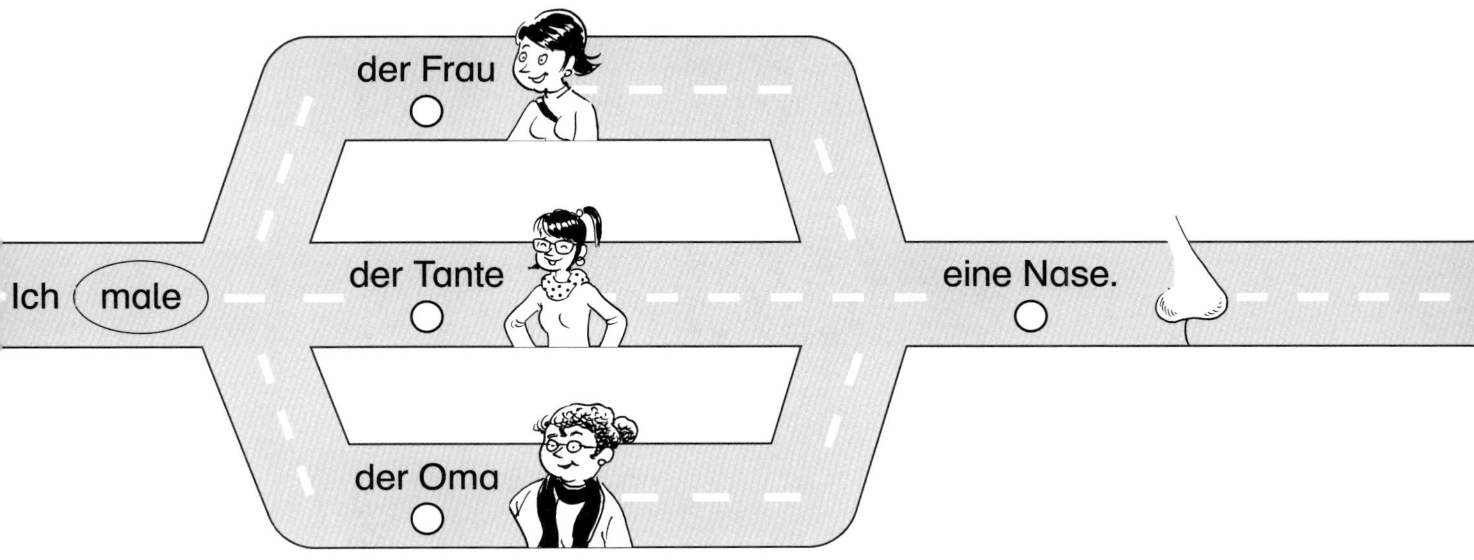

2. Sprecht den Mini-Dialog.

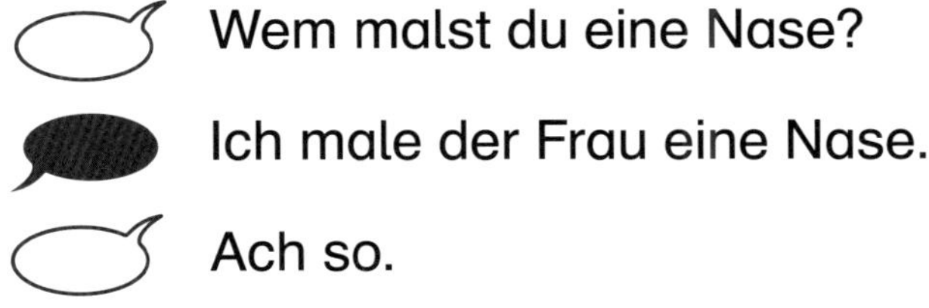

3. Bildet weitere Dialoge.

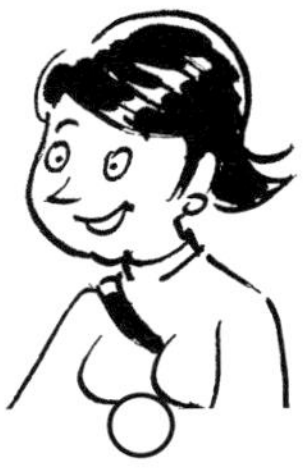 die Frau die Frauen *der Frau*	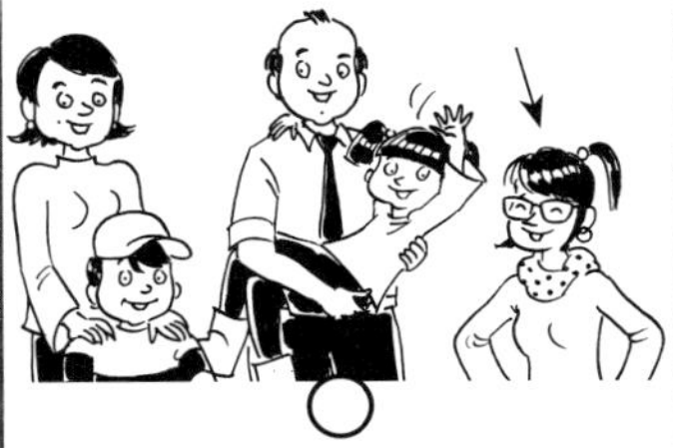 die Tante die Tanten *der Tante*	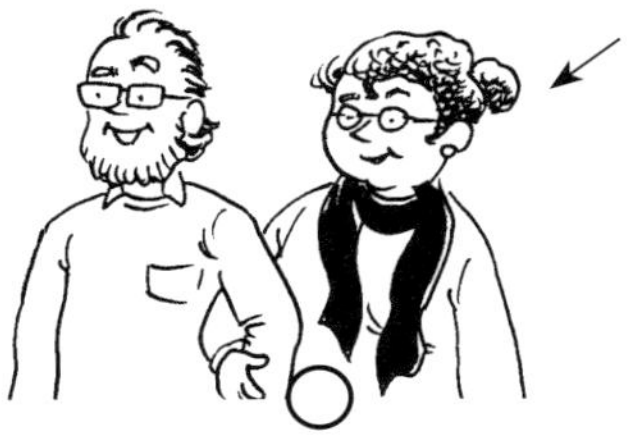 die Oma die Omas *der Oma*	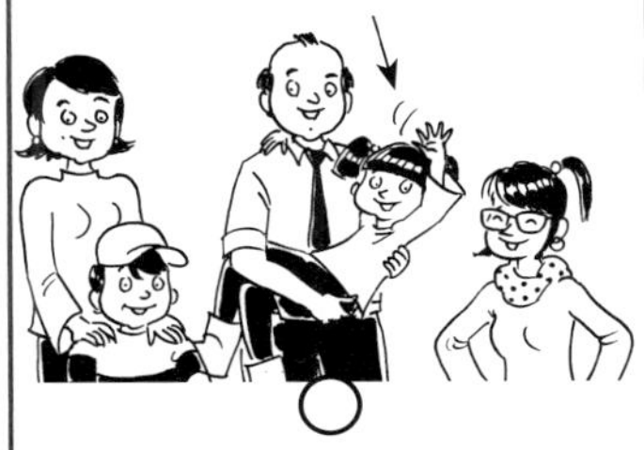 die Tochter die Töchter *der Tochter*
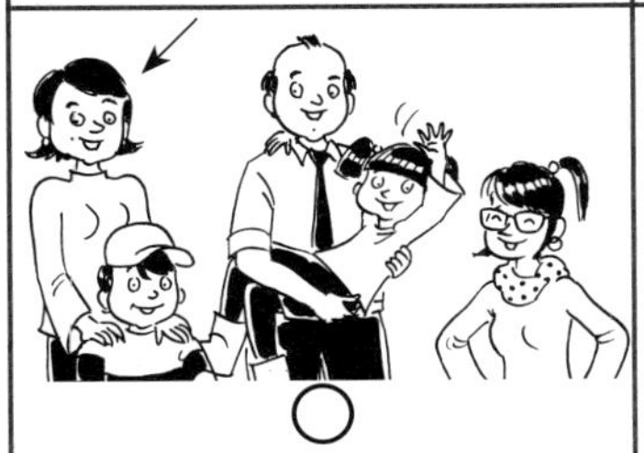 die Mutter die Mütter *der Mutter*	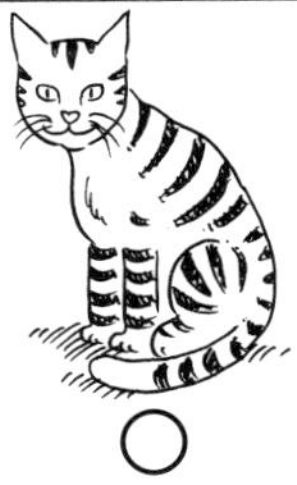 die Katze die Katzen *der Katze*	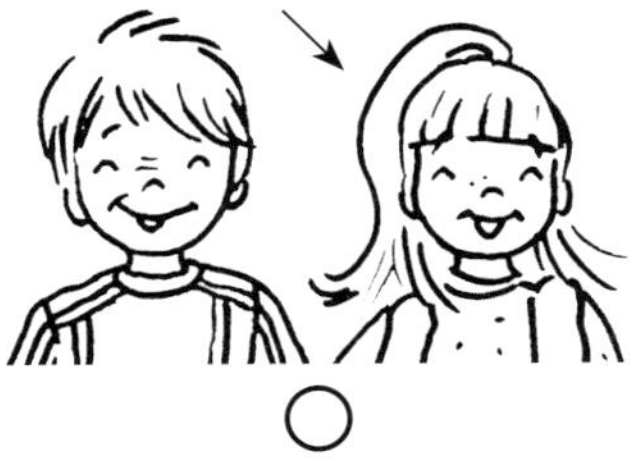 die Schwester die Schwestern *der Schwester*	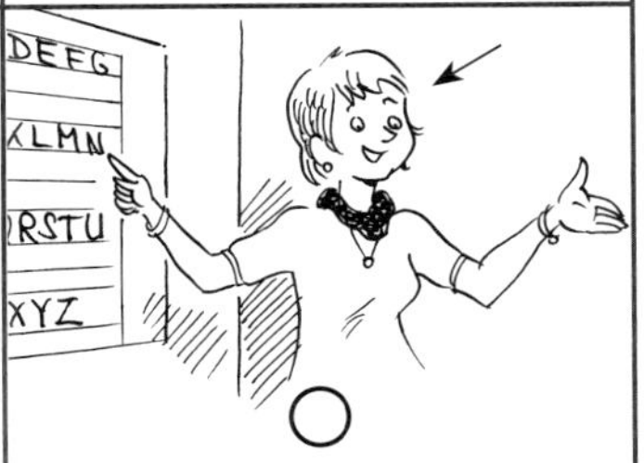 die Lehrerin die Lehrerinnen *der Lehrerin*

LZ: Diff. 1, Satzstraße 51: Substantivdeklination mit dem best. Artikel Singular – Dativ – Femininum – mit „malen“

1. Bildet Sätze mit der Satzstraße.

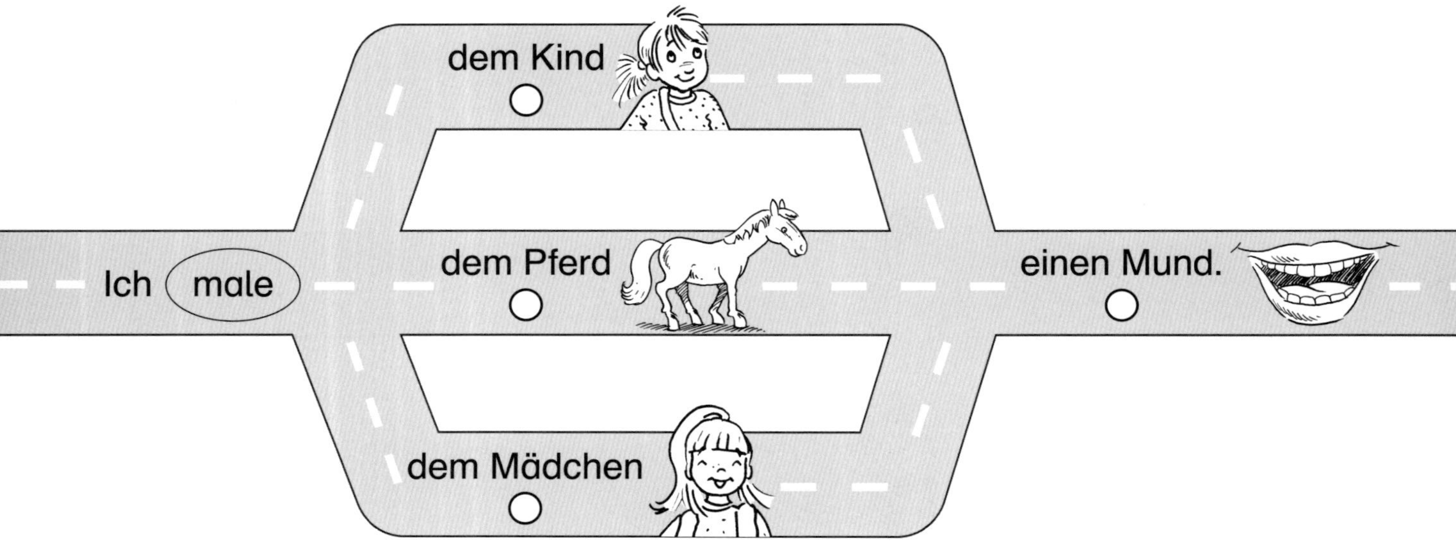

2. Sprecht den Mini-Dialog.

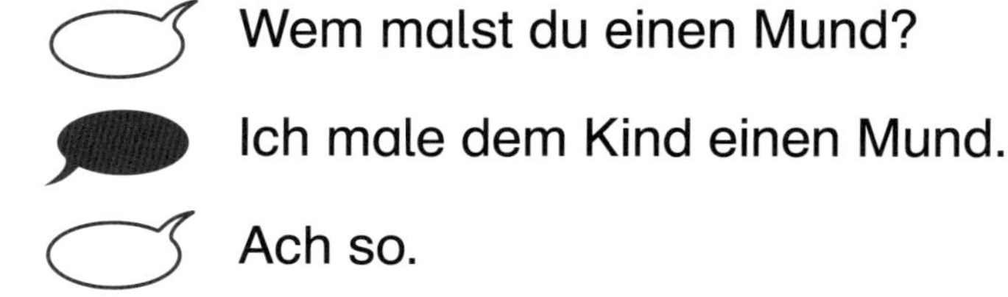

3. Bildet weitere Dialoge.

 das Kind die Kinder *dem Kind*	 das Pferd die Pferde *dem Pferd*	 das Nashorn die Nashörner *dem Nashorn*	 das Mädchen die Mädchen *dem Mädchen*
 das Kaninchen die Kaninchen *dem Kaninchen*	 das Zebra die Zebras *dem Zebra*	 das Huhn die Hühner *dem Huhn*	 das Schaf die Schafe *dem Schaf*

LZ: Diff. 1, Satzstraße 52: Substantivdeklination mit dem best. Artikel Singular – Dativ – Neutrum – mit „malen“

1. Bildet Sätze mit der Satzstraße.

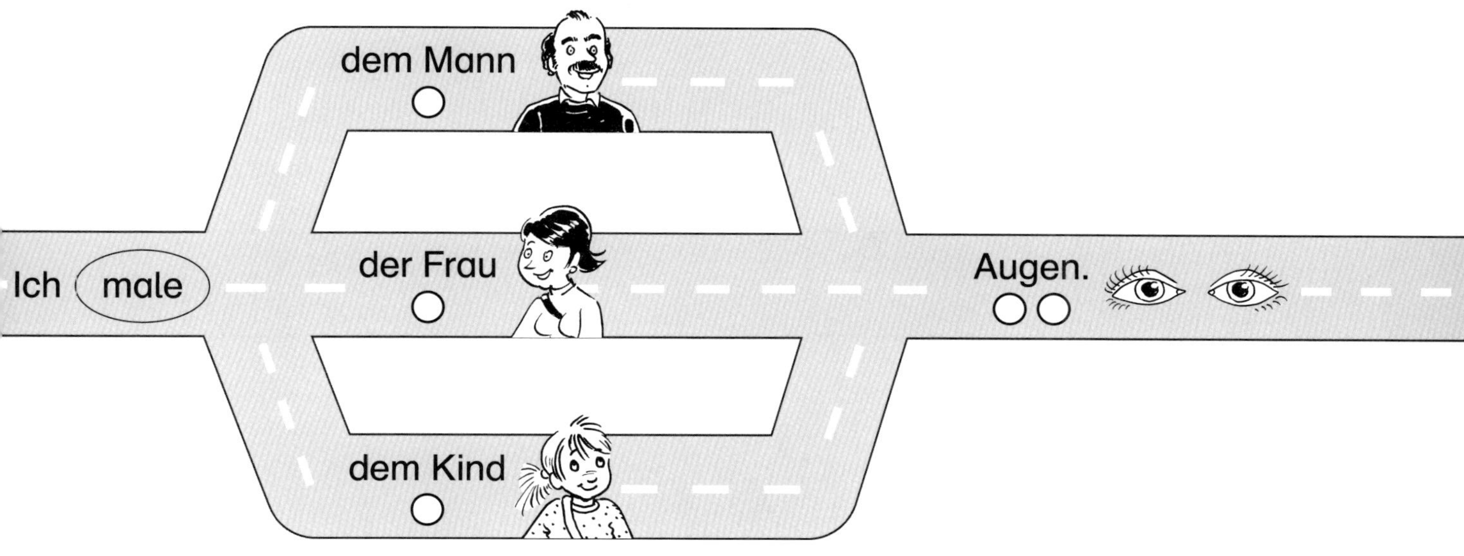

2. Sprecht den Mini-Dialog.

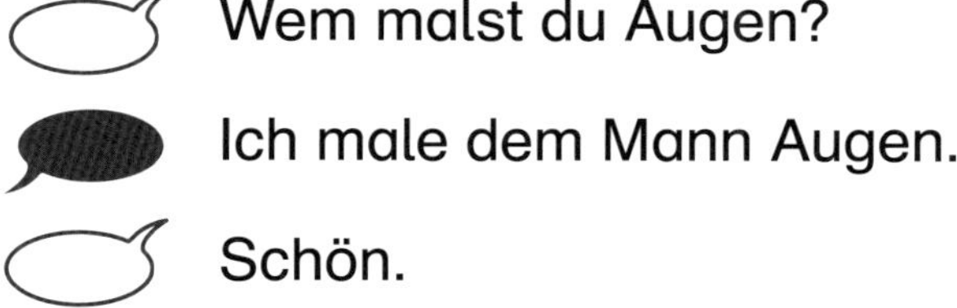

Wem malst du Augen?

Ich male dem Mann Augen.

Schön.

3. Bildet weitere Dialoge.

 der Mann die Männer *dem Mann*	 die Frau die Frauen *der Frau*	 das Kind die Kinder *dem Kind*	 der Schmetterling die Schmetterlinge *dem Schmetterling*
 der Igel die Igel *dem Igel*	 die Katze die Katzen *der Katze*	 das Pferd die Pferde *dem Pferd*	 der Vogel die Vögel *dem Vogel*

LZ: Diff. 1, Satzstraße 53: Substantivdeklination mit dem best. Artikel Singular – Dativ – Maskulinum/Femininum/Neutrum – mit „malen“

1. Bildet Sätze mit der Satzstraße.

2. Sprecht den Mini-Dialog.

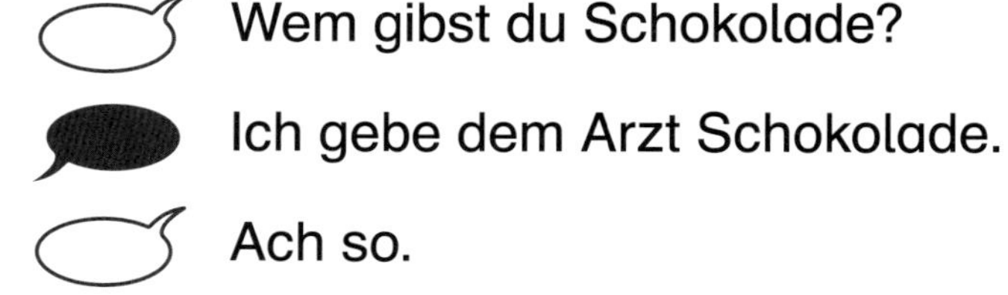

3. Bildet weitere Dialoge.

 der Arzt die Ärzte *dem Arzt*	 der Lehrer die Lehrer *dem Lehrer*	 der Schüler die Schüler *dem Schüler*	 der Bäcker die Bäcker *dem Bäcker*
 der Zahnarzt die Zahnärzte *dem Zahnarzt*	 der Fußgänger die Fußgänger *dem Fußgänger*	 der Gärtner die Gärtner *dem Gärtner*	 der Hausmeister die Hausmeister *dem Hausmeister*

LZ: Diff. 1, Satzstraße 54: Substantivdeklination mit dem best. Artikel Singular – Dativ – Maskulinum – mit „geben"

1. Bildet Sätze mit der Satzstraße.

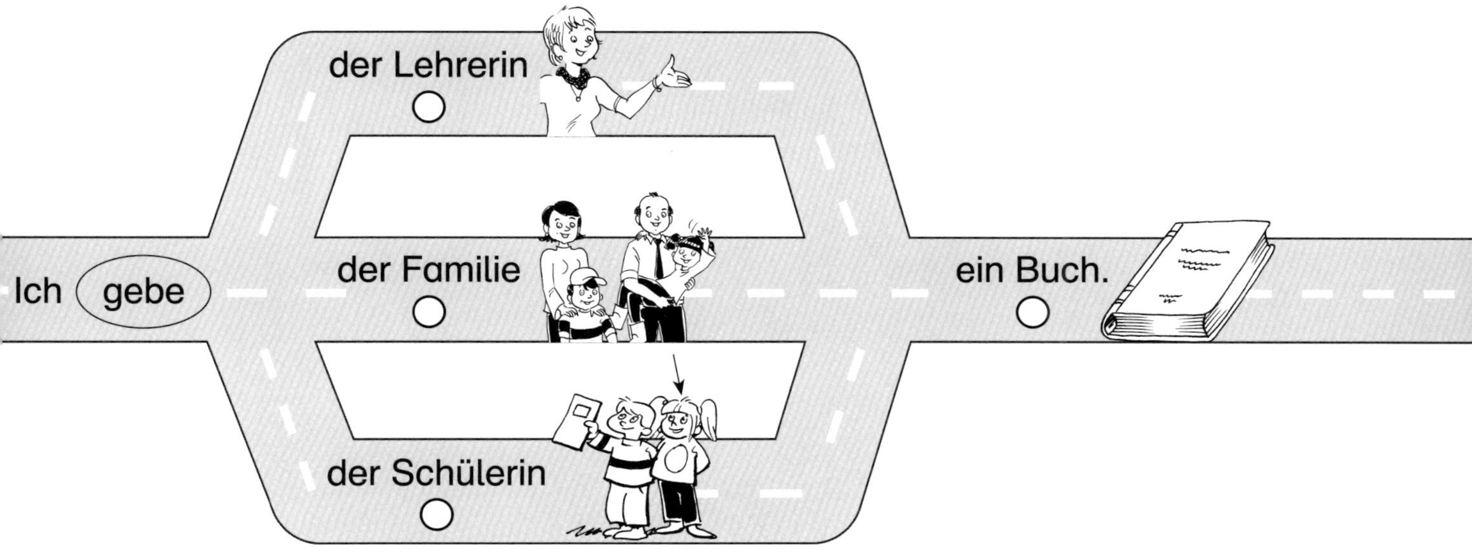

2. Sprecht den Mini-Dialog.

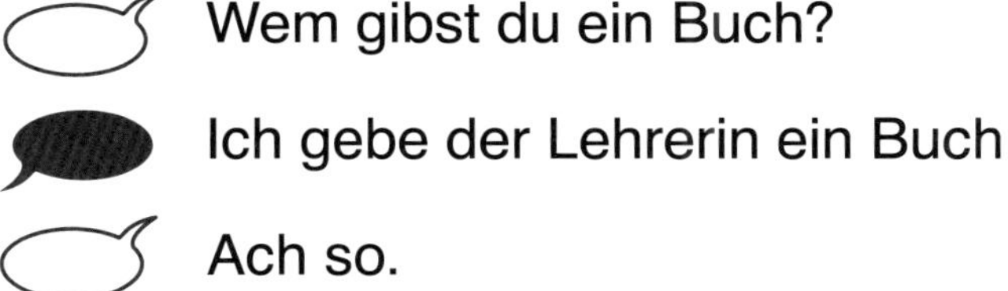

3. Bildet weitere Dialoge.

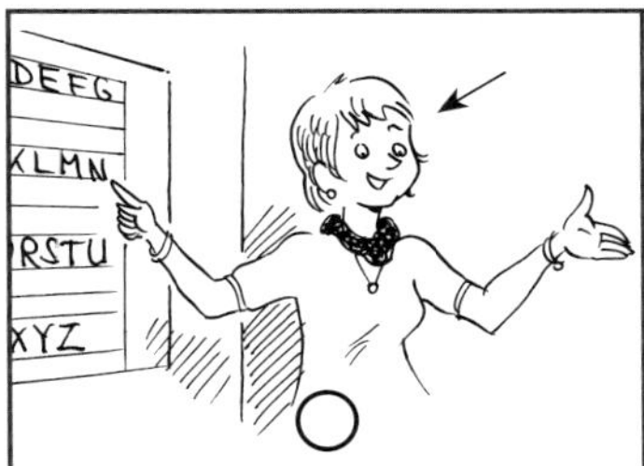 die Lehrerin die Lehrerinnen *der Lehrerin*	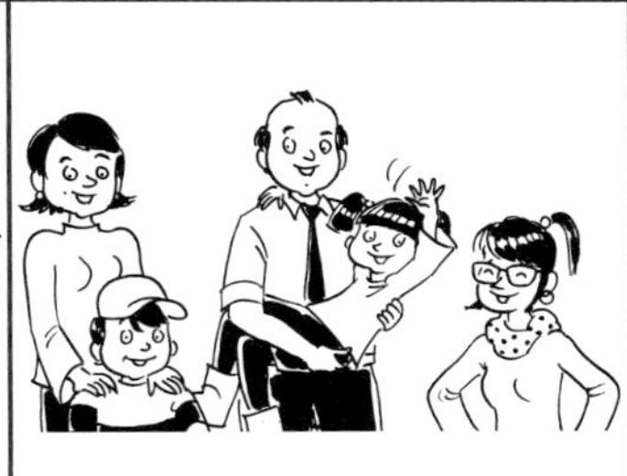 die Familie die Familien *der Familie*	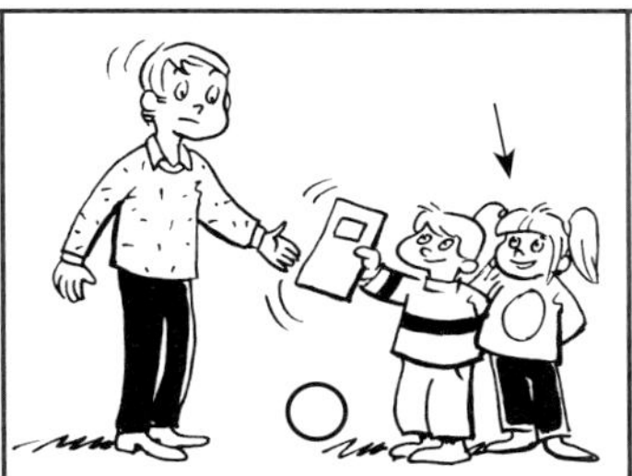 die Schülerin die Schülerinnen *der Schülerin*	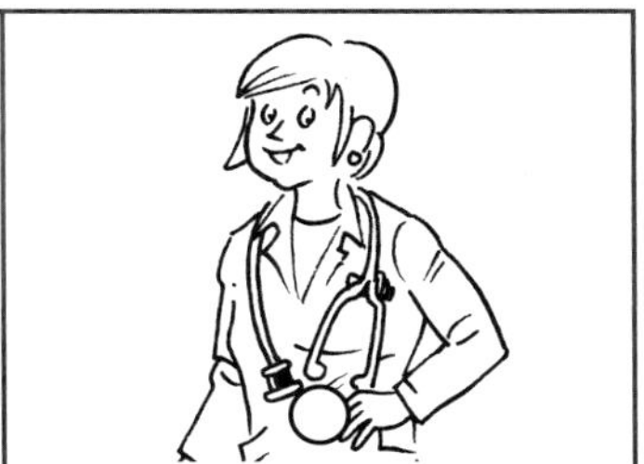 die Ärztin die Ärztinnen *der Ärztin*
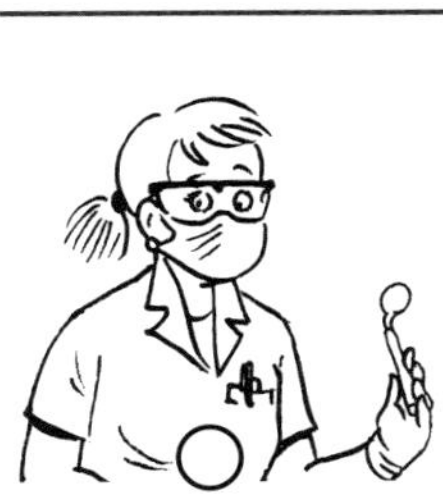 die Zahnärztin die Zahnärztinnen *der Zahnärztin*	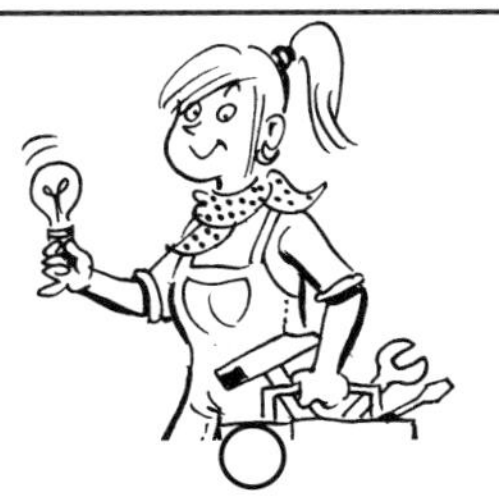 die Hausmeisterin die Hausmeisterinnen *der Hausmeisterin*	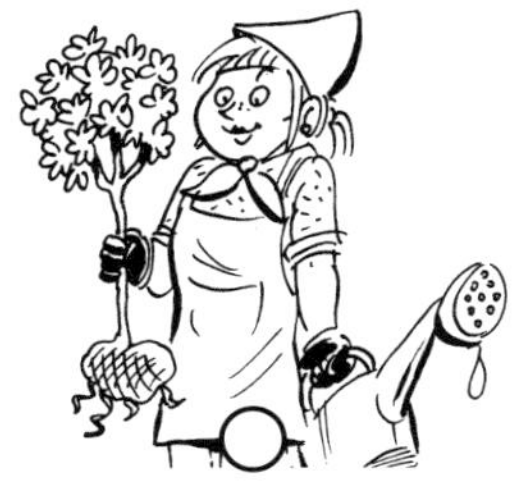 die Gärtnerin die Gärtnerinnen *der Gärtnerin*	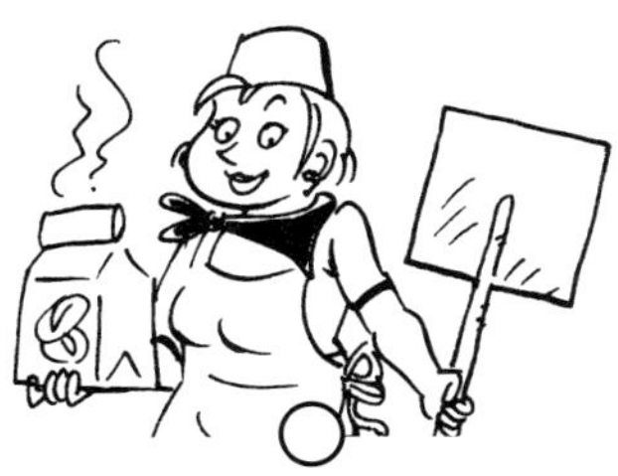 die Bäckerin die Bäckerinnen *der Bäckerin*

LZ: Diff. 1, Satzstraße 55: Substantivdeklination mit dem best. Artikel Singular – Dativ – Femininum – mit „geben“

1. Bildet Sätze mit der Satzstraße.

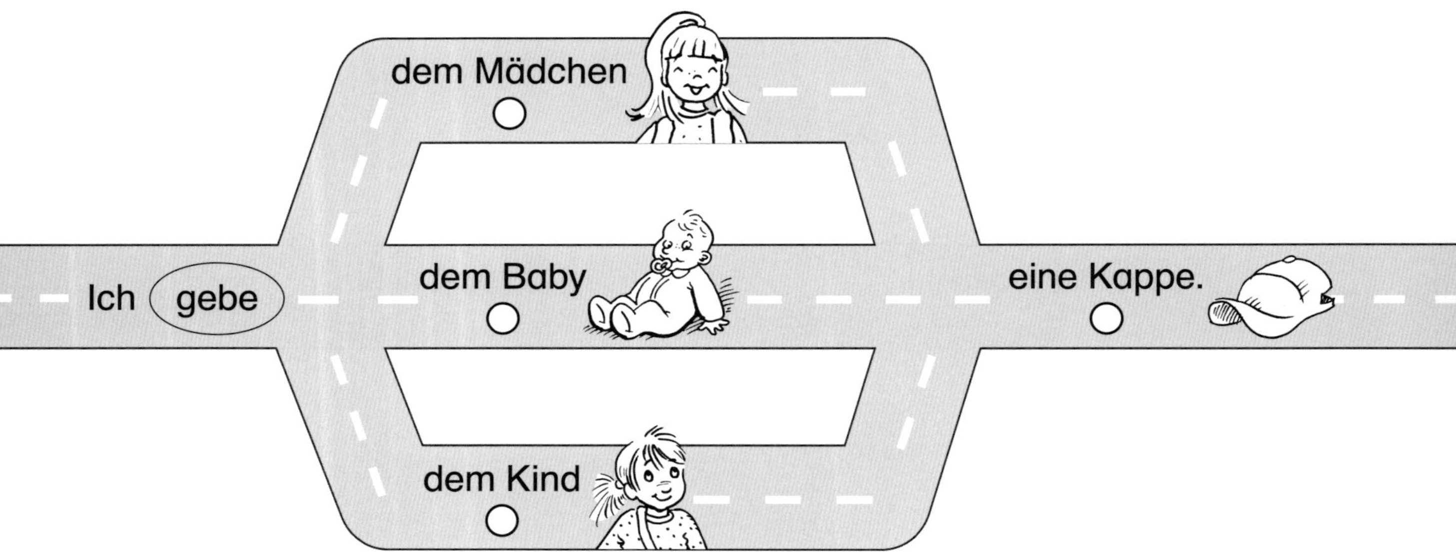

2. Sprecht den Mini-Dialog.

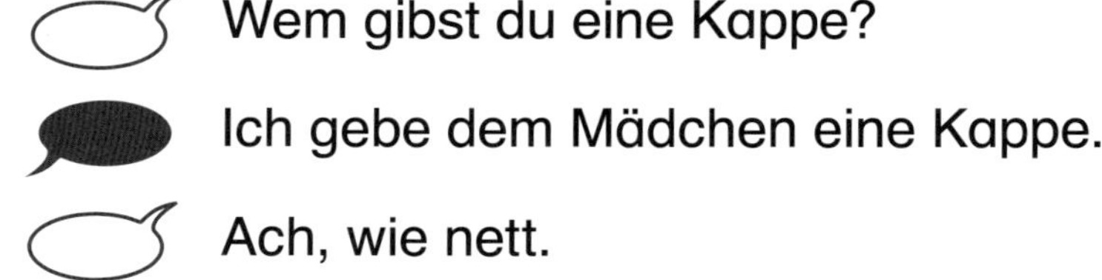

3. Bildet weitere Dialoge.

 das Mädchen die Mädchen *dem Mädchen*	 das Baby die Babys *dem Baby*	 das Kind die Kinder *dem Kind*	 das Zebra die Zebras *dem Zebra*
 das Pferd die Pferde *dem Pferd*	 das Huhn die Hühner *dem Huhn*	 das Schaf die Schafe *dem Schaf*	 das Nashorn die Nashörner *dem Nashorn*

LZ: Diff. 1, Satzstraße 56: Substantivdeklination mit dem best. Artikel – Singular – Dativ – Neutrum – mit „geben“

1. Bildet Sätze mit der Satzstraße.

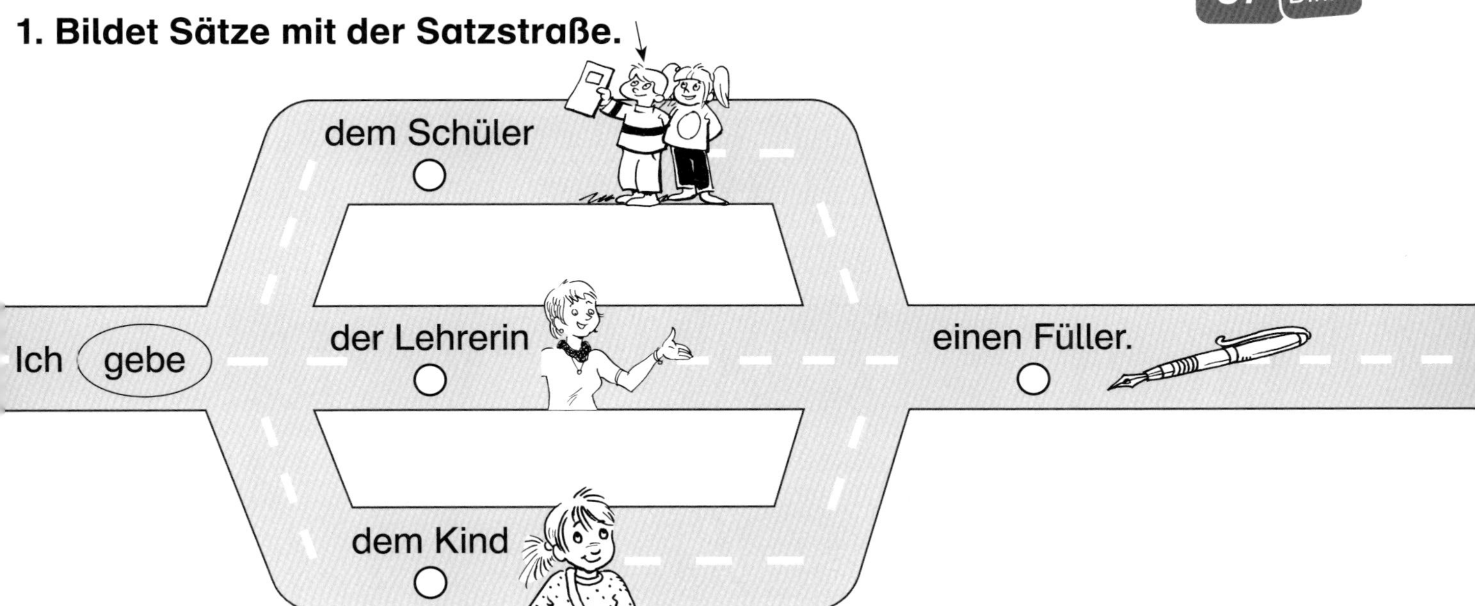

2. Sprecht den Mini-Dialog.

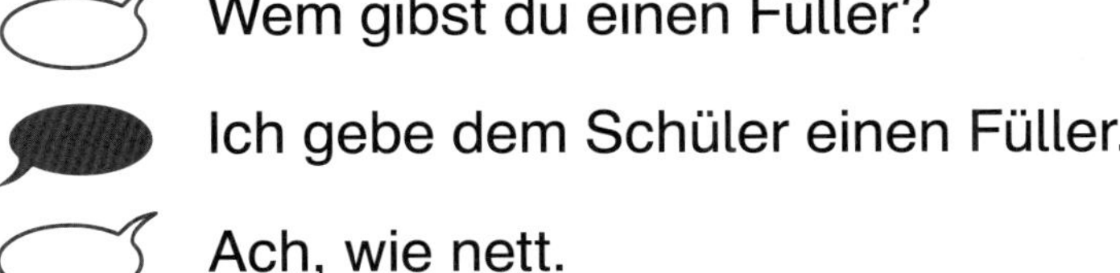

3. Bildet weitere Dialoge.

 der Schüler die Schüler *dem Schüler*	 die Lehrerin die Lehrerinnen *der Lehrerin*	 das Kind die Kinder *dem Kind*	 das Ehepaar die Ehepaare *dem Ehepaar*
 die Ärztin die Ärztinnen *der Ärztin*	 die Familie die Familien *der Familie*	 der Zahnarzt die Zahnärzte *dem Zahnarzt*	 der Fußgänger die Fußgänger *dem Fußgänger*

LZ: Diff. 1, Satzstraße 57: Substantivdeklination mit dem best. Artikel Singular – Dativ – Maskulinum/Femininum/ Neutrum – mit „geben“

1. Bildet Sätze mit der Satzstraße.

2. Sprecht den Mini-Dialog.

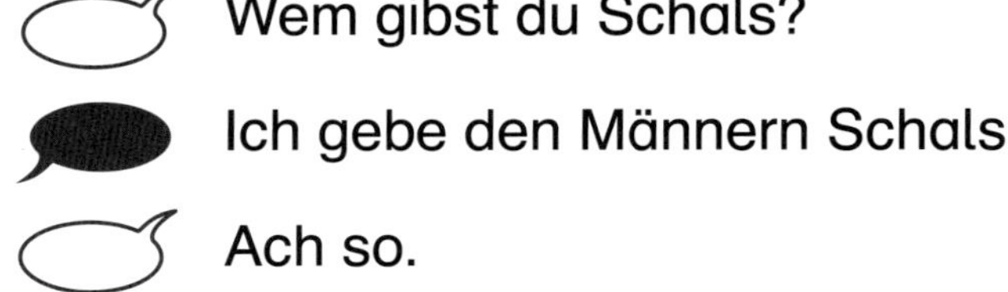

3. Bildet weitere Dialoge.

 der Mann die Männer *den Männern*	 die Frau die Frauen *den Frauen*	 das Kind die Kinder *den Kindern*	 die Ärztin die Ärztinnen *den Ärztinnen*
 der Fußgänger die Fußgänger *den Fußgängern*	 der Schüler die Schüler *den Schülern*	 die Familie die Familien *den Familien*	 die Schülerin die Schülerinnen *den Schülerinnen*

LZ: Diff. 1, Satzstraße 58: Substantivdeklination mit dem best. Artikel Plural – Dativ – Maskulinum/Femininum/Neutrum – mit „geben“

1. Bildet Sätze mit der Satzstraße.

2. Sprecht den Mini-Dialog.

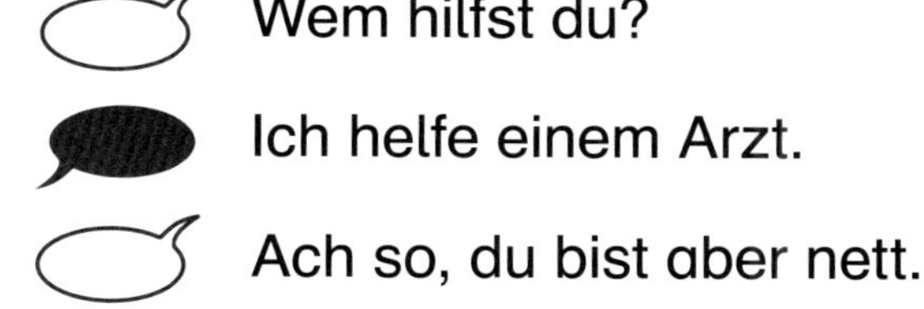

3. Bildet weitere Dialoge.

 der Arzt die Ärzte *einem Arzt*	 der Lehrer die Lehrer *einem Lehrer*	 der Schüler die Schüler *einem Schüler*	 der Fußgänger die Fußgänger *einem Fußgänger*
 der Bäcker die Bäcker *einem Bäcker*	 der Zahnarzt die Zahnärzte *einem Zahnarzt*	 der Gärtner die Gärtner *einem Gärtner*	 der Hausmeister die Hausmeister *einem Hausmeister*

LZ: Diff. 1, Satzstraße 59: Substantivdeklination mit dem unbest. Artikel Singular – Dativ – Maskulinum – mit „helfen"

1. Bildet Sätze mit der Satzstraße.

2. Sprecht den Mini-Dialog.

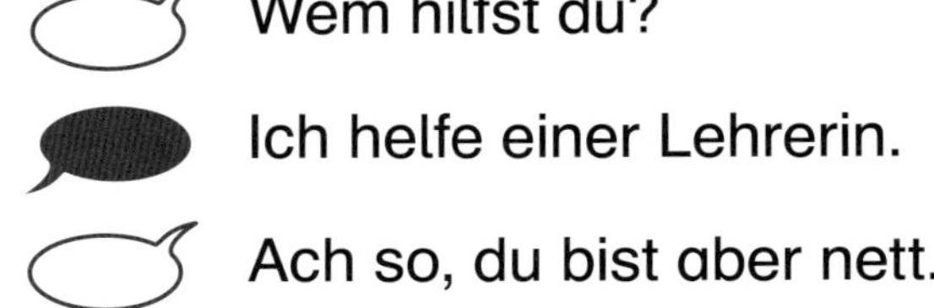

Wem hilfst du?

Ich helfe einer Lehrerin.

Ach so, du bist aber nett.

3. Bildet weitere Dialoge.

die Lehrerin die Lehrerinnen *einer Lehrerin*	die Ärztin die Ärztinnen *einer Ärztin*	die Schülerin die Schülerinnen *einer Schülerin*	die Zahnärztin die Zahnärztinnen *einer Zahnärztin*
die Sekretärin die Sekretärinnen *einer Sekretärin*	die Tierärztin die Tierärztinnen *einer Tierärztin*	die Gärtnerin die Gärtnerinnen *einer Gärtnerin*	die Kinderärztin die Kinderärztinnen *einer Kinderärztin*

LZ: Diff. 1, Satzstraße 60: Substantivdeklination mit dem unbest. Artikel Singular – Dativ – Femininum – mit „helfen“

1. Bildet Sätze mit der Satzstraße.

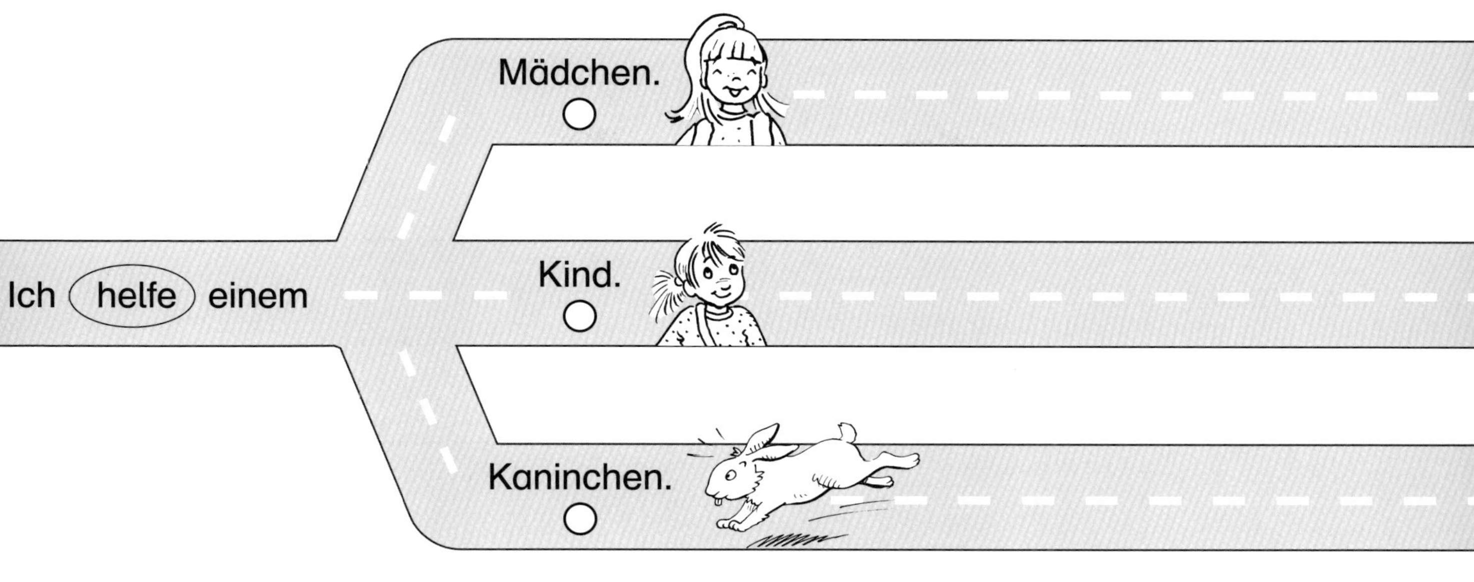

2. Sprecht den Mini-Dialog.

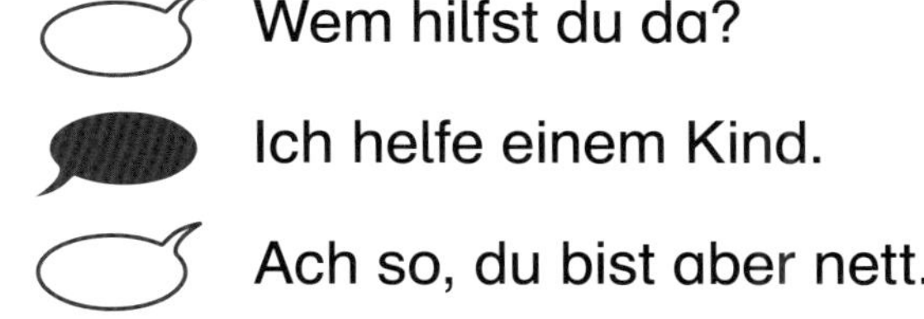

3. Bildet weitere Dialoge.

 das Mädchen die Mädchen *einem Mädchen*	 das Kind die Kinder *einem Kind*	 das Kaninchen die Kaninchen *einem Kaninchen*	 das Zebra die Zebras *einem Zebra*
 das Pferd die Pferde *einem Pferd*	 das Huhn die Hühner *einem Huhn*	 das Nashorn die Nashörner *einem Nashorn*	 das Schaf die Schafe *einem Schaf*

LZ: Diff. 1, Satzstraße 61: Substantivdeklination mit dem unbest. Artikel Singular – Dativ – Neutrum – mit „helfen“

1. Bildet Sätze mit der Satzstraße.

Ich helfe

einem Schüler.

einer Schülerin.

einem Kind.

2. Sprecht den Mini-Dialog.

Wem hilfst du da?

Ich helfe einem Schüler.

Ach so, du bist aber nett.

3. Bildet weitere Dialoge.

der Schüler die Schüler *einem Schüler*	die Schülerin die Schülerinnen *einer Schülerin*	das Kind die Kinder *einem Kind*	der Schulleiter die Schulleiter *einem Schulleiter*
der Bäcker die Bäcker *einem Bäcker*	der Zahnarzt die Zahnärzte *einem Zahnarzt*	der Gärtner die Gärtner *einem Gärtner*	der Hausmeister die Hausmeister *einem Hausmeister*

LZ: Diff. 1, Satzstraße 62: Substantivdeklination mit dem unbest. Artikel Singular – Dativ – Maskulinum/Femininum/Neutrum – mit „helfen“

1. Bildet Sätze mit der Satzstraße.

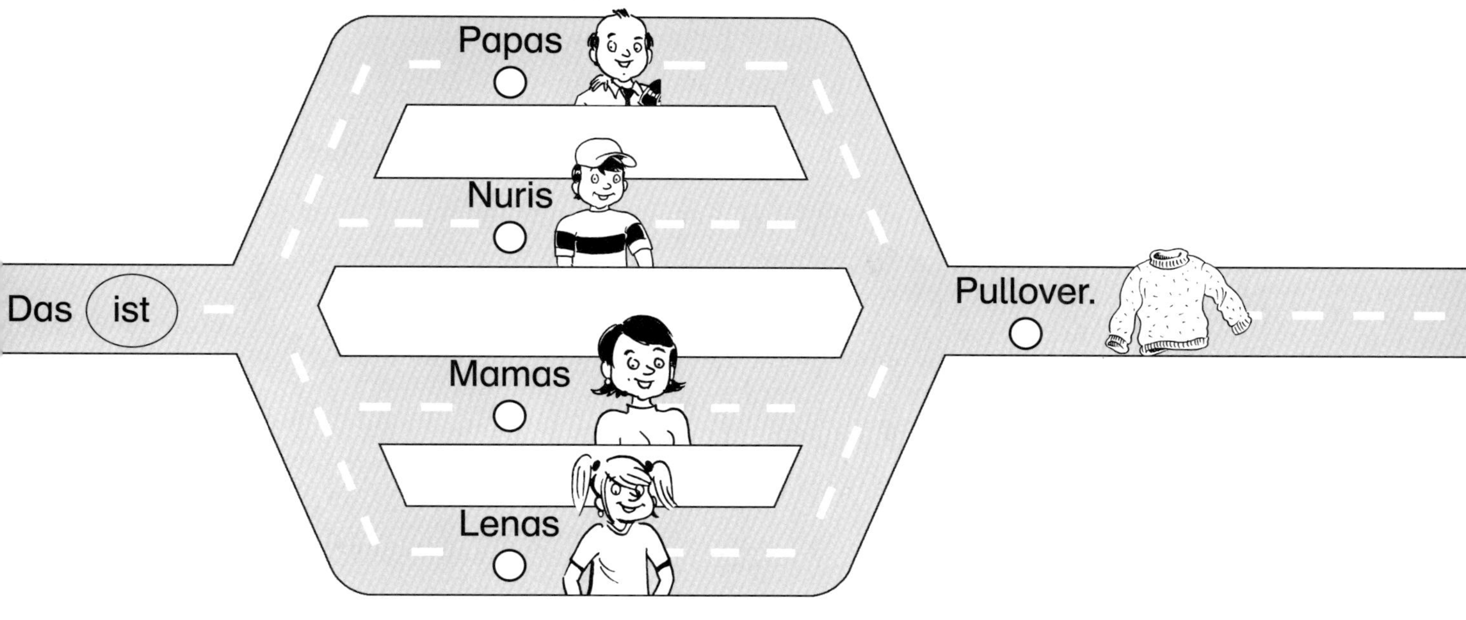

2. Sprecht den Mini-Dialog.

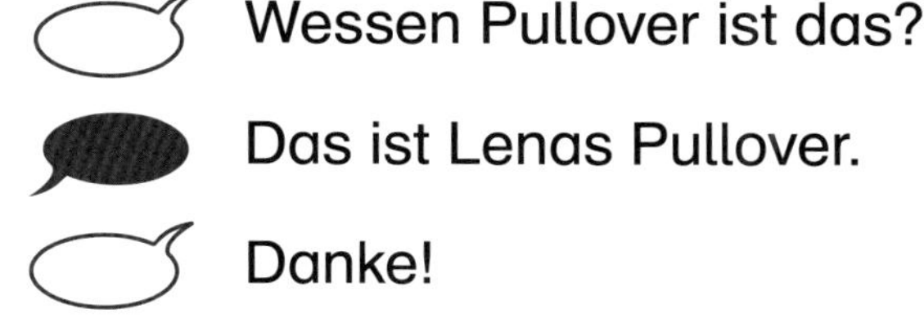

Wessen Pullover ist das?

Das ist Lenas Pullover.

Danke!

3. Bildet weitere Dialoge.

 der Papa die Papas *Papas*	 die Mama die Mamas *Mamas*	 der Nuri die Nuris *Nuris*	 die Lena die Lenas *Lenas*
 der Onkel die Onkel *Onkel Kareems*	 die Tante die Tanten *Tante Bindis*	 der Opa die Opas *Opas*	 die Oma die Omas *Omas*

LZ: Diff. 1, Satzstraße 63: Vorangestellter Genitiv ohne Artikel Singular – Genitiv – Maskulinum/Femininum

1. Bildet Sätze mit der Satzstraße.

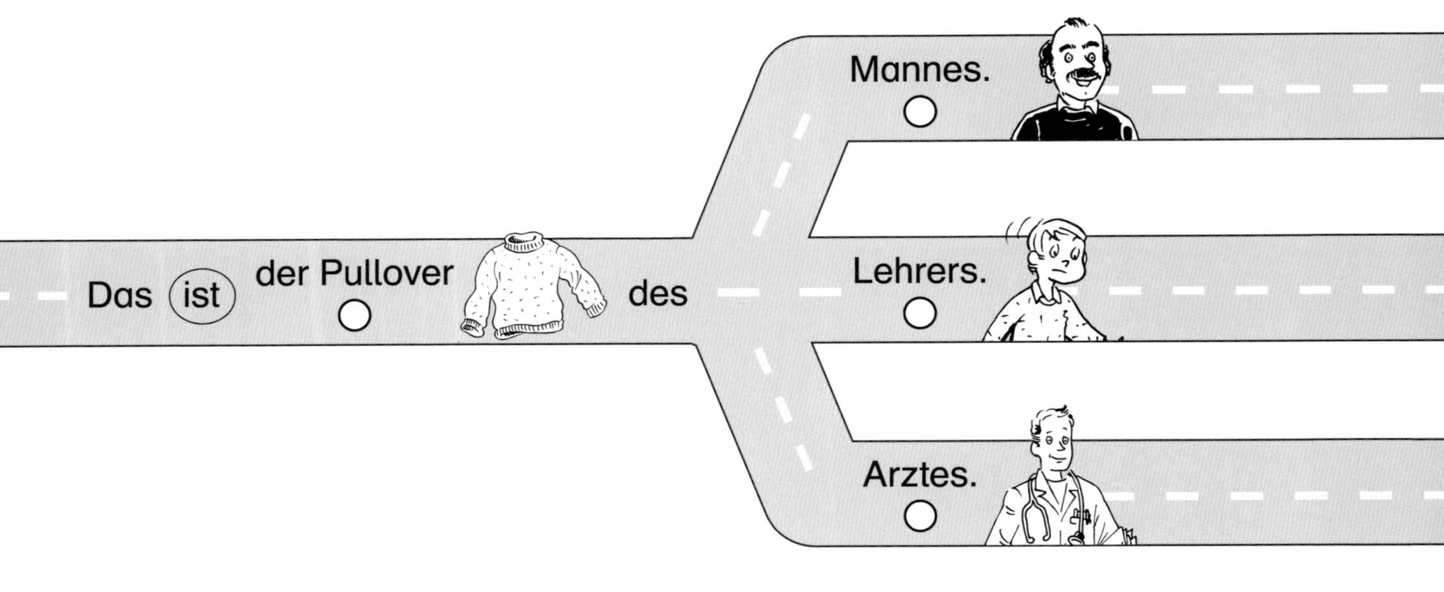

2. Sprecht den Mini-Dialog.

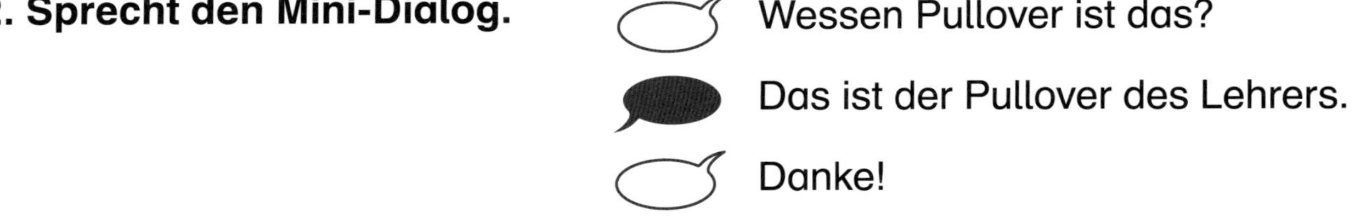

3. Bildet weitere Dialoge.

 der Mann die Männer *des Mannes*	 der Lehrer die Lehrer *des Lehrers*	 der Arzt die Ärzte *des Arztes*	 der Bäcker die Bäcker *des Bäckers*
 der Gärtner die Gärtner *des Gärtners*	 der Zahnarzt die Zahnärzte *des Zahnarztes*	 der Schüler die Schüler *des Schülers*	 der Sekretär die Sekretäre *des Sekretärs*

LZ: Diff. 1, Satzstraße 64: Substantivdeklination mit dem best. Artikel Singular – Genitiv – Maskulinum

1. Bildet Sätze mit der Satzstraße.

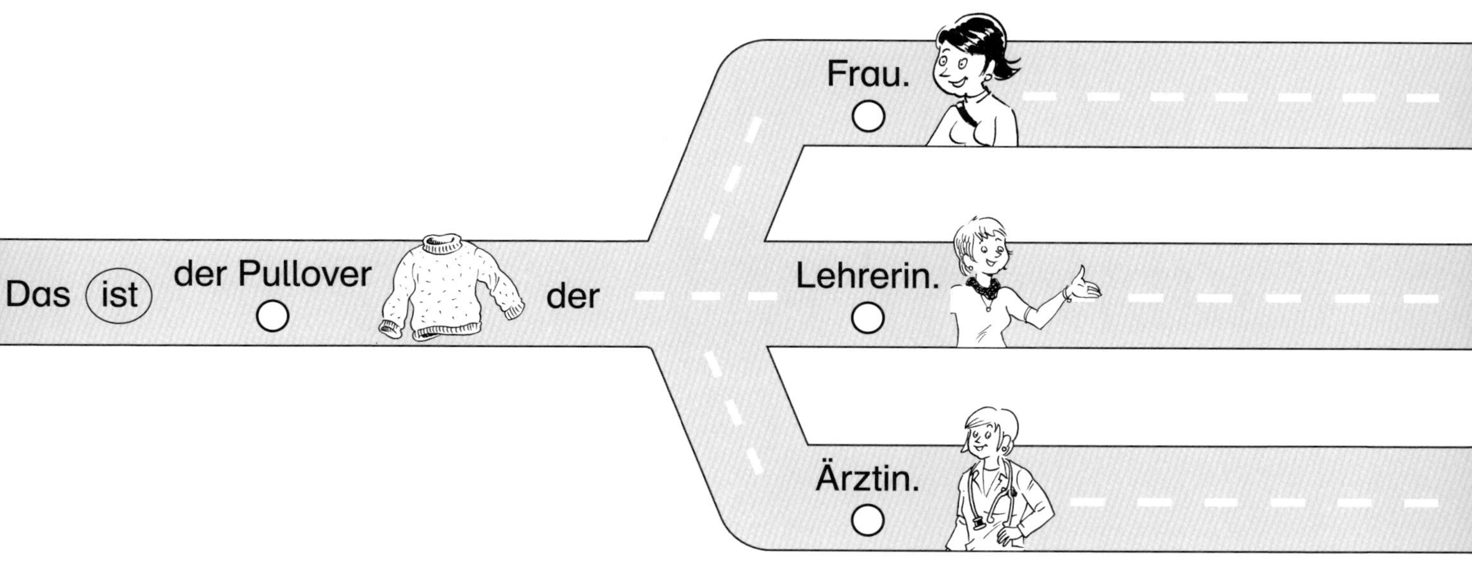

2. Sprecht den Mini-Dialog.

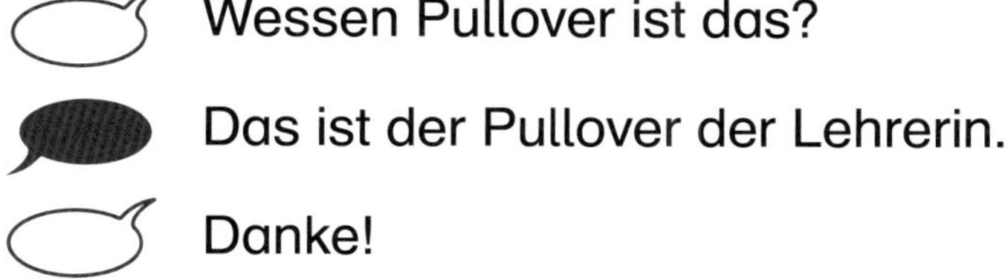

3. Bildet weitere Dialoge.

 die Frau die Frauen *der Frau*	 die Lehrerin die Lehrerinnen *der Lehrerin*	 die Ärztin die Ärztinnen *der Ärztin*	 die Tierärztin die Tierärztinnen *der Tierärztin*
 die Sekretärin die Sekretärinnen *der Sekretärin*	 die Schulleiterin die Schulleiterinnen *der Schulleiterin*	 die Schülerin die Schülerinnen *der Schülerin*	 die Zahnärztin die Zahnärztinnen *der Zahnärztin*

LZ: Diff. 1, Satzstraße 65: Substantivdeklination mit dem best. Artikel Singular – Genitiv – Femininum

1. Bildet Sätze mit der Satzstraße.

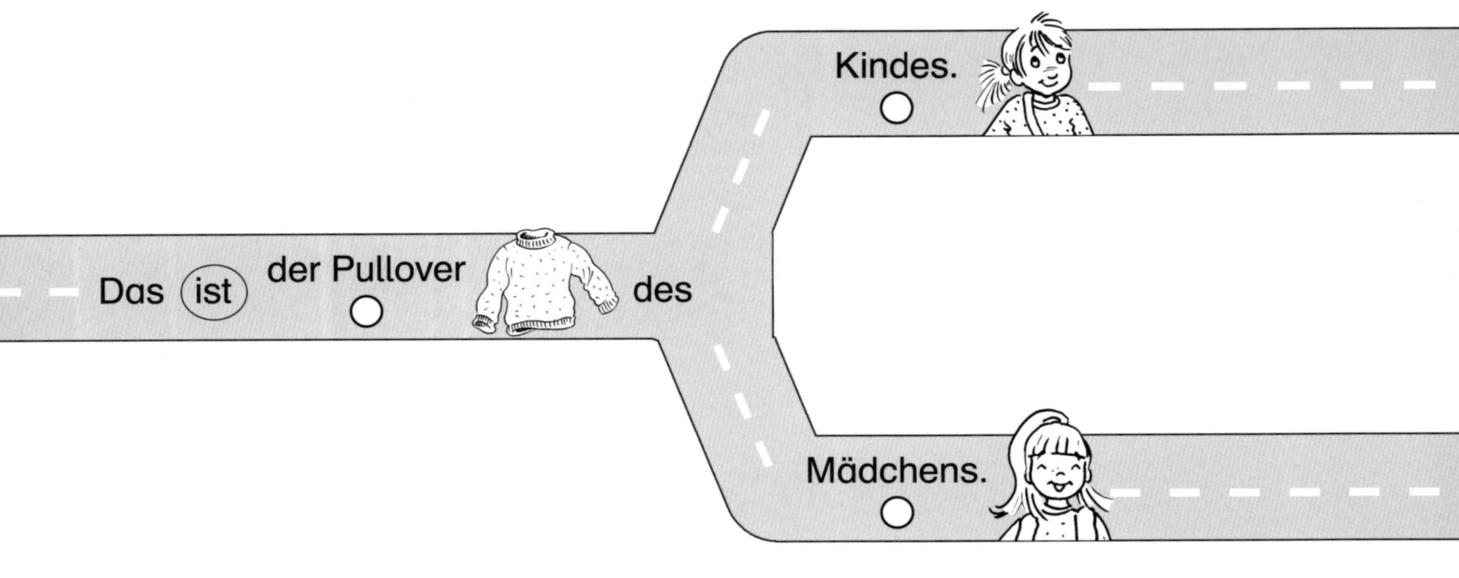

2. Sprecht den Mini-Dialog.

3. Bildet weitere Dialoge.

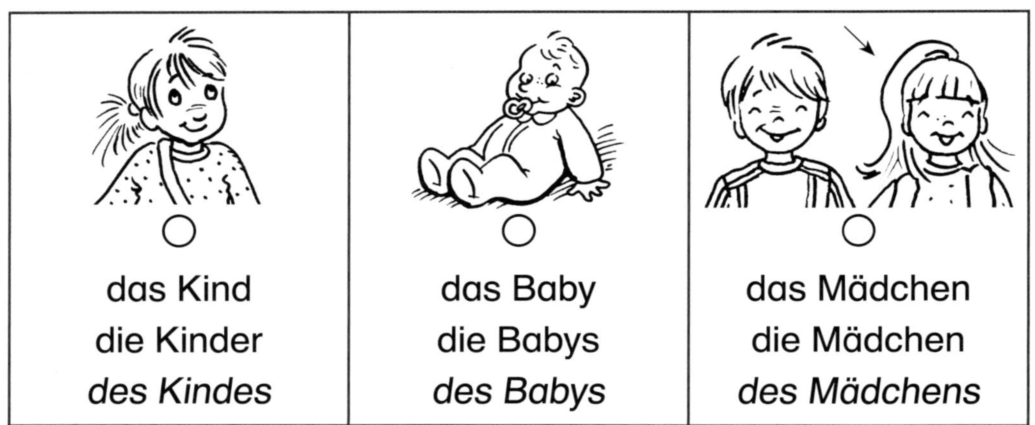

das Kind die Kinder *des Kindes*	das Baby die Babys *des Babys*	das Mädchen die Mädchen *des Mädchens*

LZ: Diff. 1, Satzstraße 66: Substantivdeklination mit dem best. Artikel Singular – Genitiv – Neutrum

1. Bildet Sätze mit der Satzstraße.

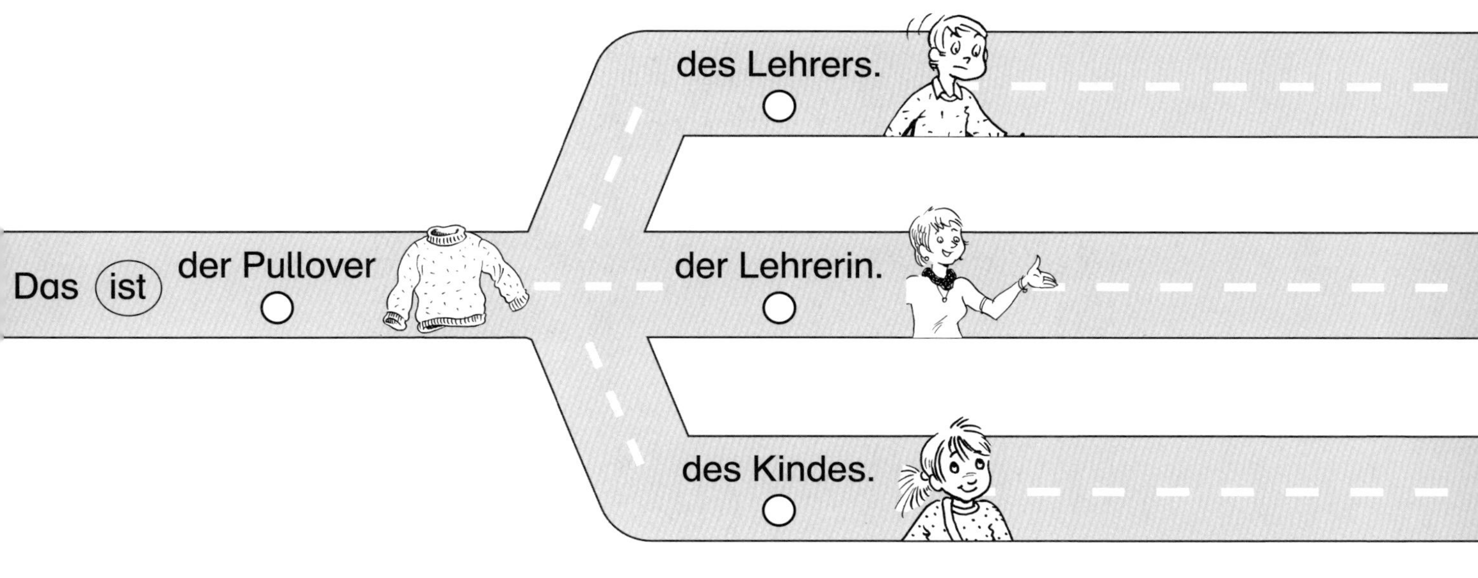

2. Sprecht den Mini-Dialog.

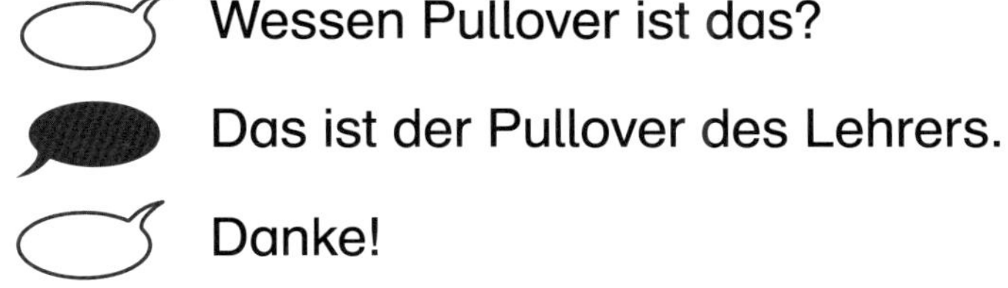

3. Bildet weitere Dialoge.

 der Lehrer die Lehrer *des Lehrers*	 die Lehrerin die Lehrerinnen *der Lehrerin*	 das Kind die Kinder *des Kindes*	 der Arzt die Ärzte *des Arztes*
 das Mädchen die Mädchen *des Mädchens*	 die Schülerin die Schülerinnen *der Schülerin*	 das Baby die Babys *des Babys*	 der Sekretär die Sekretäre *des Sekretärs*

LZ: Diff. 1, Satzstraße 67: Substantivdeklination mit dem best. Artikel Singular – Genitiv – Maskulinum/Femininum/Neutrum

1. Bildet Sätze mit der Satzstraße.

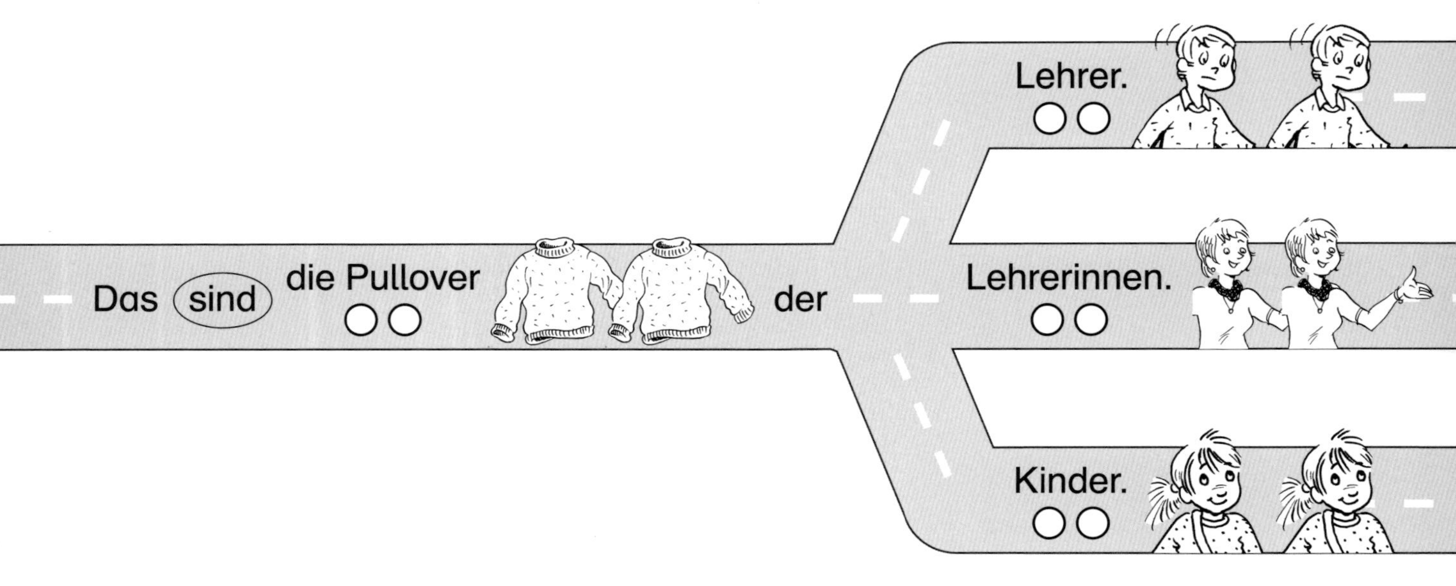

2. Sprecht den Mini-Dialog.

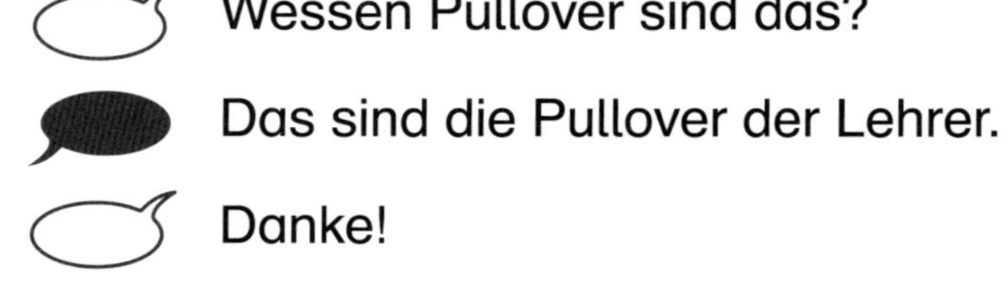

3. Bildet weitere Dialoge.

 der Lehrer die Lehrer *der Lehrer*	 die Lehrerin die Lehrerinnen *der Lehrerinnen*	 das Kind die Kinder *der Kinder*	 das Mädchen die Mädchen *der Mädchen*
 die Schülerin die Schülerinnen *der Schülerinnen*	 der Schüler die Schüler *der Schüler*	 die Zahnärztin die Zahnärztinnen *der Zahnärztinnen*	 der Zahnarzt die Zahnärzte *der Zahnärzte*

LZ: Diff. 1, Satzstraße 68: Substantivdeklination mit dem best. Artikel Plural – Genitiv – Maskulinum/Femininum/Neutrum

1. Bildet Sätze mit der Satzstraße.

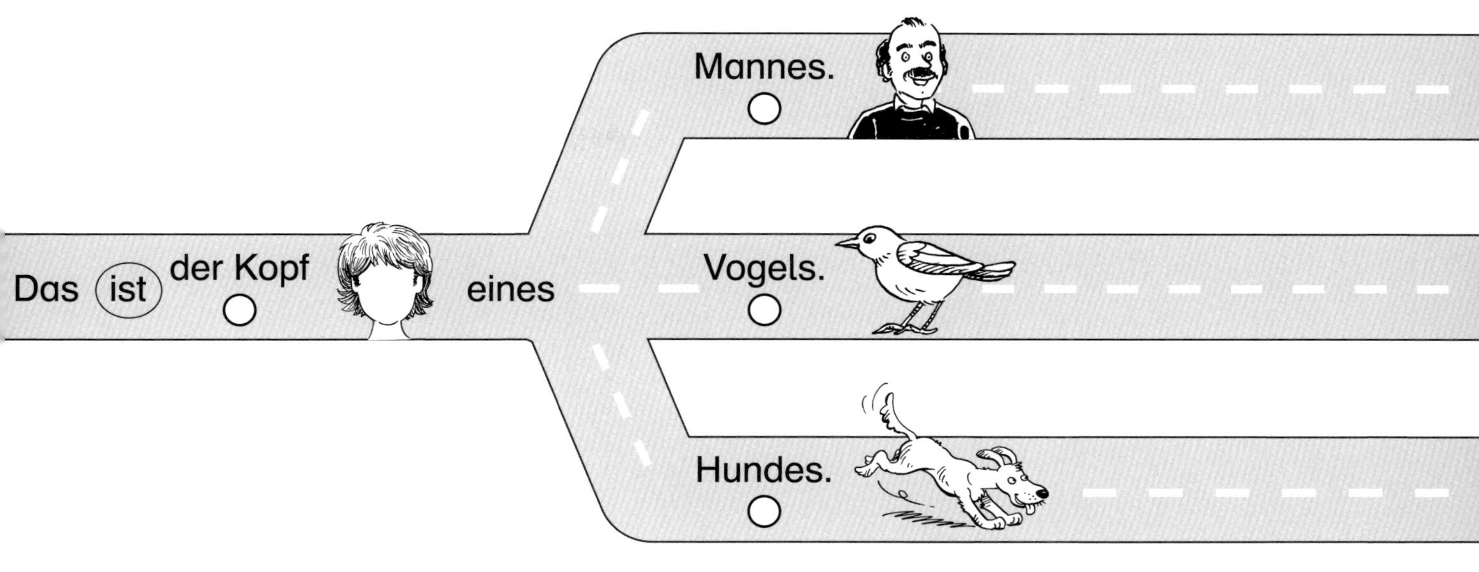

2. Sprecht den Mini-Dialog.

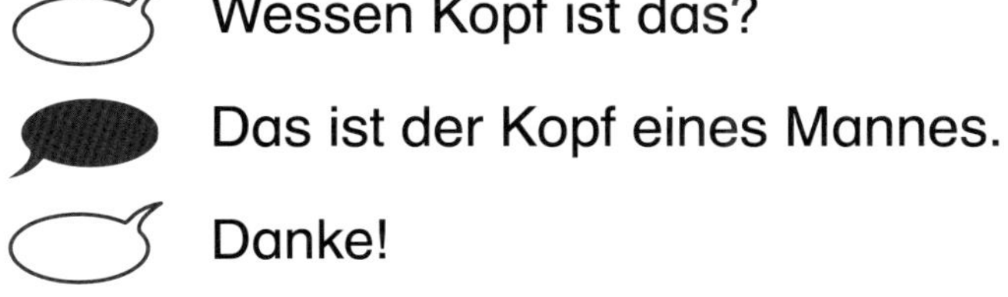

3. Bildet weitere Dialoge.

 der Mann die Männer *eines Mannes*	 der Vogel die Vögel *eines Vogels*	 der Hund die Hunde *eines Hundes*	 der Frosch die Frösche *eines Frosches*
 der Igel die Igel *eines Igels*	 der Schmetterling die Schmetterlinge *eines Schmetterlings*	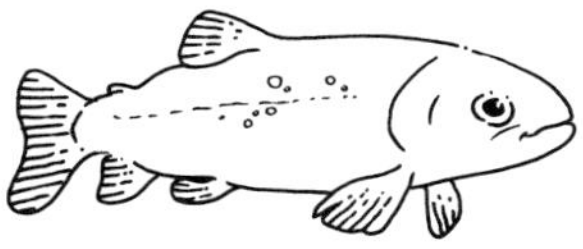 der Fisch die Fische *eines Fisches*	 der Schüler die Schüler *eines Schülers*

LZ: Diff. 1, Satzstraße 69: Substantivdeklination mit dem unbest. Artikel Singular – Genitiv – Maskulinum

1. Bildet Sätze mit der Satzstraße.

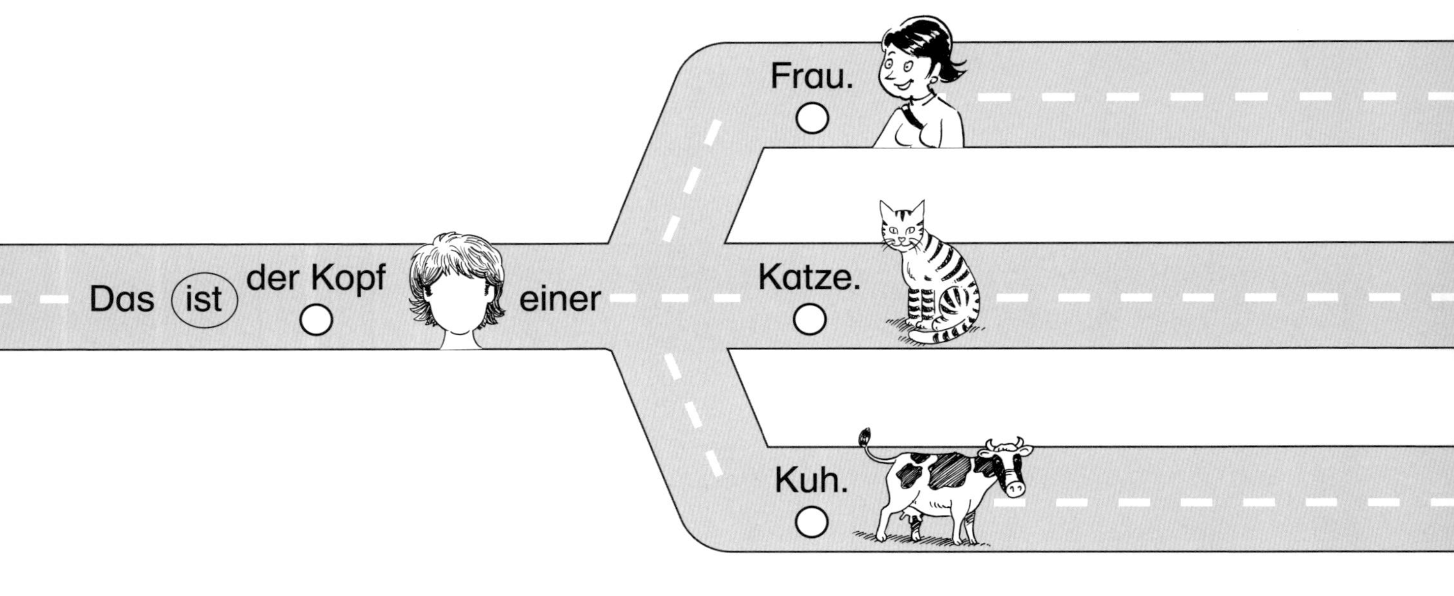

2. Sprecht den Mini-Dialog.

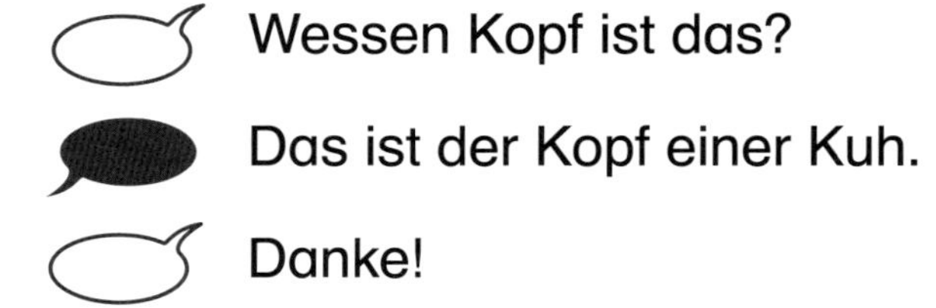

3. Bildet weitere Dialoge.

 die Frau die Frauen *einer Frau*	 die Katze die Katzen *einer Katze*	 die Kuh die Kühe *einer Kuh*	 die Lehrerin die Lehrerinnen *einer Lehrerin*
 die Schülerin die Schülerinnen *einer Schülerin*	 die Maus die Mäuse *einer Maus*	 die Ente die Enten *einer Ente*	 die Biene die Bienen *einer Biene*

LZ: Diff. 1, Satzstraße 70: Substantivdeklination mit dem unbest. Artikel Singular – Genitiv – Femininum

1. Bildet Sätze mit der Satzstraße.

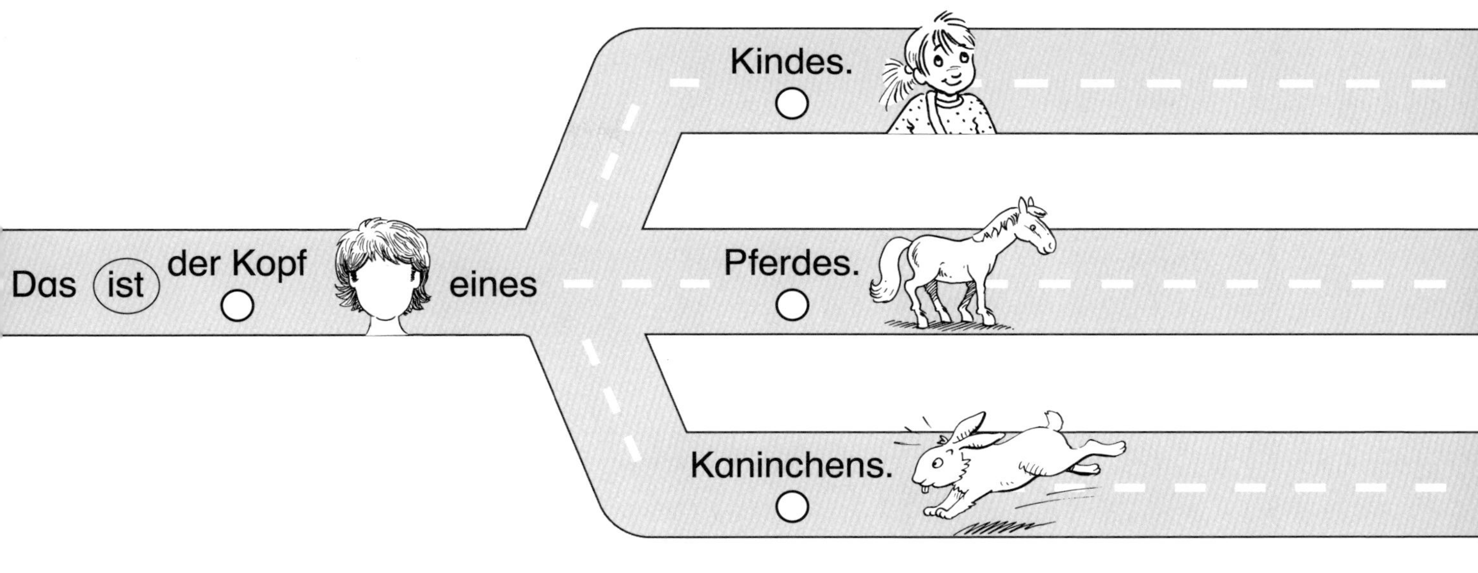

2. Sprecht den Mini-Dialog.

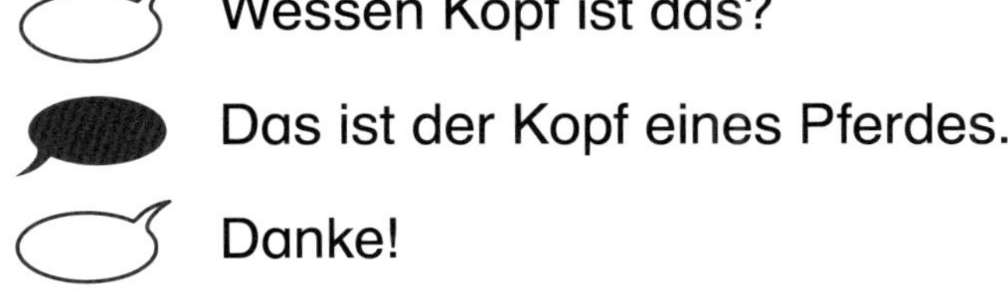

3. Bildet weitere Dialoge.

 das Kind die Kinder *eines Kindes*	 das Pferd die Pferde *eines Pferdes*	 das Kaninchen die Kaninchen *eines Kaninchens*	 das Mädchen die Mädchen *eines Mädchens*
 das Zebra die Zebras *eines Zebras*	 das Schaf die Schafe *eines Schafes*	 das Huhn die Hühner *eines Huhns*	 das Nashorn die Nashörner *eines Nashorns*

LZ: Diff. 1, Satzstraße 71: Substantivdeklination mit dem unbest. Artikel Singular – Genitiv – Neutrum

1. Bildet Sätze mit der Satzstraße.

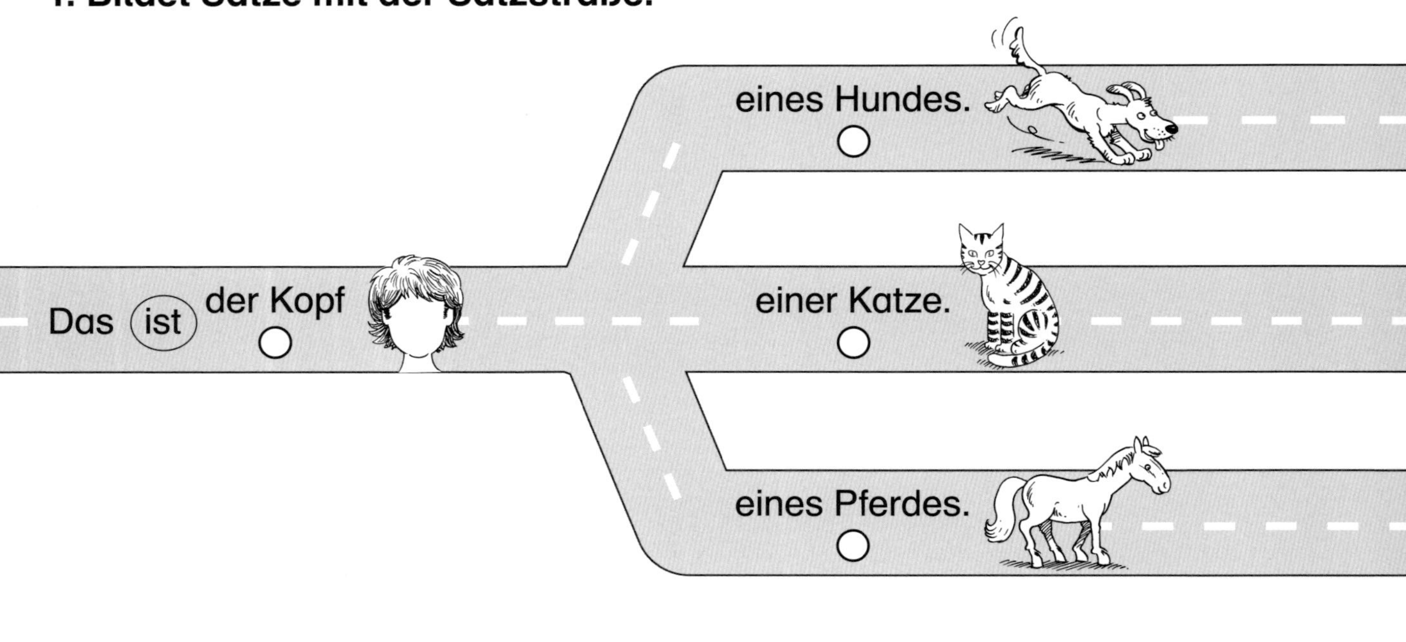

2. Sprecht den Mini-Dialog.

3. Bildet weitere Dialoge.

 der Hund die Hunde *eines Hundes*	 die Katze die Katzen *einer Katze*	 das Pferd die Pferde *eines Pferdes*	 der Igel die Igel *eines Igels*
 das Kind die Kinder *eines Kindes*	 die Kuh die Kühe *einer Kuh*	 das Kaninchen die Kaninchen *eines Kaninchens*	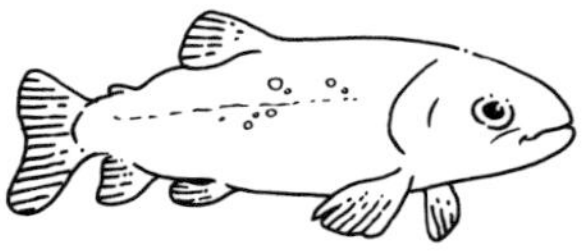 der Fisch die Fische *eines Fisches*

LZ: Diff. 1, Satzstraße 72: Substantivdeklination mit dem unbest. Artikel Singular – Genitiv – Maskulinum/ Femininum/Neutrum

1. Bildet Sätze mit der Satzstraße.

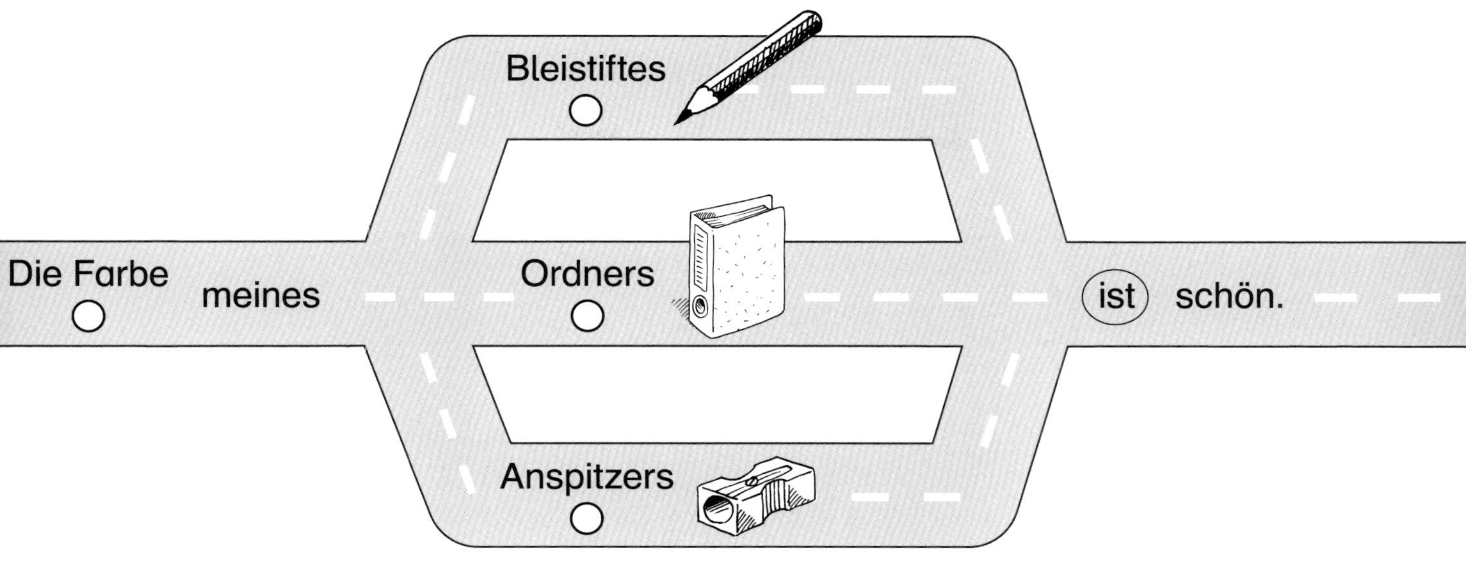

2. Sprecht den Mini-Dialog.

Die Farbe meines Bleistiftes ist schön.

Die Farbe meines Bleistiftes ist auch schön.

Ja, das stimmt.

3. Bildet weitere Dialoge.

 der Bleistift die Bleistifte *meines Bleistiftes*	 der Ordner die Ordner *meines Ordners*	 der Anspitzer die Anspitzer *meines Anspitzers*	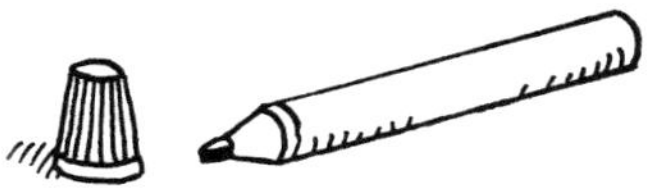 der Filzstift die Filzstifte *meines Filzstiftes*
 der Mülleimer die Mülleimer *meines Müll-eimers*	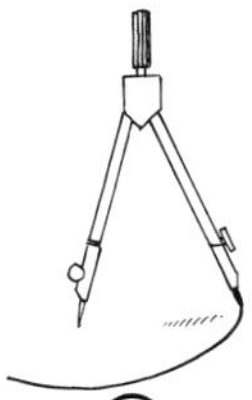 der Zirkel die Zirkel *meines Zirkels*	 der CD-Player die CD-Player *meines CD-Players*	 der Schreibtisch die Schreibtische *meines Schreib-tisches*

LZ: Diff. 1, Satzstraße 73: Substantivdeklination Possessivartikel 1. Person Singular – Genitiv – Maskulinum – Singular

1. Bildet Sätze mit der Satzstraße.

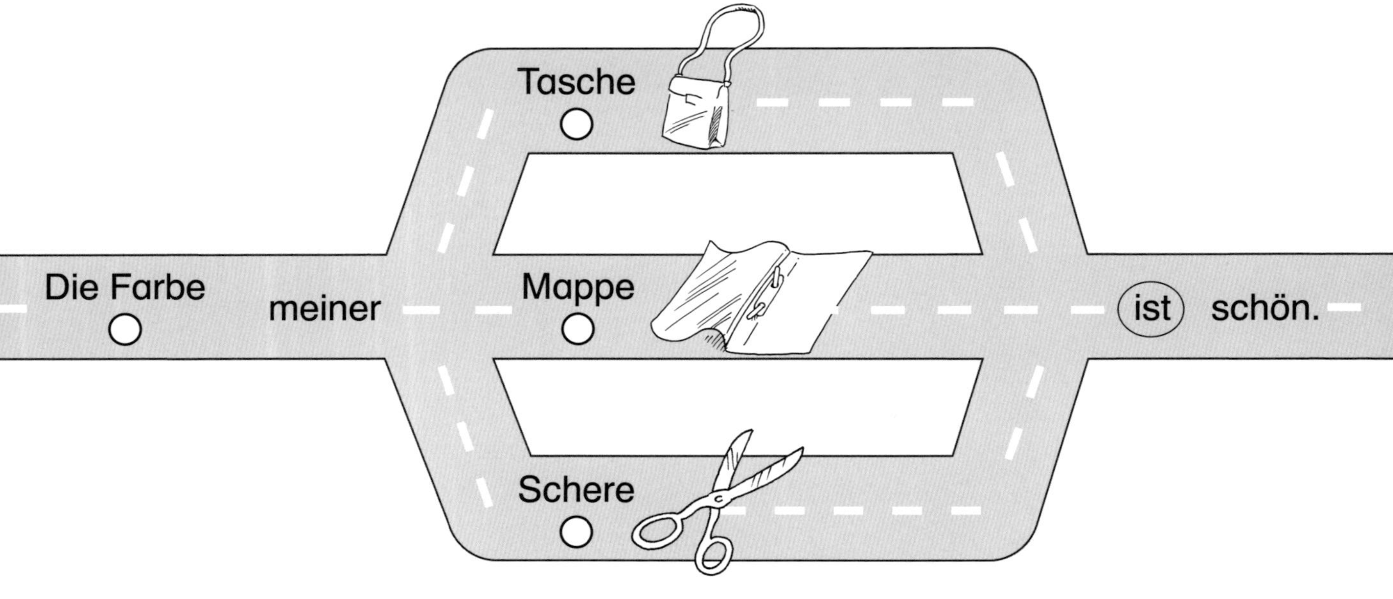

2. Sprecht den Mini-Dialog.

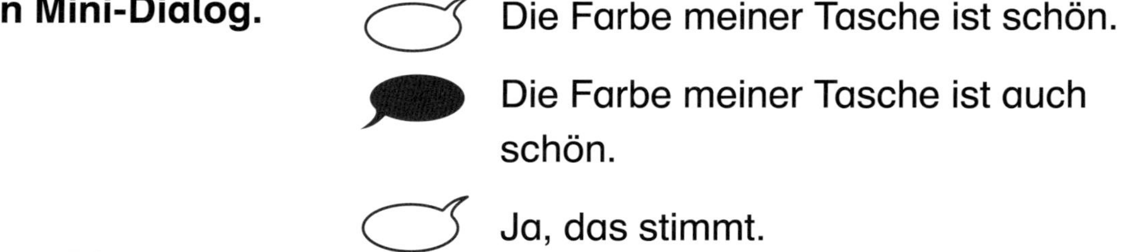

3. Bildet weitere Dialoge.

 die Tasche die Taschen *meiner Tasche*	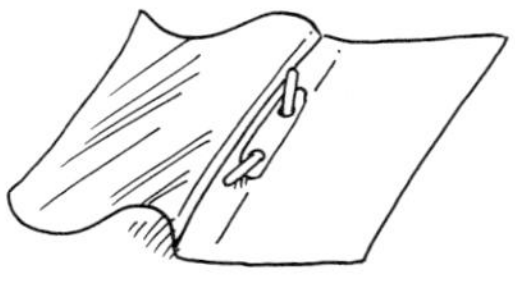 die Mappe die Mappen *meiner Mappe*	 die Schere die Scheren *meiner Schere*	 die Flasche die Flaschen *meiner Flasche*
 die Dose die Dosen *meiner Dose*	 die Lampe die Lampen *meiner Lampe*	 die Uhr die Uhren *meiner Uhr*	 die Kreide die Kreiden *meiner Kreide*

LZ: Diff. 1, Satzstraße 74: Substantivdeklination mit dem Possessivartikel 1. Person Singular – Genitiv – Femininum – Singular

1. Bildet Sätze mit der Satzstraße.

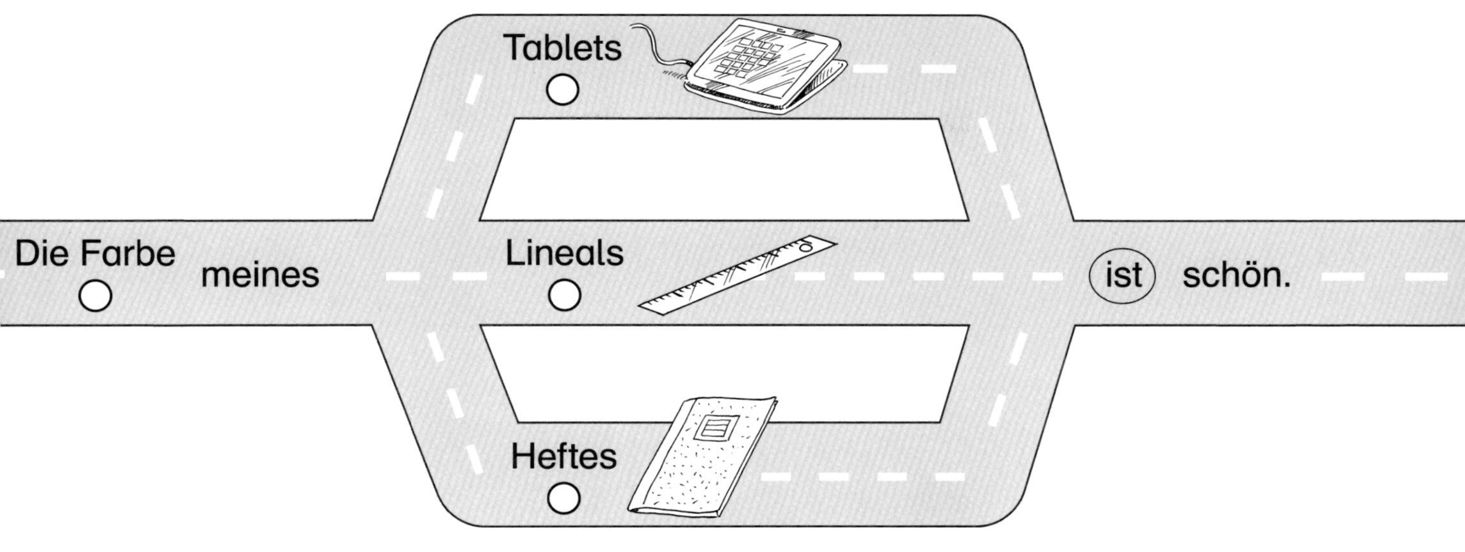

2. Sprecht den Mini-Dialog.

 Die Farbe meines Heftes ist schön.

 Die Farbe meines Heftes ist auch schön.

 Ja, das stimmt.

3. Bildet weitere Dialoge.

 das Tablet die Tablets *meines Tablets*	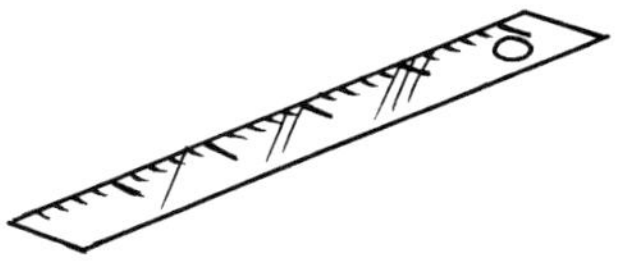 das Lineal die Lineale *meines Lineals*	 das Heft die Hefte *meines Heftes*	 das Sportzeug – *meines Sport-zeugs*
 das Wörterbuch die Wörterbücher *meines Wörter-buchs*	 das Sofa die Sofas *meines Sofas*	 das Zimmer die Zimmer *meines Zimmers*	 das Radio die Radios *meines Radios*

LZ: Diff. 1, Satzstraße 75: Substantivdeklination mit dem Possessivartikel 1. Person Singular – Genitiv – Neutrum – Singular

1. Bildet Sätze mit der Satzstraße.

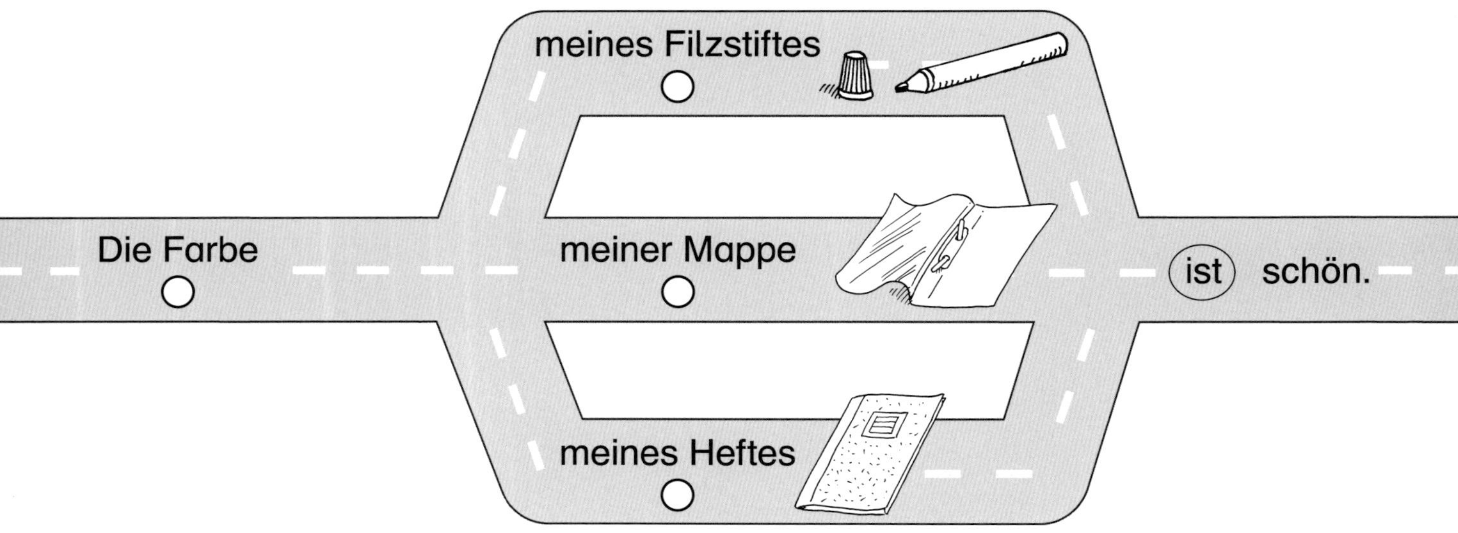

2. Sprecht den Mini-Dialog.

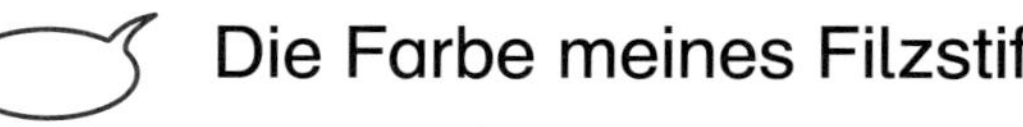
Die Farbe meines Filzstiftes ist schön.

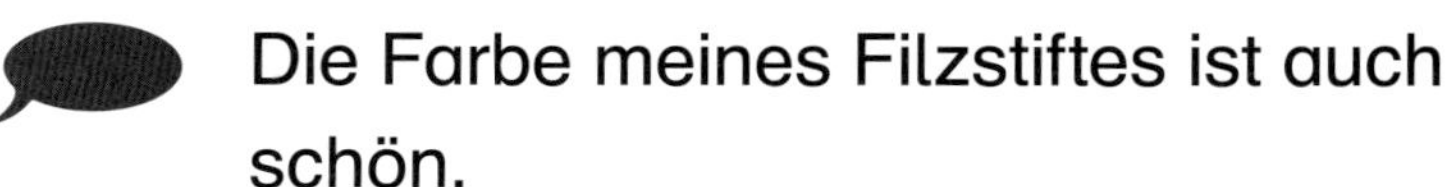
Die Farbe meines Filzstiftes ist auch schön.

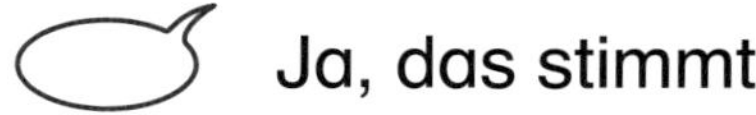
Ja, das stimmt.

3. Bildet weitere Dialoge.

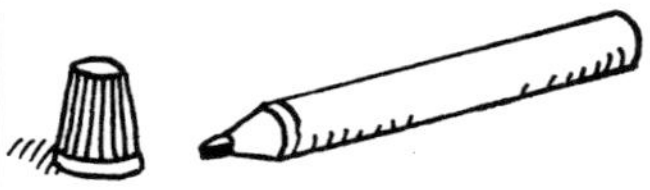 der Filzstift die Filzstifte *meines Filzstiftes*	 die Mappe die Mappen *meiner Mappe*	 das Heft die Hefte *meines Heftes*	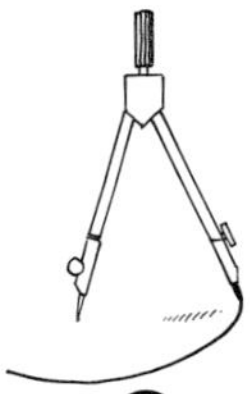 der Zirkel die Zirkel *meines Zirkels*
 das Buch die Bücher *meines Buches*	 die Tasche die Taschen *meiner Tasche*	 der Pinsel die Pinsel *meines Pinsels*	 der Bleistift die Bleistifte *meines Bleistiftes*

LZ: Diff. 1, Satzstraße 76: Substantivdeklination mit dem Possessivartikel 1. Person Singular – Genitiv – Maskulinum/Femininum/Neutrum – Singular

1. Bildet Sätze mit der Satzstraße.

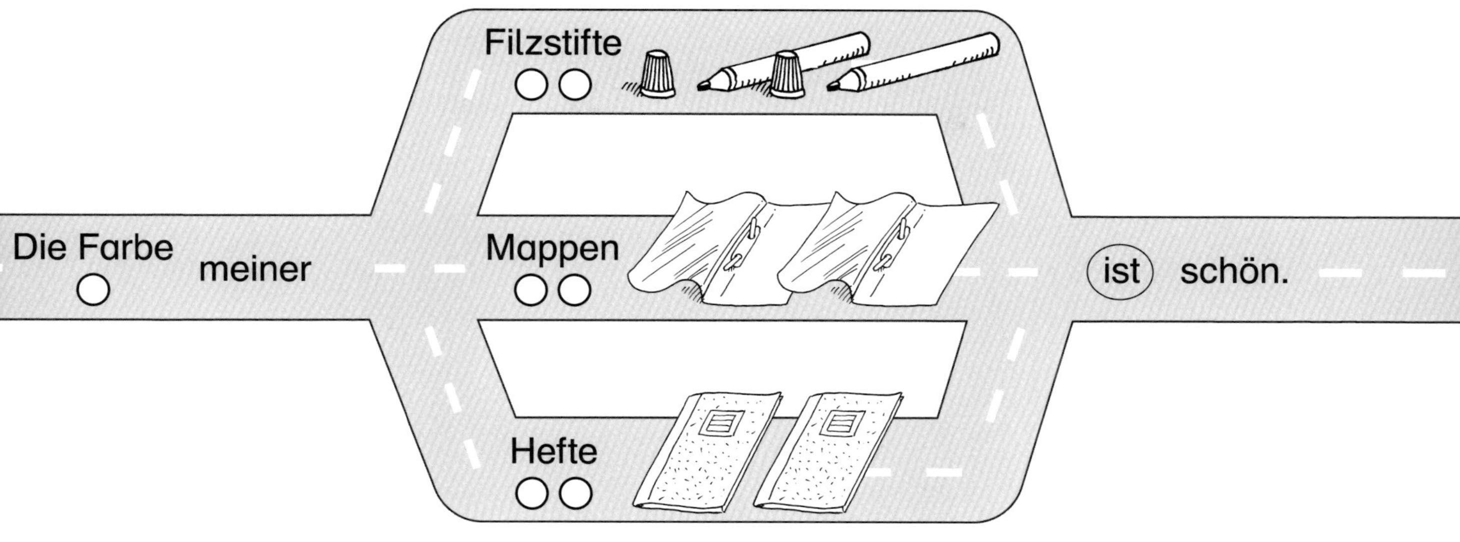

2. Sprecht den Mini-Dialog.

Die Farbe meiner Hefte ist schön.

Die Farbe meiner Hefte ist auch schön.

Ja, das stimmt.

3. Bildet weitere Dialoge.

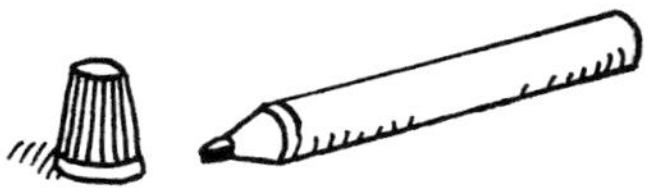 der Filzstift die Filzstifte *meiner Filzstifte*	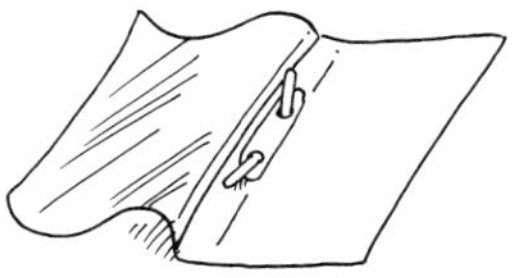 die Mappe die Mappen *meiner Mappen*	 das Heft die Hefte *meiner Hefte*	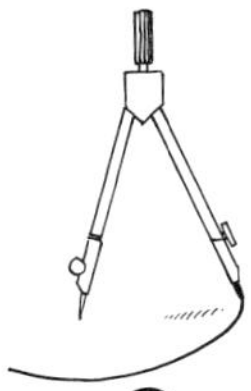 der Zirkel die Zirkel *meiner Zirkel*
 das Buch die Bücher *meiner Bücher*	 die Tasche die Taschen *meiner Taschen*	 der Pinsel die Pinsel *meiner Pinsel*	 der Bleistift die Bleistifte *meiner Bleistifte*

LZ: Diff. 1, Satzstraße 77: Substantivdeklination mit dem Possessivartikel 1. Person Singular – Genitiv – Maskulinum/Femininum/Neutrum – Plural

1. Bildet Sätze mit der Satzstraße.

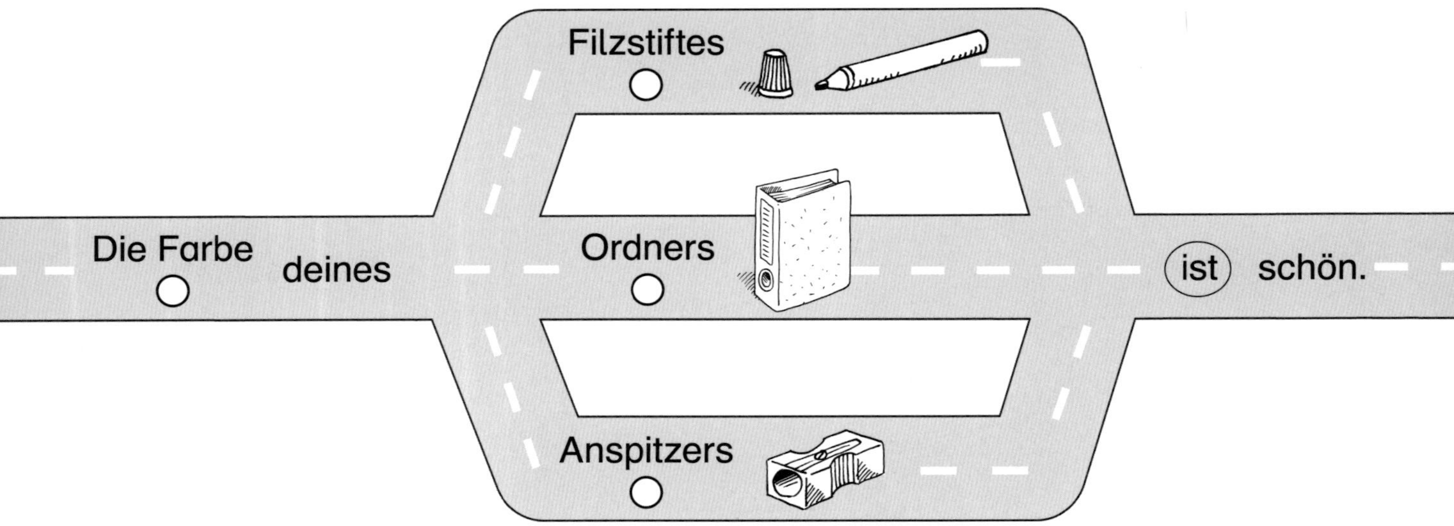

2. Sprecht den Mini-Dialog.

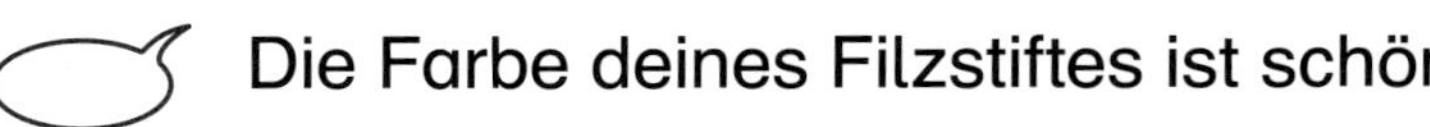
Die Farbe deines Filzstiftes ist schön.

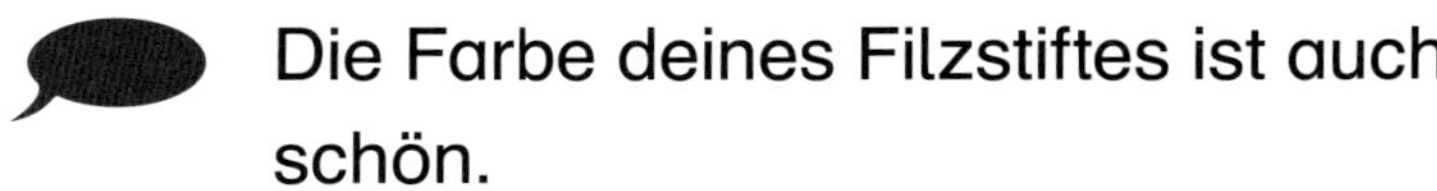
Die Farbe deines Filzstiftes ist auch schön.

Oh, danke!

3. Bildet weitere Dialoge.

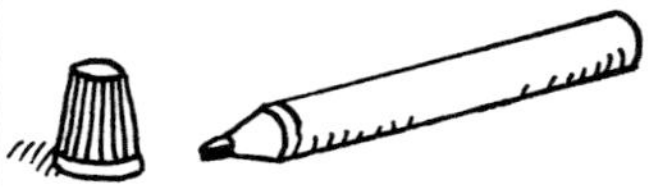 der Filzstift die Filzstifte *deines Filzstiftes*	 der Ordner die Ordner *deines Ordners*	 der Anspitzer die Anspitzer *deines Anspitzers*	 der Bleistift die Bleistifte *deines Bleistiftes*
 der Mülleimer die Mülleimer *deines Müll-eimers*	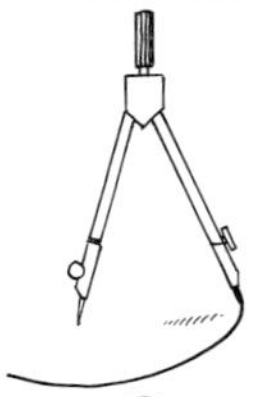 der Zirkel die Zirkel *deines Zirkels*	 der CD-Player die CD-Player *deines CD-Players*	 der Schreibtisch die Schreibtische *deines Schreib-tisches*

LZ: Diff. 1, Satzstraße 78: Substantivdeklination mit dem Possessivartikel 2. Person Singular – Genitiv – Maskulinum – Singular

1. Bildet Sätze mit der Satzstraße.

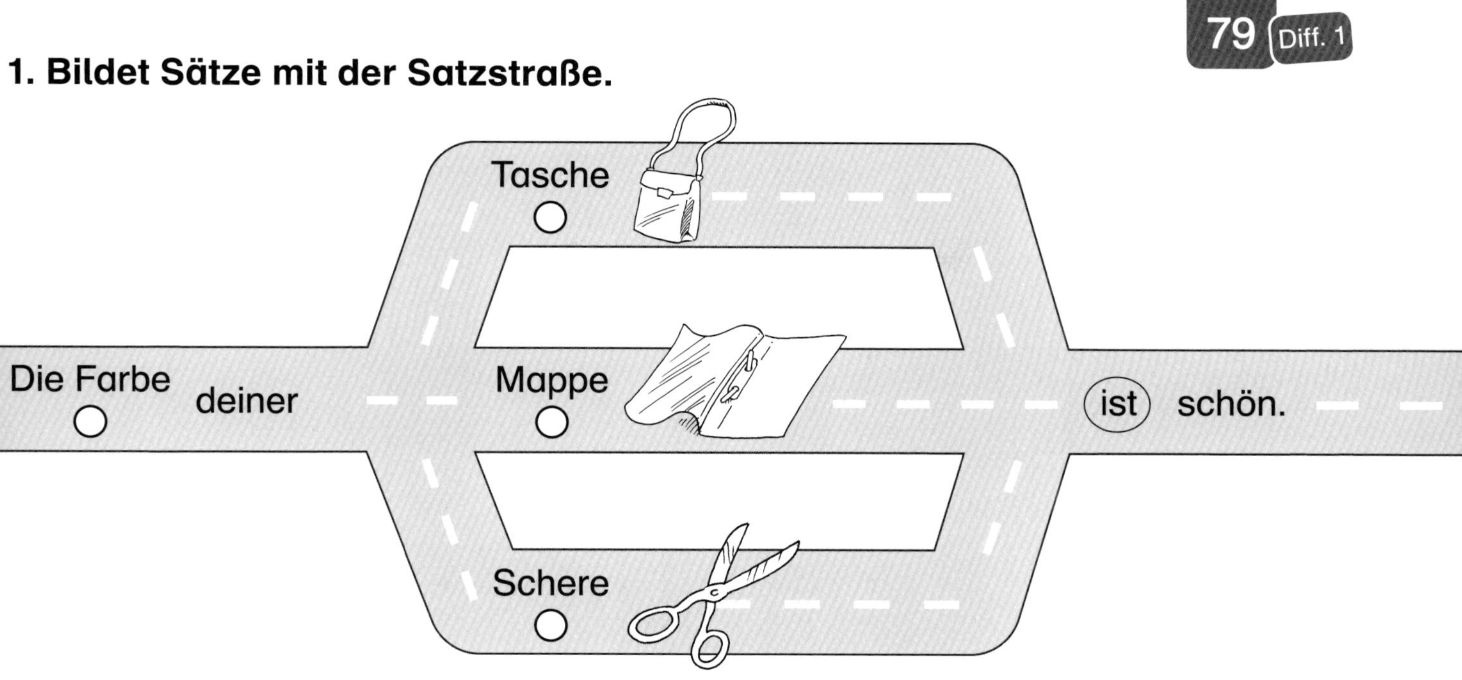

2. Sprecht den Mini-Dialog.

Die Farbe deiner Tasche ist schön.

Die Farbe deiner Tasche ist auch schön.

Oh, danke!

3. Bildet weitere Dialoge.

 die Tasche die Taschen *deiner Tasche*	 die Mappe die Mappen *deiner Mappe*	 die Schere die Scheren *deiner Schere*	 die Flasche die Flaschen *deiner Flasche*
 die Dose die Dosen *deiner Dose*	 die Lampe die Lampen *deiner Lampe*	 die Uhr die Uhren *deiner Uhr*	 die Kreide die Kreiden *deiner Kreide*

LZ: Diff. 1, Satzstraße 79: Substantivdeklination mit dem Possessivartikel 2. Person Singular – Genitiv – Femininum – Singular

1. Bildet Sätze mit der Satzstraße.

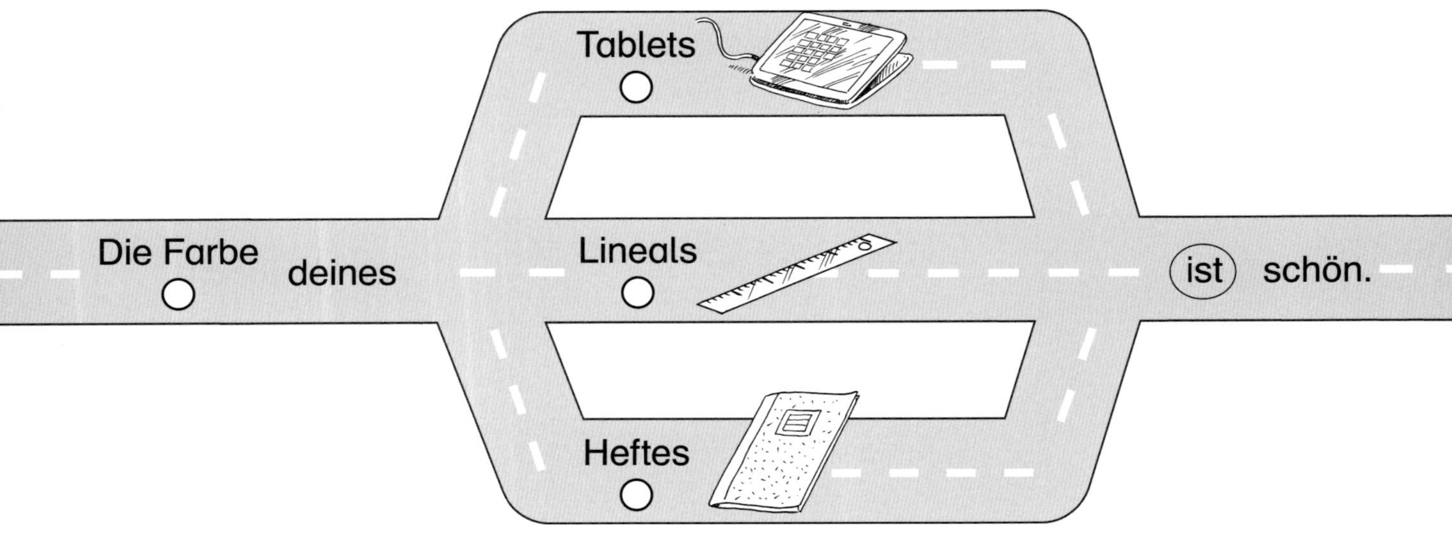

2. Sprecht den Mini-Dialog.

Die Farbe deines Heftes ist schön.

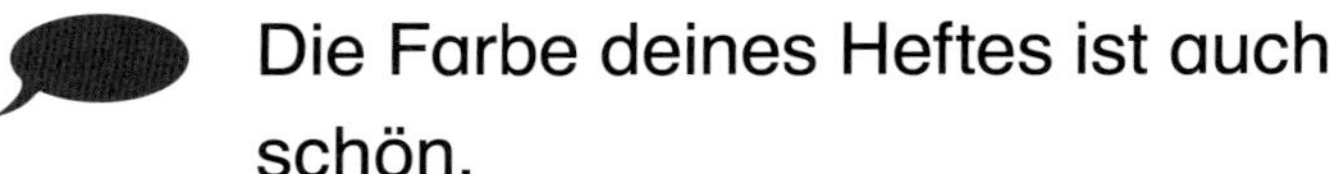
Die Farbe deines Heftes ist auch schön.

Oh, danke!

3. Bildet weitere Dialoge.

 das Tablet die Tablets *deines Tablets*	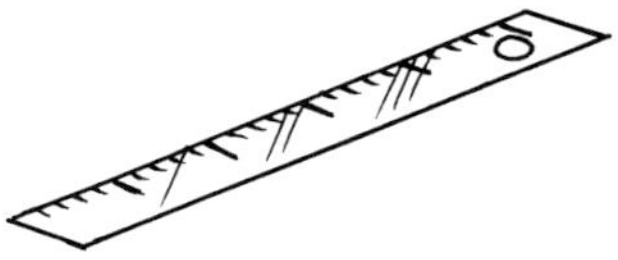 das Lineal die Lineale *deines Lineals*	 das Heft die Hefte *deines Heftes*	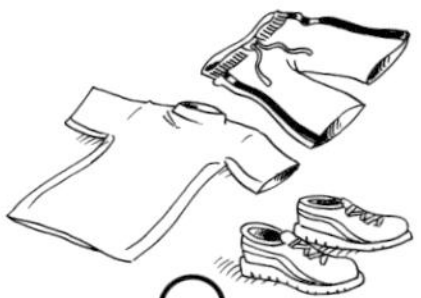 das Sportzeug – *deines Sport-zeugs*
 das Wörterbuch die Wörterbücher *deines Wörter-buchs*	 das Sofa die Sofas *deines Sofas*	 das Zimmer die Zimmer *deines Zimmers*	 das Radio die Radios *deines Radios*

LZ: Diff. 1, Satzstraße 80: Substantivdeklination mit dem Possessivartikel 2. Person Singular – Genitiv – Neutrum – Singular

1. Bildet Sätze mit der Satzstraße.

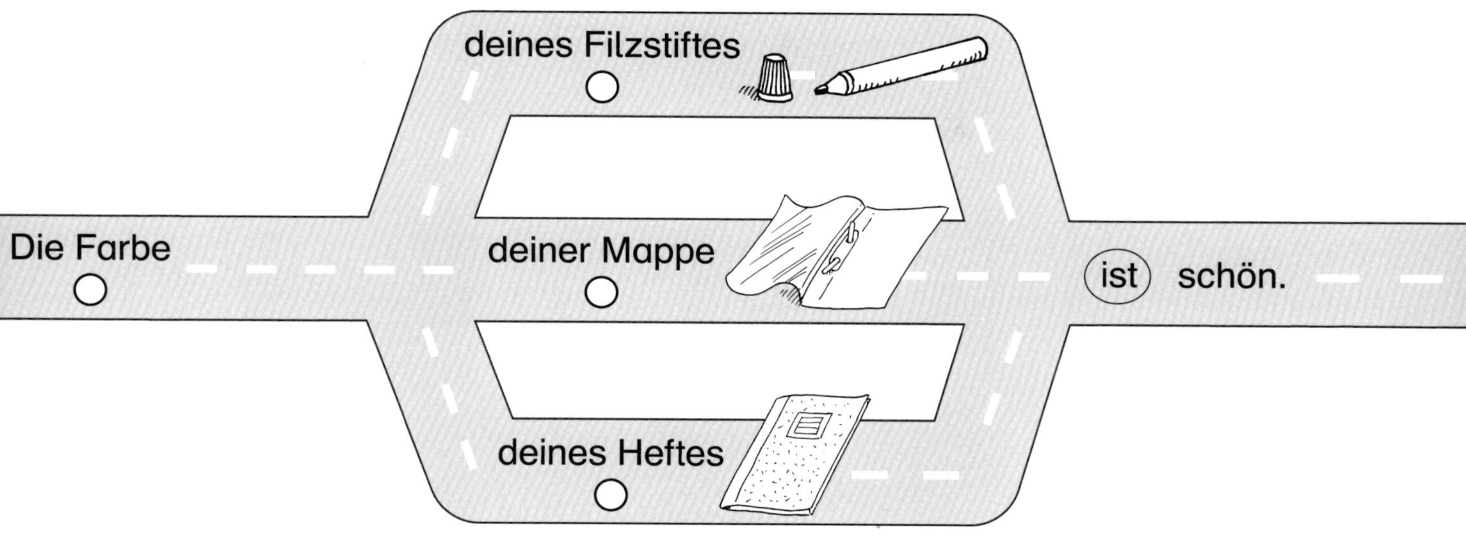

2. Sprecht den Mini-Dialog.

 Die Farbe deines Heftes ist schön.

 Die Farbe deines Heftes ist auch schön.

 Oh, danke!

3. Bildet weitere Dialoge.

 der Filzstift die Filzstifte *deines Filzstiftes*	 die Mappe die Mappen *deiner Mappe*	 das Heft die Hefte *deines Heftes*	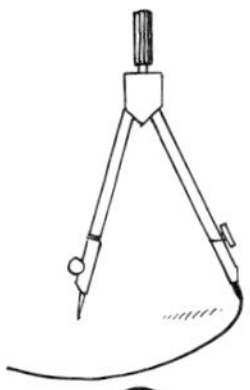 der Zirkel die Zirkel *deines Zirkels*
 das Buch die Bücher *deines Buches*	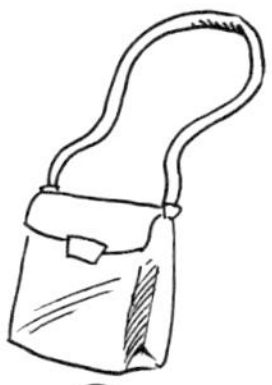 die Tasche die Taschen *deiner Tasche*	 der Pinsel die Pinsel *deines Pinsels*	 der Bleistift die Bleistifte *deines Bleistiftes*

LZ: Diff. 1, Satzstraße 81: Substantivdeklination mit dem Possessivartikel 2. Person Singular – Genitiv – Maskulinum/Femininum/Neutrum – Singular

1. Bildet Sätze mit der Satzstraße.

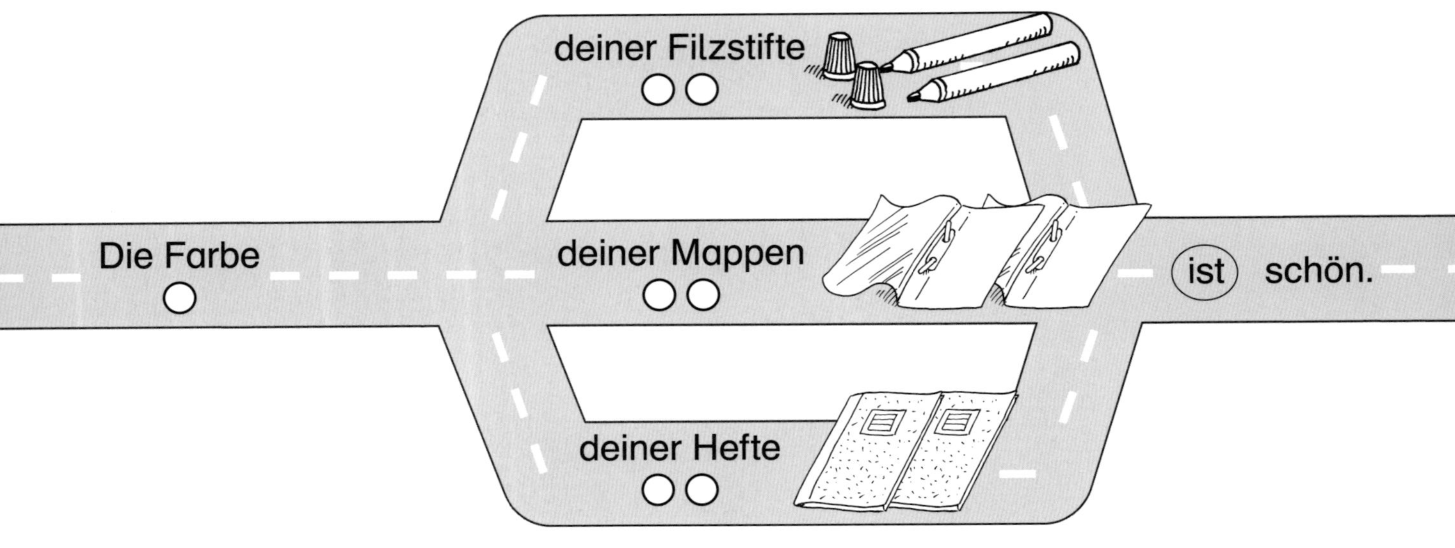

2. Sprecht den Mini-Dialog.

3. Bildet weitere Dialoge.

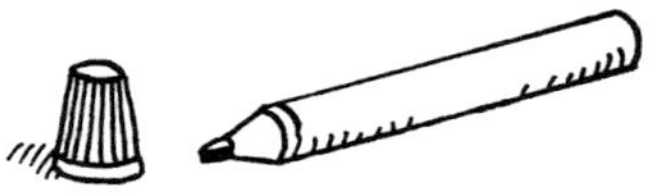 der Filzstift die Filzstifte *deiner Filzstifte*	 die Mappe die Mappen *deiner Mappen*	 das Heft die Hefte *deiner Hefte*	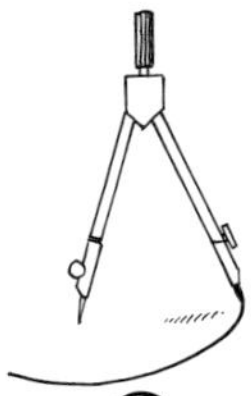 der Zirkel die Zirkel *deiner Zirkel*
 das Buch die Bücher *deiner Bücher*	 die Tasche die Taschen *deiner Taschen*	 der Pinsel die Pinsel *deiner Pinsel*	 der Bleistift die Bleistifte *deiner Bleistifte*

LZ: Diff. 1, Satzstraße 82: Substantivdeklination mit dem Possessivartikel 2. Person Singular – Genitiv – Maskulinum/Femininum/Neutrum – Plural

1. Bildet Sätze mit der Satzstraße.

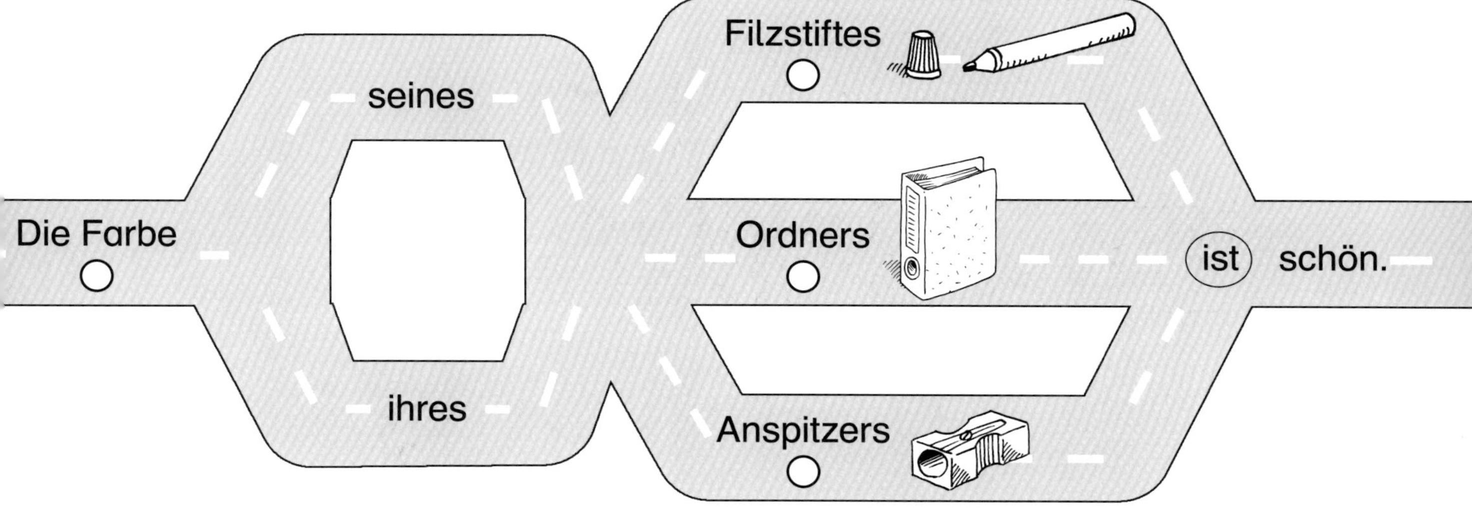

2. Sprecht den Mini-Dialog.

Die Farbe seines Filzstiftes ist schön.

Die Farbe ihres Filzstiftes ist auch schön.

Ja, das stimmt.

3. Bildet weitere Dialoge.

 der Filzstift die Filzstifte *seines Filzstiftes*	 der Ordner die Ordner *ihres Ordners*	 der Anspitzer die Anspitzer *seines Anspitzers*	 der Bleistift die Bleistifte *ihres Bleistiftes*
 der Mülleimer die Mülleimer *seines Müll-eimers*	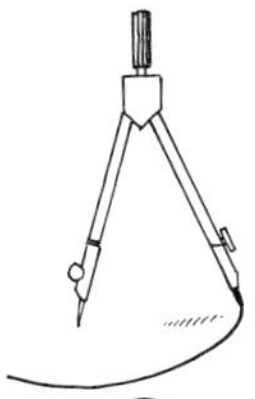 der Zirkel die Zirkel *ihres Zirkels*	 der CD-Player die CD-Player *seines CD-Players*	 der Schreibtisch die Schreibtische *ihres Schreib-tisches*

LZ: Diff. 1, Satzstraße 83: Substantivdeklination mit dem Possessivartikel 3. Person Singular – Genitiv – Maskulinum – Singular

1. Bildet Sätze mit der Satzstraße.

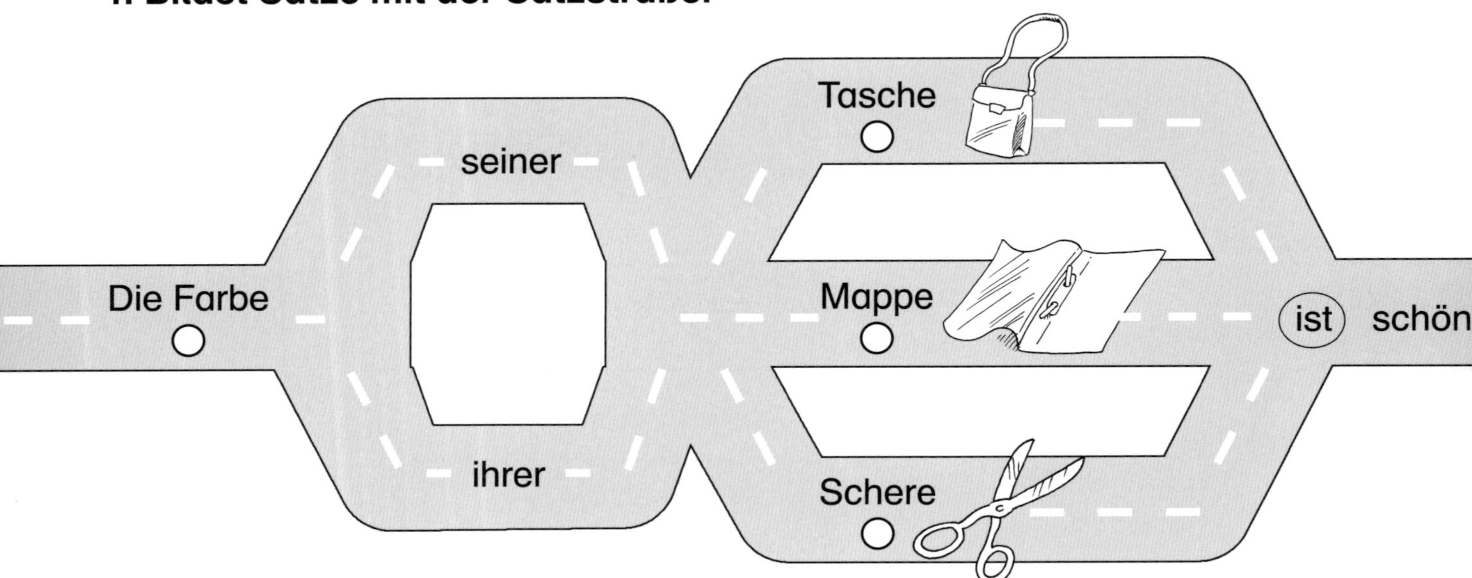

2. Sprecht den Mini-Dialog.

Die Farbe ihrer Tasche ist schön.

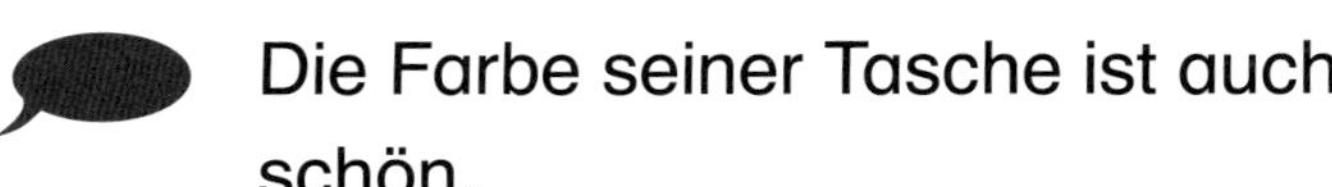
Die Farbe seiner Tasche ist auch schön.

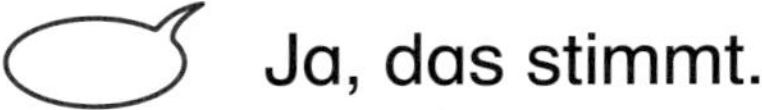
Ja, das stimmt.

3. Bildet weitere Dialoge.

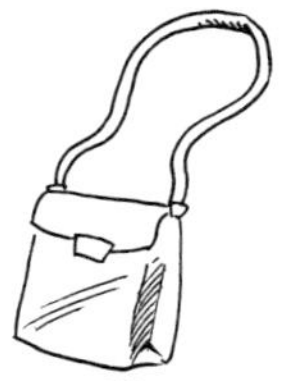 die Tasche die Taschen *ihrer Tasche*	 die Mappe die Mappen *seiner Mappe*	 die Schere die Scheren *ihrer Schere*	 die Flasche die Flaschen *seiner Flasche*
 die Dose die Dosen *seiner Dose*	 die Bluse die Blusen *ihrer Bluse*	 die Uhr die Uhren *seiner Uhr*	 die Kreide die Kreiden *ihrer Kreide*

LZ: Diff. 1, Satzstraße 84: Substantivdeklination mit dem Possessivartikel 3. Person Singular – Genitiv – Femininum – Singular

1. Bildet Sätze mit der Satzstraße.

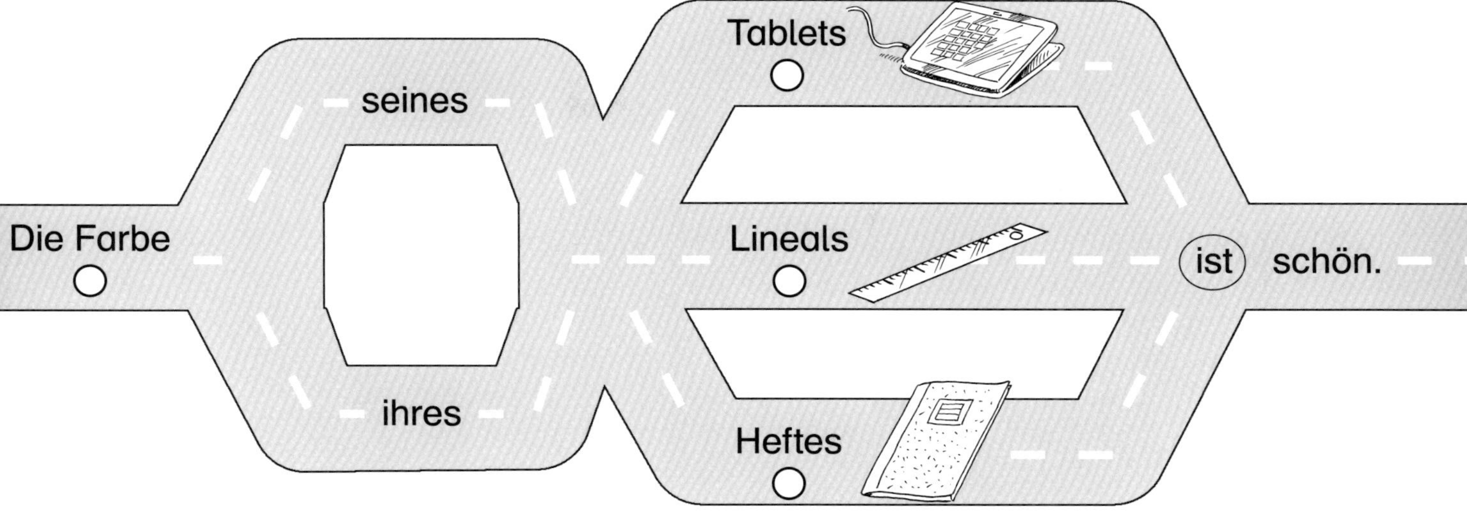

2. Sprecht den Mini-Dialog.

 Die Farbe ihres Heftes ist schön.

 Die Farbe seines Heftes ist auch schön.

 Ja, das stimmt.

3. Bildet weitere Dialoge.

 das Tablet die Tablets *seines Tablets*	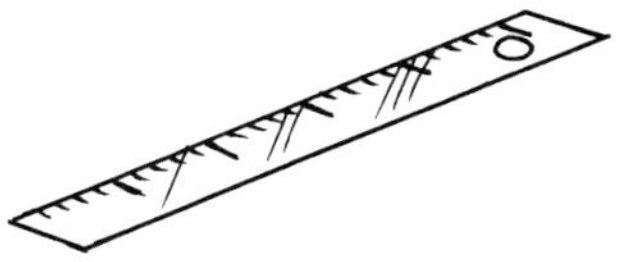 das Lineal die Lineale *ihres Lineals*	 das Heft die Hefte *seines Heftes*	 das Sportzeug – *ihres Sportzeugs*
 das Wörterbuch die Wörterbücher *seines Wörter-buchs*	 das Sofa die Sofas *ihres Sofas*	 das Zimmer die Zimmer *seines Zimmers*	 das Radio die Radios *ihres Radios*

LZ: Diff. 1, Satzstraße 85: Substantivdeklination mit dem Possessivartikel 3. Person Singular – Genitiv – Neutrum – Singular

1. Bildet Sätze mit der Satzstraße.

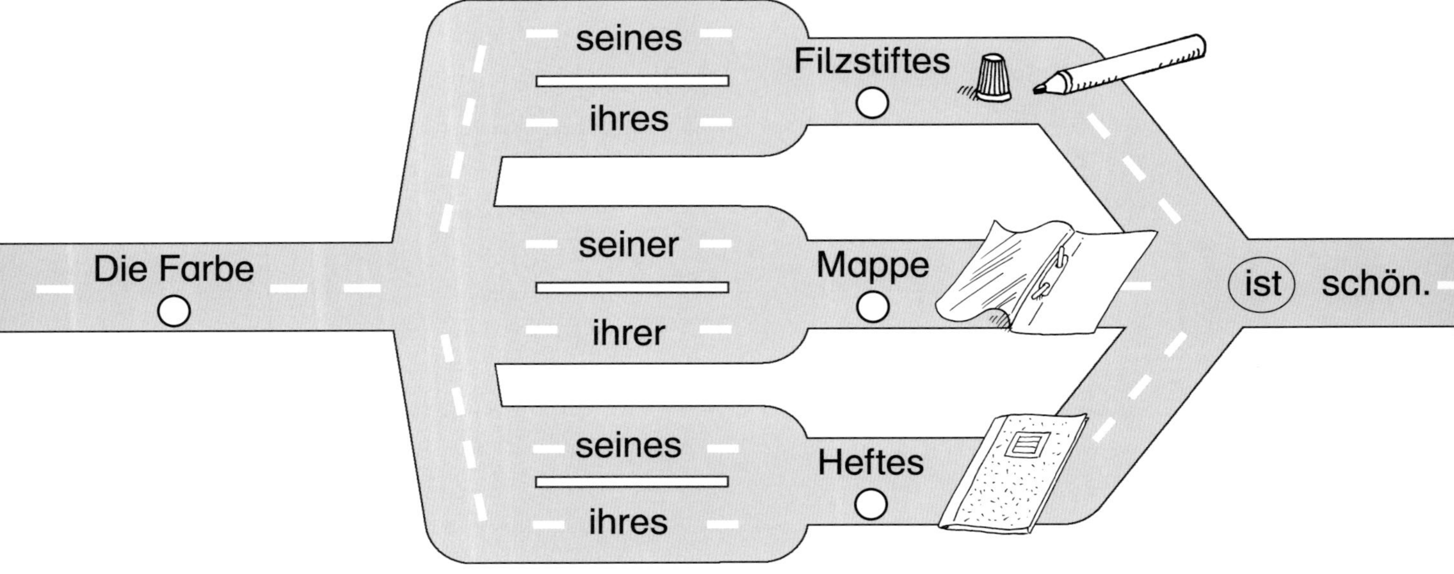

2. Sprecht den Mini-Dialog.

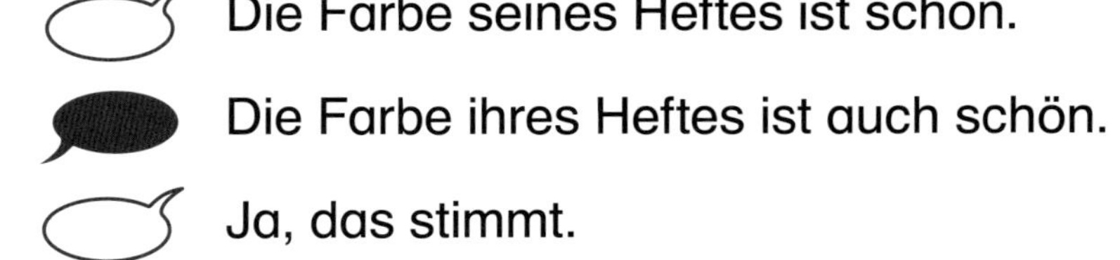

3. Bildet weitere Dialoge.

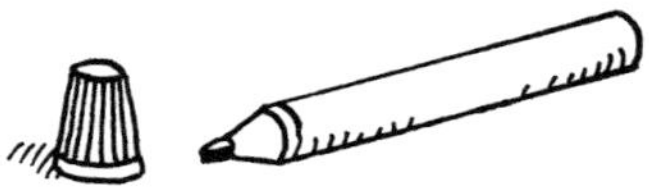 der Filzstift die Filzstifte *seines Filzstiftes*	 die Mappe die Mappen *ihrer Mappe*	 das Heft die Hefte *seines Heftes*	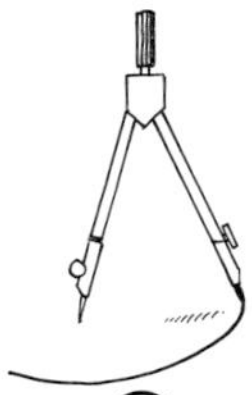 der Zirkel die Zirkel *ihres Zirkels*
 das Buch die Bücher *seines Buches*	 die Tasche die Taschen *ihrer Tasche*	 der Pinsel die Pinsel *seines Pinsels*	 der Bleistift die Bleistifte *ihres Bleistiftes*

LZ: Diff. 1, Satzstraße 86: Substantivdeklination mit dem Possessivartikel 3. Person Singular – Genitiv – Maskulinum/Femininum/Neutrum – Singular

1. Bildet Sätze mit der Satzstraße.

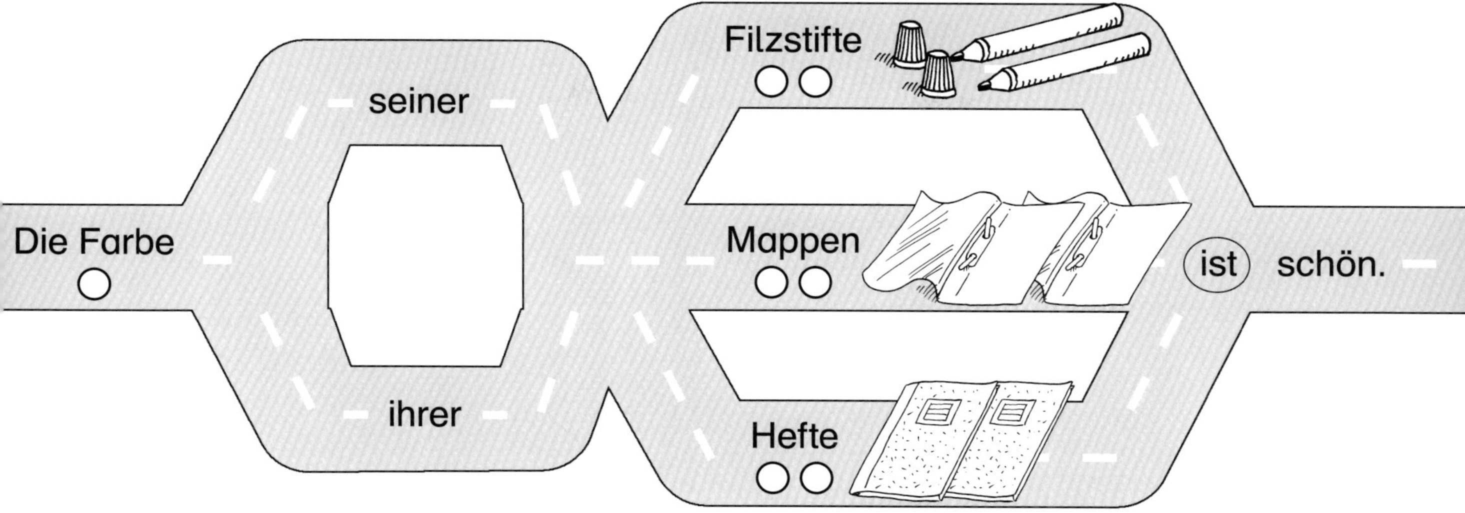

2. Sprecht den Mini-Dialog.

 Die Farbe seiner Filzstifte ist schön.

 Die Farbe ihrer Filzstifte ist auch schön.

 Ja, das stimmt.

3. Bildet weitere Dialoge.

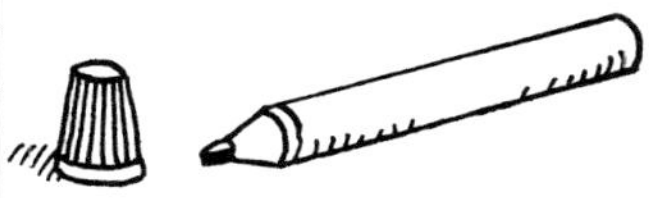 der Filzstift die Filzstifte *ihrer Filzstifte*	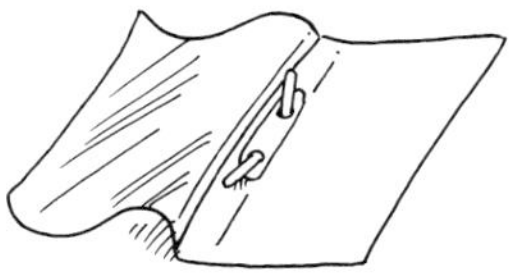 die Mappe die Mappen *seiner Mappen*	 das Heft die Hefte *ihrer Hefte*	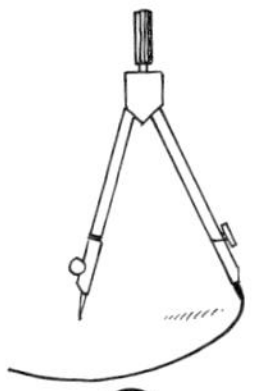 der Zirkel die Zirkel *seiner Zirkel*
 das Buch die Bücher *ihrer Bücher*	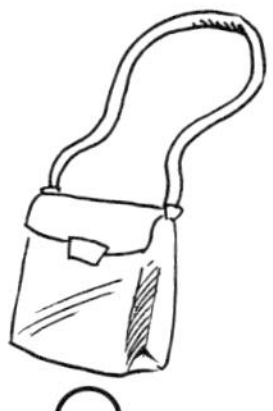 die Tasche die Taschen *seiner Taschen*	 der Pinsel die Pinsel *ihrer Pinsel*	 der Bleistift die Bleistifte *seiner Bleistifte*

LZ: Diff. 1, Satzstraße 87: Substantivdeklination mit dem Possessivartikel 3. Person Singular – Genitiv – Maskulinum/Femininum/Neutrum – Plural

1. Bildet Sätze mit der Satzstraße.

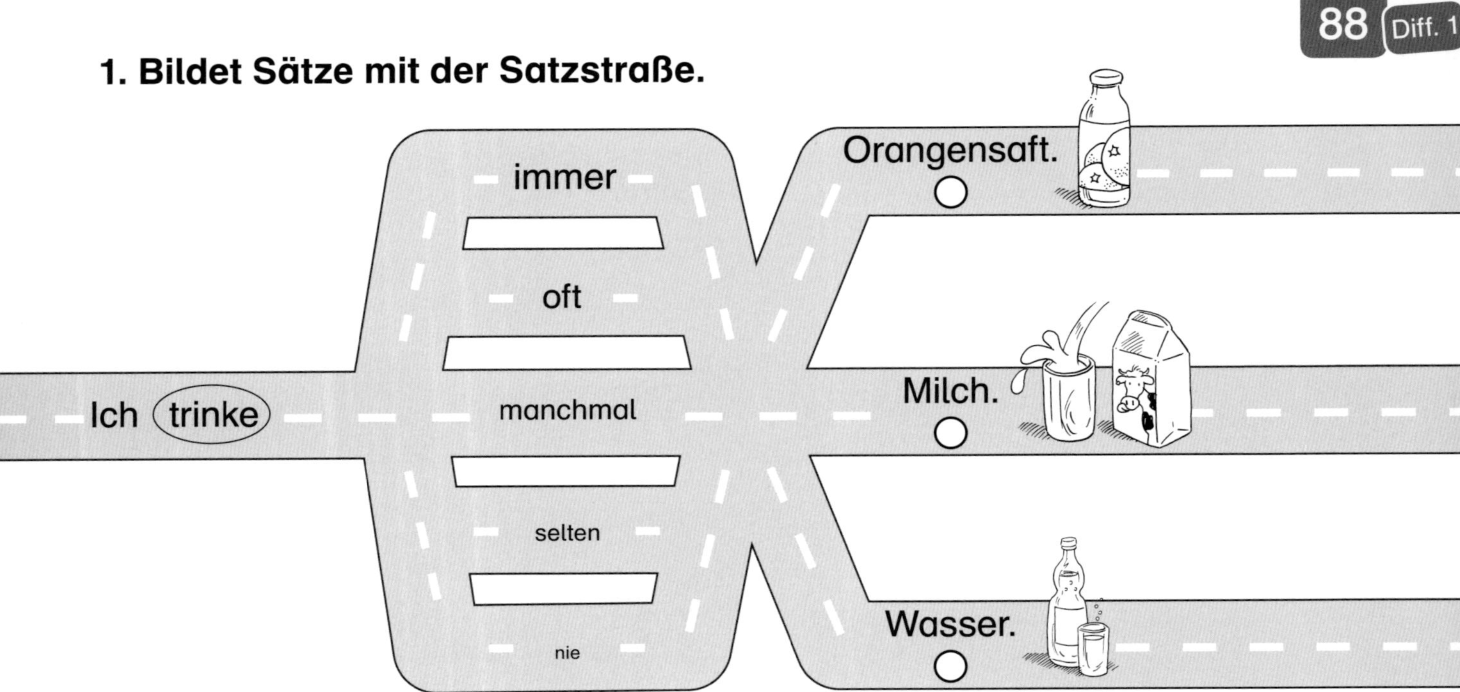

2. Sprecht den Mini-Dialog.

Was trinkst du manchmal?

Ich trinke manchmal Orangensaft.

Oh, ich auch.

3. Bildet weitere Dialoge.

der Orangensaft die Orangensäfte	die Milch –	das Wasser –	die Cola die Colas
das Bier die Biere	der Kakao die Kakaos	der Kaffee die Kaffees	der Wein die Weine

LZ: Diff. 1, Satzstraße 88: Substantivdeklination ohne Artikel mit Häufigkeitsadverbien Singular – Akkusativ – Maskulinum/Femininum/Neutrum

1. Bildet Sätze mit der Satzstraße.

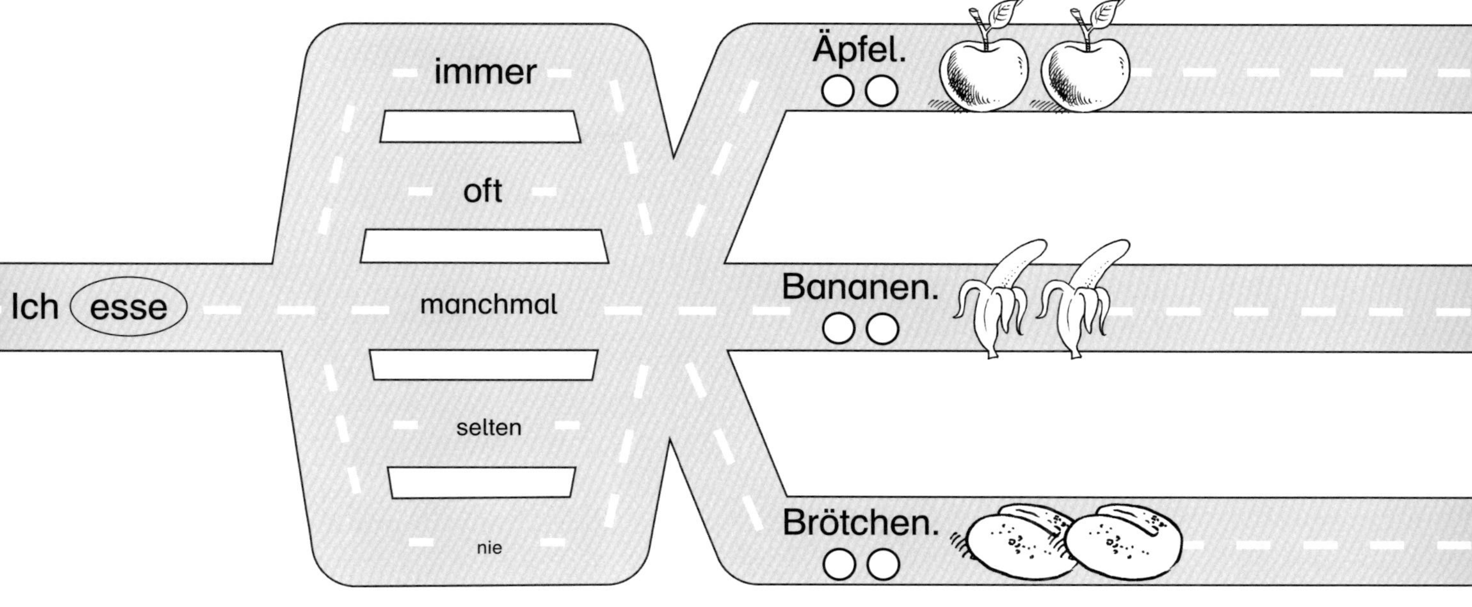

2. Sprecht den Mini-Dialog.

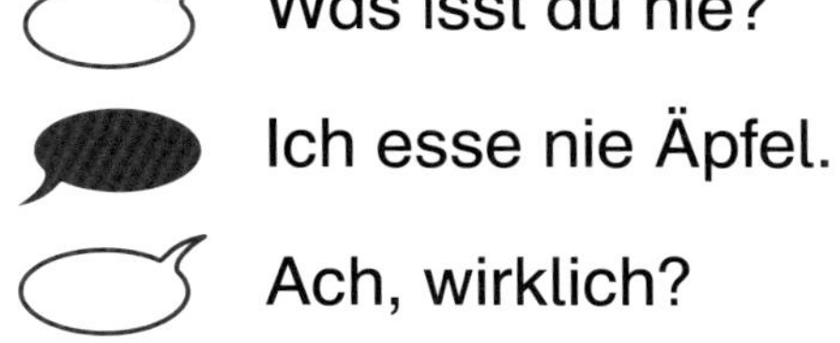

3. Bildet weitere Dialoge.

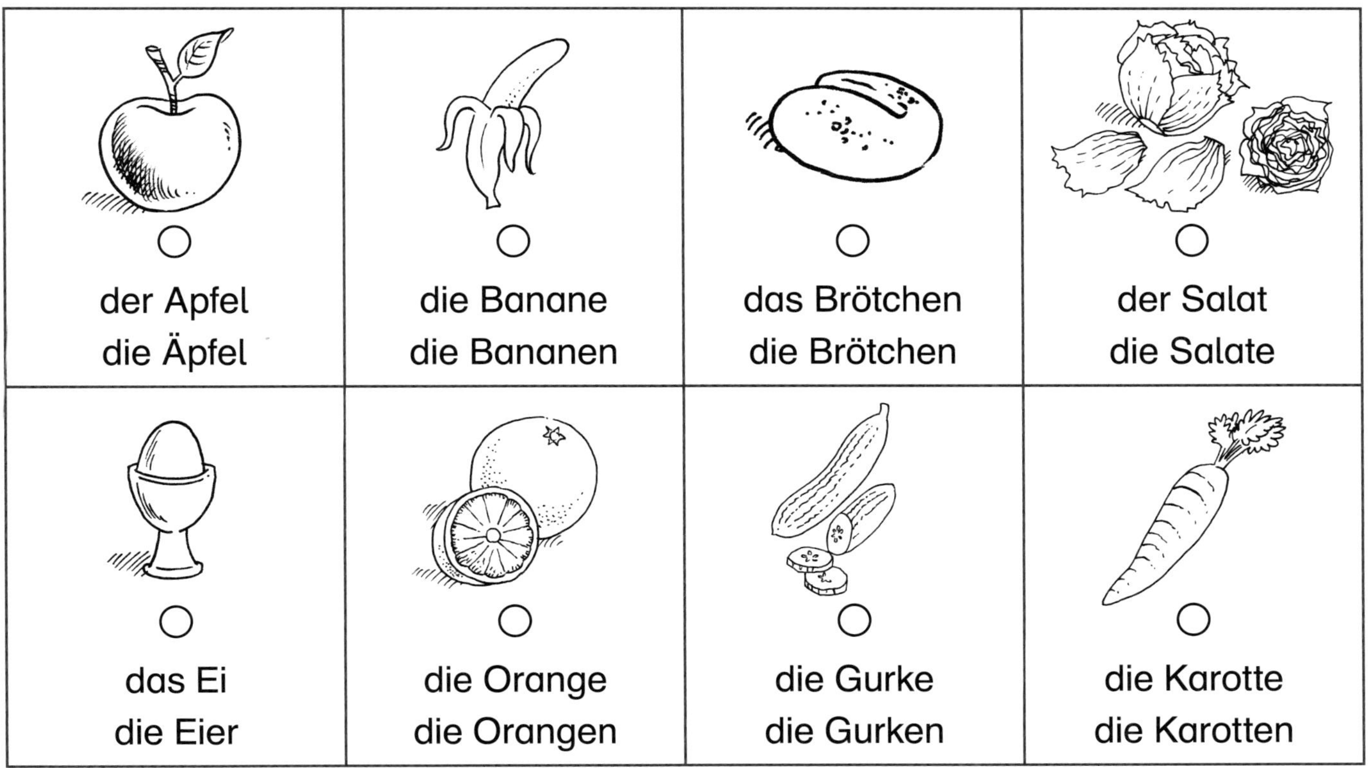

der Apfel die Äpfel	die Banane die Bananen	das Brötchen die Brötchen	der Salat die Salate
das Ei die Eier	die Orange die Orangen	die Gurke die Gurken	die Karotte die Karotten

LZ: Diff. 1, Satzstraße 89: Substantivdeklination ohne Artikel mit Häufigkeitsadverbien Plural – Akkusativ – Maskulinum/Femininum/Neutrum

1. Bildet Sätze mit der Satzstraße.

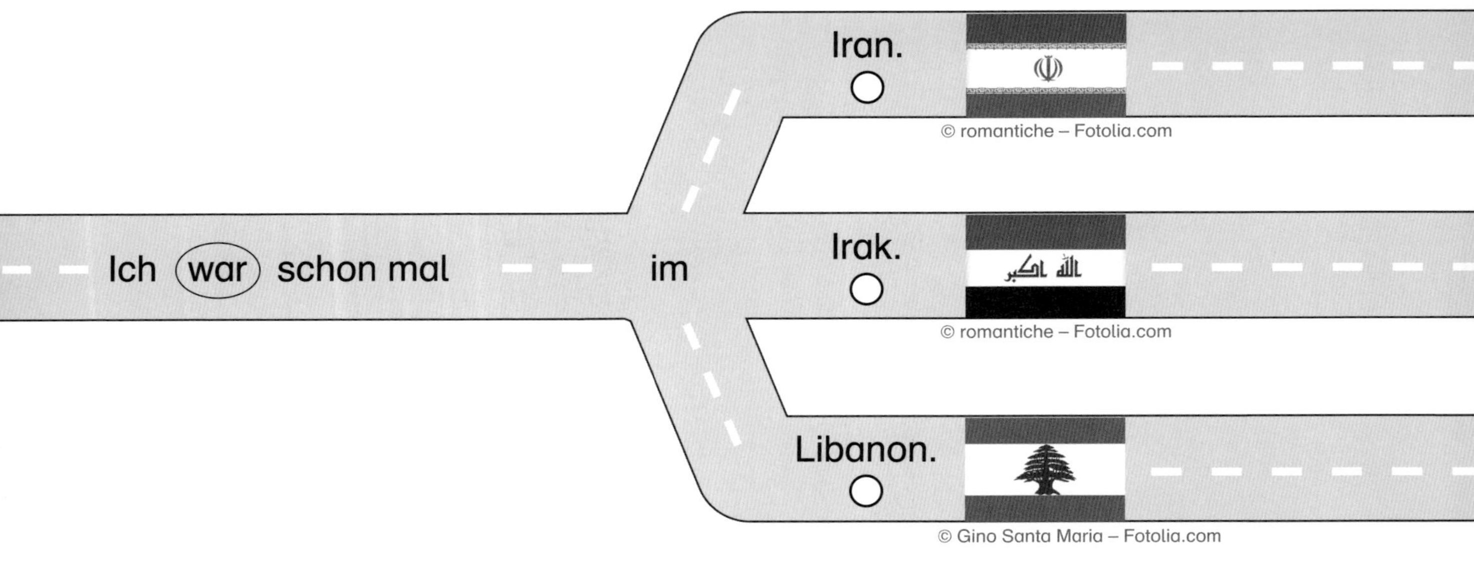

2. Sprecht den Mini-Dialog.

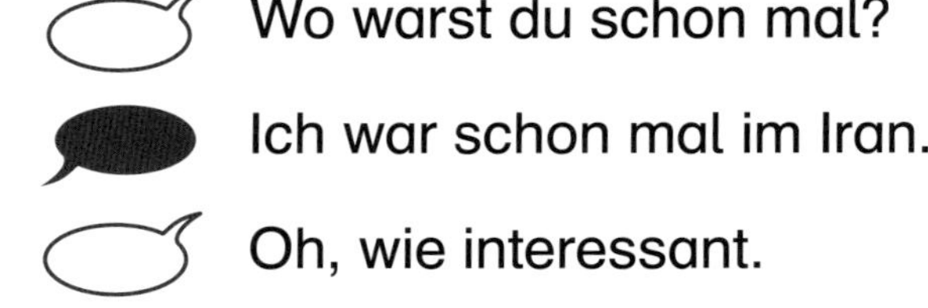

3. Bildet weitere Dialoge.

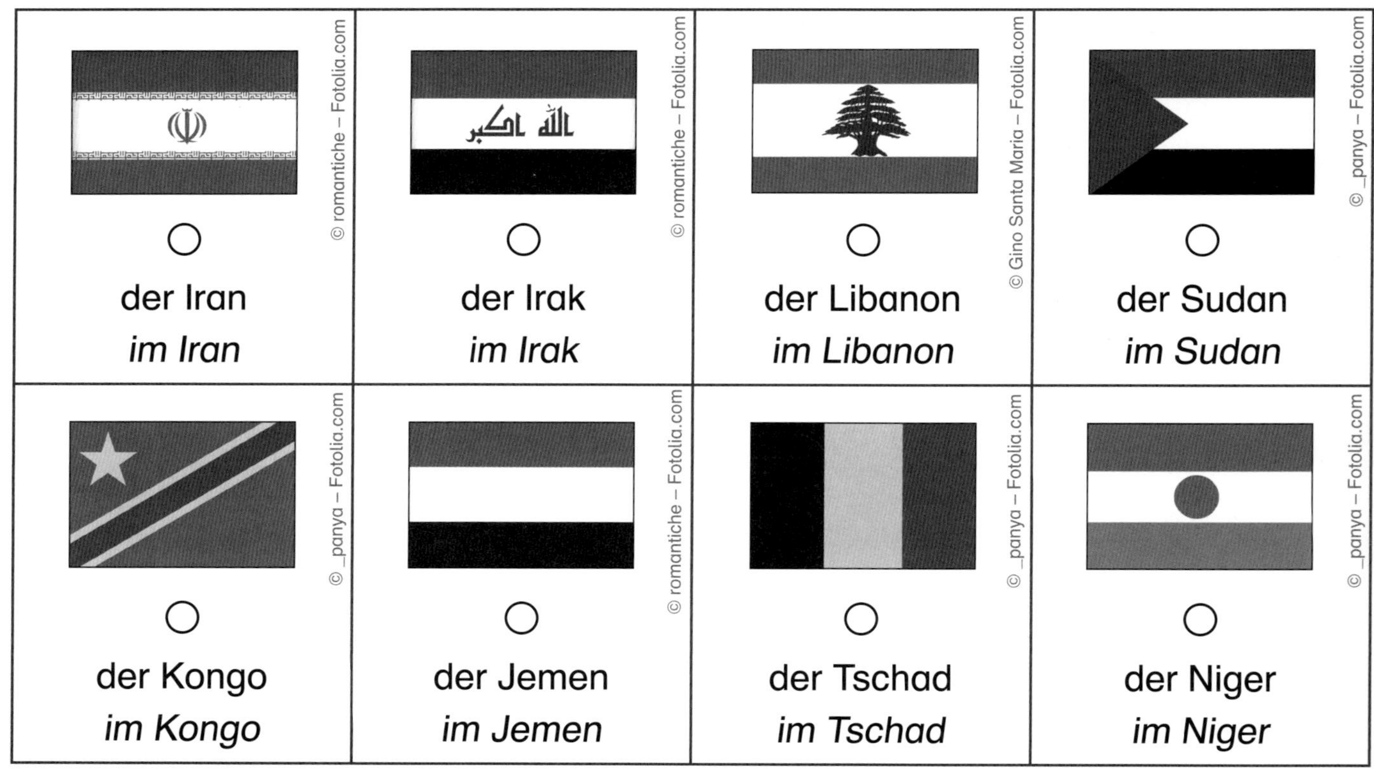

LZ: Diff. 1, Satzstraße 90: Präpositionen (Ortsangabe) Singular – Dativ – Maskulinum

1. Bildet Sätze mit der Satzstraße.

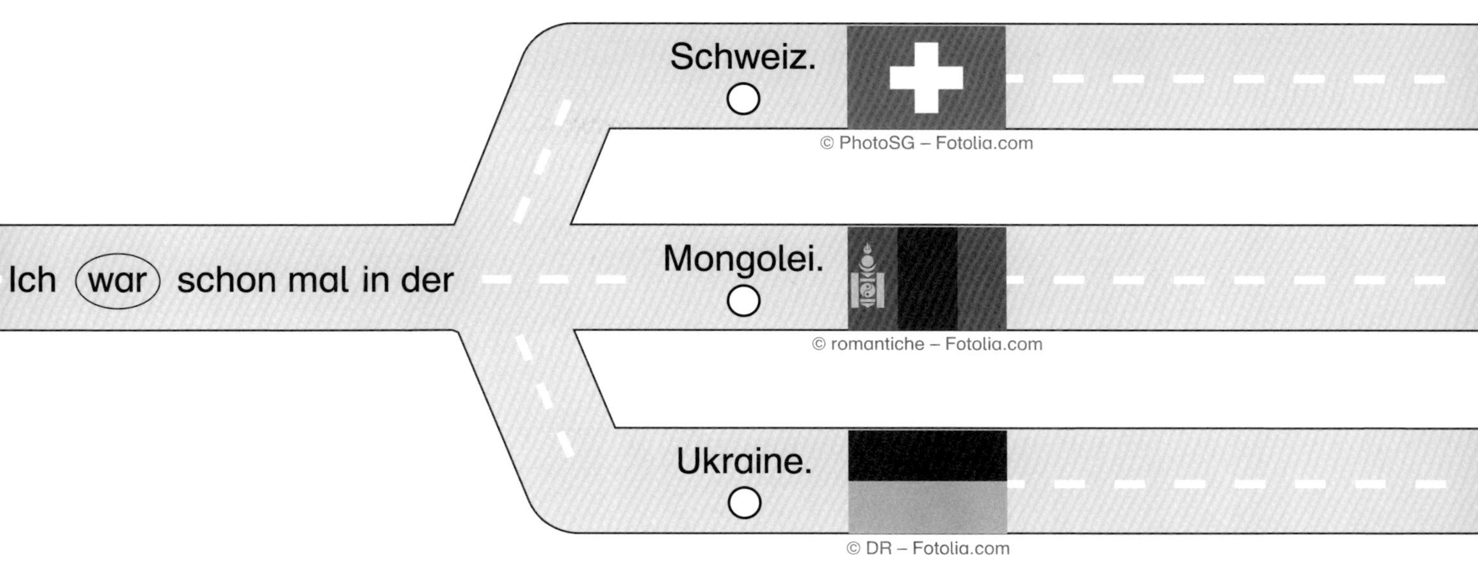

2. Sprecht den Mini-Dialog.

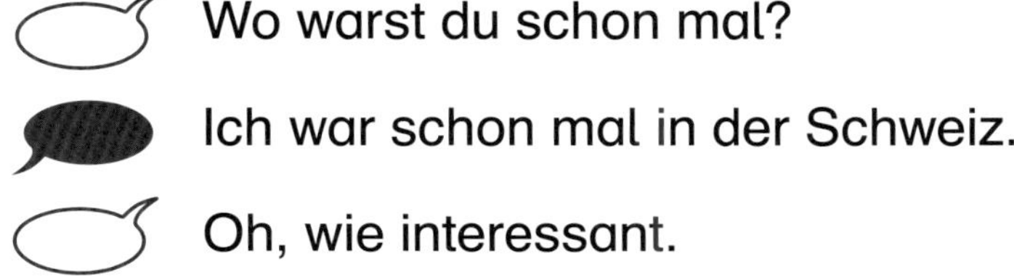

3. Bildet weitere Dialoge.

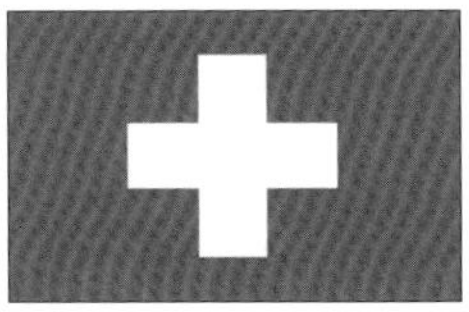 © PhotoSG – Fotolia.com ○ die Schweiz *in der Schweiz*	 © romantiche – Fotolia.com ○ die Mongolei *in der Mongolei*	 © DR – Fotolia.com ○ die Ukraine *in der Ukraine*	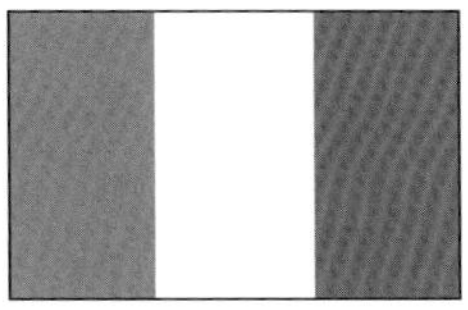 © _panya – Fotolia.com ○ die Elfenbeinküste *in der Elfenbein-küste*
 © romantiche – Fotolia.com ○ die Slowakei *in der Slowakei*	 © romantiche – Fotolia.com ○ die Türkei *in der Türkei*		

LZ: Diff. 1, Satzstraße 91: Präpositionen (Ortsangabe) Singular – Dativ – Femininum

1. Bildet Sätze mit der Satzstraße.

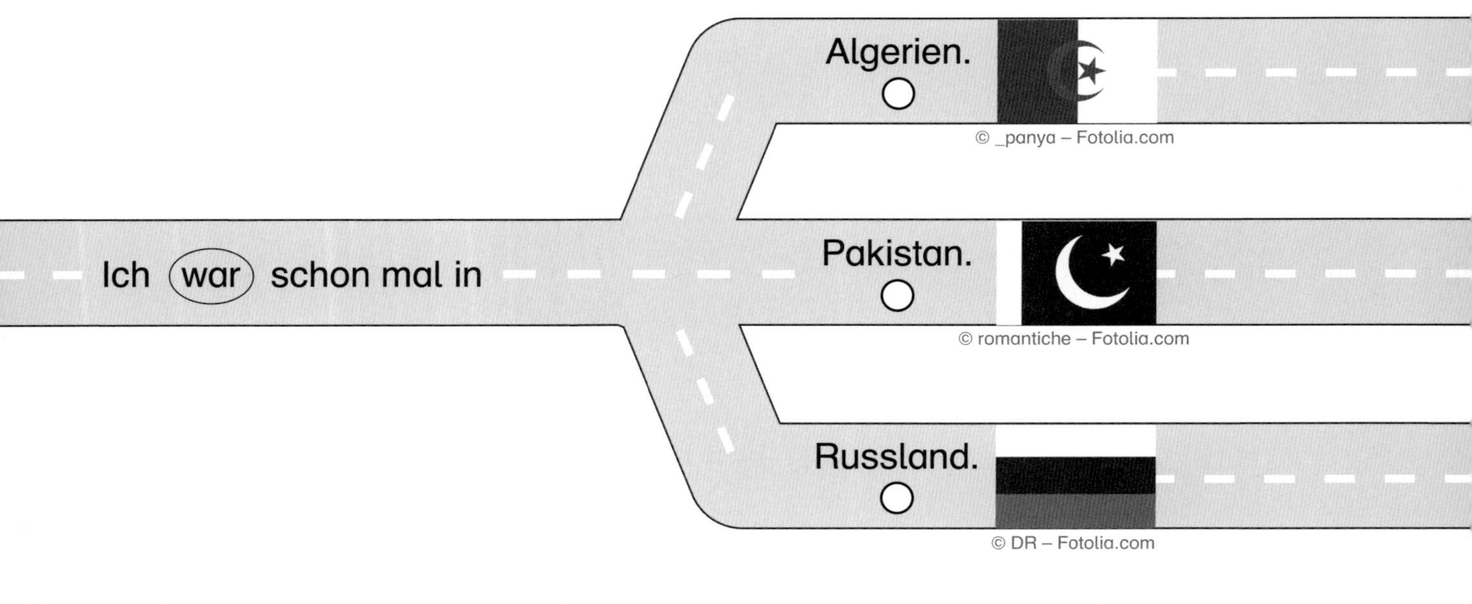

2. Sprecht den Mini-Dialog.

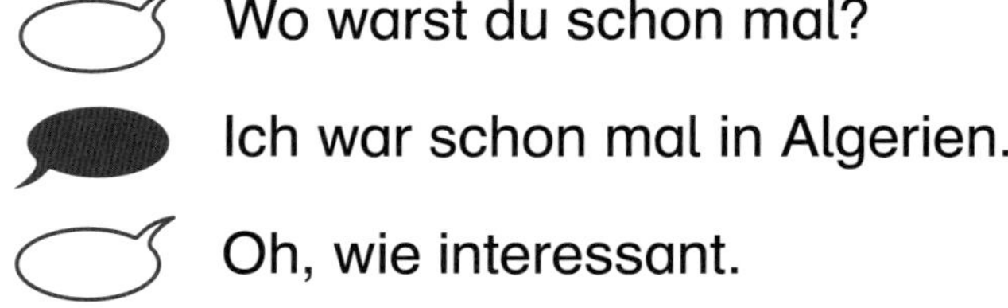

Wo warst du schon mal?

Ich war schon mal in Algerien.

Oh, wie interessant.

3. Bildet weitere Dialoge.

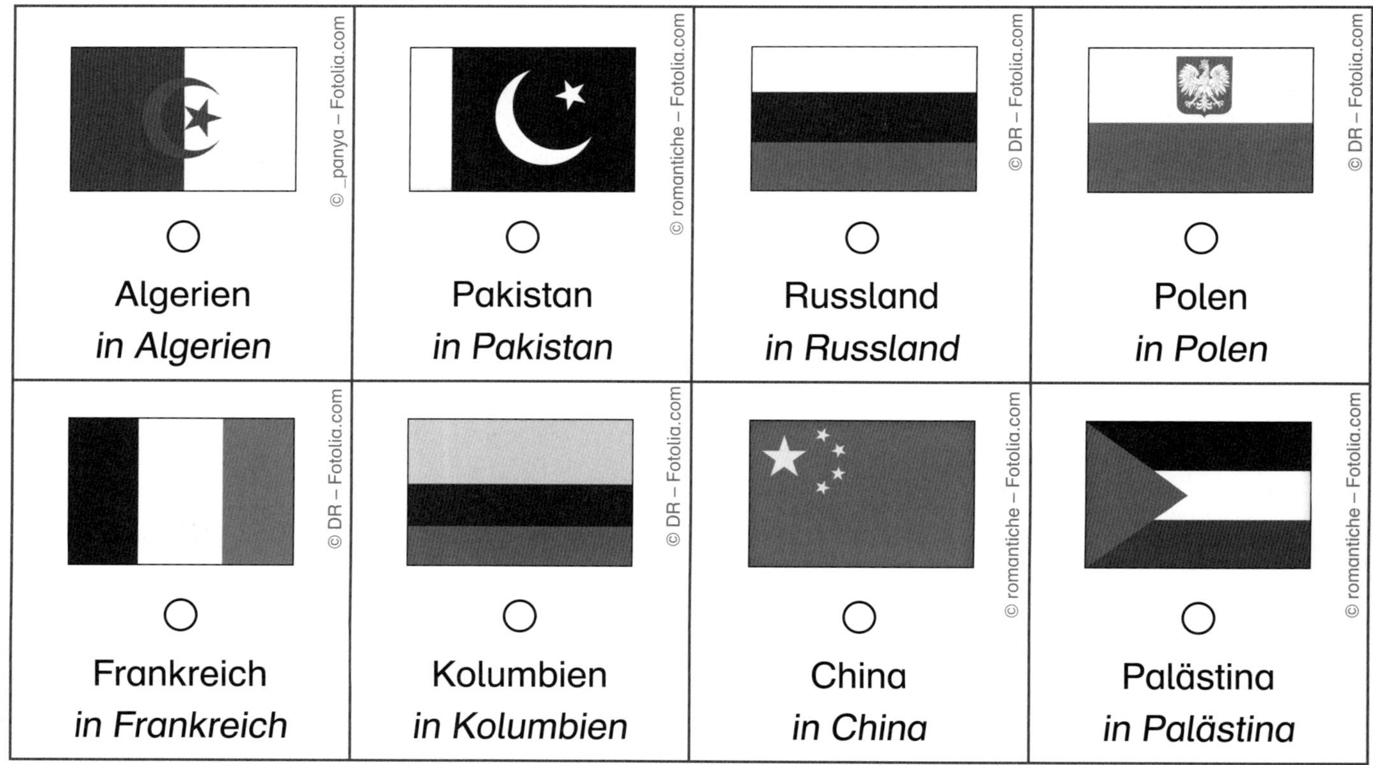

LZ: Diff. 1, Satzstraße 92: Präpositionen (Ortsangabe) Singular – Dativ – Neutrum

1. **Bildet Sätze mit der Satzstraße.**

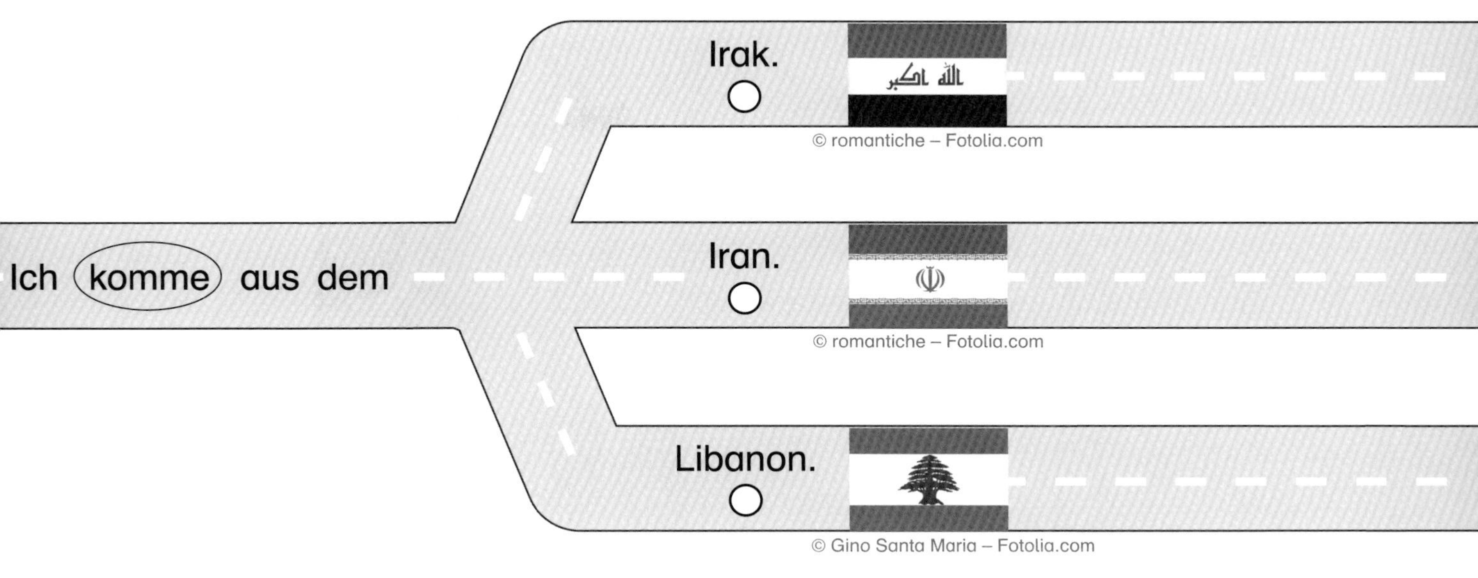

2. **Sprecht den Mini-Dialog.**

Woher kommst du?

Ich komme aus dem Irak.

Oh, wie interessant.

3. **Bildet weitere Dialoge.**

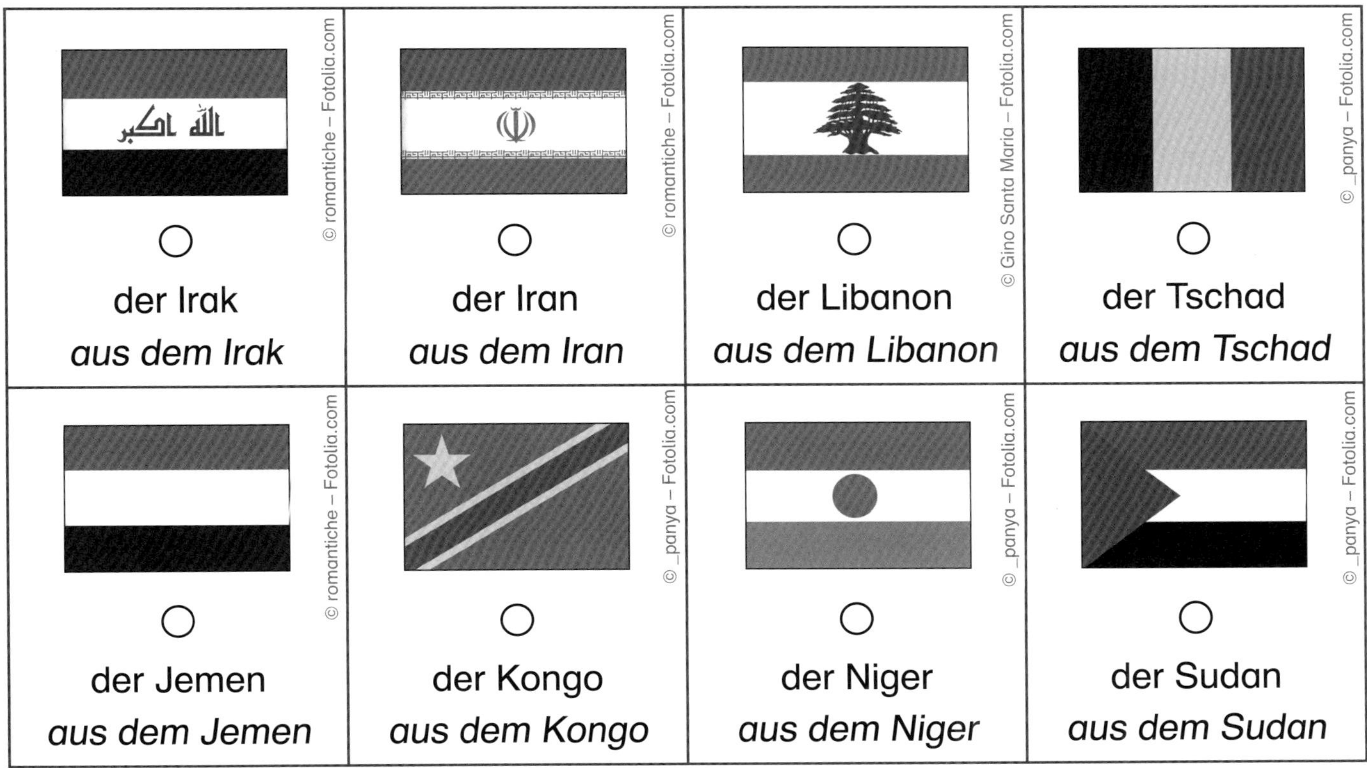

LZ: Diff. 1, Satzstraße 93: Präpositionen (Herkunftsangabe) Singular – Dativ – Maskulinum

1. Bildet Sätze mit der Satzstraße.

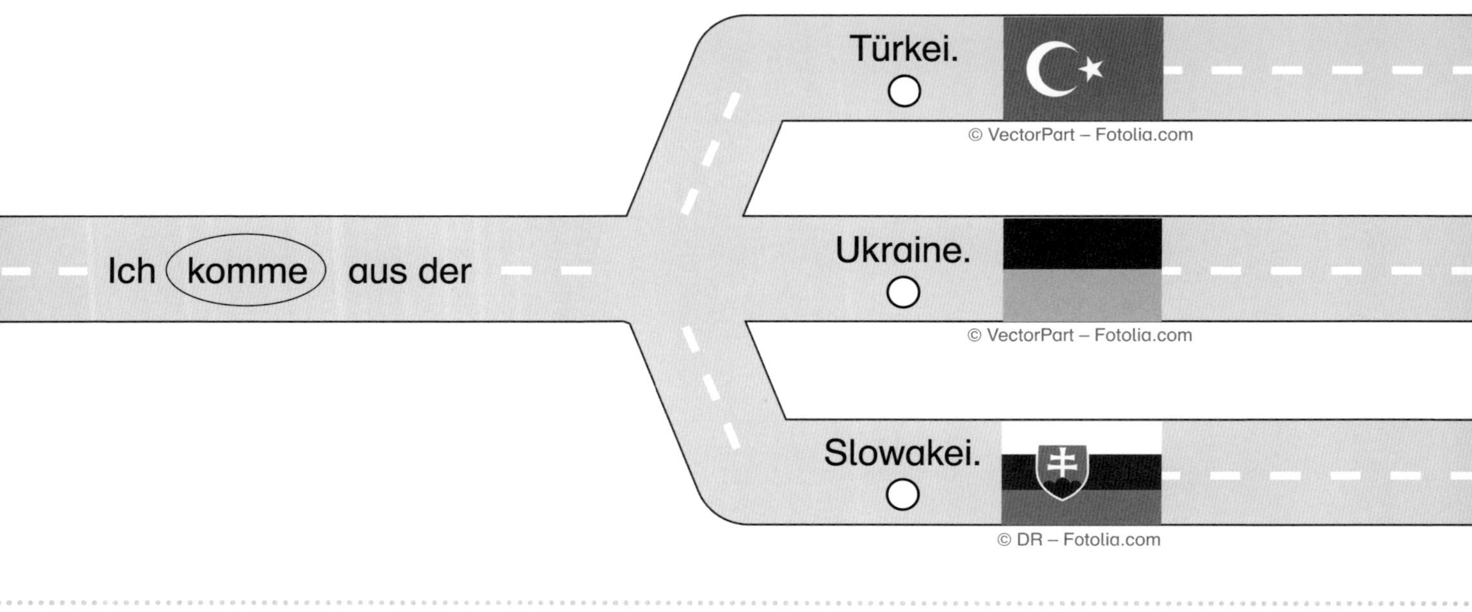

2. Sprecht den Mini-Dialog.

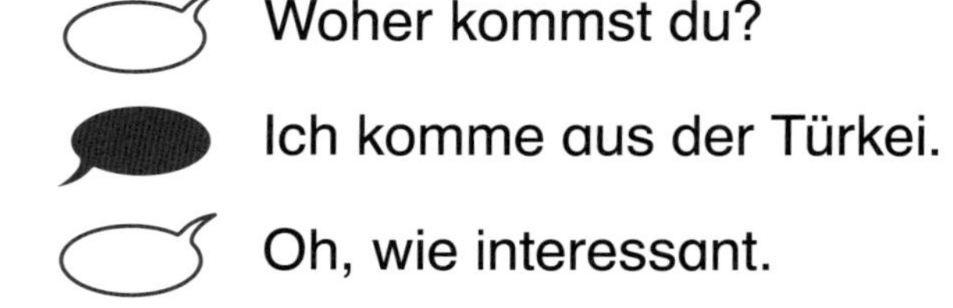

3. Bildet weitere Dialoge.

LZ: Diff. 1, Satzstraße 94: Präpositionen (Herkunftsangabe) Singular – Dativ – Femininum

1. Bildet Sätze mit der Satzstraße.

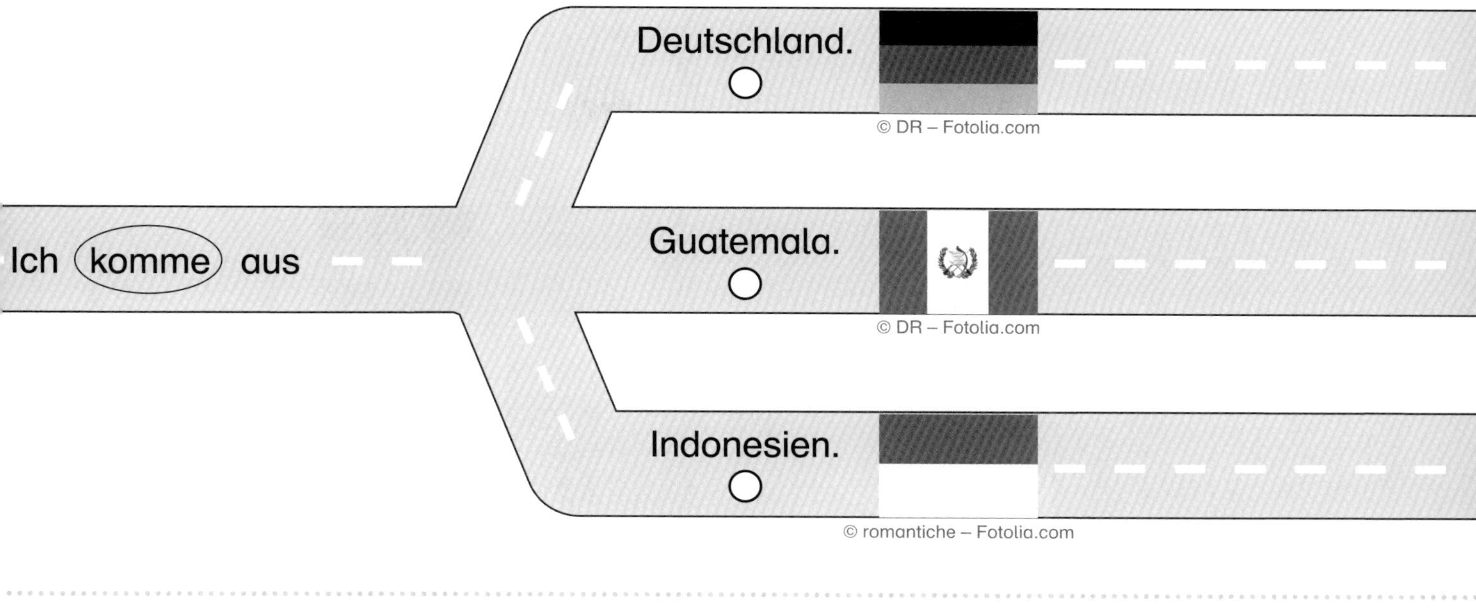

2. Sprecht den Mini-Dialog.

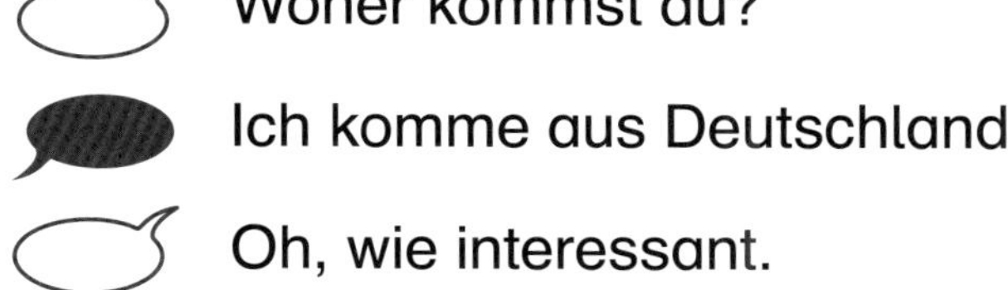

3. Bildet weitere Dialoge.

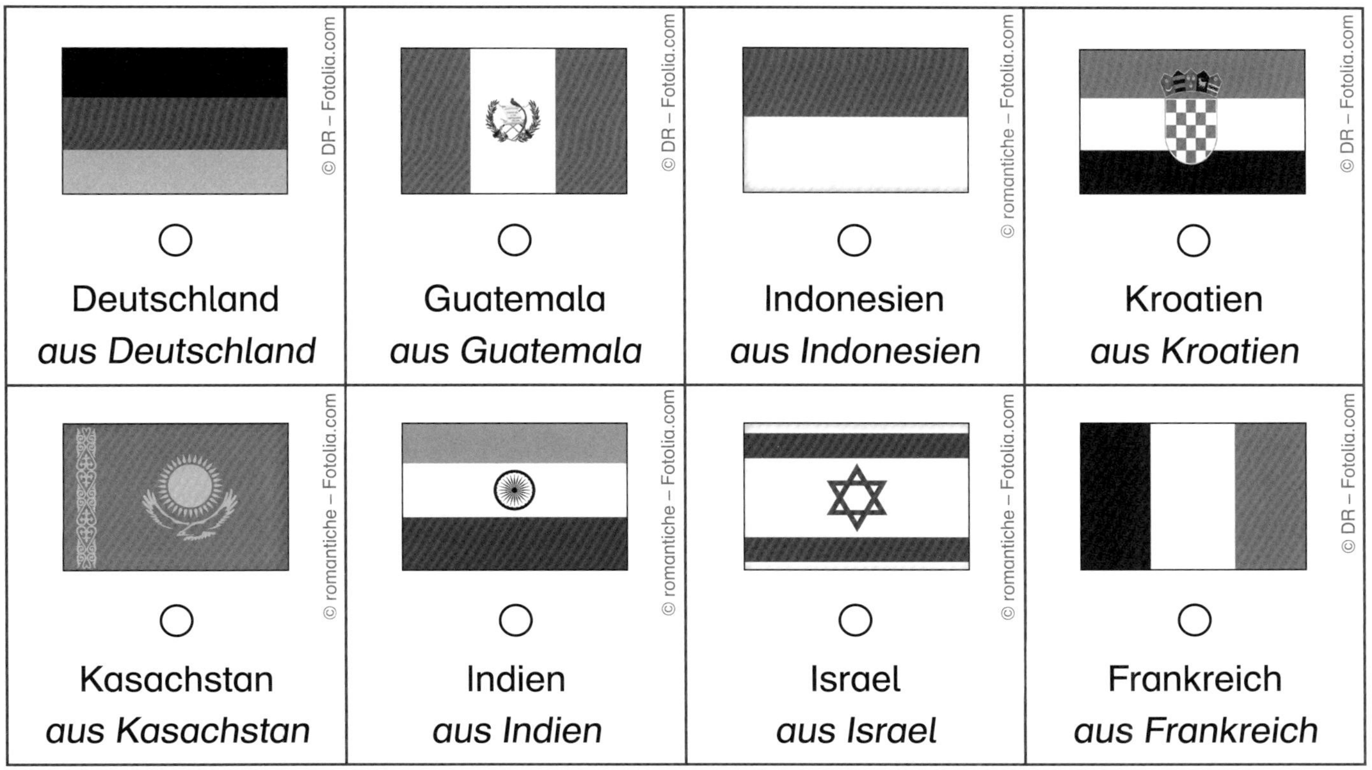

LZ: Diff. 1, Satzstraße 95: Präpositionen (Herkunftsangabe) Singular – Dativ – Neutrum

1. Bildet Sätze mit der Satzstraße.

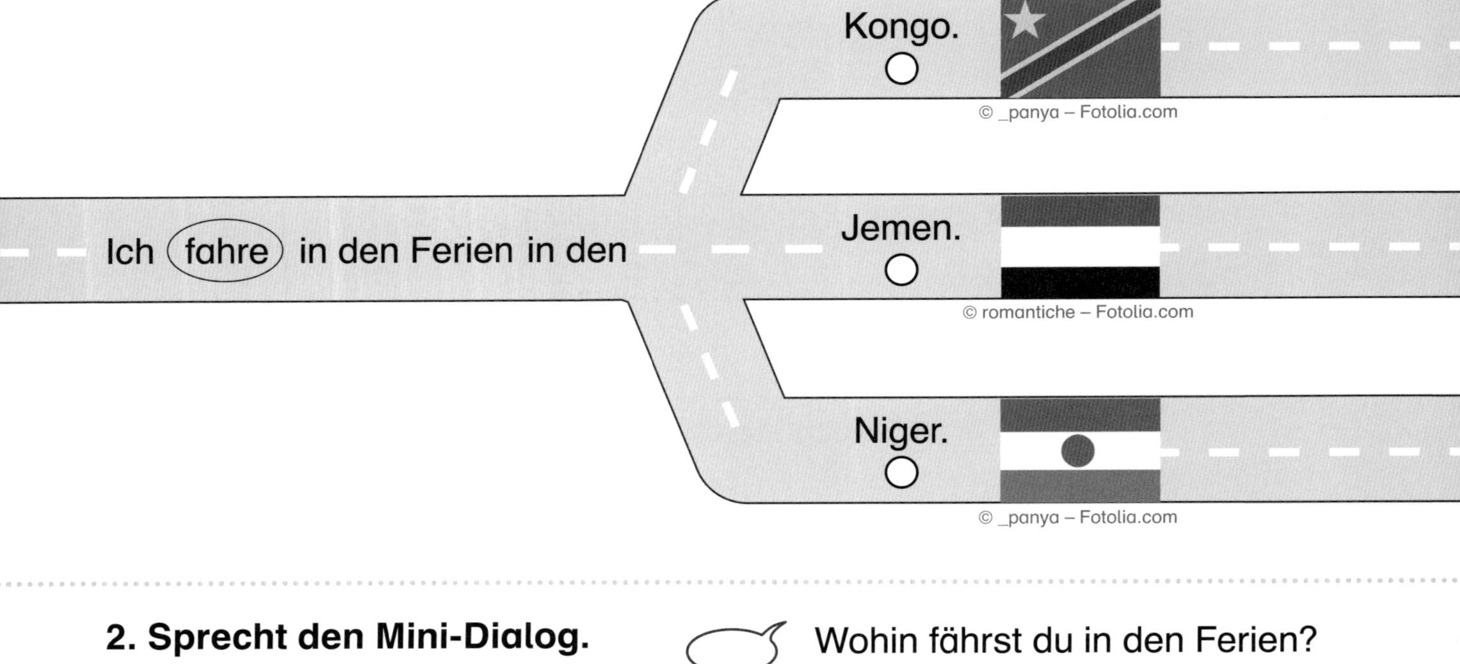

2. Sprecht den Mini-Dialog.

Wohin fährst du in den Ferien?

Ich fahre in den Ferien in den Kongo.

Oh, wie interessant.

3. Bildet weitere Dialoge.

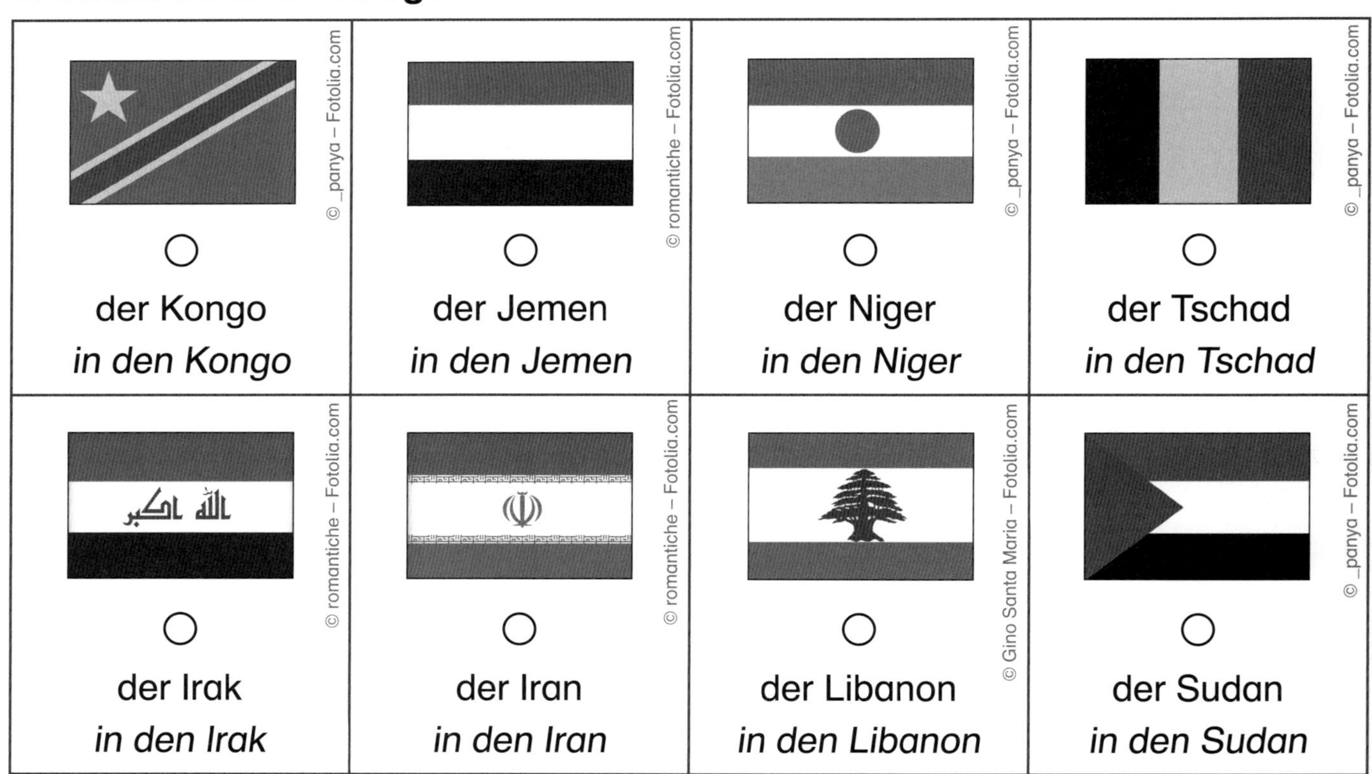

LZ: Diff. 1, Satzstraße 96: Präpositionen (Richtungsangabe) Singular – Akkusativ – Maskulin

1. Bildet Sätze mit der Satzstraße.

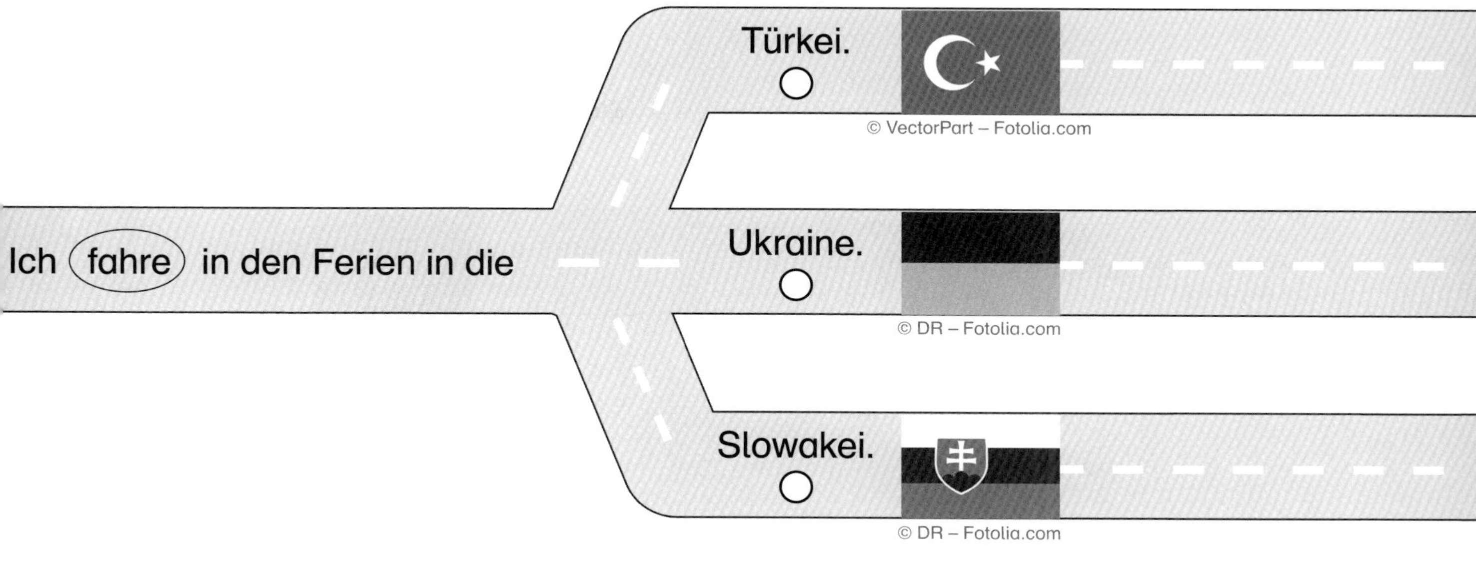

2. Sprecht den Mini-Dialog.

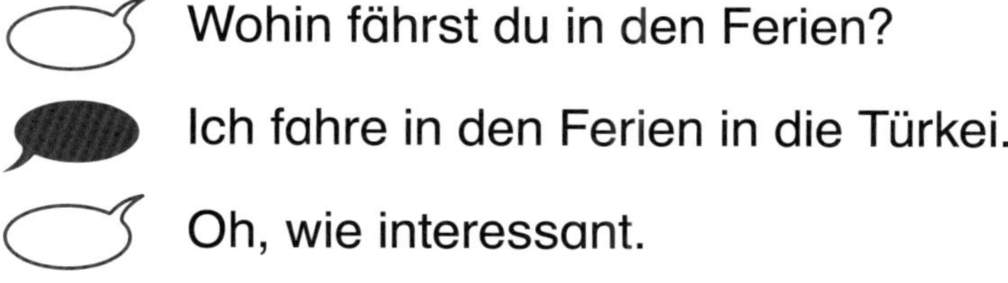

3. Bildet weitere Dialoge.

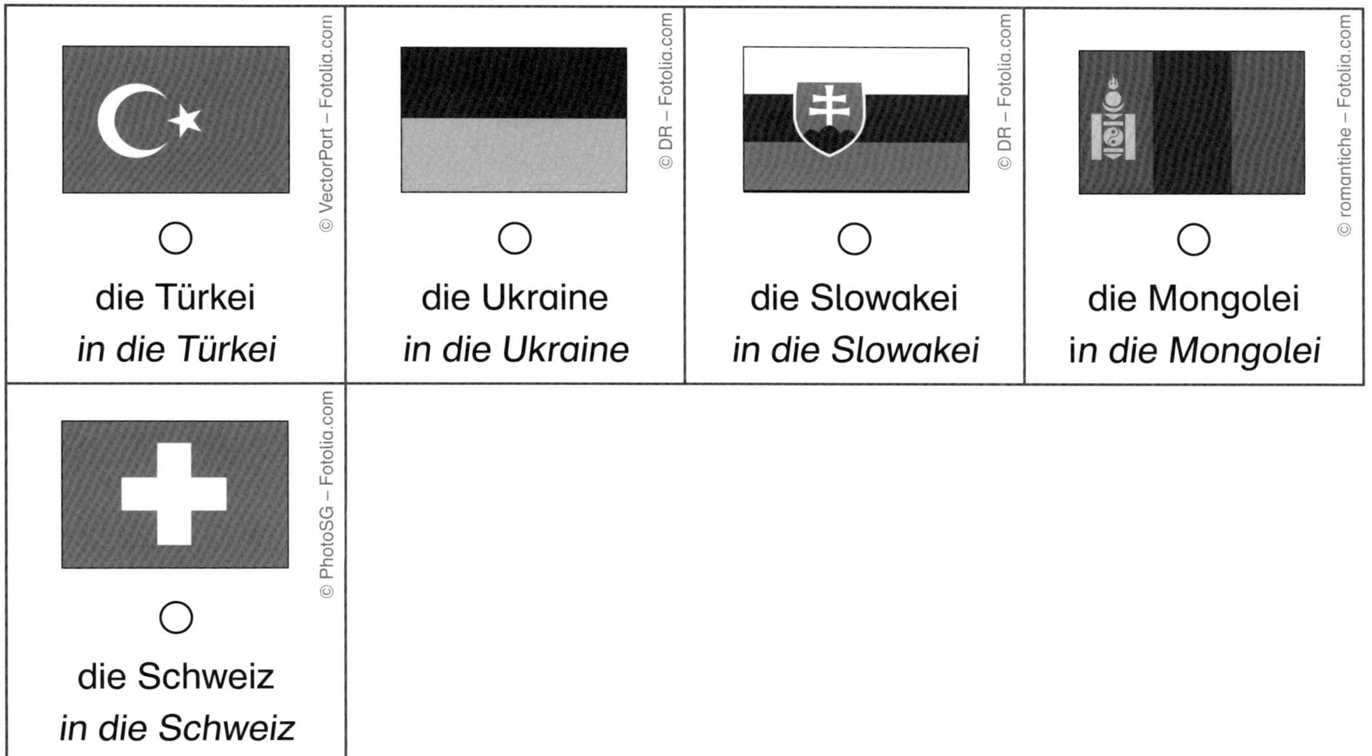

LZ: Diff. 1, Satzstraße 97: Präpositionen (Richtungsangabe) Singular – Akkusativ – Femininum

1. Bildet Sätze mit der Satzstraße.

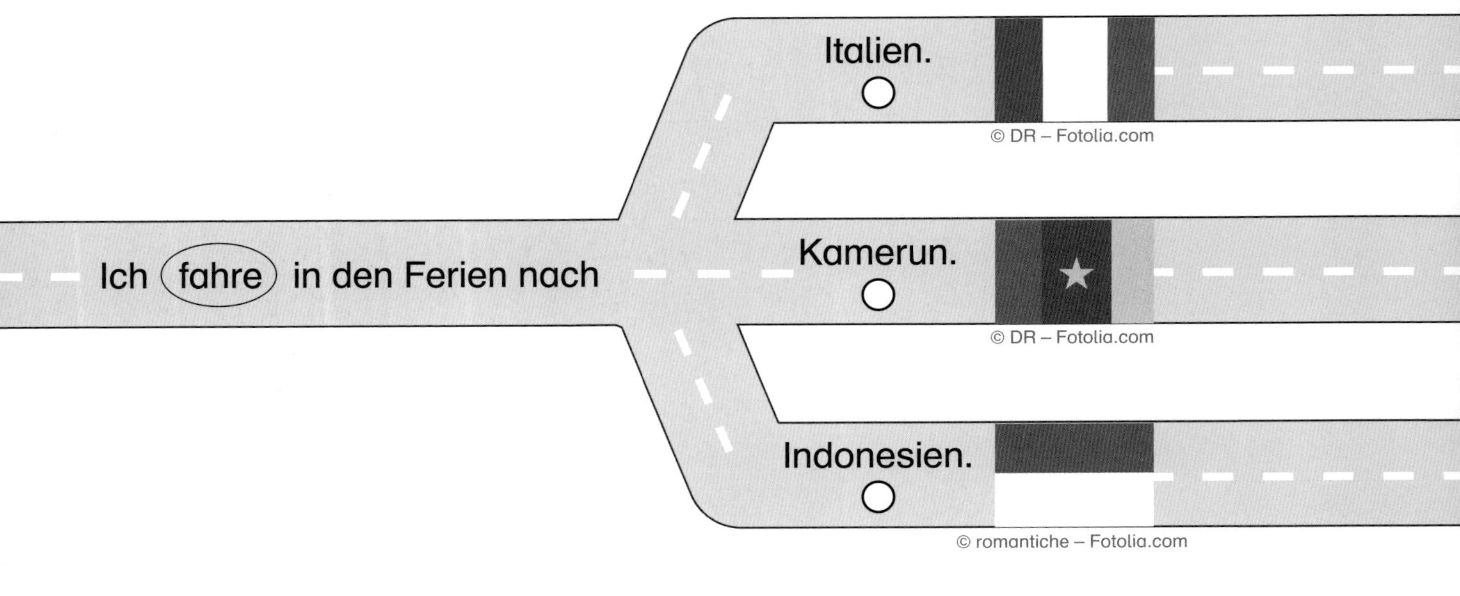

2. Sprecht den Mini-Dialog.

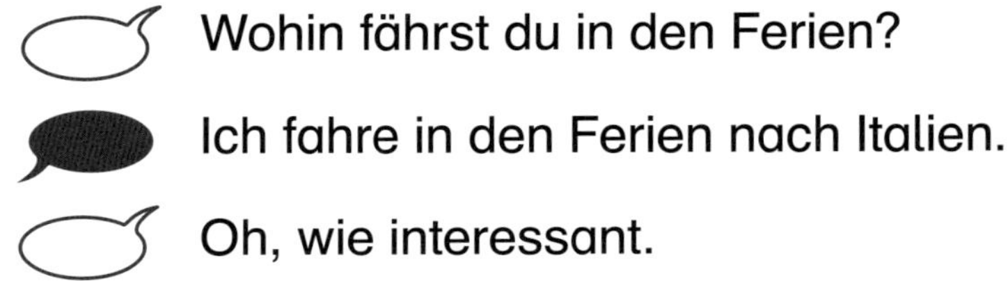

3. Bildet weitere Dialoge.

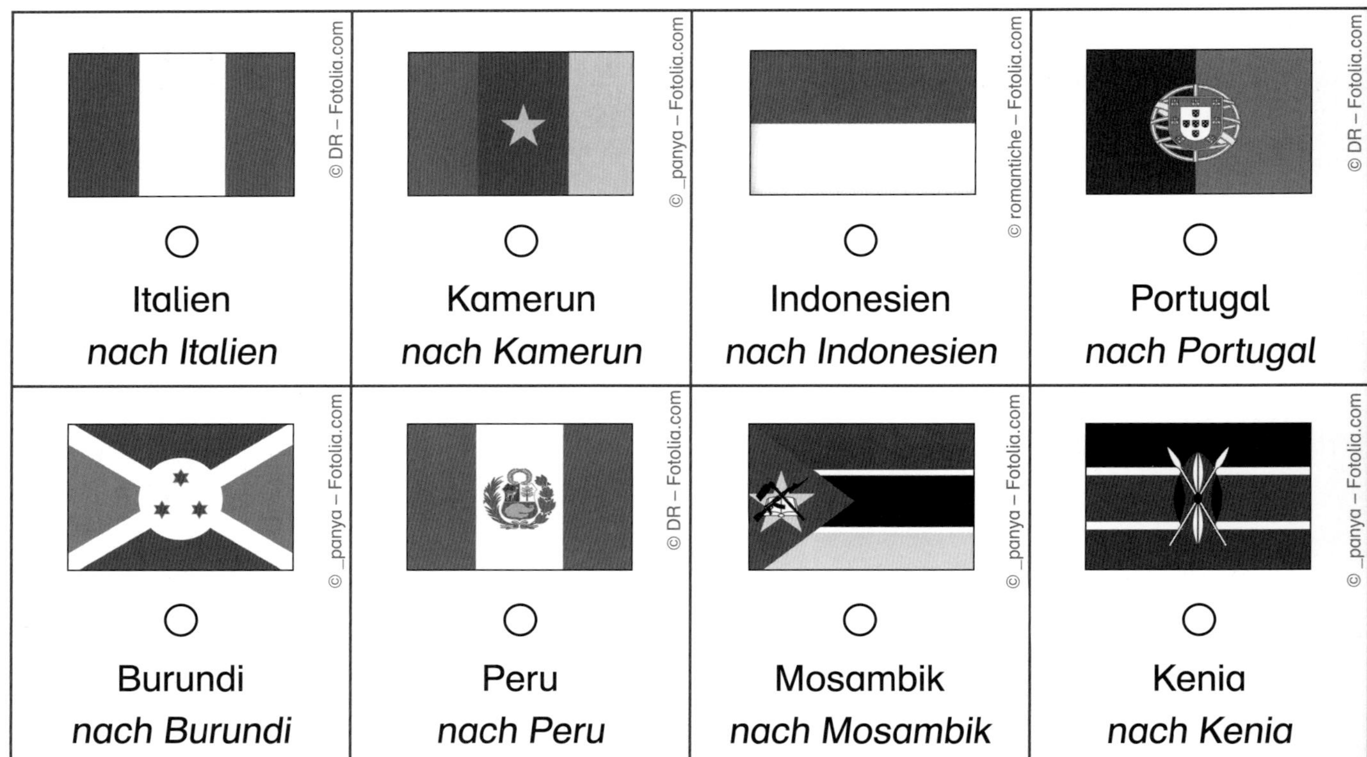

LZ: Diff. 1, Satzstraße 98: Präpositionen (Richtungsangabe) Singular – Dativ – Neutrum

Mit Satzstraßen

SCHRITT FÜR SCHRITT

zum Deutsch-Profi

Differenzierungs-stufe 2

Übersicht Satzstraßen Differenzierungsstufe 2

	Thema/sprachliches Phänomen	Numerus	Kasus	Genus	Fokus	Wortschatz
1.	**Substantivdeklination mit dem best. Artikel**	S	Nom	M, F, N	der, die, das	**Schule** Computer, Tafel, Heft
2.	– mit Adj.	S	Nom	M, F, N	der, die, das Adj.: blau, rot, grün	
3.	–	Pl	Nom	M, F, N	die	
4.	– mit Adj.	Pl	Nom	M, F, N	Adj.: schwarz, weiß, gelb	
5.	**Substantivdeklination mit dem unbest. Artikel**	S	Nom	M, F, N	ein, eine, ein	Stuhl, Mappe, Regal
6.	– mit Adj.	S	Nom	M, F, N	ein, eine, ein Adj.: grün	
7.	**Satzfrage**	S	Nom	M, F, N	Ist das ...?	Stuhl, Lampe, Regal
8.	– mit Adj.	S	Nom	M, F, N	ein, eine, ein Adj.: blau	
9.	**Verneinung**	S	Nom	M, F, N	kein, keine, kein	Kleber, Dose, Wörterbuch
10.	– mit Adj.	S	Nom	M, F, N	kein, keine, kein Adj.: groß	
11.	–	Pl	Nom	M, F, N	keine	
12.	– mit Adj.	Pl	Nom	M, F, N	keine Adj.: klein, groß	
13.	**Substantivdeklination mit dem Possessivartikel 1. & 2. Prs. S.**	S	Nom	M, F, N	mein – dein, meine – deine, mein – dein	Pinsel, Dose, Lineal
14.	– mit Adj.	S	Nom	M, F, N	mein – dein, meine – deine, mein – dein Adj.: dünn	Pinsel, Mappe, Lineal
15.	–	Pl	Nom	M, F, N	meine – deine	
16.	– mit Adj.	Pl	Nom	M, F, N	meine – deine Adj.: klein	
17.	**Substantivdeklination mit dem Possessivartikel 3. Prs. S.**	S	Nom	M, F, N	ihr – sein, ihre – seine, ihr – sein	Taschenrechner, Mappe, Tablet
18.	– mit Adj.	S	Nom	M, F, N	ihr – sein, ihre – seine, ihr – sein Adj.: neu	
19.	–	Pl	Nom	M, F, N	ihre – seine	Ordner, Mappe, Handy
20.	– mit Adj.	Pl	Nom	M, F, N	ihre – seine Adj.: alt, neu weiß, schwarz dick, dünn	
21.	**Satzfrage mit Possessivartikel Höflichkeitsform**	S	Nom	M, F, N	Ihr, Ihre, Ihr	Bleistift, Tasche, Tablet
22.	– mit Adj.	S	Nom	M, F, N	Ihr, Ihre, Ihr Adj.: neu	
23.	– mit Adj.	Pl	Nom	M, F, N	Ihre Adj.: neu	

Übersicht Satzstraßen Differenzierungsstufe 2

	Thema/sprachliches Phänomen	Numerus	Kasus	Genus	Fokus	Wortschatz
24.	**Substantivdeklination mit dem best. Artikel**	S	Akk	M, F, N	den, die, das	**Essen & Trinken** Saft, Limonade, Wasser
25.	– mit Adj.	S	Akk	M, F, N	den, die, das Adj.: frisch	
26.	–	Pl	Akk	M, F, N	die	Saft, Limonade, Trinkpäckchen
27.	– mit Adj.	Pl	Akk	M, F, N	Adj.: lecker, neu, gesund	
28.	**Substantivdeklination mit dem unbest. Artikel**	S	Akk	M, F, N	einen, eine, ein	Apfel, Banane, Radieschen
29.	– mit Adj.	S	Akk	M, F, N	einen, eine, ein Adj.: groß	
30.	**Substantivdeklination ohne Artikel**	Pl	Akk	M, F, N	–	Apfel, Banane, Radieschen
31.	– mit Adj.	Pl	Akk	M, F, N	Adj.: lecker	Salat, Kiwi, Brötchen
32.	**Verneinung**	S	Akk	M, F, N	keinen, keine, kein	Käse, Butter, Obst
33.	– Adj.	S	Akk	M, F, N	keinen, keine, kein Adj.: süß	Kakao, Milch, Obst
34.	– Adj.	Pl	Akk	M, F, N	keine Adj.: alt	Apfel, Paprika, Brot
35.	**Substantivdeklination mit dem Possessivartikel 1. & 2. Prs. S.**	S	Akk	M, F, N	meinen – deinen, meine – deine, mein – dein	Teller, Gabel, Messer
36.	– mit Adj.	S	Akk	M, F, N	meinen – deinen, meine – deine, mein – dein Adj.: klein	
37.	–	Pl	Akk	M, F, N	meine – deine	Becher, Flasche, Glas
38.	– mit Adj.	Pl	Akk	M, F, N	meine – deine Adj.: neu	
39.	**Satzfrage mit dem Possessivartikel 3. Prs. S.**	S	Akk	M, F, N	seinen – ihren, seine – ihre, sein – ihr V: sehen	Kakao, Milch, Trinkpäckchen
40.	– mit Adj.	S	Akk	M, F, N	seinen – ihren, seine – ihre, sein – ihr V: sehen Adj.: neu	Becher, Tasse, Schälchen
41.	– mit Adj.	Pl	Akk	M, F, N	seine – ihre V: sehen Adj.: neu	
42.	–	S	Akk	M, F, N	seinen – ihren, seine – ihre, sein – ihr V: brauchen	Löffel, Tasse, Glas
43.	– mit Adj.	S	Akk	M, F, N	seinen – ihren, seine – ihre, sein – ihr V: brauchen Adj.: sauber	
44.	–	Pl	Akk	M, F, N	seine – ihre V: brauchen	

Übersicht Satzstraßen Differenzierungsstufe 2

	Thema/sprachliches Phänomen	Numerus	Kasus	Genus	Fokus	Wortschatz
45.	– mit Adj.	Pl	Akk	M, F, N	seine – ihre V: brauchen Adj.: neu, alt	Löffel, Tasse, Glas
46.	**Substantivdeklination mit dem Possessivartikel Höflichkeitsform**	S	Akk	M, F, N	Ihren, Ihre, Ihr	Salat, Suppe, Obst
47.	– mit Adj.	S	Akk	M, F, N	Ihren, Ihre, Ihr Adj.: lecker	
48.	–	Pl	Akk	M, F, N	Ihre	Apfel, Erdbeere, Brötchen
49.	– mit Adj.	Pl	Akk	M, F, N	Ihre Adj.: süß, frisch, groß	
50.	**Substantivdeklination mit dem best. Artikel**	S	Dat	M, F, N	dem, der, dem V: malen	**Menschen** Mann, Frau, Kind, Kopf
51.	– mit Adj.	S	Dat	M, F, N	dem, der, dem V: malen Adj.: klein	
52.	–	Pl	Dat	M, F, N	den V: malen	
53.	–	Pl	Dat	M, F, N	den V: malen	Mann, Frau, Kind, Haare
54.	– mit Adj.	Pl	Dat	M, F, N	den V: malen Adj.: klein	Mann, Frau, Kind, Arm
55.	–	S	Dat	M, F, N	dem, der, dem V: schenken	Junge, Lehrerin, Mädchen, Foto
56.	– mit Adj.	S	Dat	M, F, N	dem, der, dem V: schenken Adj.: nett	
57.	–	Pl	Dat	M, F, N	den V: schenken	Junge, Lehrerin, Mädchen, Blume
58.	– mit Adj.	Pl	Dat	M, F, N	den V: schenken Adj.: neu	
59.	**Substantivdeklination mit dem unbest. Artikel**	S	Dat	M, F, N	einem, einer, einem V: helfen	Schüler, Schülerin, Kind
60.	– mit Adj.	S	Dat	M, F, N	einem, einer, einem V: helfen Adj.: neu	
61.	–	Pl	Dat	M, F, N	V: helfen	
62.	– mit Adj.	Pl	Dat	M, F, N	V: helfen Adj.: nett	
63.	**Personalpronomen 2. Prs. S. & Pl & Höflichkeitsform**	S	Dat	M, F, N	dir, euch, Ihnen	Kuchen, Blume, Buch
64.	– mit Adj.	S	Dat	M, F, N	dir, euch, Ihnen Adj.: groß	

Übersicht Satzstraßen Differenzierungsstufe 2

	Thema/sprachliches Phänomen	Numerus	Kasus	Genus	Fokus	Wortschatz
65.	**Substantivdeklination mit dem best. Artikel**	S	Gen	M, F, N	des, der, des	**Menschen und Tiere** Lehrer, Lehrerin, Kind, Pullover
66.	– mit Adj.	S	Gen	M, F, N	des, der, des Adj.: groß	
67.	–	Pl	Gen	M, F, N	der	
68.	– mit Adj.	Pl	Gen	M, F, N	der Adj.: toll	Lehrer, Lehrerin, Kind, Pullover
69.	**Substantivdeklination mit dem unbest. Artikel**	S	Gen	M, F, N	eines, einer, eines	Hund, Katze, Pferd, Kopf
70.	– mit Adj.	S	Gen	M, F, N	eines, einer, eines Adj.: süß	
71.	**Substantivdeklination mit dem Possessivartikel 1. & 2. Prs. S.**	S	Gen	M, F, N	meines – deines, meiner – deiner, meines – deines	**Wohnen** Tisch, Lampe, Sofa, Farbe
72.	– mit Adj.	S	Gen	M, F, N	meines – deines, meiner – deiner, meines – deines Adj.: neu	
73.	–	Pl	Gen	M, F, N	meiner – deiner	
74.	– mit Adj.	Pl	Gen	M, F, N	meiner – deiner Adj.: neu	
75.	**Substantivdeklination mit dem Possessivartikel 3. Prs.**	S	Gen	M, F, N	seines – ihres, seiner – ihrer, seines – ihres	Teppich, Küche, Kinderzimmer, Farbe
76.	– mit Adj.	S	Gen	M, F, N	seines – ihres, seiner – ihrer, seines – ihres Adj.: neu	
77.	–	Pl	Gen	M, F, N	seiner – ihrer	
78.	– mit Adj.	Pl	Gen	M, F, N	seiner – ihrer Adj.: neu	

1. Bildet Sätze mit der Satzstraße.

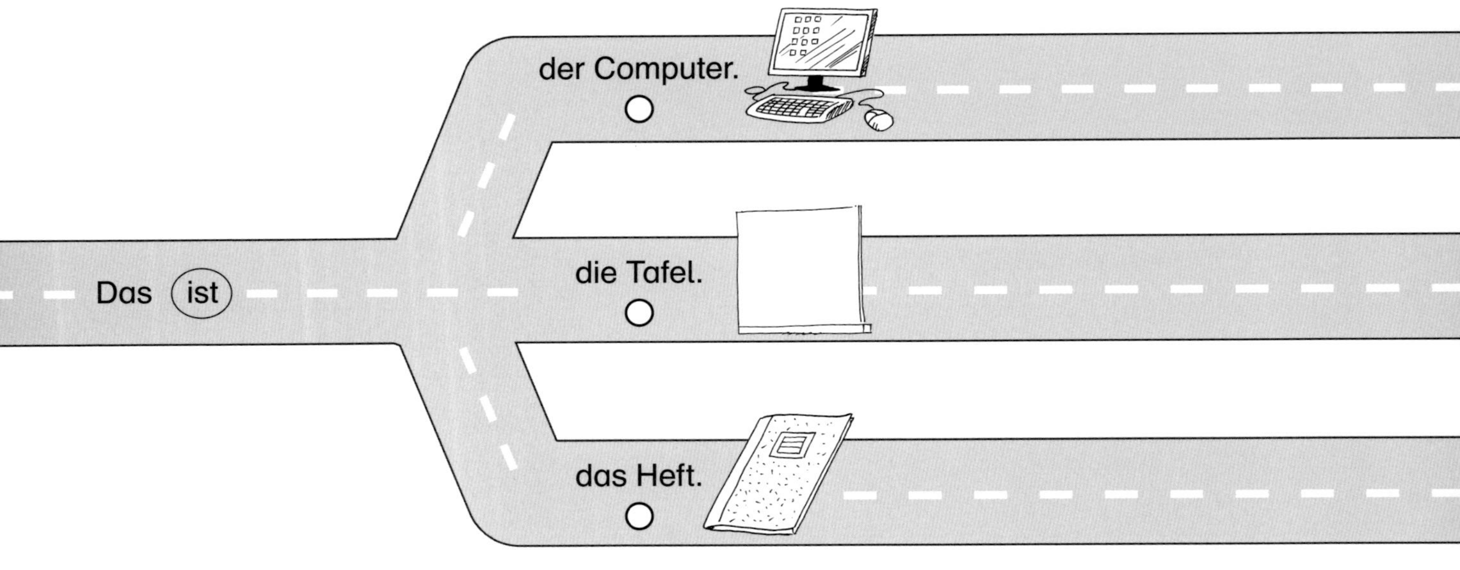

2. Sprecht den Mini-Dialog.

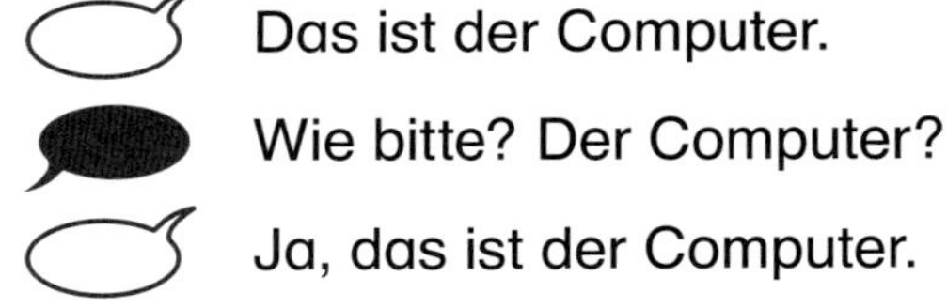

3. Bildet weitere Dialoge.

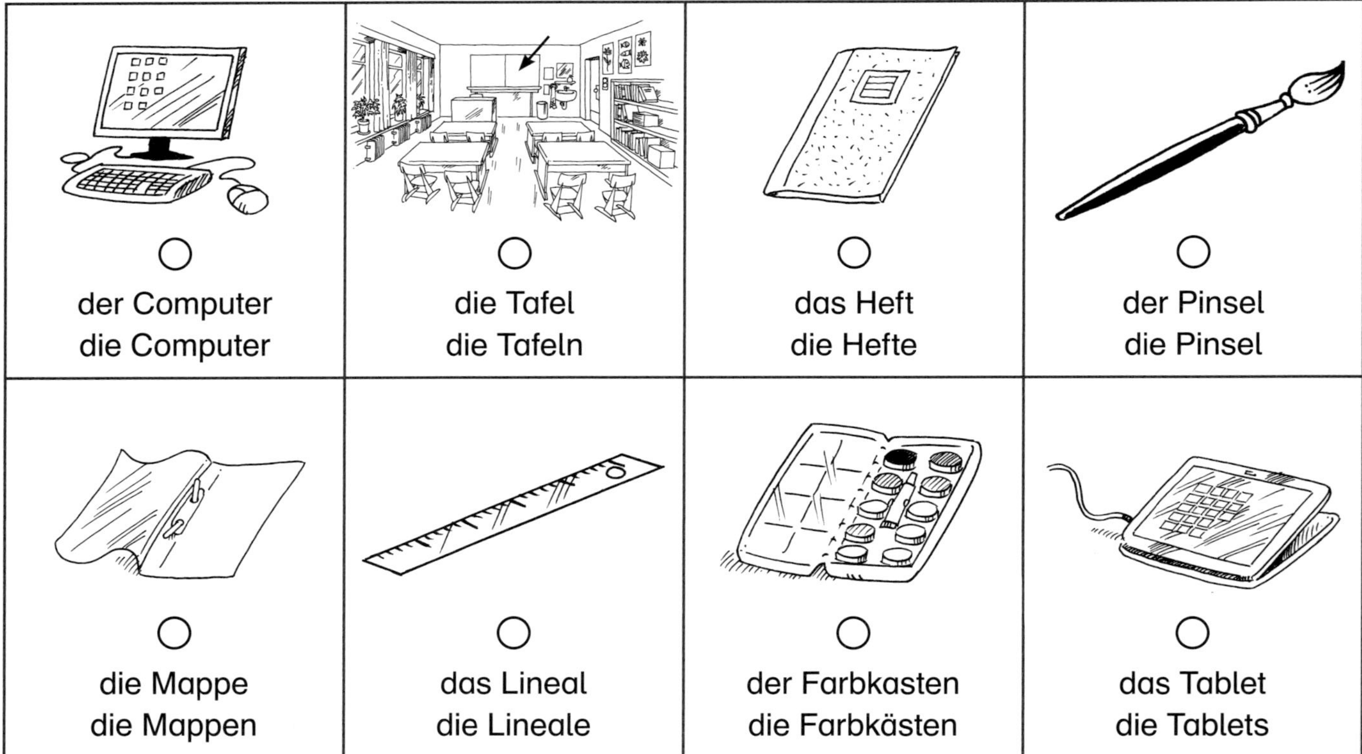

LZ: Diff. 2, Satzstraße 1: Substantivdeklination mit dem best. Artikel Singular – Nominativ – Maskulinum/Femininum/Neutrum

1. Bildet Sätze mit der Satzstraße.

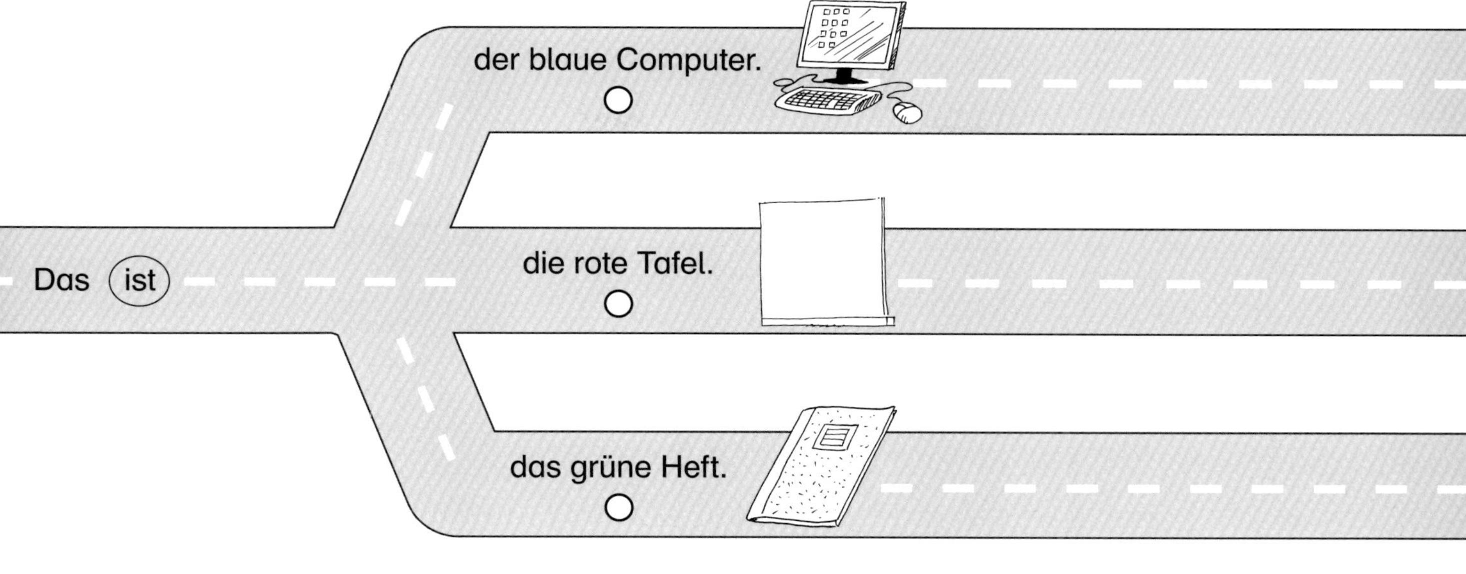

2. Sprecht den Mini-Dialog.

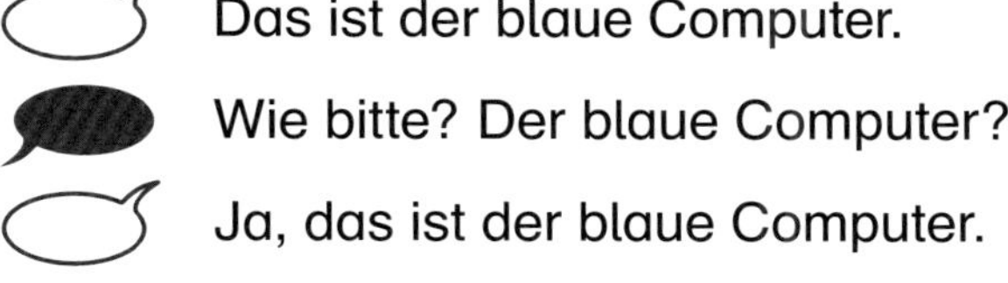

3. Bildet weitere Dialoge.

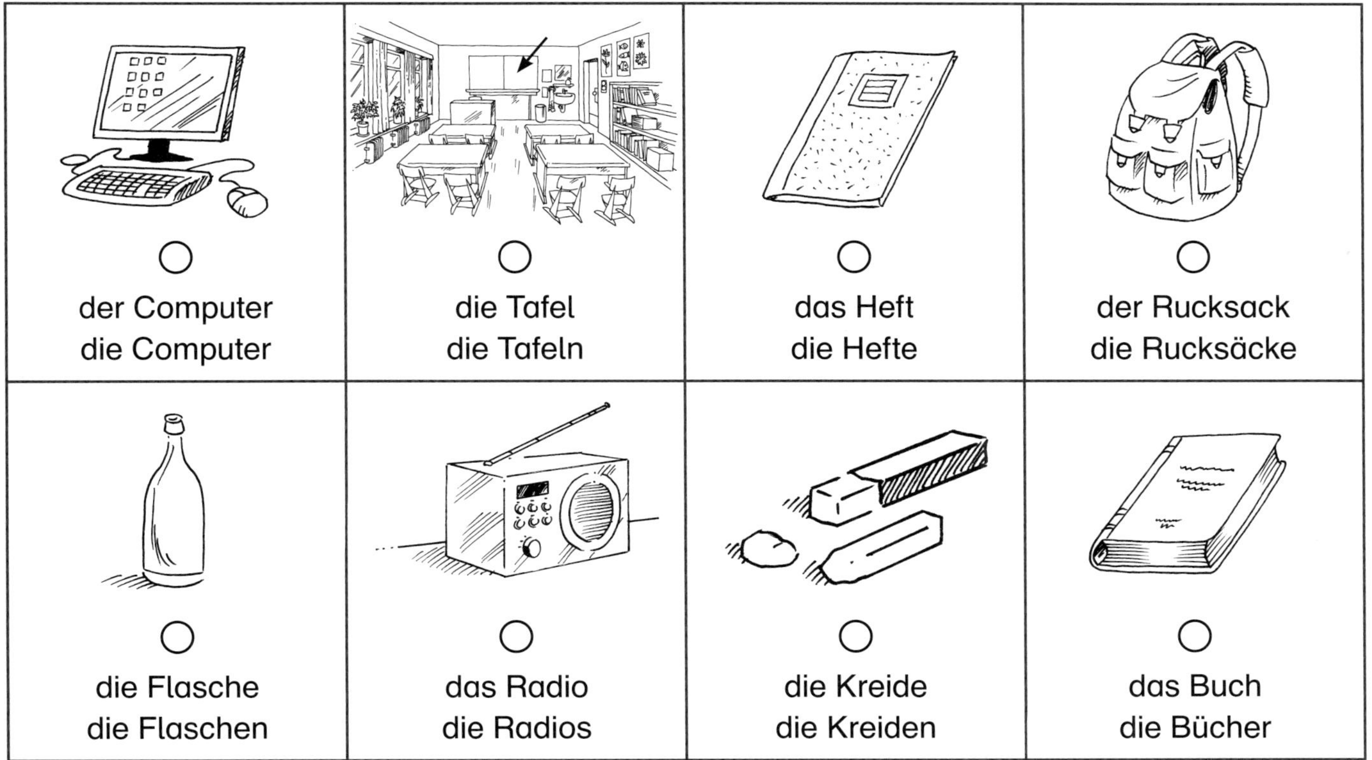

der Computer die Computer	die Tafel die Tafeln	das Heft die Hefte	der Rucksack die Rucksäcke
die Flasche die Flaschen	das Radio die Radios	die Kreide die Kreiden	das Buch die Bücher

LZ: Diff. 2, Satzstraße 2: Substantivdeklination mit dem best. Artikel mit Adjektiv Singular – Nominativ – Maskulinum/Femininum/Neutrum

1. Bildet Sätze mit der Satzstraße.

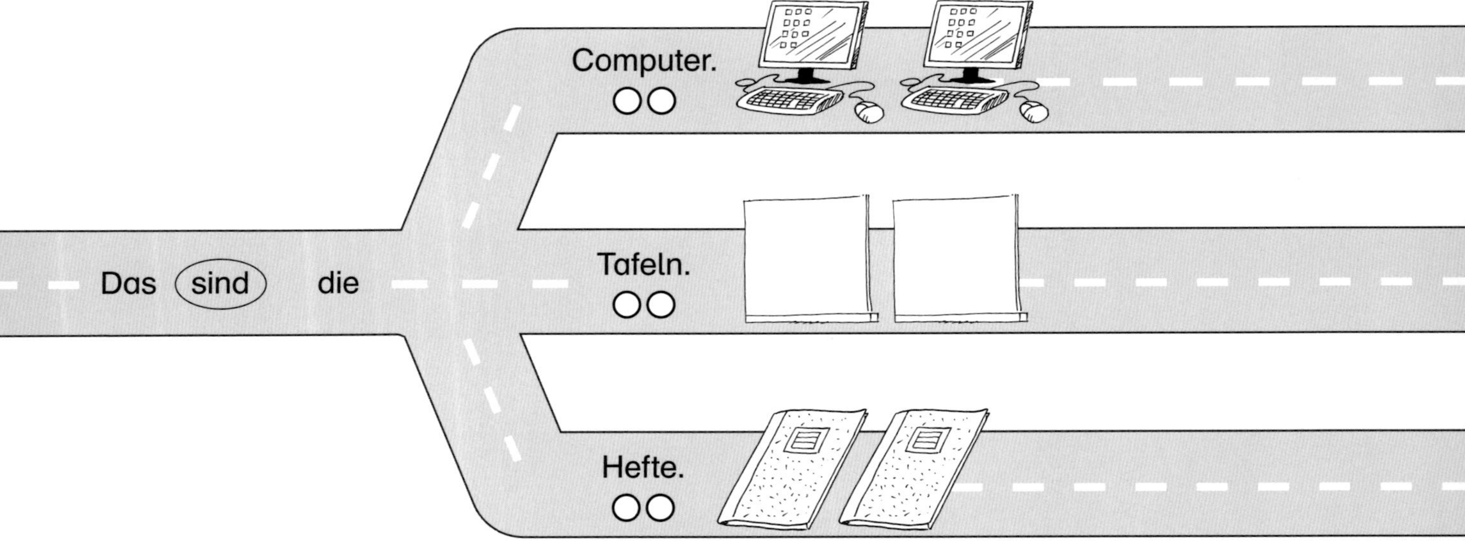

2. Sprecht den Mini-Dialog.

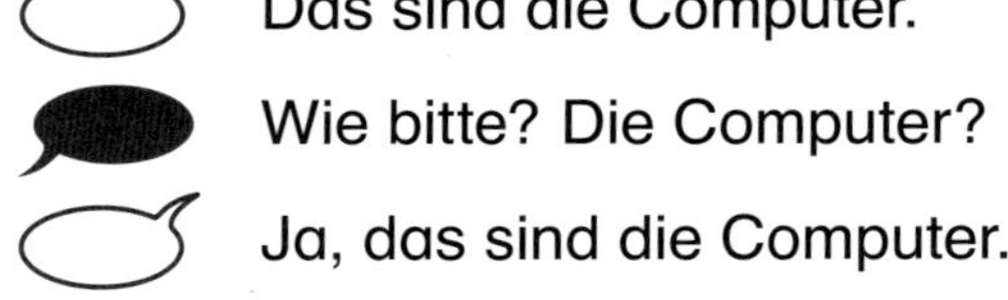

3. Bildet weitere Dialoge.

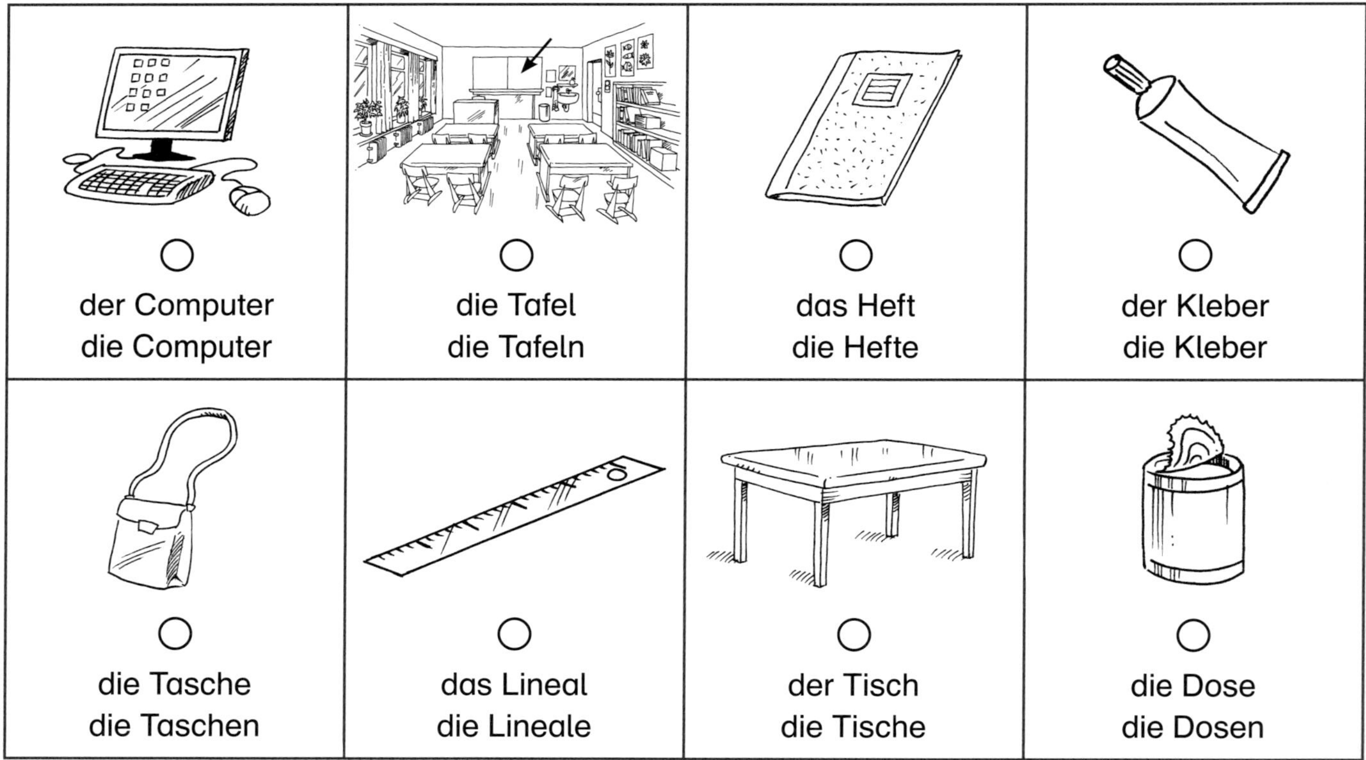

LZ: Diff. 2, Satzstraße 3: Substantivdeklination mit dem best. Artikel Plural – Nominativ – Maskulinum/Femininum/Neutrum

1. Bildet Sätze mit der Satzstraße.

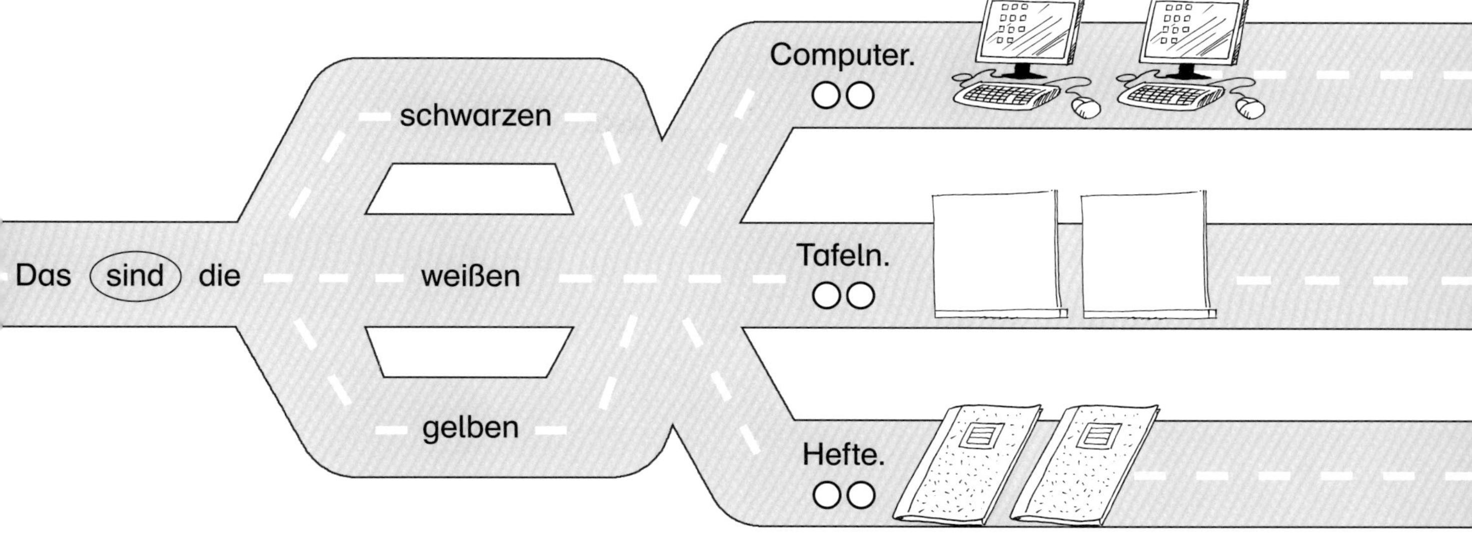

2. Sprecht den Mini-Dialog.

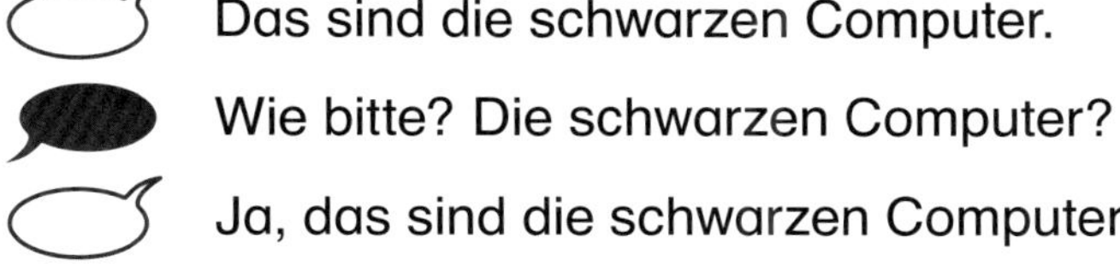

3. Bildet weitere Dialoge.

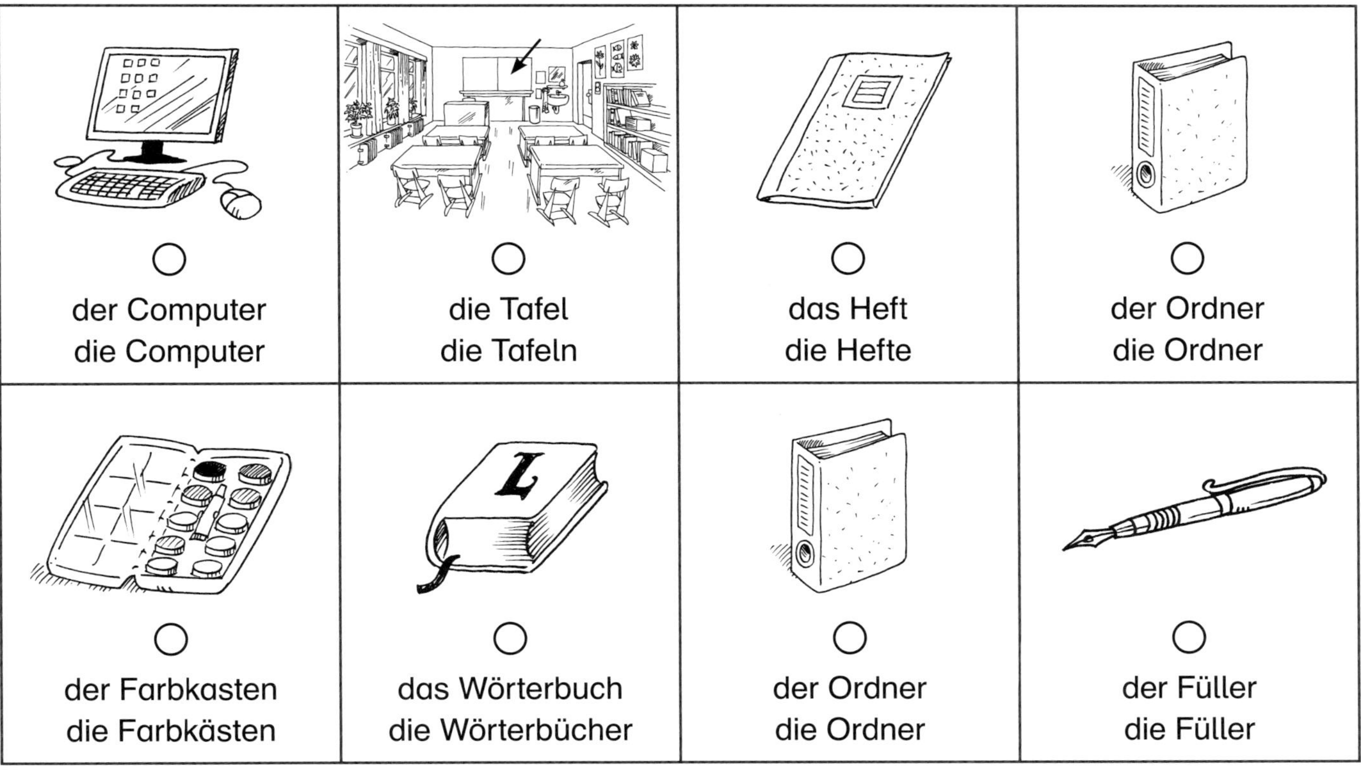

LZ: Diff. 2, Satzstraße 4: Substantivdeklination mit dem best. Artikel mit Adjektiv Plural – Nominativ – Maskulinum/Femininum/Neutrum

1. Bildet Sätze mit der Satzstraße.

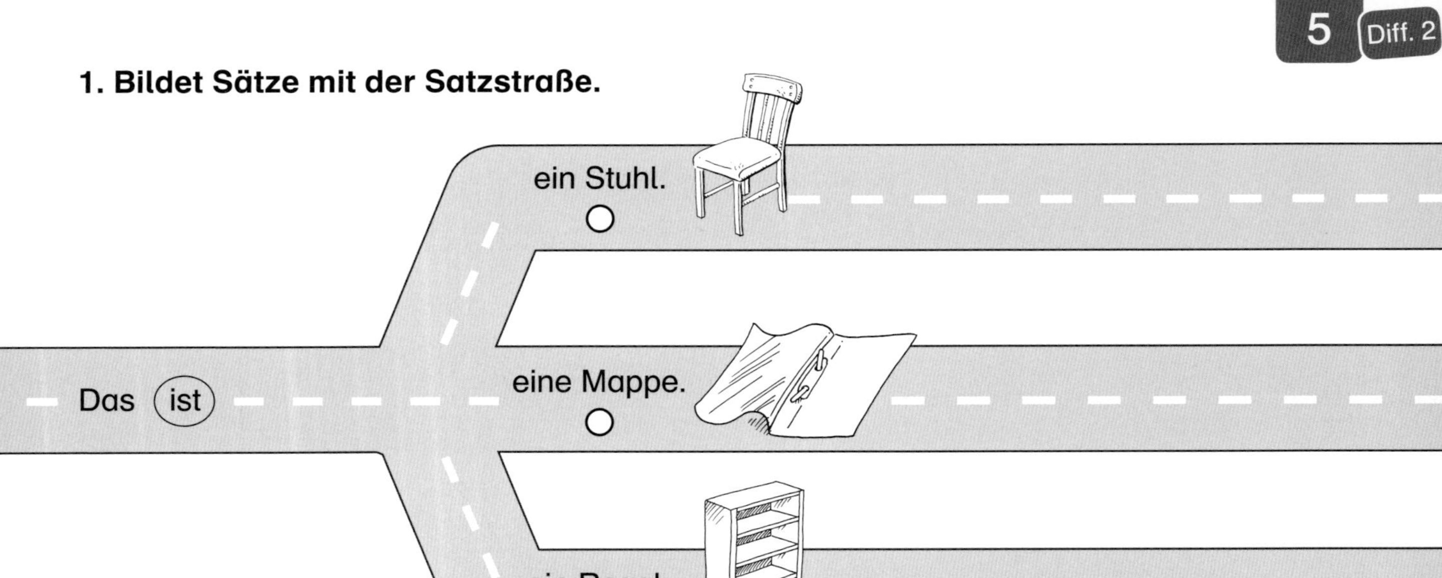

2. Sprecht den Mini-Dialog.

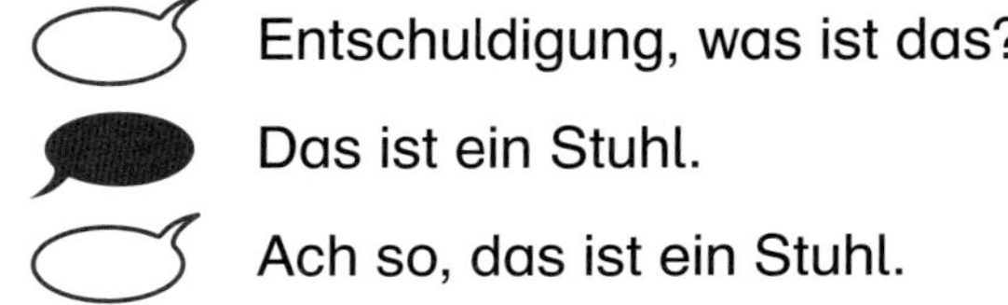

Entschuldigung, was ist das?

Das ist ein Stuhl.

Ach so, das ist ein Stuhl.

3. Bildet weitere Dialoge.

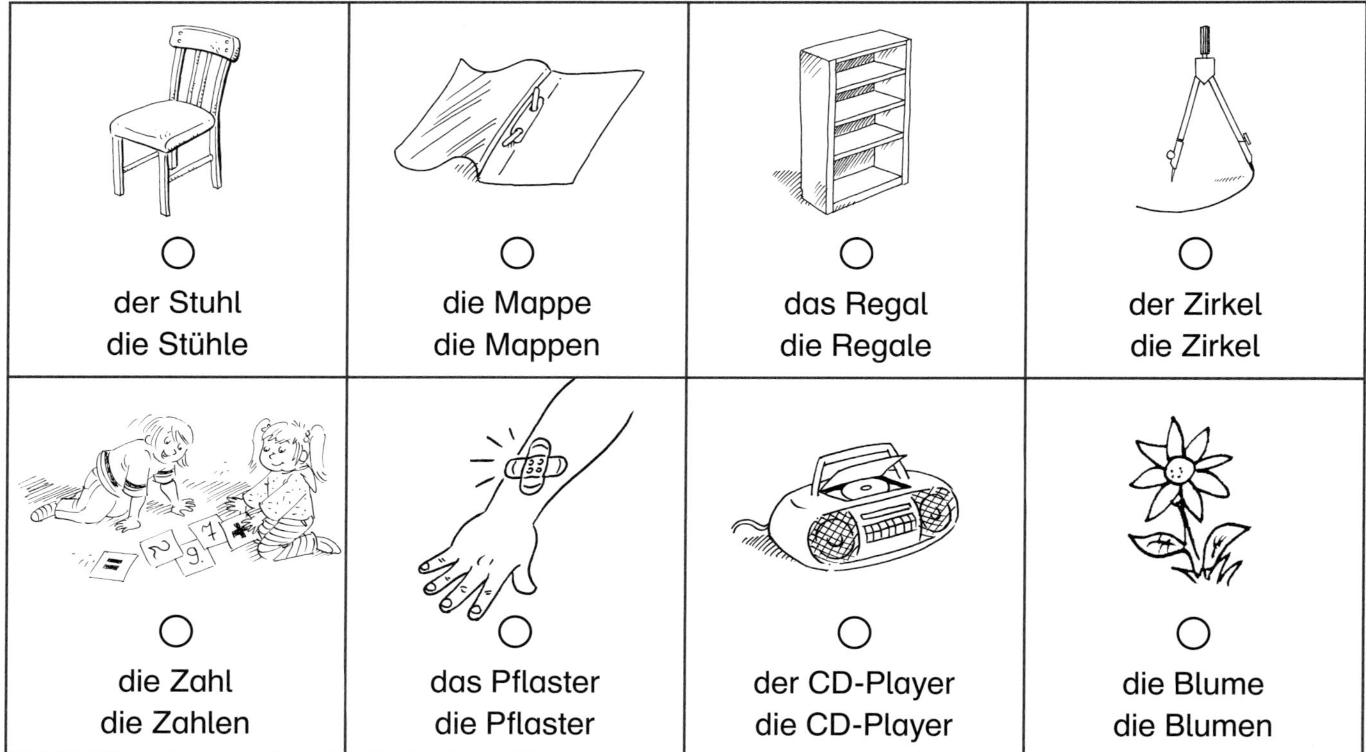

der Stuhl die Stühle	die Mappe die Mappen	das Regal die Regale	der Zirkel die Zirkel
die Zahl die Zahlen	das Pflaster die Pflaster	der CD-Player die CD-Player	die Blume die Blumen

LZ: Diff. 2, Satzstraße 5: Substantivdeklination mit dem unbest. Artikel Singular – Nominativ – Maskulinum/Femininum/Neutrum

1. Bildet Sätze mit der Satzstraße.

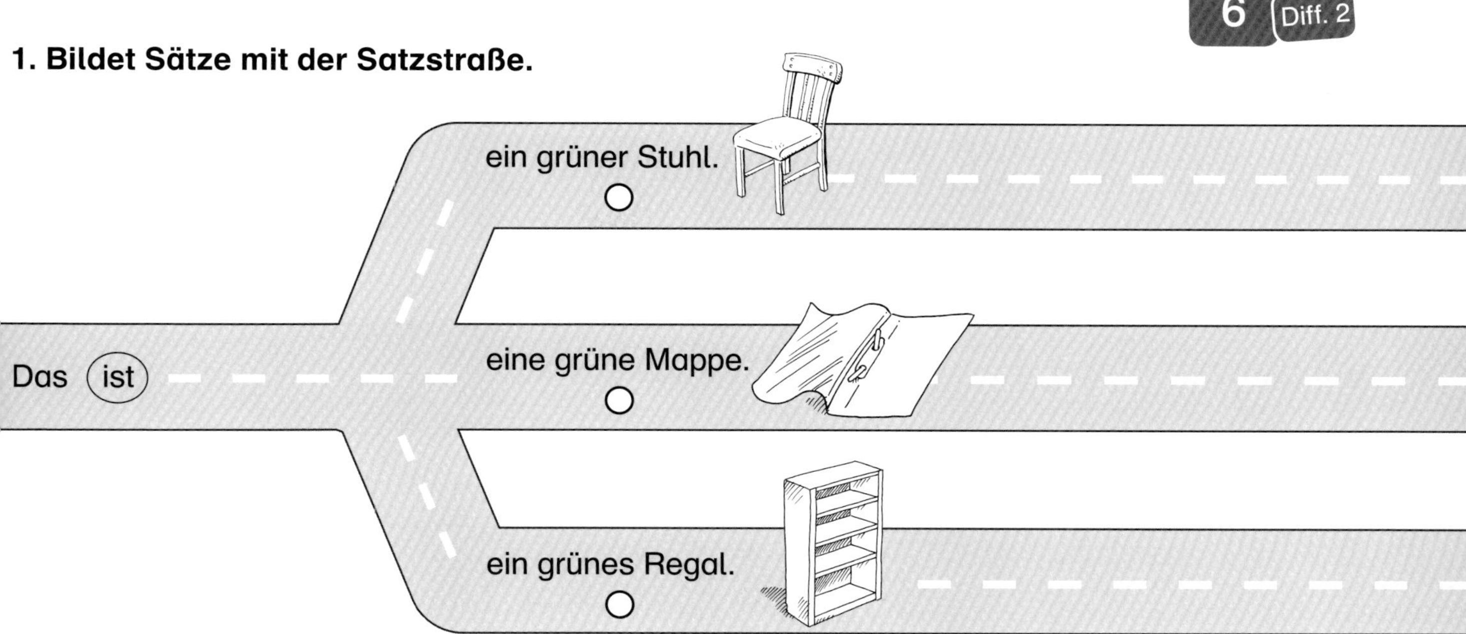

2. Sprecht den Mini-Dialog.

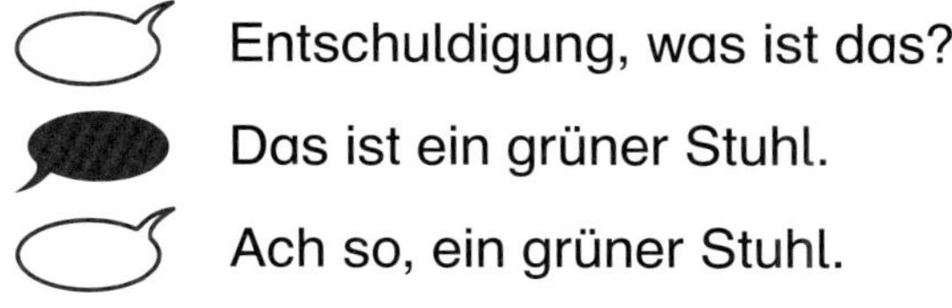

3. Bildet weitere Dialoge.

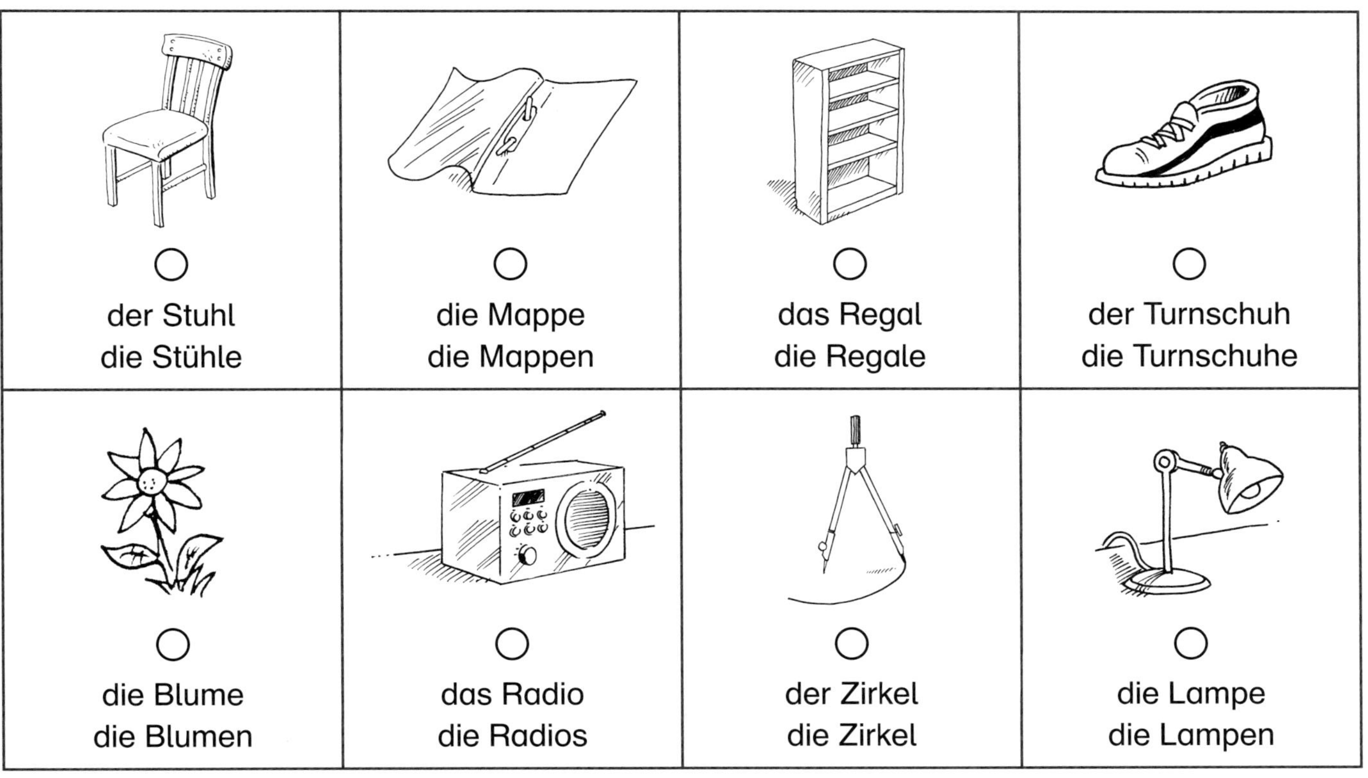

LZ: Diff. 2, Satzstraße 6: Substantivdeklination mit dem unbest. Artikel mit Adjektiv Singular – Nominativ – Maskulinum/Femininum/Neutrum

1. Bildet Sätze mit der Satzstraße.

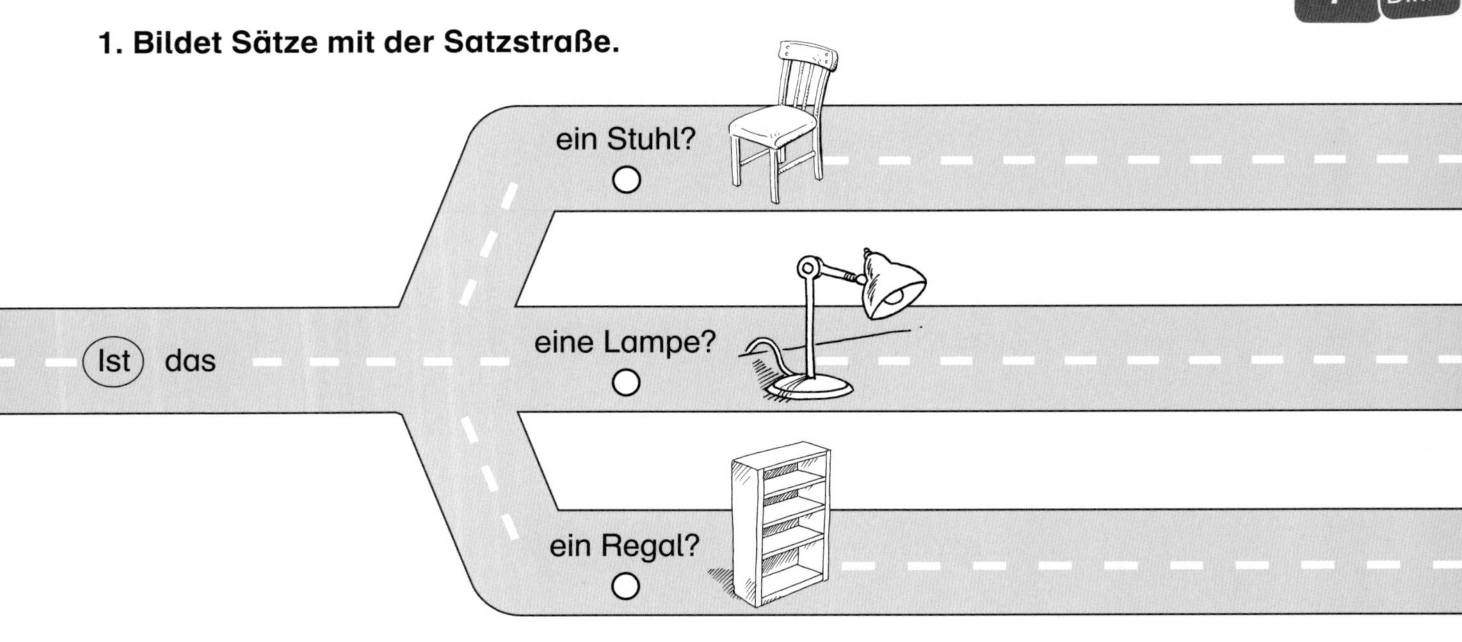

2. Sprecht den Mini-Dialog.

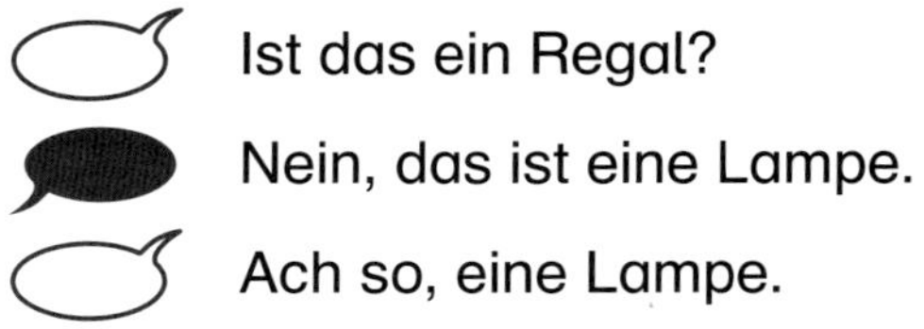

3. Bildet weitere Dialoge.

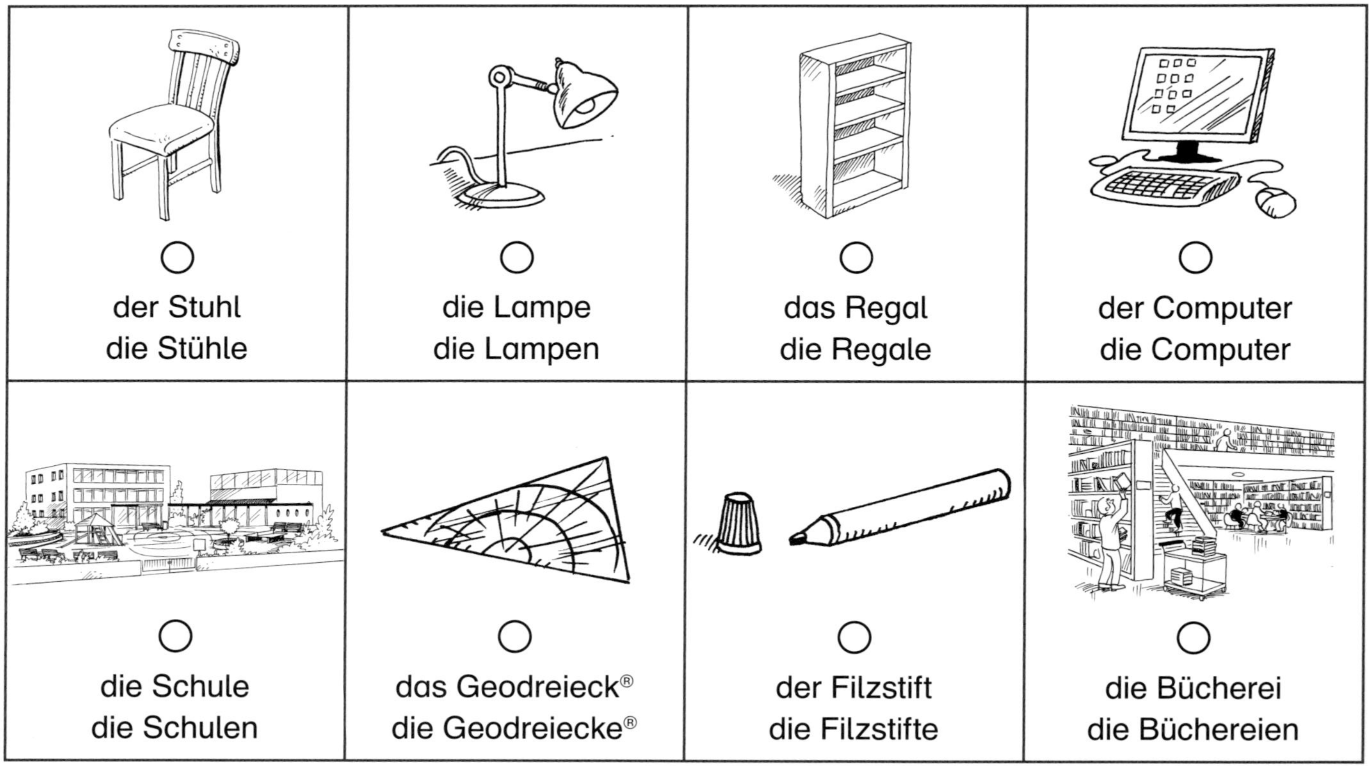

der Stuhl die Stühle	die Lampe die Lampen	das Regal die Regale	der Computer die Computer
die Schule die Schulen	das Geodreieck® die Geodreiecke®	der Filzstift die Filzstifte	die Bücherei die Büchereien

LZ: Diff. 2, Satzstraße 7: Satzfrage Singular – Nominativ – Maskulinum/Femininum/Neutrum

1. Bildet Sätze mit der Satzstraße.

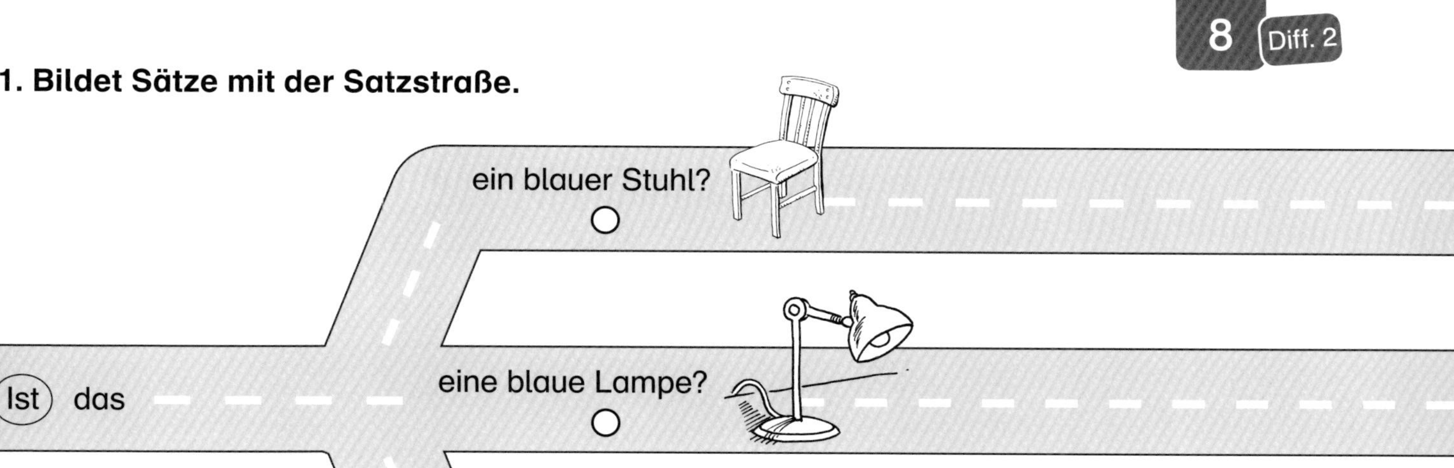

2. Sprecht den Mini-Dialog.

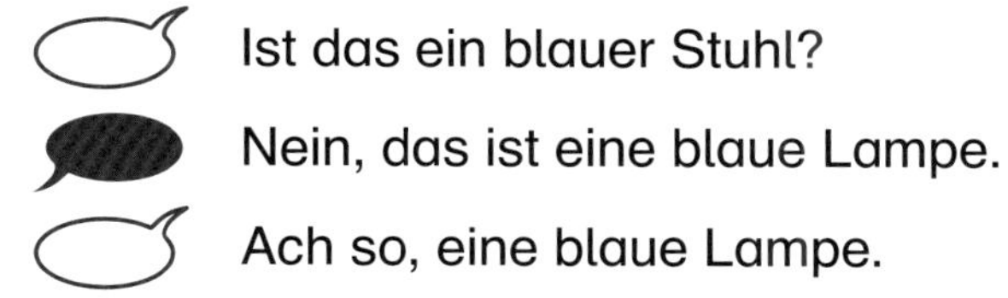

3. Bildet weitere Dialoge.

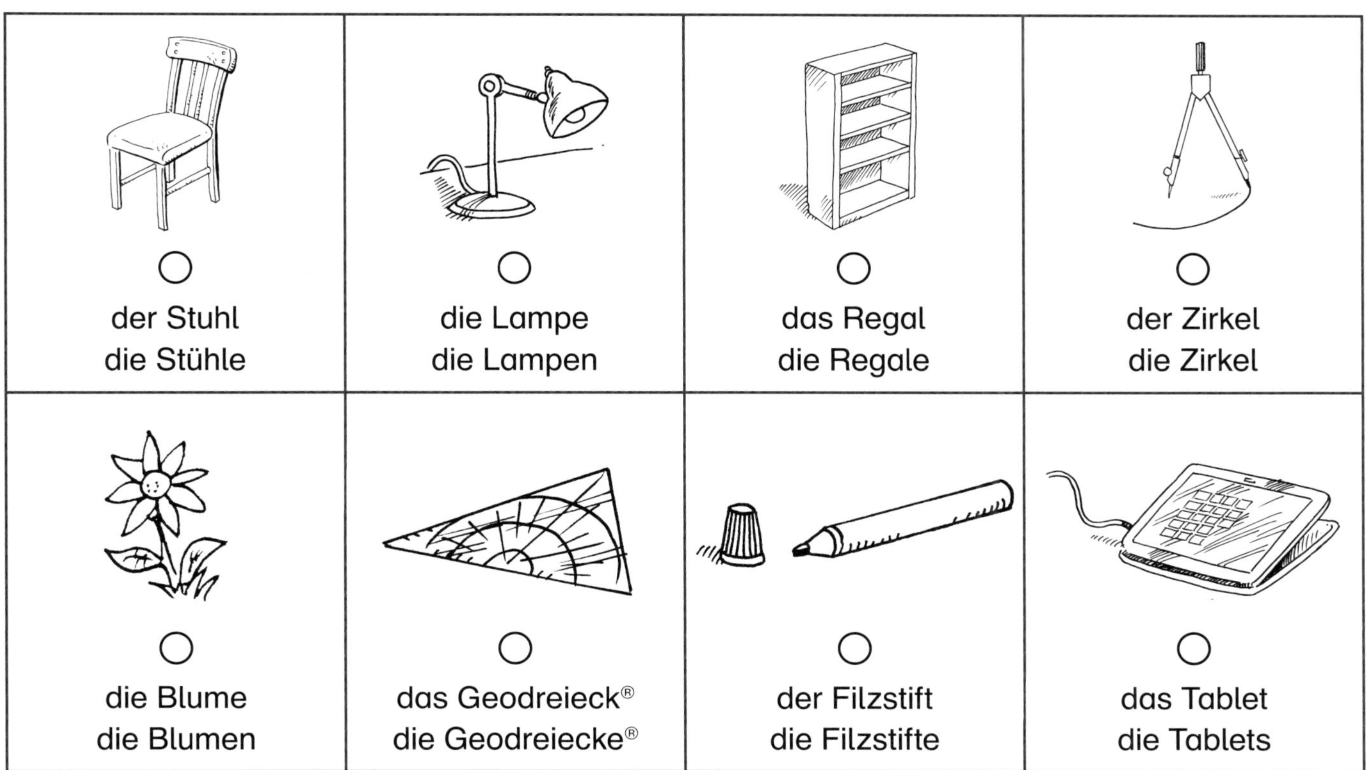

LZ: Diff. 2, Satzstraße 8: Satzfrage mit dem unbest. Artikel mit Adjektiv Singular – Nominativ – Maskulinum/Femininum/Neutrum

1. **Bildet Sätze mit der Satzstraße.**

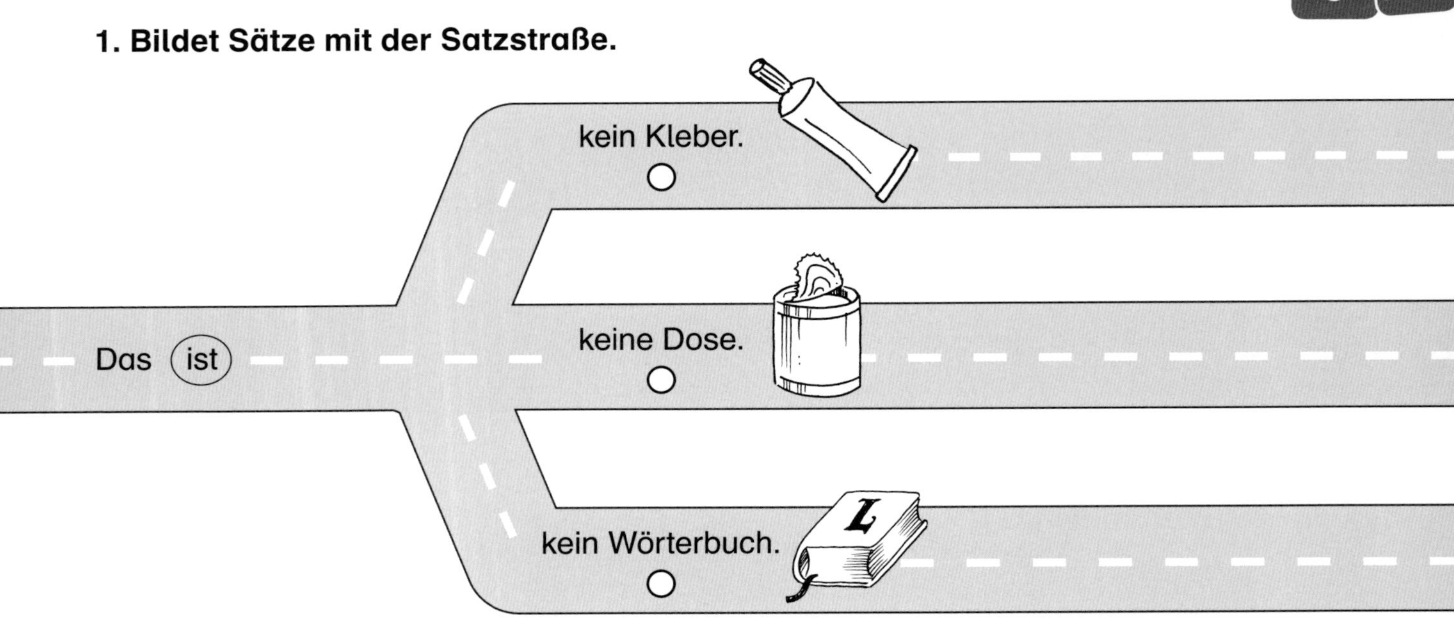

2. **Sprecht den Mini-Dialog.**

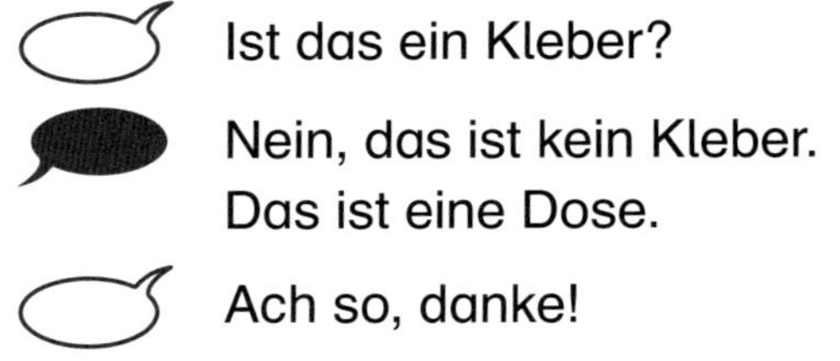

3. **Bildet weitere Dialoge.**

LZ: Diff. 2, Satzstraße 9: Verneinung Singular – Nominativ – Maskulinum/Femininum/Neutrum

1. Bildet Sätze mit der Satzstraße.

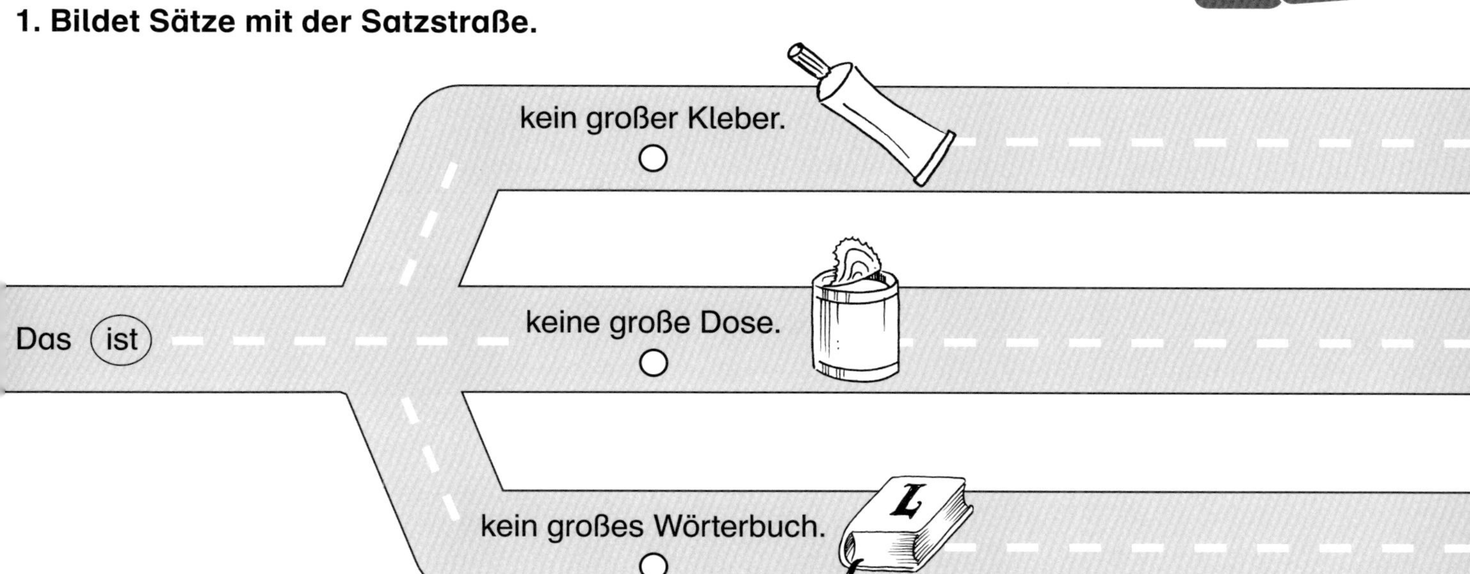

2. Sprecht den Mini-Dialog.

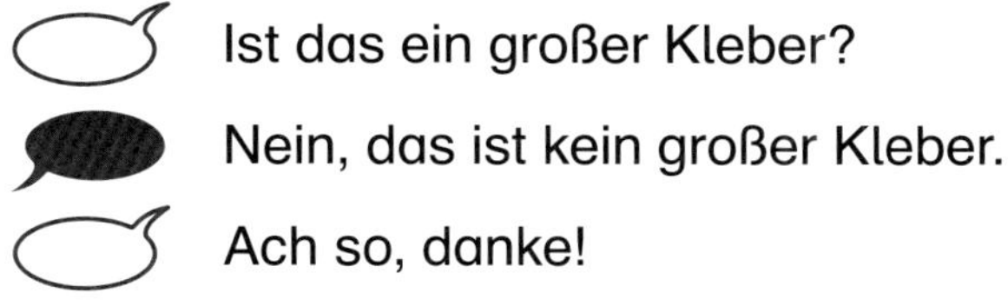

3. Bildet weitere Dialoge.

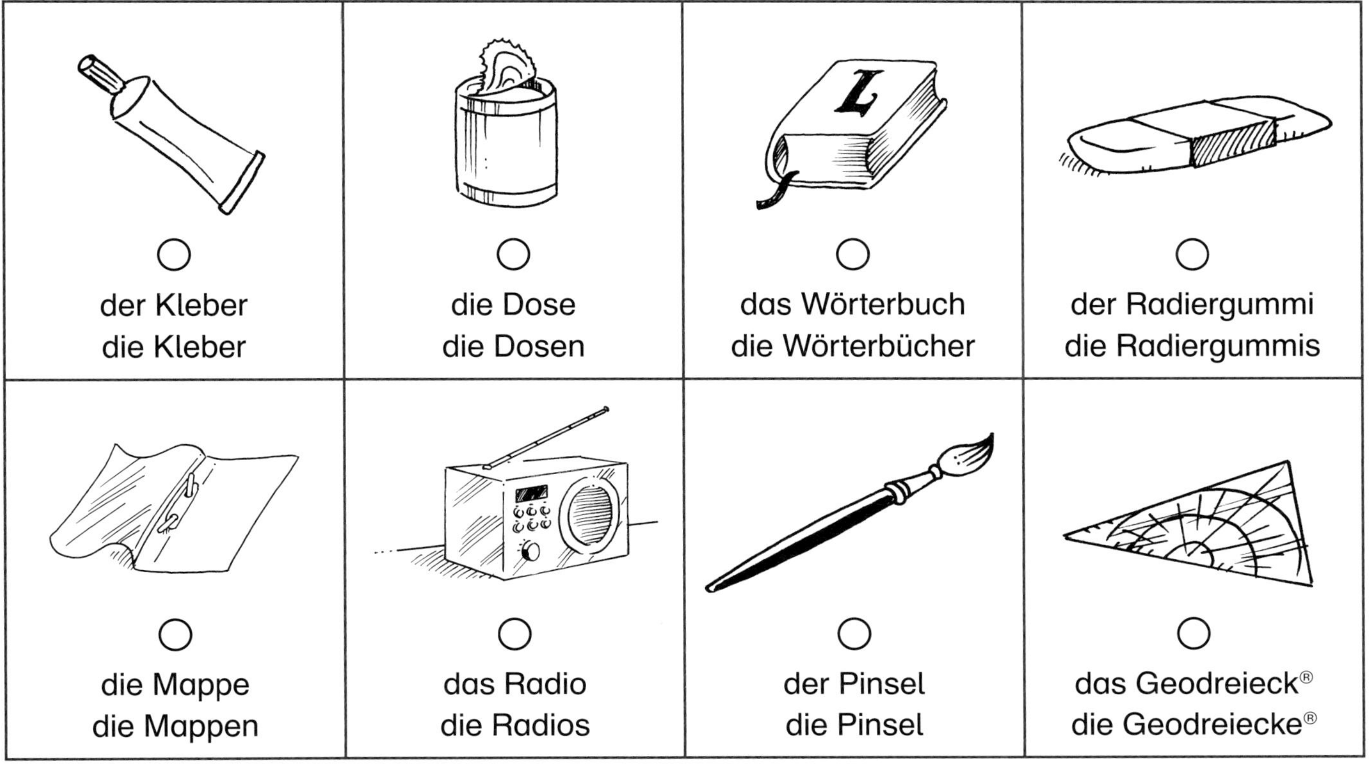

LZ: Diff. 2, Satzstraße 10: Verneinung mit Adjektiv Singular – Nominativ – Maskulinum/Femininum/Neutrum

1. Bildet Sätze mit der Satzstraße.

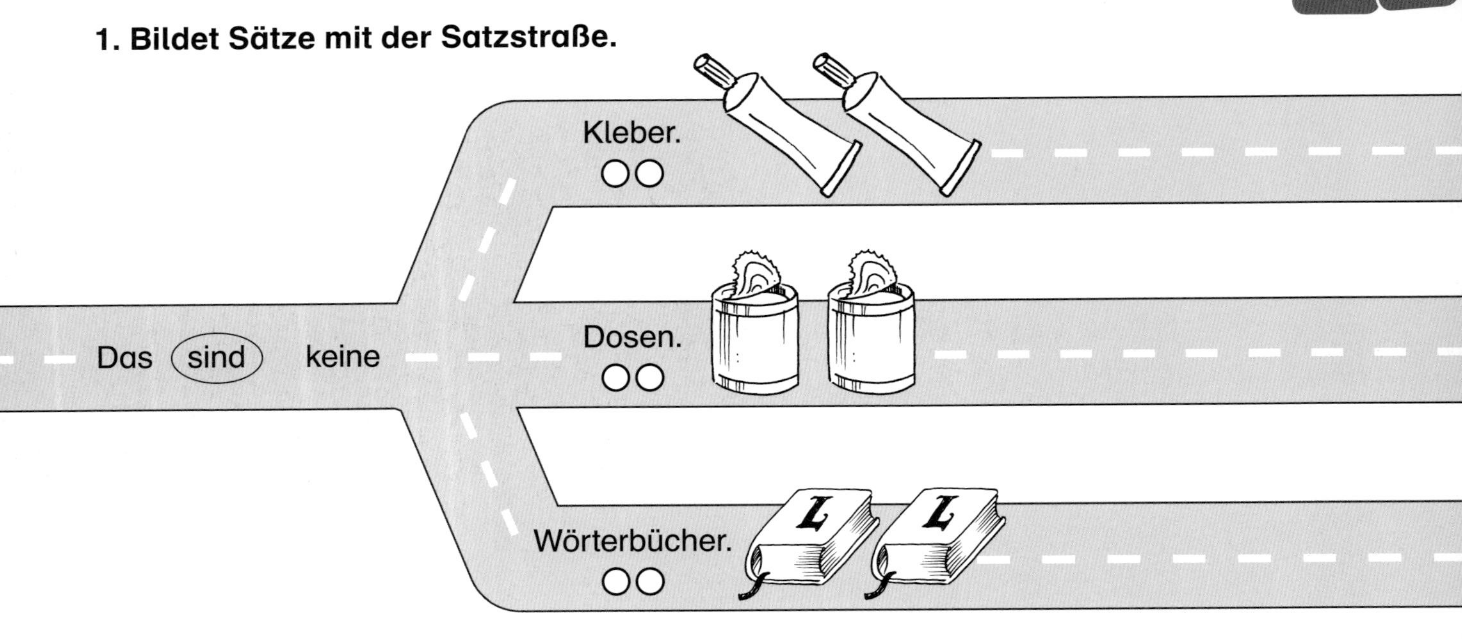

2. Sprecht den Mini-Dialog.

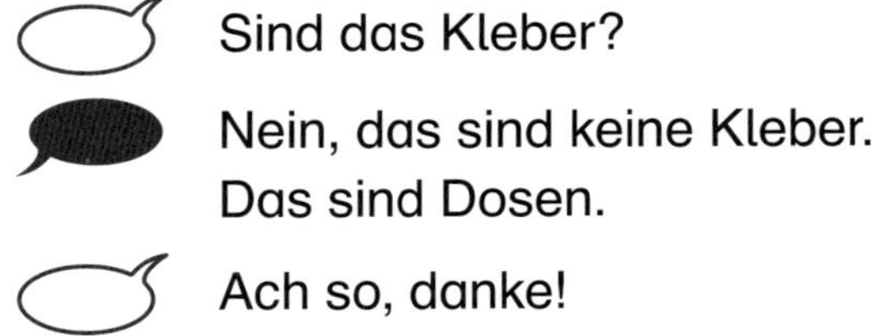

Sind das Kleber?

Nein, das sind keine Kleber.
Das sind Dosen.

Ach so, danke!

3. Bildet weitere Dialoge.

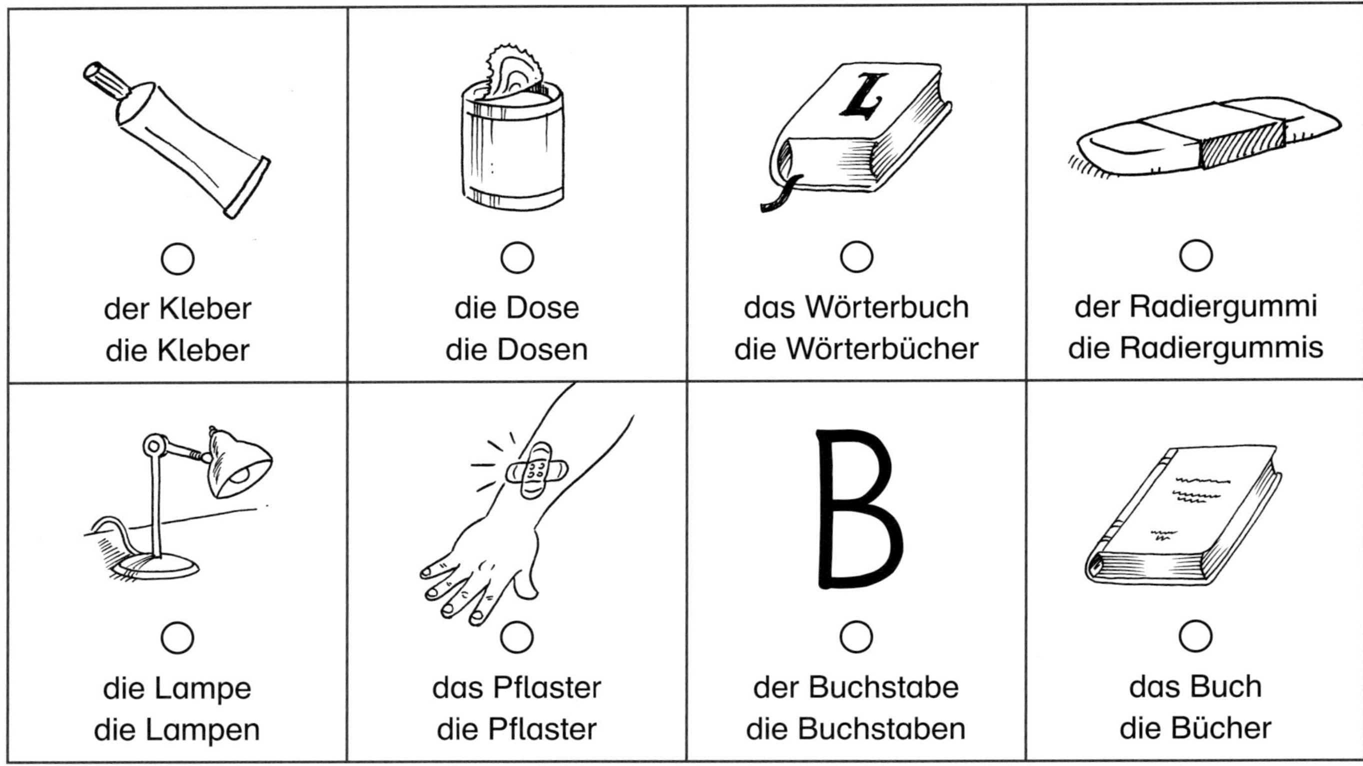

der Kleber die Kleber	die Dose die Dosen	das Wörterbuch die Wörterbücher	der Radiergummi die Radiergummis
die Lampe die Lampen	das Pflaster die Pflaster	der Buchstabe die Buchstaben	das Buch die Bücher

LZ: Diff. 2, Satzstraße 11: Verneinung Plural – Nominativ – Maskulinum/Femininum/Neutrum

1. Bildet Sätze mit der Satzstraße.

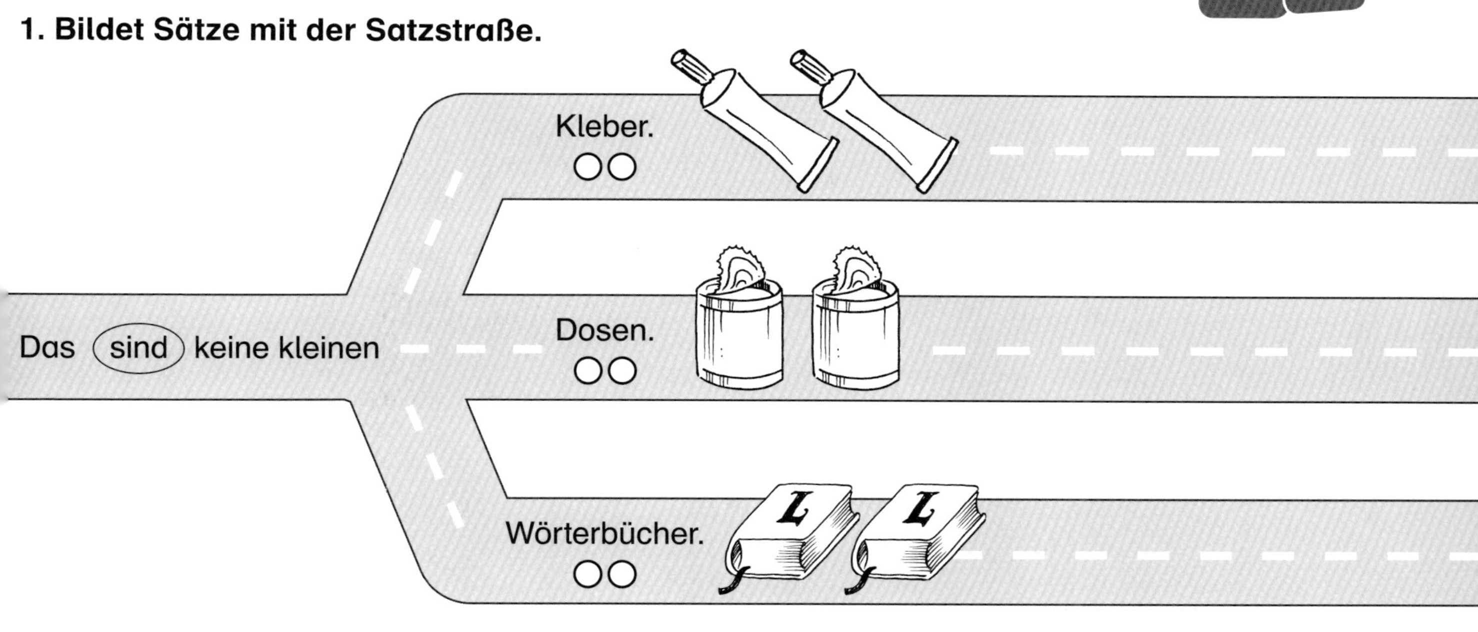

2. Sprecht den Mini-Dialog.

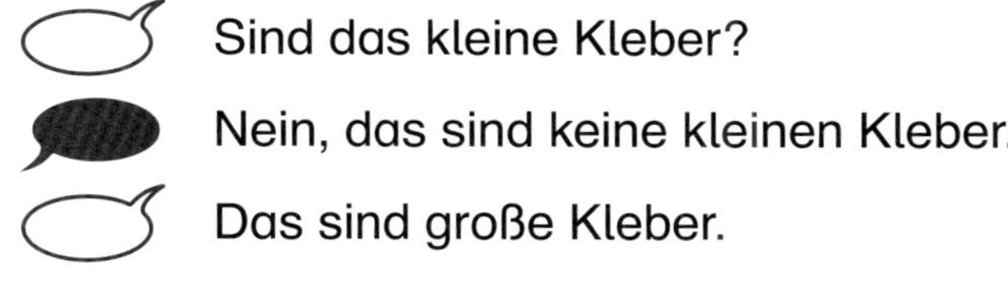

3. Bildet weitere Dialoge.

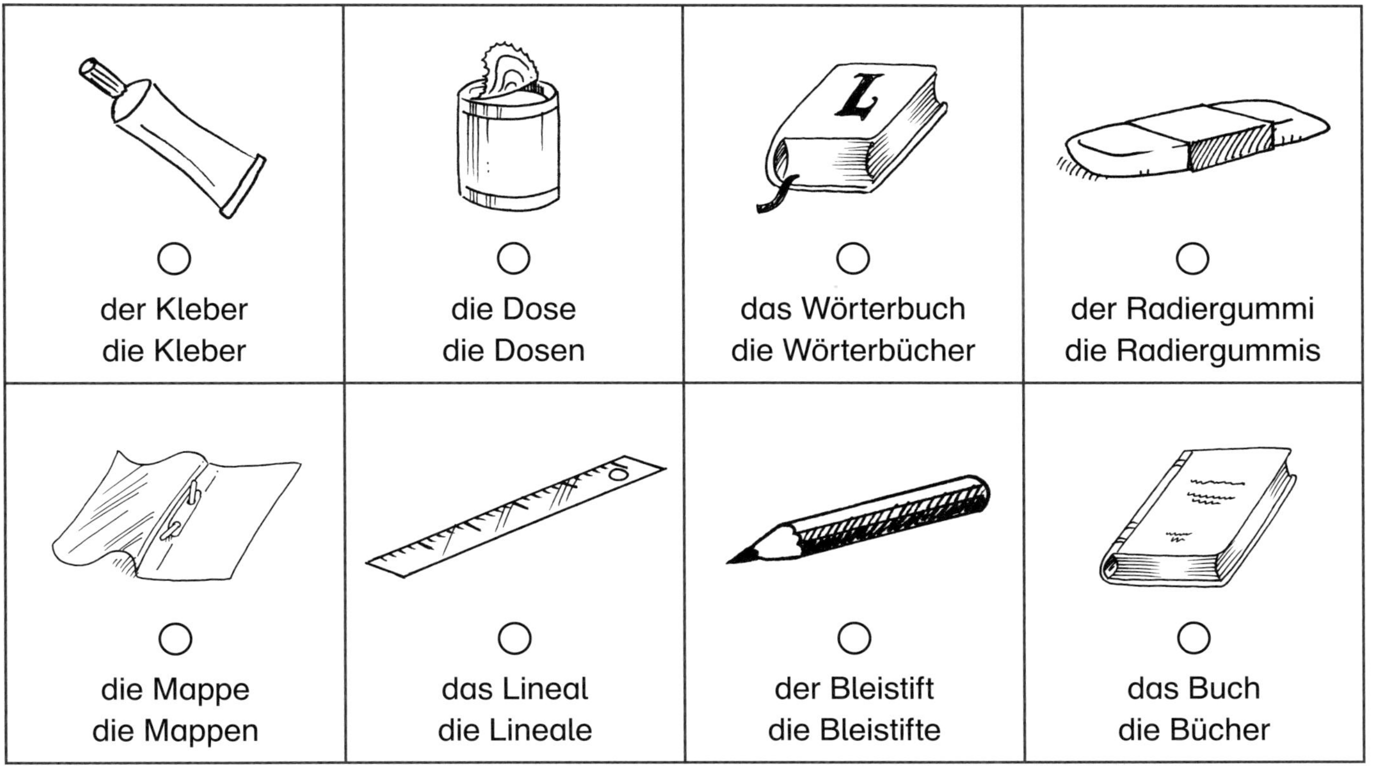

der Kleber die Kleber	die Dose die Dosen	das Wörterbuch die Wörterbücher	der Radiergummi die Radiergummis
die Mappe die Mappen	das Lineal die Lineale	der Bleistift die Bleistifte	das Buch die Bücher

LZ: Diff. 2, Satzstraße 12: Verneinung mit Adjektiv Plural – Nominativ – Maskulinum/Femininum/Neutrum

1. Bildet Sätze mit der Satzstraße.

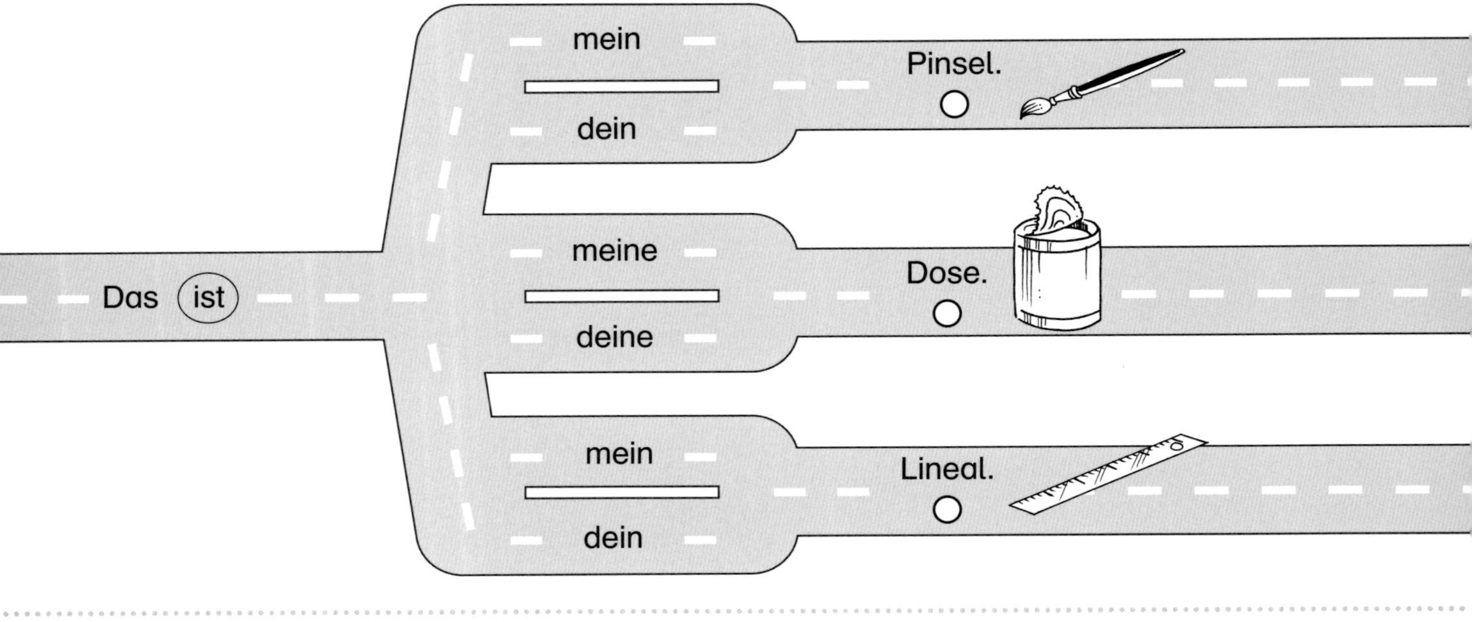

2. Sprecht den Mini-Dialog.

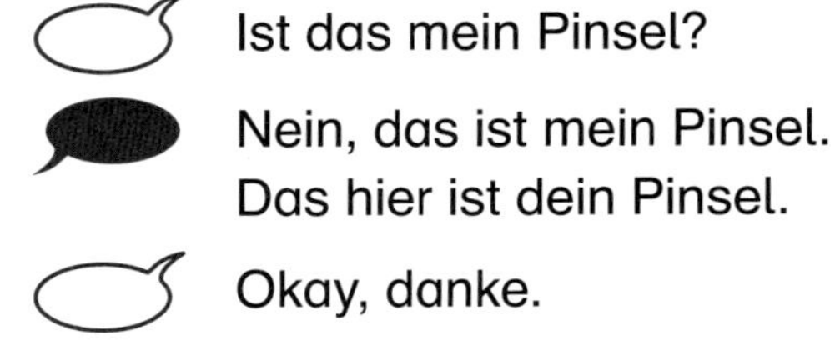

Ist das mein Pinsel?

Nein, das ist mein Pinsel.
Das hier ist dein Pinsel.

Okay, danke.

3. Bildet weitere Dialoge.

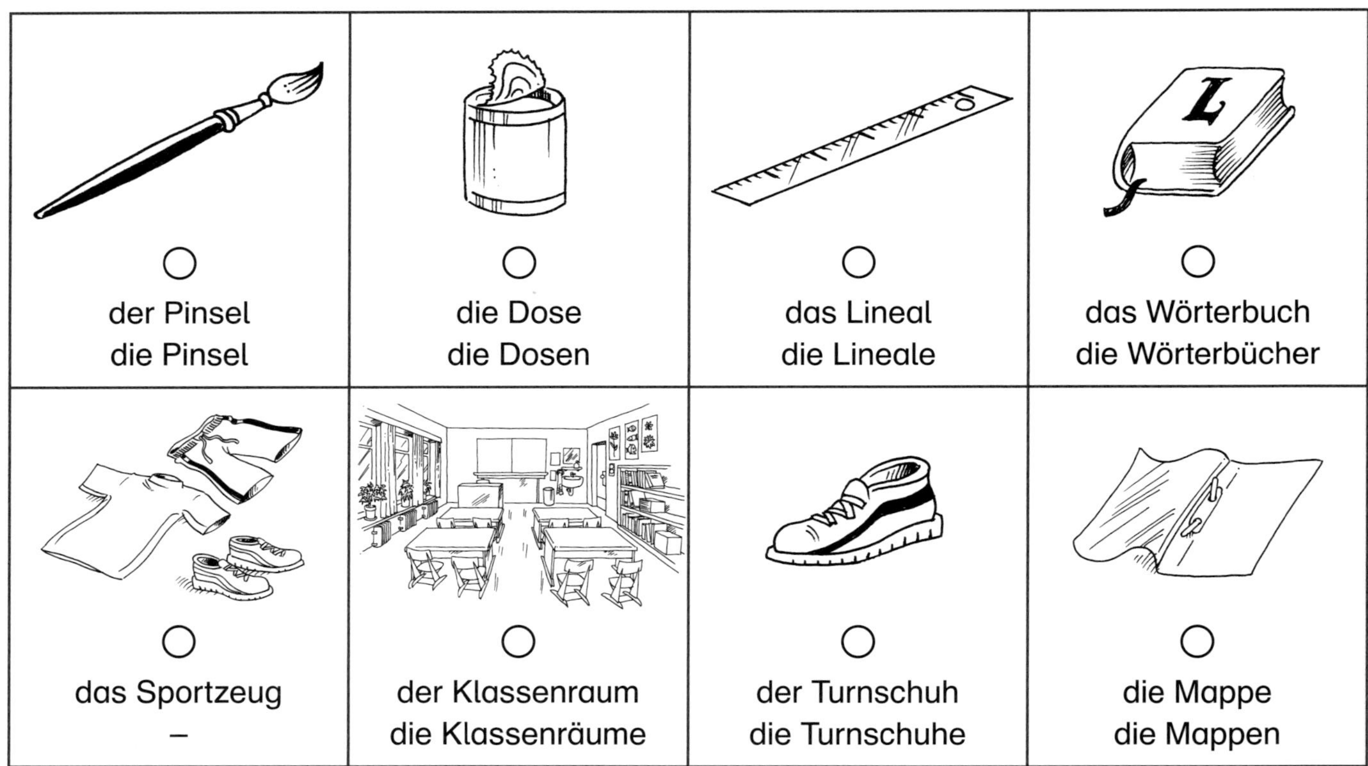

der Pinsel die Pinsel	die Dose die Dosen	das Lineal die Lineale	das Wörterbuch die Wörterbücher
das Sportzeug –	der Klassenraum die Klassenräume	der Turnschuh die Turnschuhe	die Mappe die Mappen

LZ: Diff. 2, Satzstraße 13: Substantivdeklination mit dem Possessivartikel 1. & 2. Person Singular – Nominativ – Maskulinum/Femininum/Neutrum – Singular

1. **Bildet Sätze mit der Satzstraße.**

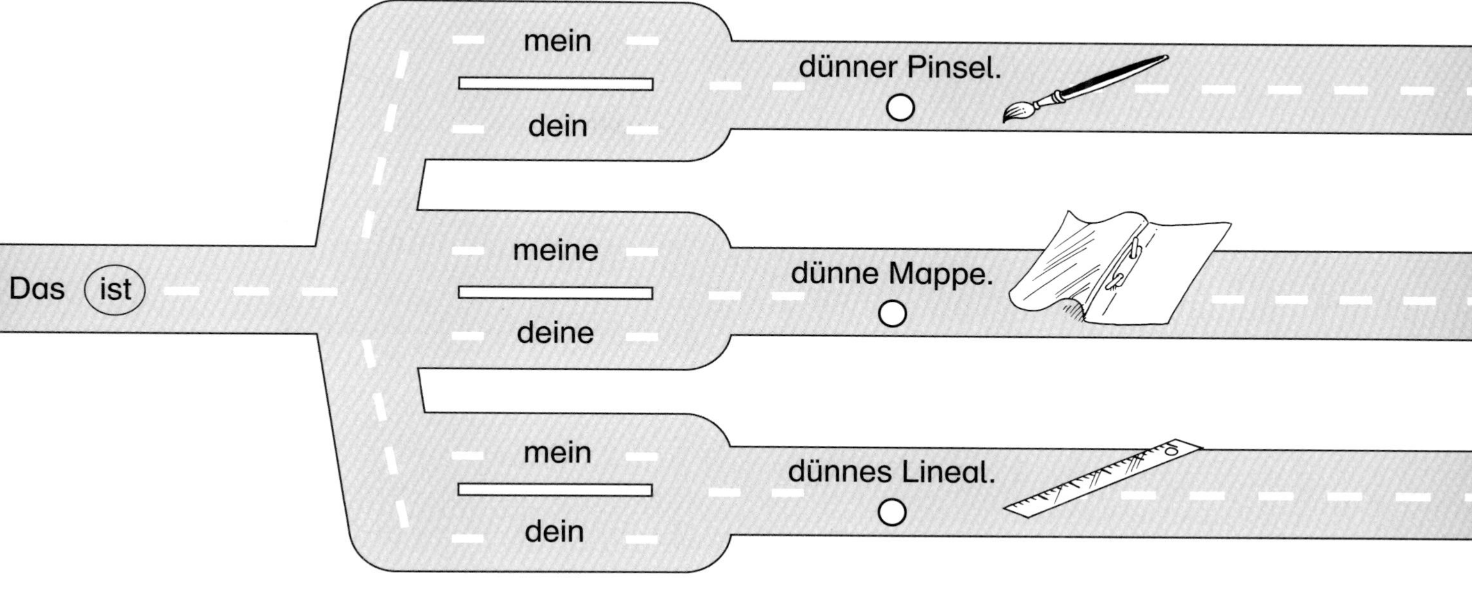

2. **Sprecht den Mini-Dialog.**

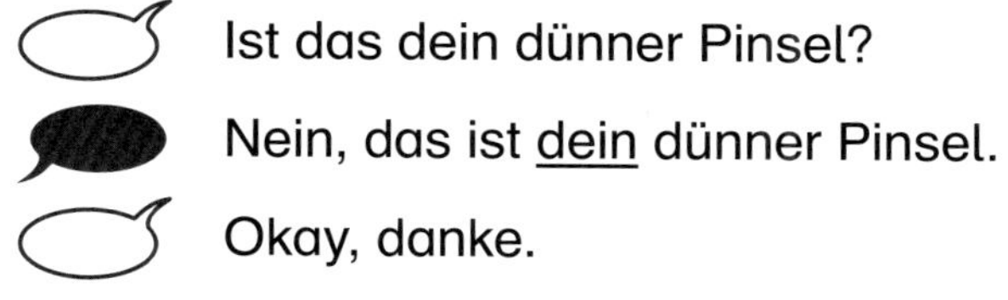

3. **Bildet weitere Dialoge.**

der Pinsel die Pinsel	die Mappe die Mappen	das Lineal die Lineale	der Turnschuh die Turnschuhe
das Buch die Bücher	die Dose die Dosen	das Tablet die Tablets	der Bleistift die Bleistifte

LZ: Diff. 2, Satzstraße 14: Substantivdeklination mit dem Possessivartikel 1. & 2. Person Singular mit Adjektiv – Nominativ – Maskulinum/Femininum/Neutrum – Singular

1. **Bildet Sätze mit der Satzstraße.**

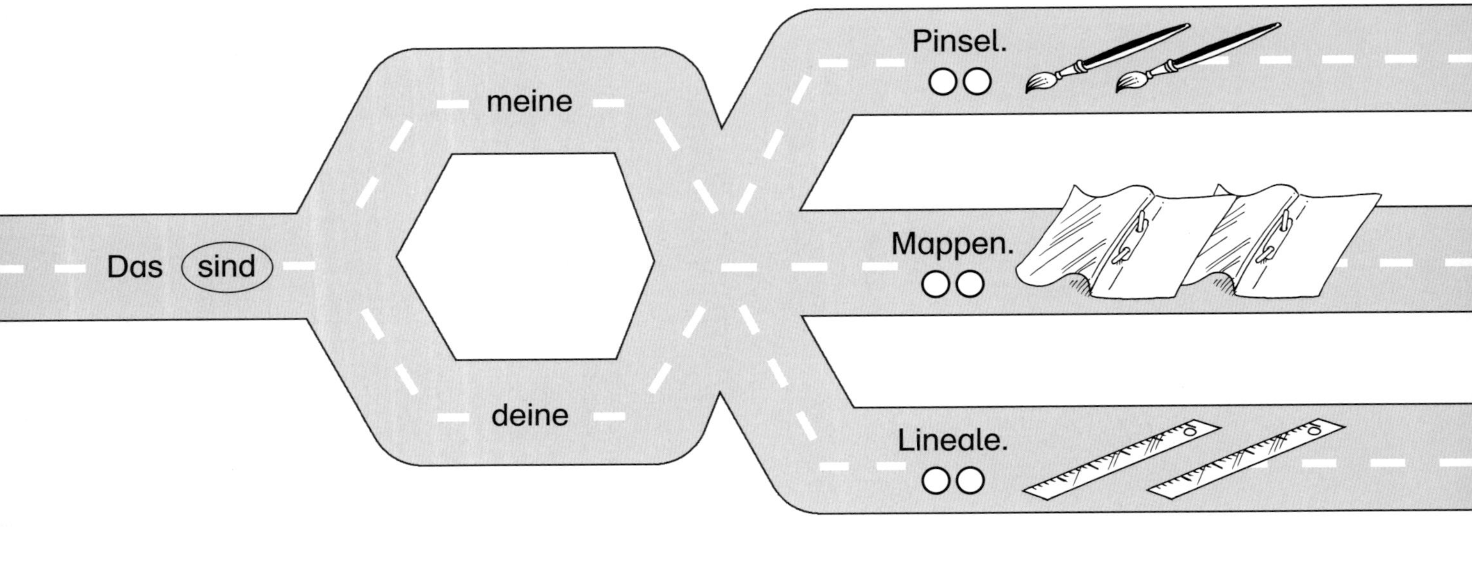

2. **Sprecht den Mini-Dialog.**

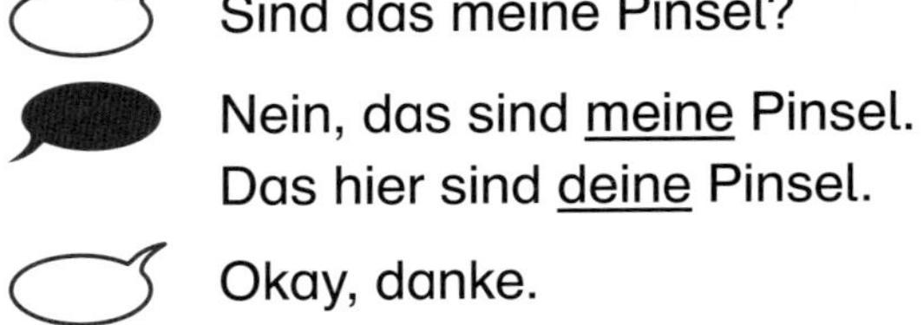

3. **Bildet weitere Dialoge.**

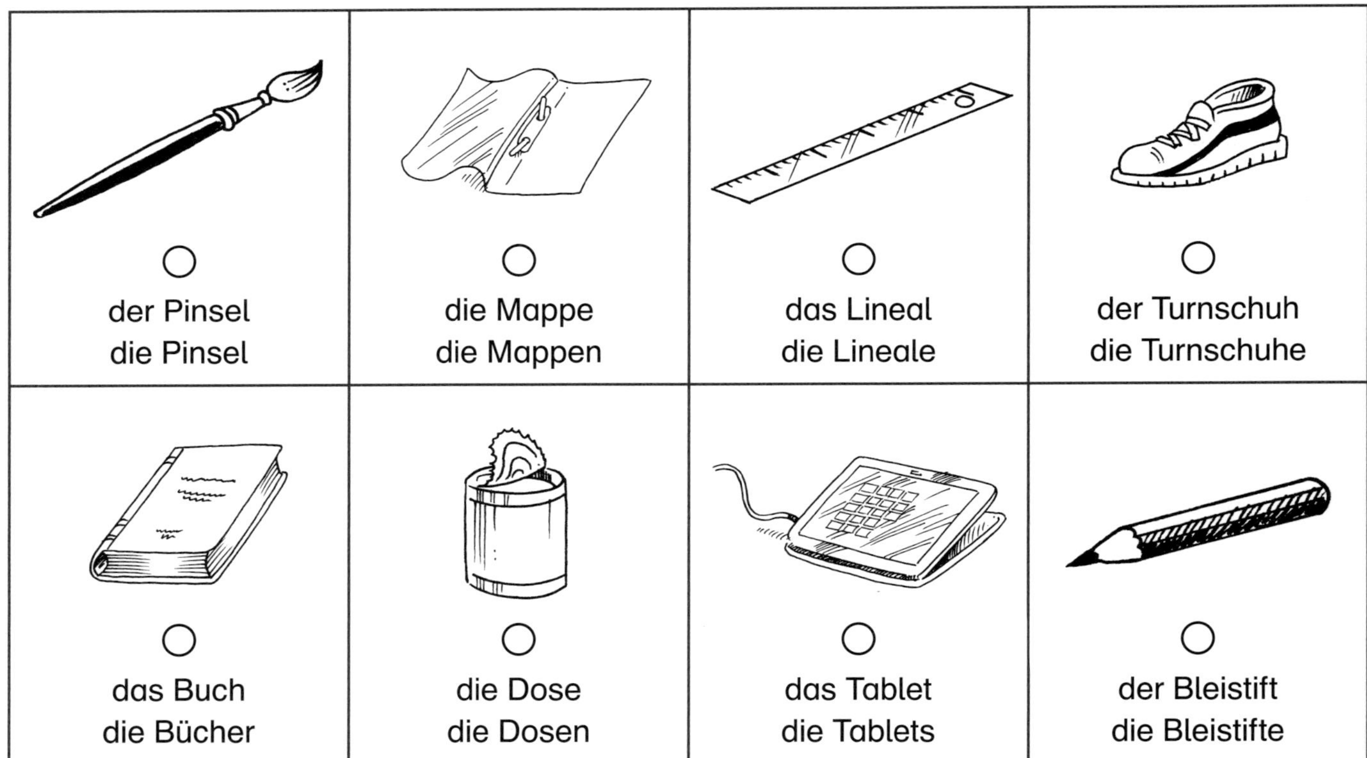

LZ: Diff. 2, Satzstraße 15: Substantivdeklination mit dem Possessivartikel 1. & 2. Person Singular – Nominativ – Maskulinum/Femininum/Neutrum – Plural

1. Bildet Sätze mit der Satzstraße.

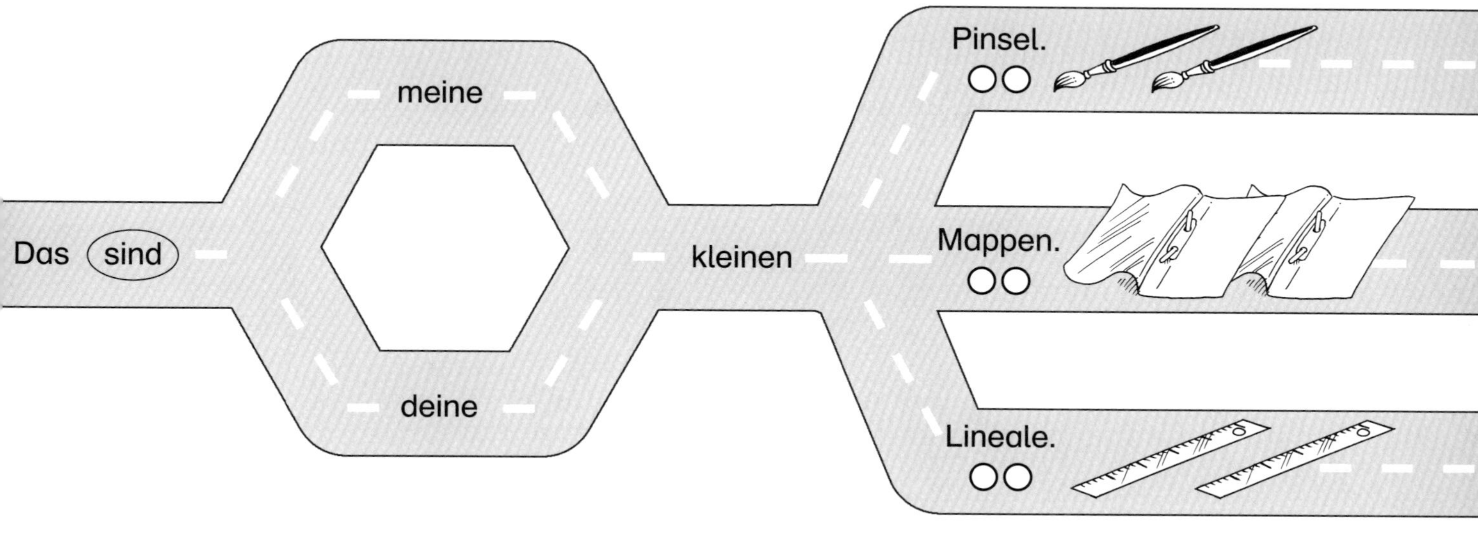

2. Sprecht den Mini-Dialog.

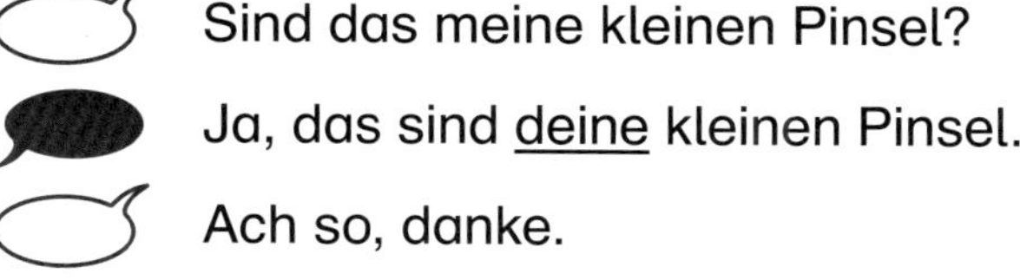

Sind das meine kleinen Pinsel?

Ja, das sind <u>deine</u> kleinen Pinsel.

Ach so, danke.

3. Bildet weitere Dialoge.

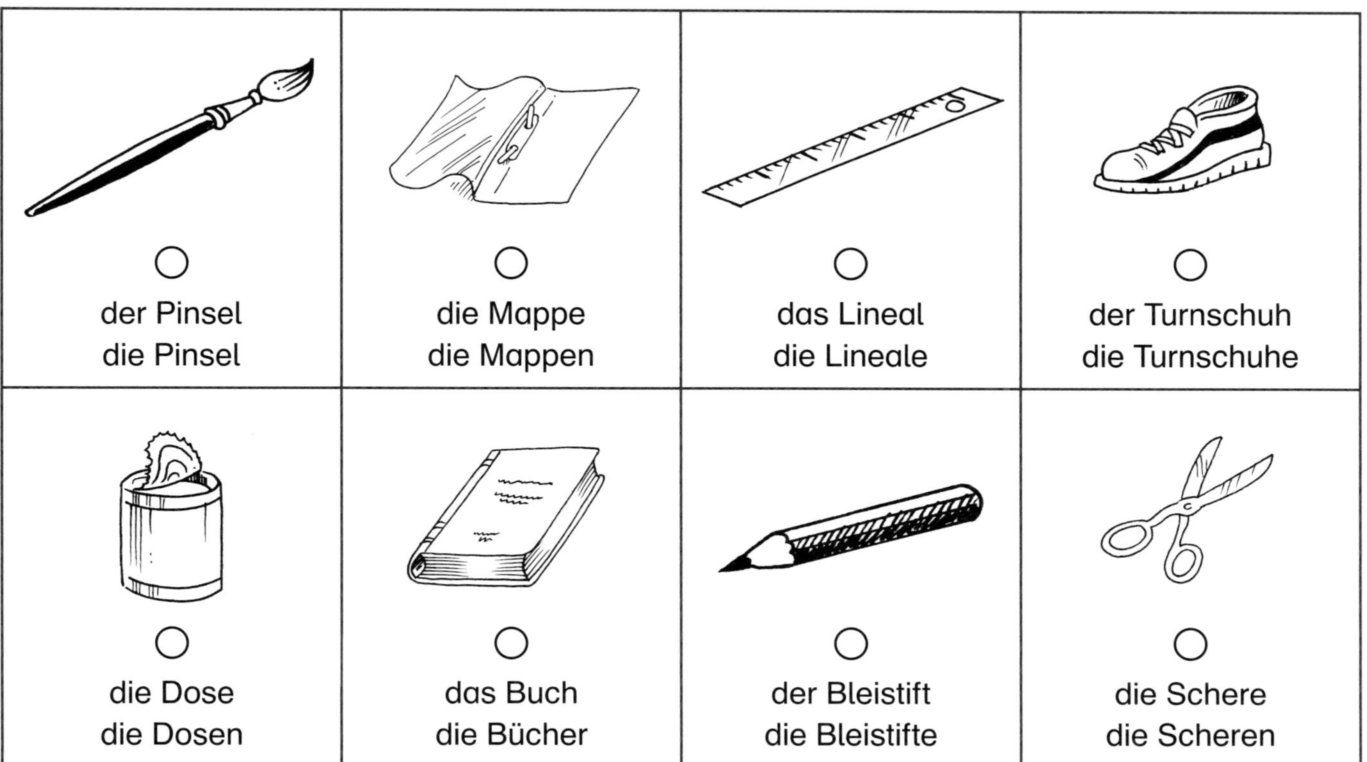

der Pinsel die Pinsel	die Mappe die Mappen	das Lineal die Lineale	der Turnschuh die Turnschuhe
die Dose die Dosen	das Buch die Bücher	der Bleistift die Bleistifte	die Schere die Scheren

LZ: Diff. 2, Satzstraße 16: Substantivdeklination mit dem Possessivartikel 1. & 2. Person Singular mit Adjektiv – Nominativ – Maskulinum/Femininum/Neutrum – Plural

1. Bildet Sätze mit der Satzstraße.

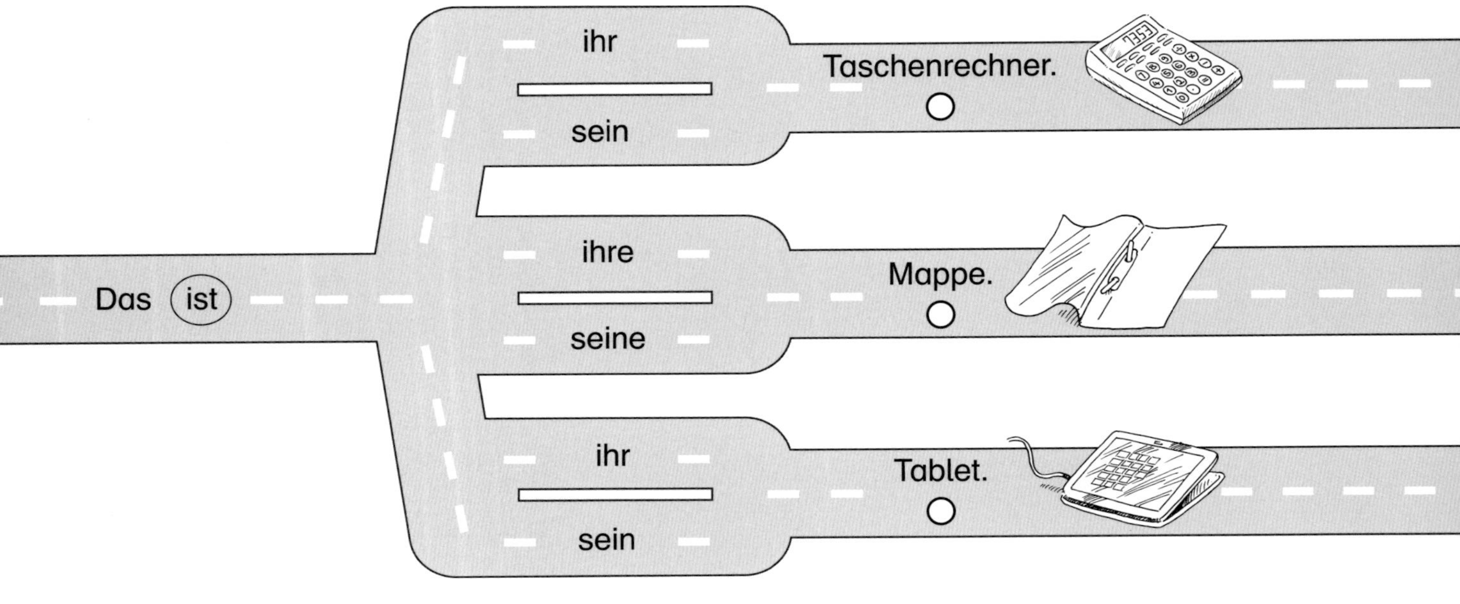

2. Sprecht den Mini-Dialog.

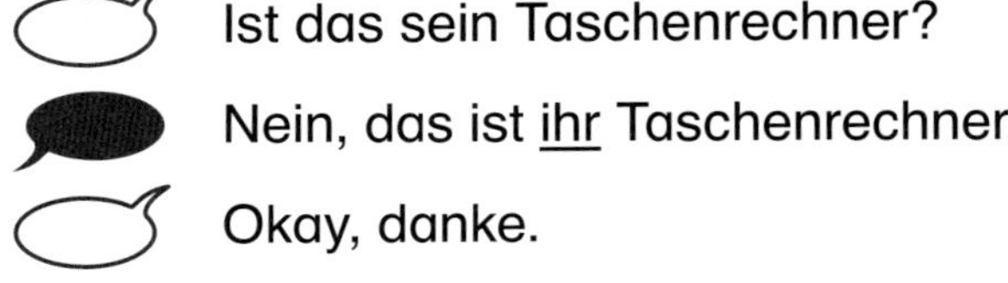

3. Bildet weitere Dialoge.

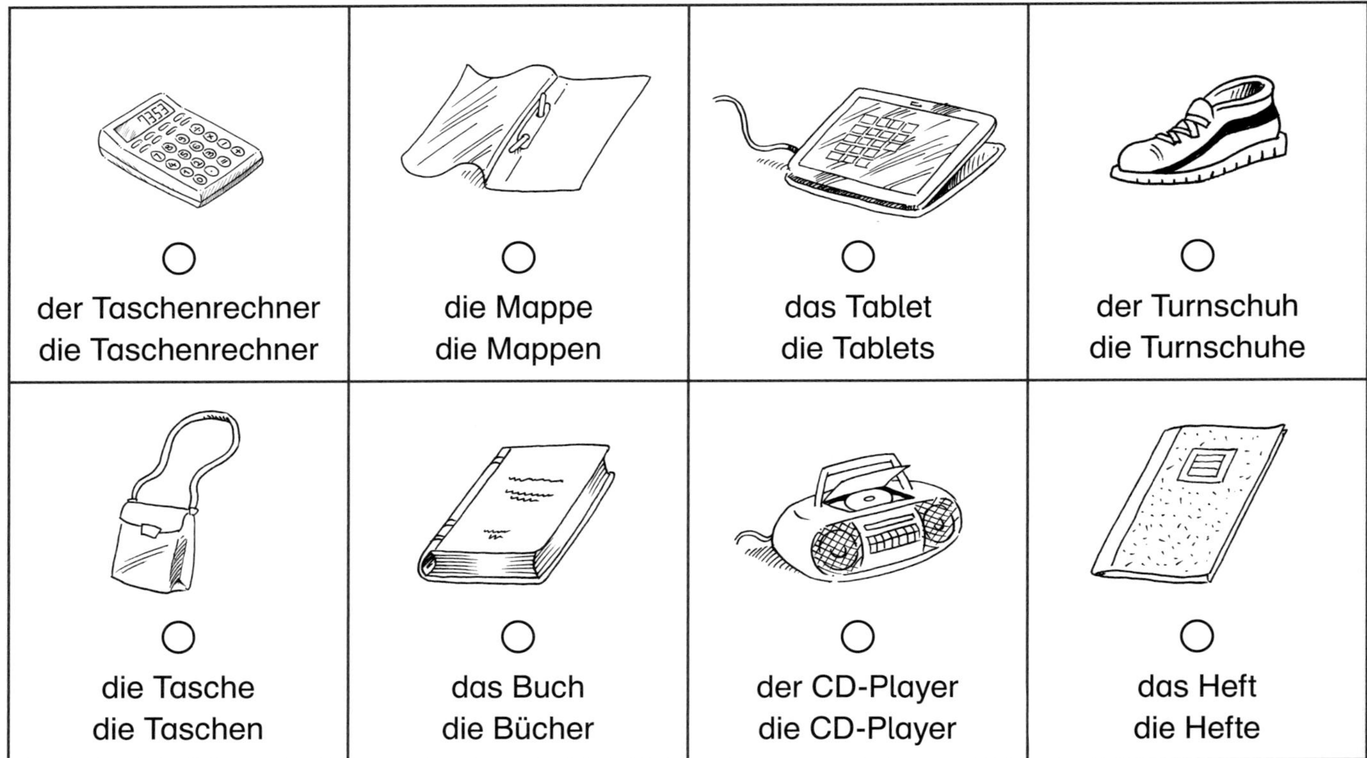

LZ: Diff. 2, Satzstraße 17: Substantivdeklination mit dem Possessivartikel 3. Person Singular – Nominativ – Maskulinum/Femininum/Neutrum – Singular

1. Bildet Sätze mit der Satzstraße.

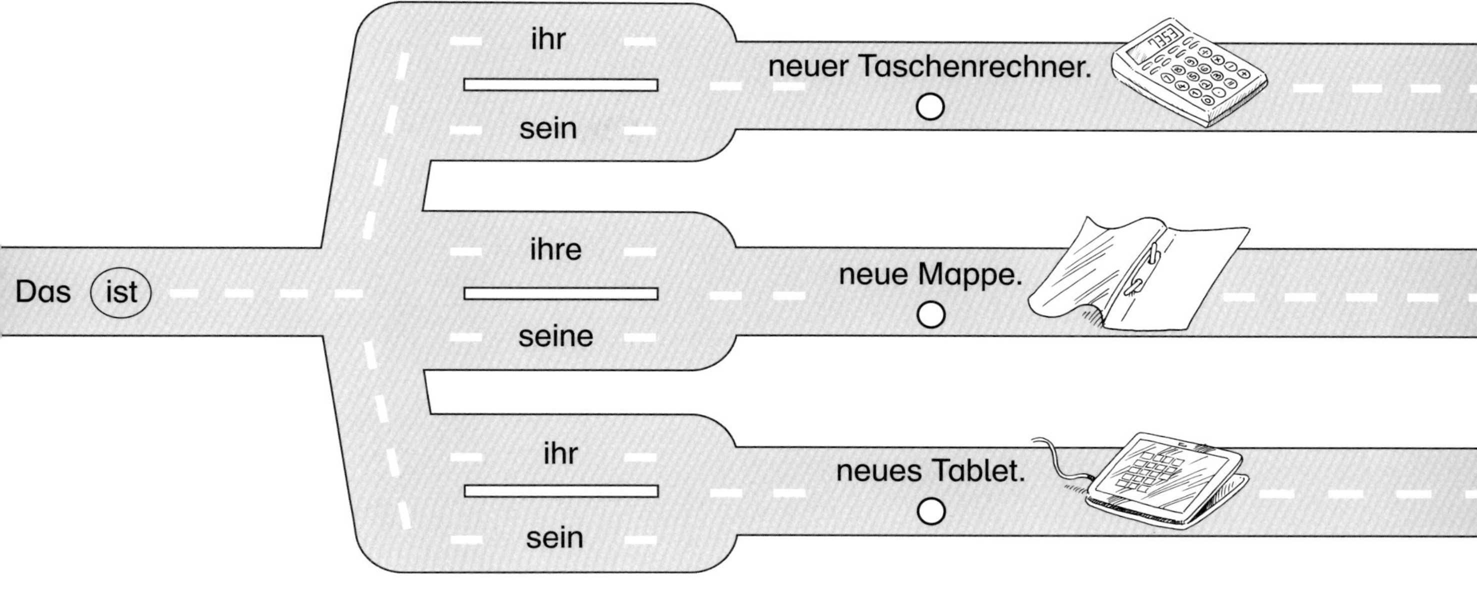

2. Sprecht den Mini-Dialog.

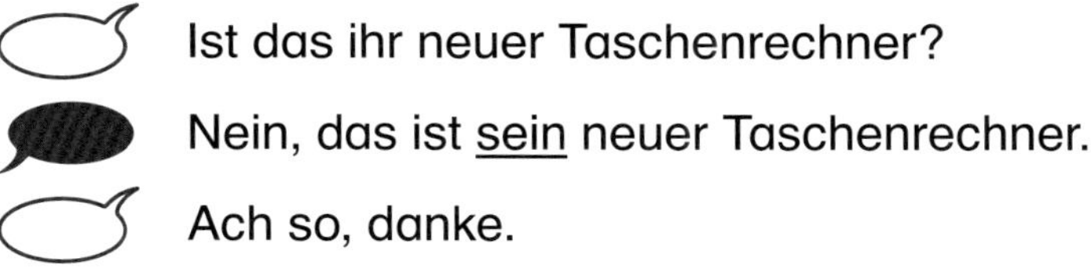

3. Bildet weitere Dialoge.

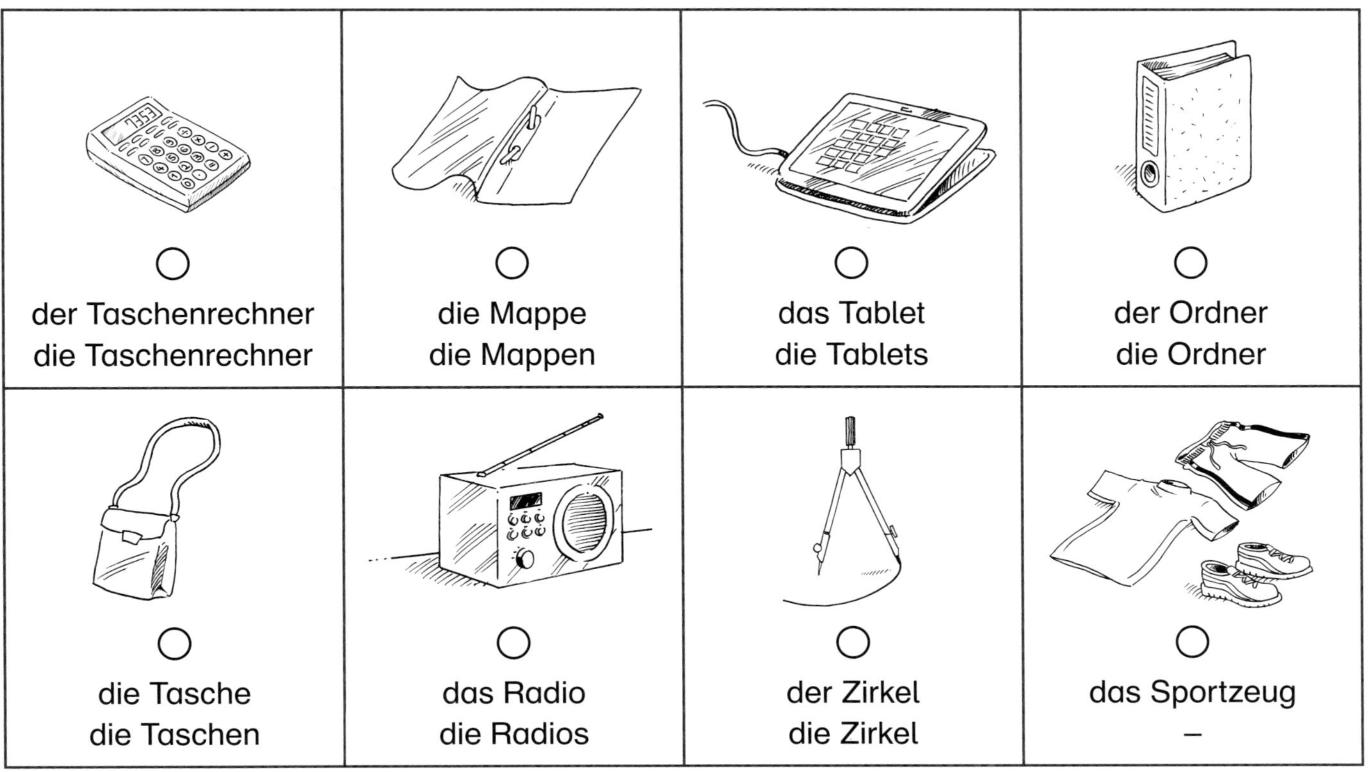

LZ: Diff. 2, Satzstraße 18: Substantivdeklination mit dem Possessivartikel 3. Person Singular mit Adjektiv – Nominativ – Maskulinum/Femininum/Neutrum – Singular

1. Bildet Sätze mit der Satzstraße.

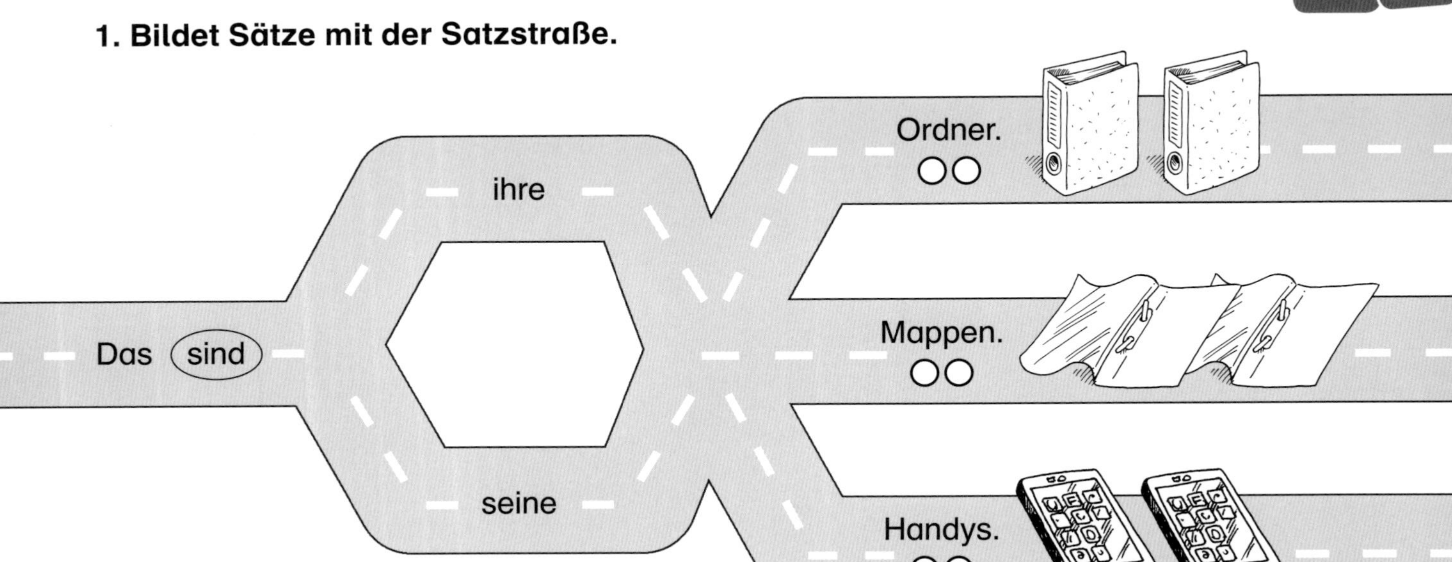

2. Sprecht den Mini-Dialog.

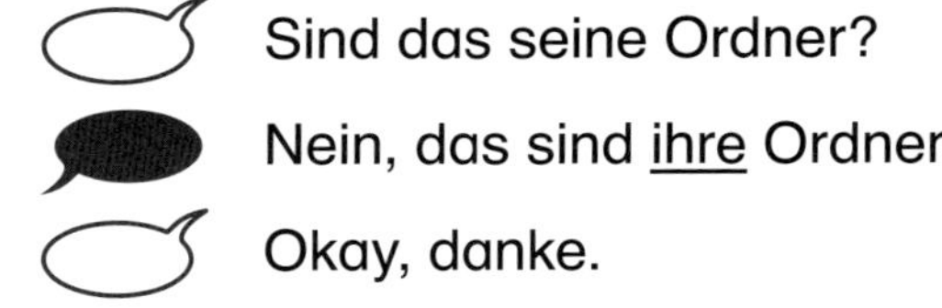

Sind das seine Ordner?

Nein, das sind ihre Ordner.

Okay, danke.

3. Bildet weitere Dialoge.

der Ordner die Ordner	die Mappe die Mappen	das Handy die Handys	der Füller die Füller
die Blume die Blumen	die Tasche die Taschen	der Rucksack die Rucksäcke	das Heft die Hefte

LZ: Diff. 2, Satzstraße 19: Substantivdeklination mit dem Possessivartikel 3. Person Singular – Nominativ – Maskulinum/Femininum/Neutrum – Plural

1. Bildet Sätze mit der Satzstraße.

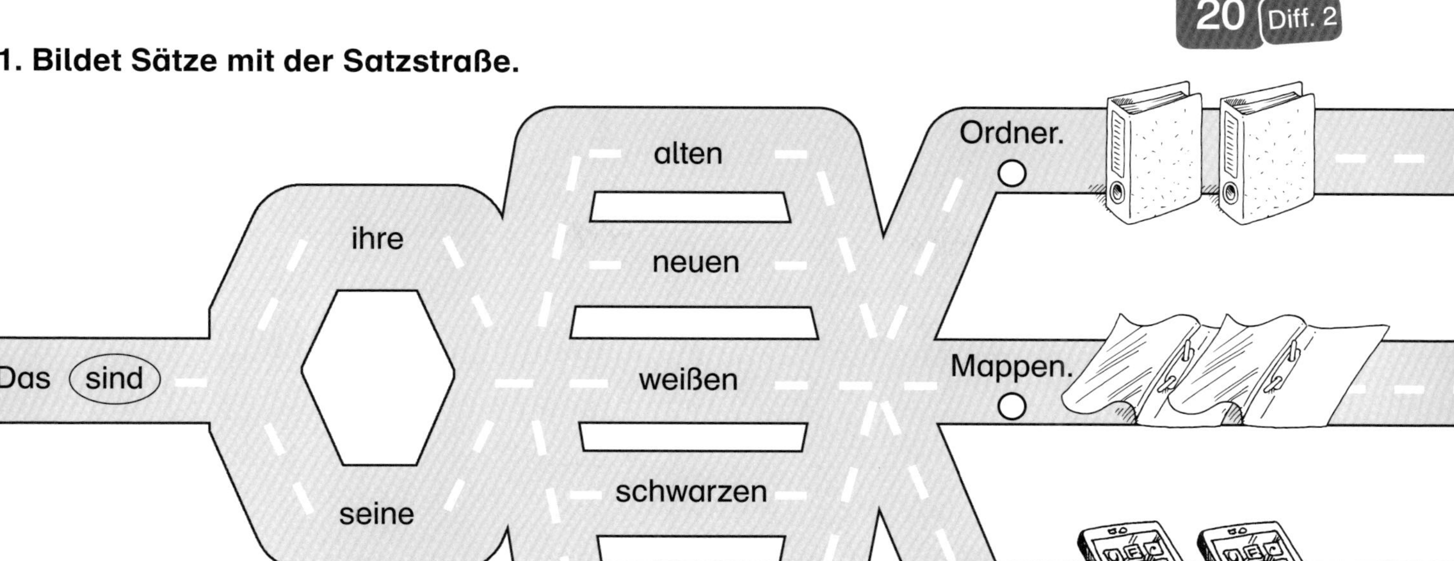

2. Sprecht den Mini-Dialog.

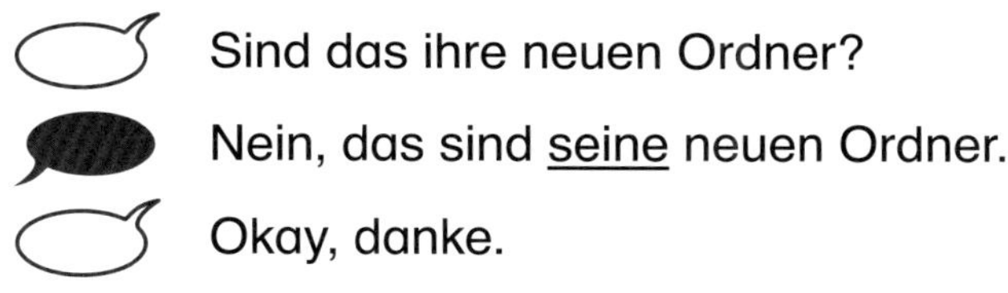

Sind das ihre neuen Ordner?

Nein, das sind <u>seine</u> neuen Ordner.

Okay, danke.

3. Bildet weitere Dialoge.

der Ordner die Ordner	die Mappe die Mappen	das Handy die Handys	der Filzstift die Filzstifte
die Kreide die Kreiden	die Dose die Dosen	die Blume die Blumen	das Buch die Bücher

LZ: Diff. 2, Satzstraße 20: Substantivdeklination mit dem Possessivartikel 3. Person Singular mit Adjektiv – Nominativ – Maskulinum/Femininum/Neutrum – Plural

1. Bildet Sätze mit der Satzstraße.

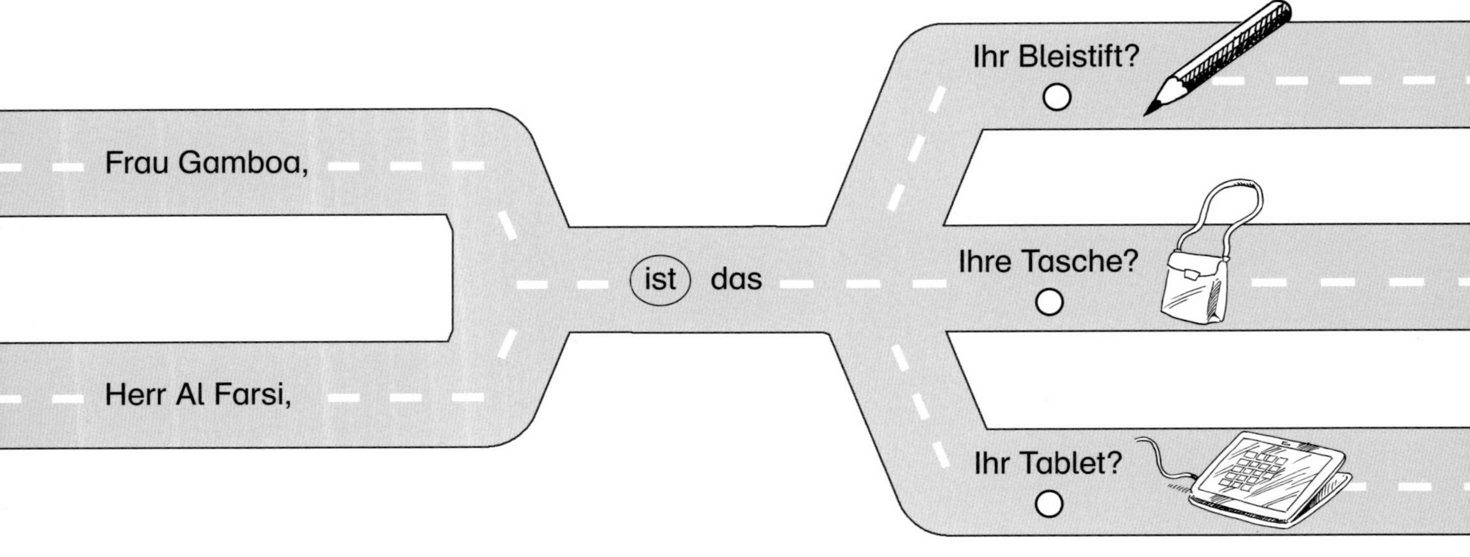

2. Sprecht den Mini-Dialog.

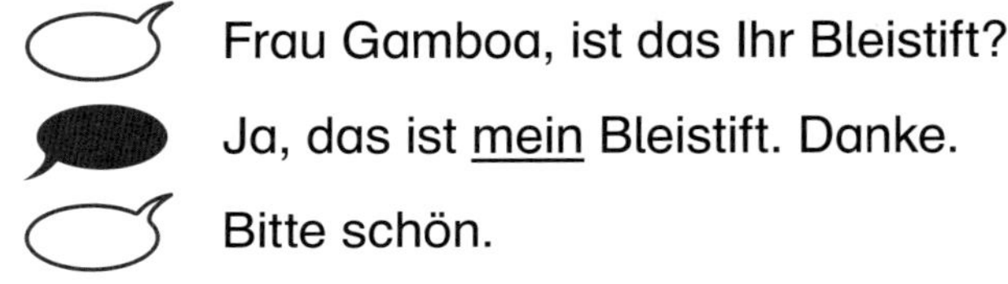

3. Bildet weitere Dialoge.

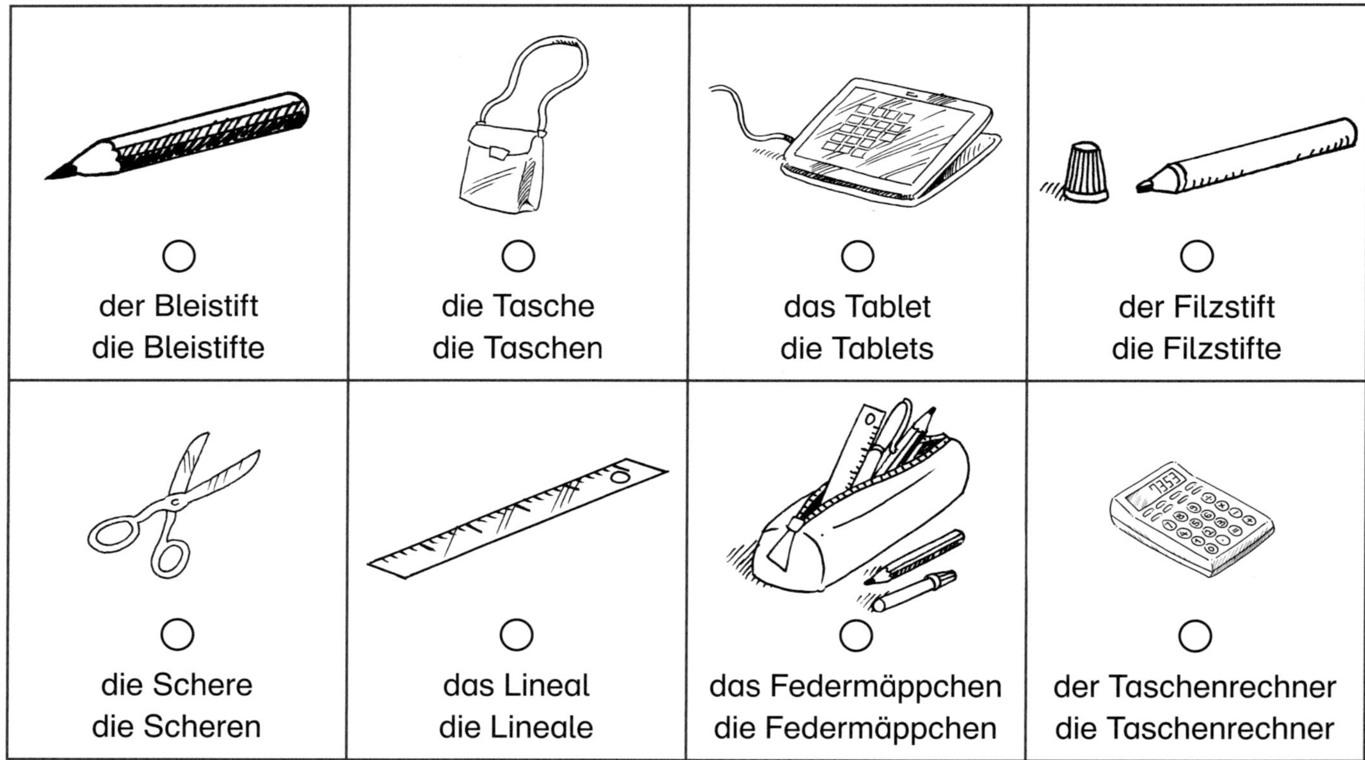

der Bleistift die Bleistifte	die Tasche die Taschen	das Tablet die Tablets	der Filzstift die Filzstifte
die Schere die Scheren	das Lineal die Lineale	das Federmäppchen die Federmäppchen	der Taschenrechner die Taschenrechner

LZ: Diff. 2, Satzstraße 21: Satzfrage mit dem Possessivartikel Höflichkeitsform Singular – Nominativ – Maskulinum/Femininum/Neutrum

1. Bildet Sätze mit der Satzstraße.

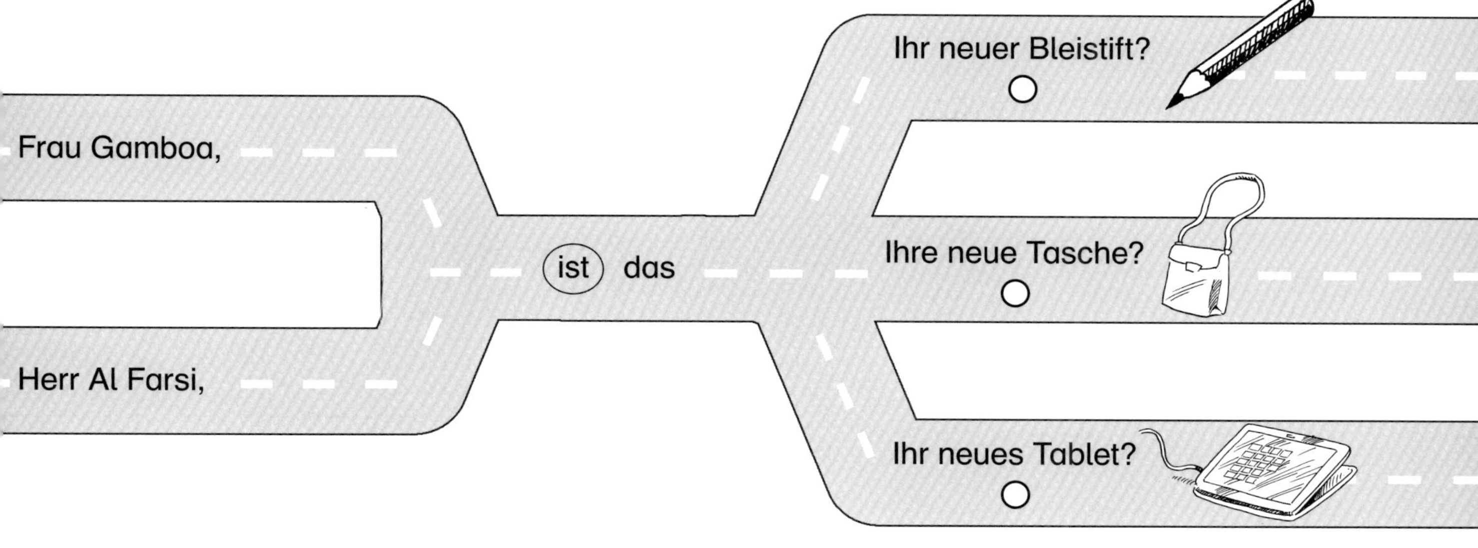

2. Sprecht den Mini-Dialog.

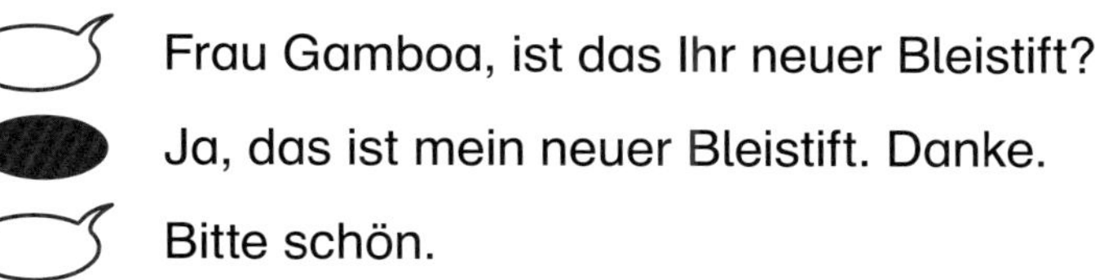

3. Bildet weitere Dialoge.

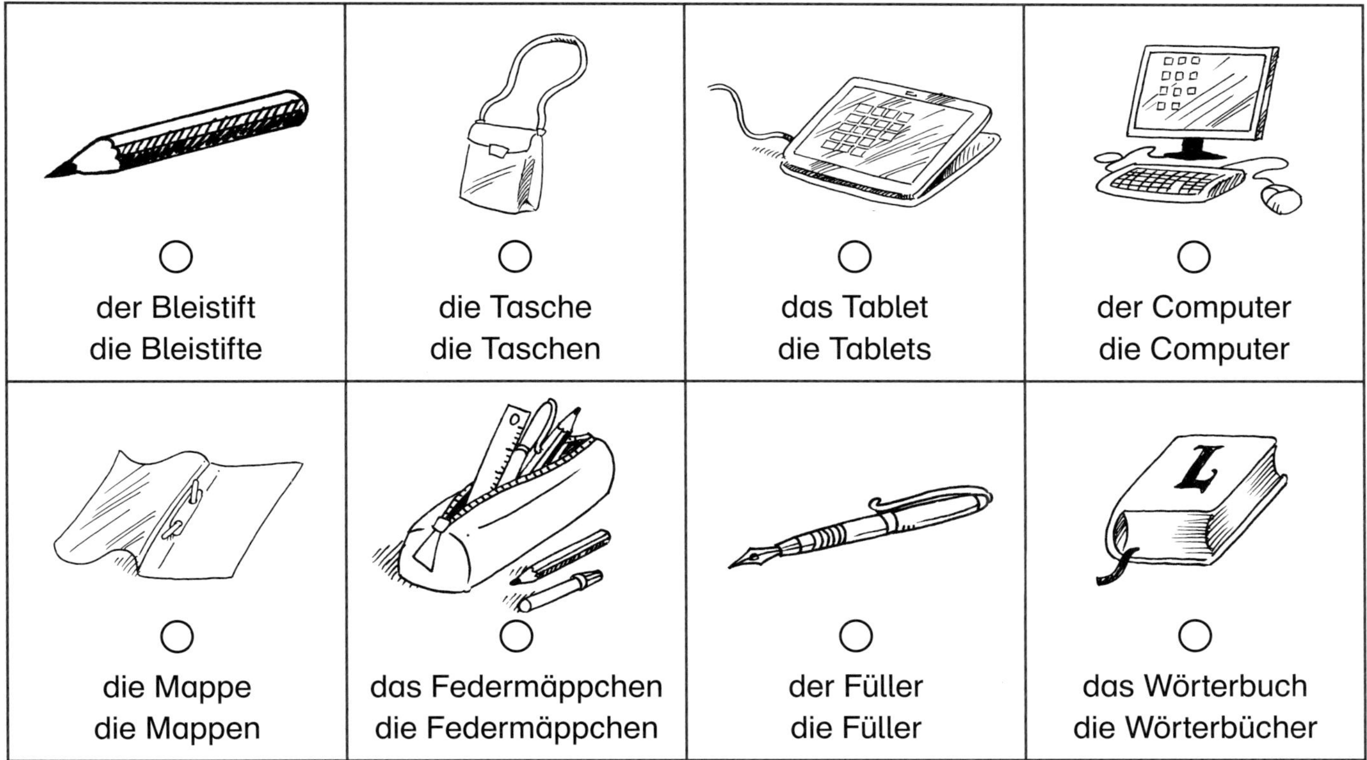

LZ: Diff. 2, Satzstraße 22: Satzfrage mit dem Possessivartikel Höflichkeitsform mit Adjektiv Singular – Nominativ – Maskulinum/Femininum/Neutrum

1. Bildet Sätze mit der Satzstraße.

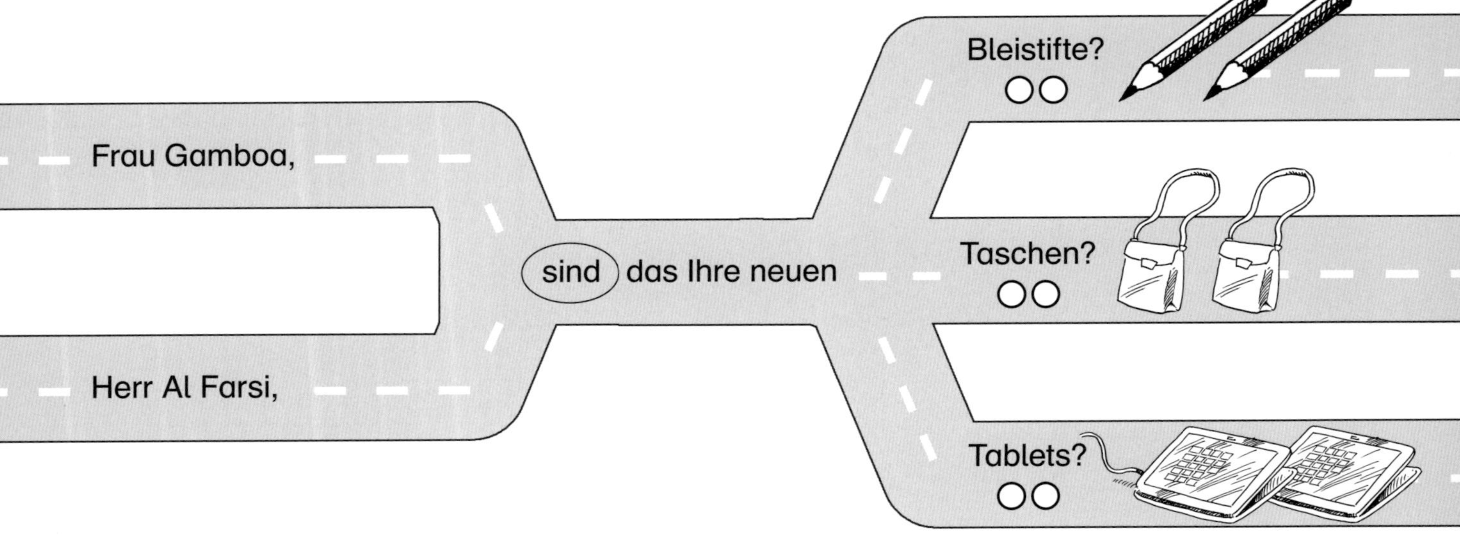

2. Sprecht den Mini-Dialog.

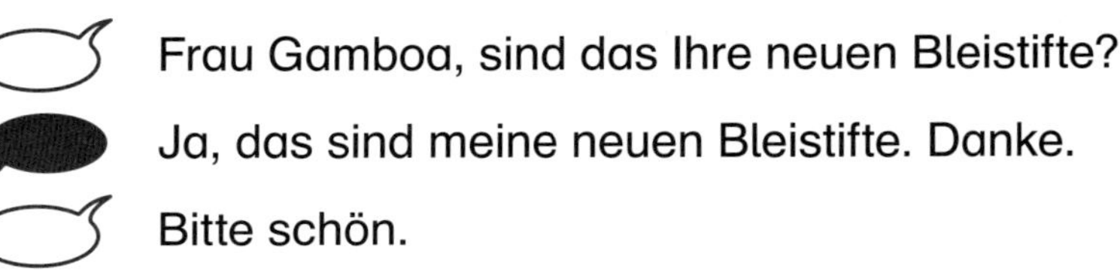

3. Bildet weitere Dialoge.

der Bleistift die Bleistifte	die Tasche die Taschen	das Tablet die Tablets	der Computer die Computer
die Tasche die Taschen	das Heft die Hefte	der Kleber die Kleber	das Wörterbuch die Wörterbücher

LZ: Diff. 2, Satzstraße 23: Satzfrage mit dem Possessivartikel Höflichkeitsform mit Adjektiv Plural – Nominativ – Maskulinum/Femininum/Neutrum

1. Bildet Sätze mit der Satzstraße.

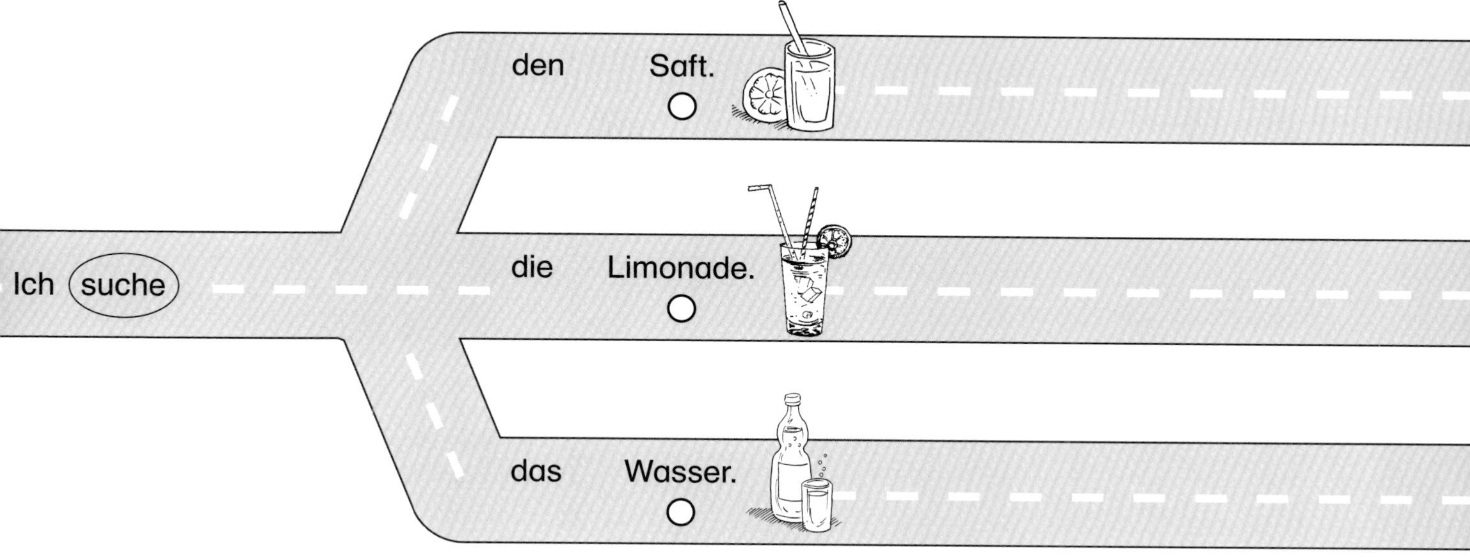

2. Sprecht den Mini-Dialog.

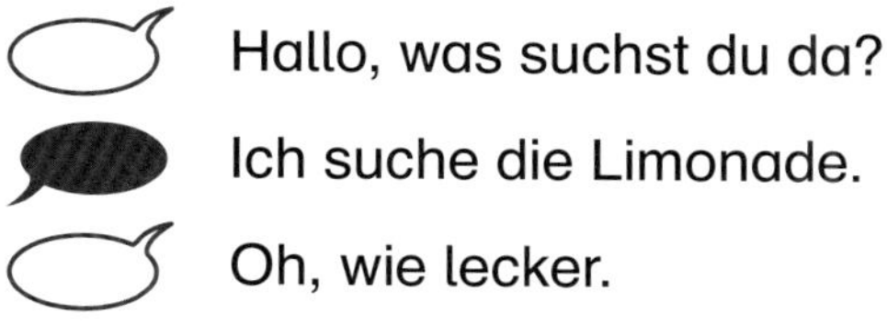

3. Bildet weitere Dialoge.

LZ: Diff. 2, Satzstraße 24: Substantivdeklination mit dem best. Artikel Singular – Akkusativ – Maskulinum/Femininum/Neutrum

1. Bildet Sätze mit der Satzstraße.

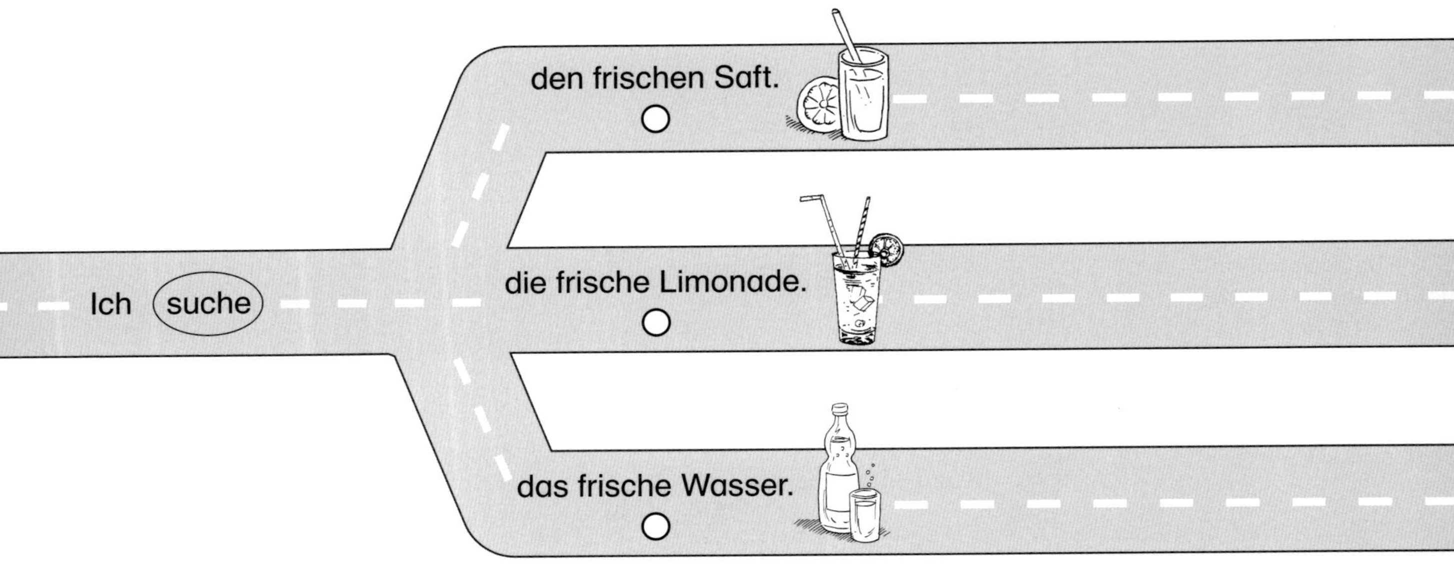

2. Sprecht den Mini-Dialog.

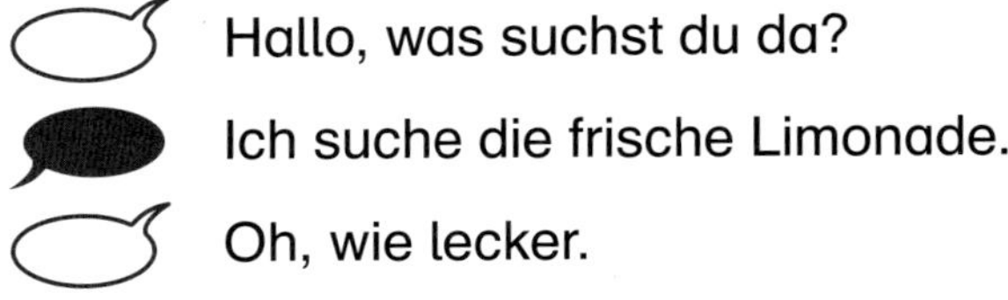

3. Bildet weitere Dialoge.

der Saft die Säfte	die Limonade die Limonaden	das Wasser –	der Kakao die Kakaos
die Ananas die Ananas	das Brot die Brote	der Orangensaft die Orangensäfte	der Kaffee die Kaffees

LZ: Diff. 2, Satzstraße 25: Substantivdeklination mit dem best. Artikel mit Adjektiv Singular – Akkusativ – Maskulinum/Femininum/Neutrum

1. Bildet Sätze mit der Satzstraße.

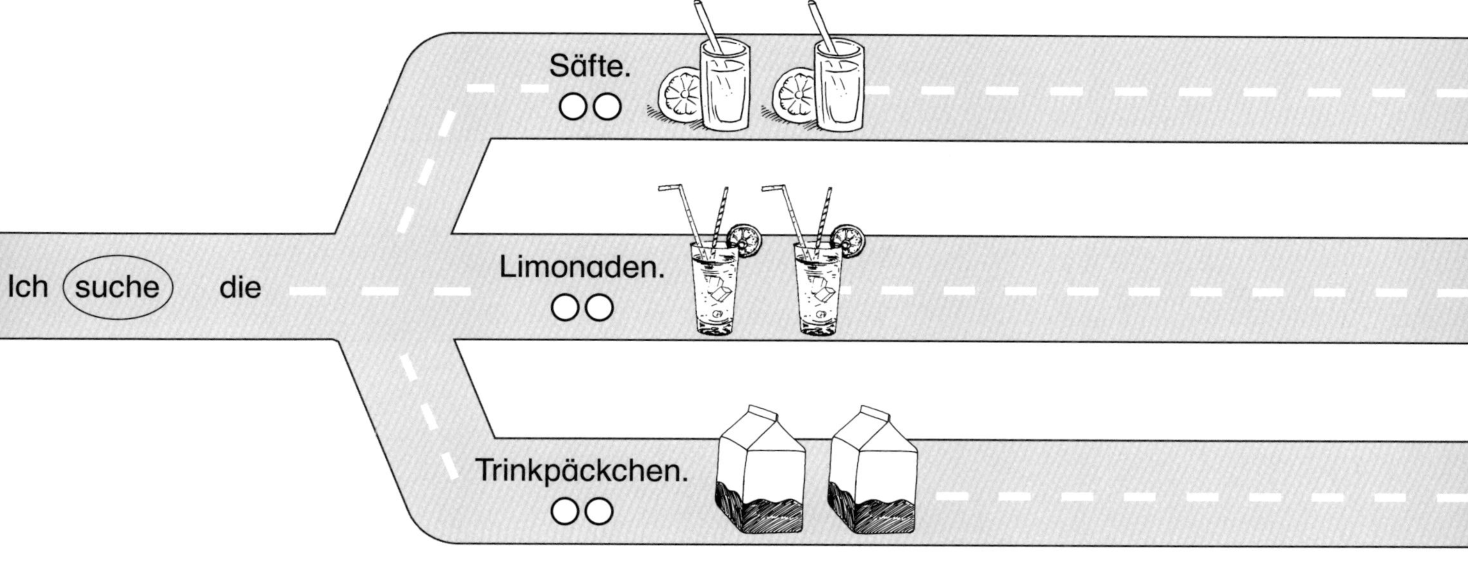

2. Sprecht den Mini-Dialog.

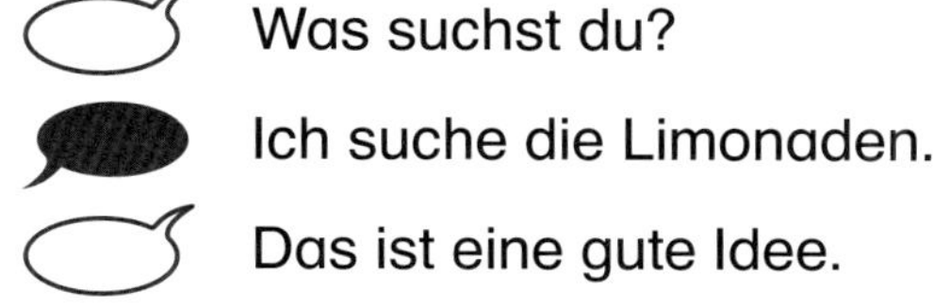

Was suchst du?

Ich suche die Limonaden.

Das ist eine gute Idee.

3. Bildet weitere Dialoge.

der Saft die Säfte	die Limonade die Limonaden	das Trinkpäckchen die Trinkpäckchen	der Kakao die Kakaos
die Tomate die Tomaten	das Brot die Brote	der Orangensaft die Orangensäfte	der Kaffee die Kaffees

LZ: Diff. 2, Satzstraße 26: Substantivdeklination mit dem best. Artikel Plural – Akkusativ – Maskulinum/Femininum/Neutrum

1. Bildet Sätze mit der Satzstraße.

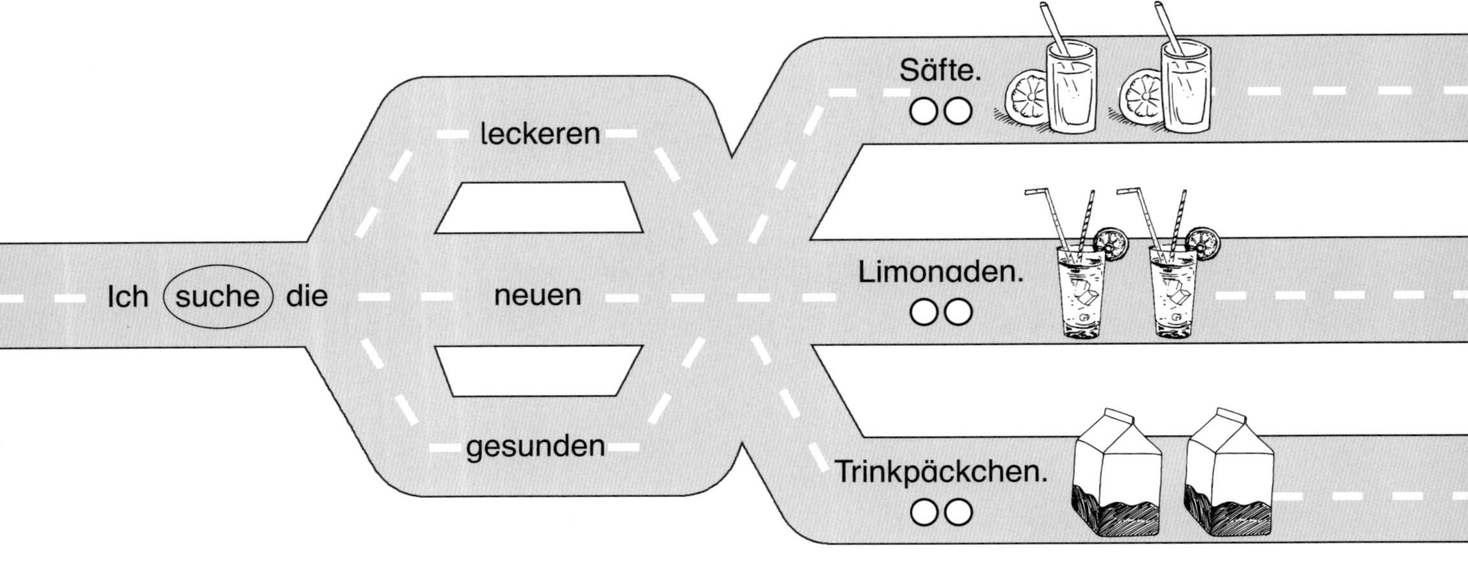

2. Sprecht den Mini-Dialog.

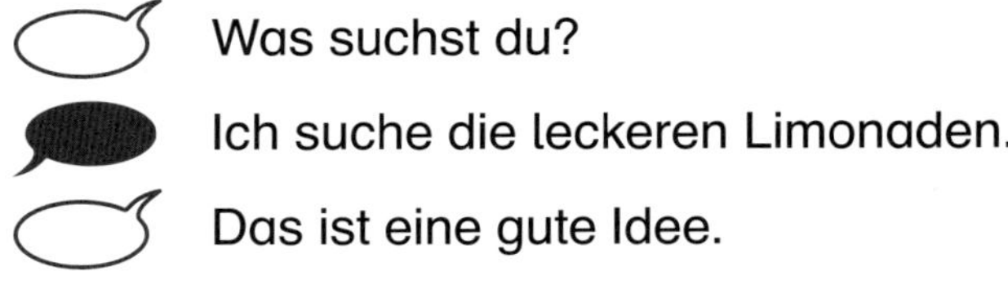

3. Bildet weitere Dialoge.

der Saft die Säfte	die Limonade die Limonaden	das Trinkpäckchen die Trinkpäckchen	der Kakao die Kakaos
die Tomate die Tomaten	das Brot die Brote	der Orangensaft die Orangensäfte	der Kaffee die Kaffees

LZ: Diff. 2, Satzstraße 27: Substantivdeklination mit dem best. Artikel mit Adjektiv Plural – Akkusativ – Maskulinum/Femininum/Neutrum

1. Bildet Sätze mit der Satzstraße.

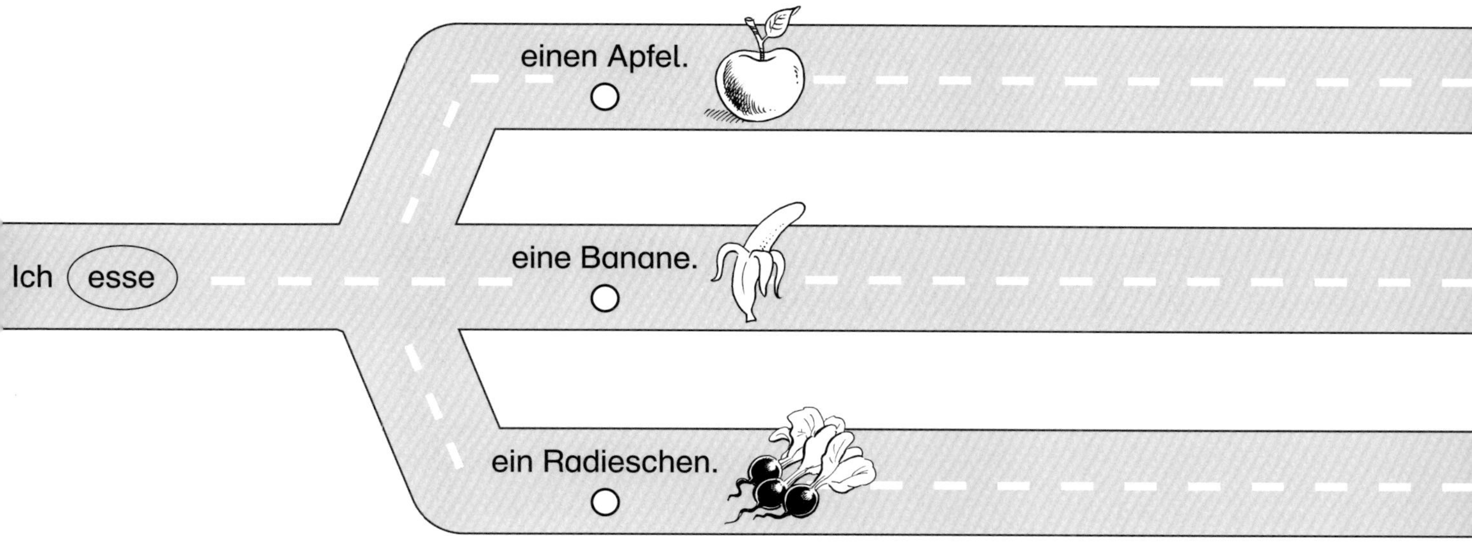

2. Sprecht den Mini-Dialog.

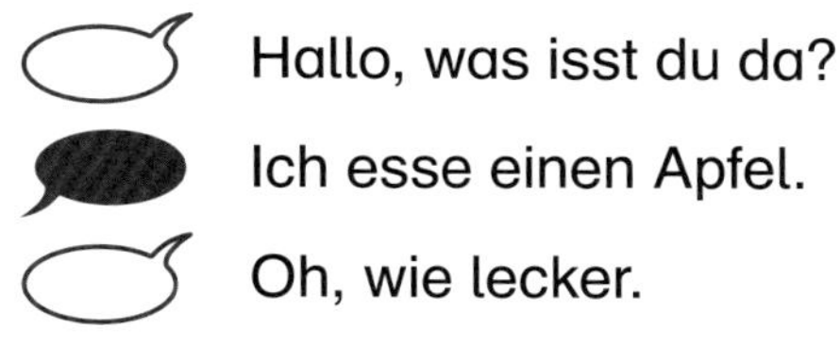

Hallo, was isst du da?

Ich esse einen Apfel.

Oh, wie lecker.

3. Bildet weitere Dialoge.

der Apfel die Äpfel	die Banane die Bananen	das Radieschen die Radieschen	der Fisch die Fische
die Gurke die Gurken	das Brötchen die Brötchen	der Kuchen die Kuchen	die Kiwi die Kiwis

LZ: Diff. 2, Satzstraße 28: Substantivdeklination mit dem unbest. Artikel Singular – Akkusativ – Maskulinum/Femininum/Neutrum

1. Bildet Sätze mit der Satzstraße.

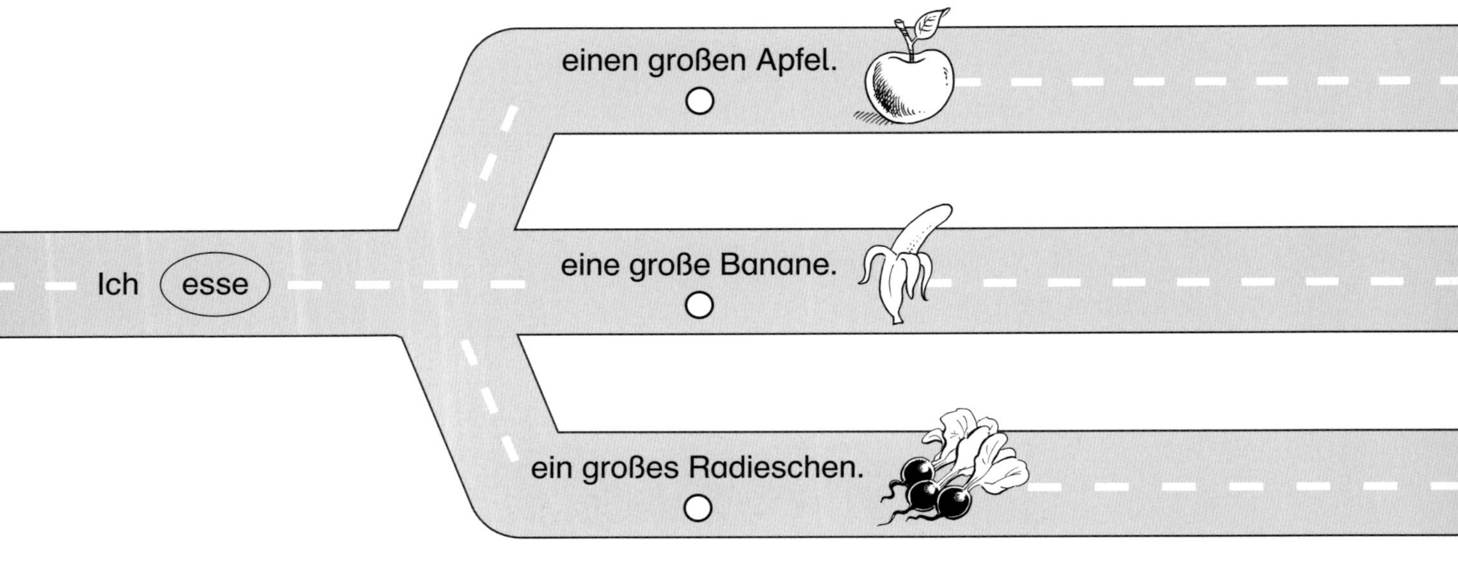

2. Sprecht den Mini-Dialog.

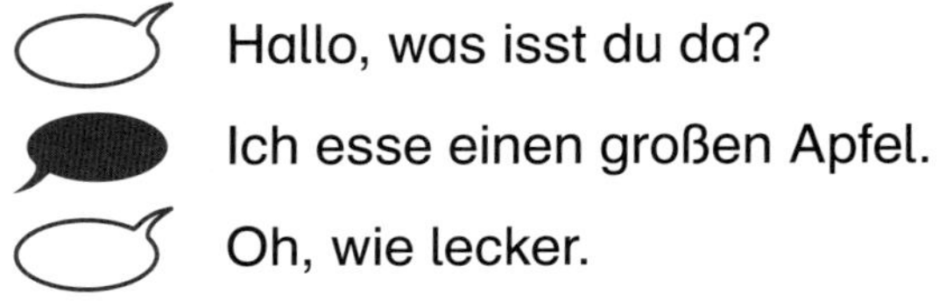

3. Bildet weitere Dialoge.

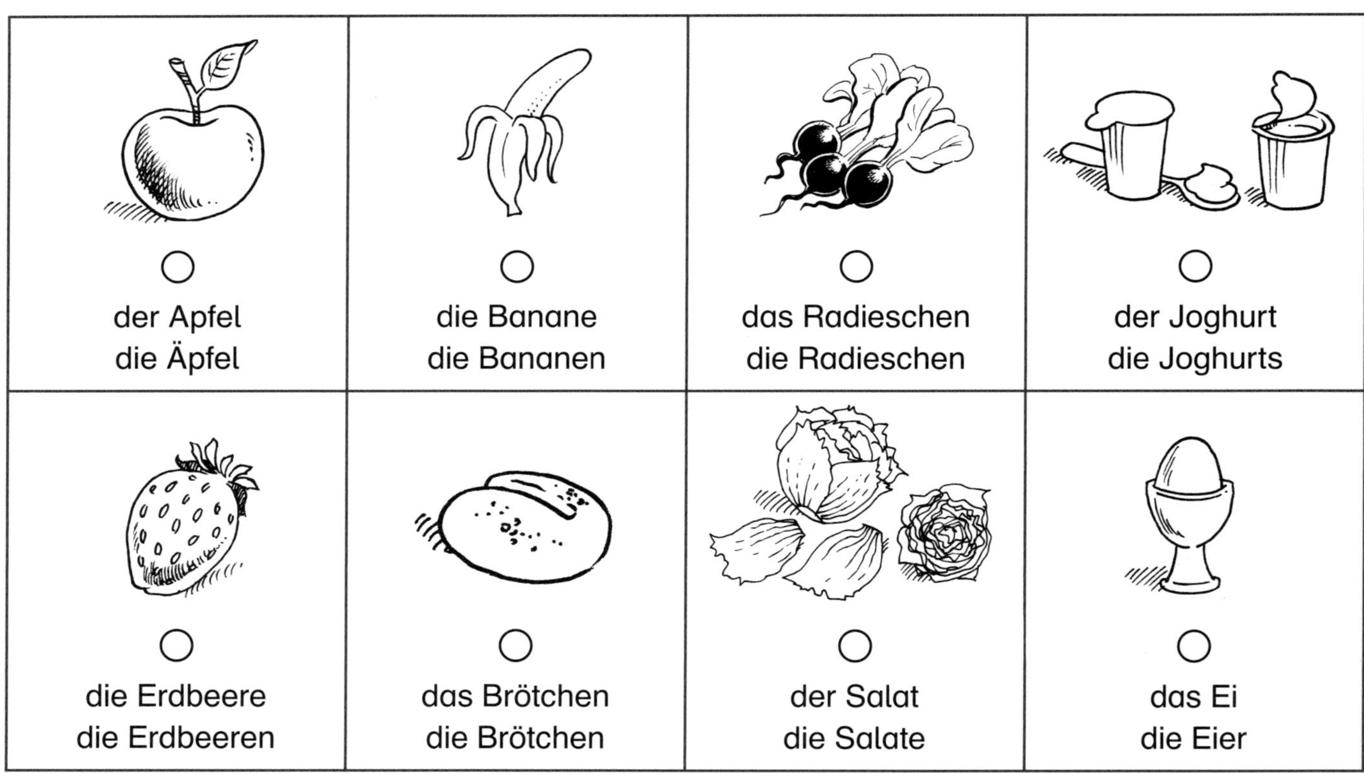

der Apfel die Äpfel	die Banane die Bananen	das Radieschen die Radieschen	der Joghurt die Joghurts
die Erdbeere die Erdbeeren	das Brötchen die Brötchen	der Salat die Salate	das Ei die Eier

LZ: Diff. 2, Satzstraße 29: Substantivdeklination mit dem unbest. Artikel mit Adjektiv Singular – Akkusativ – Maskulinum/Femininum/Neutrum

1. Bildet Sätze mit der Satzstraße.

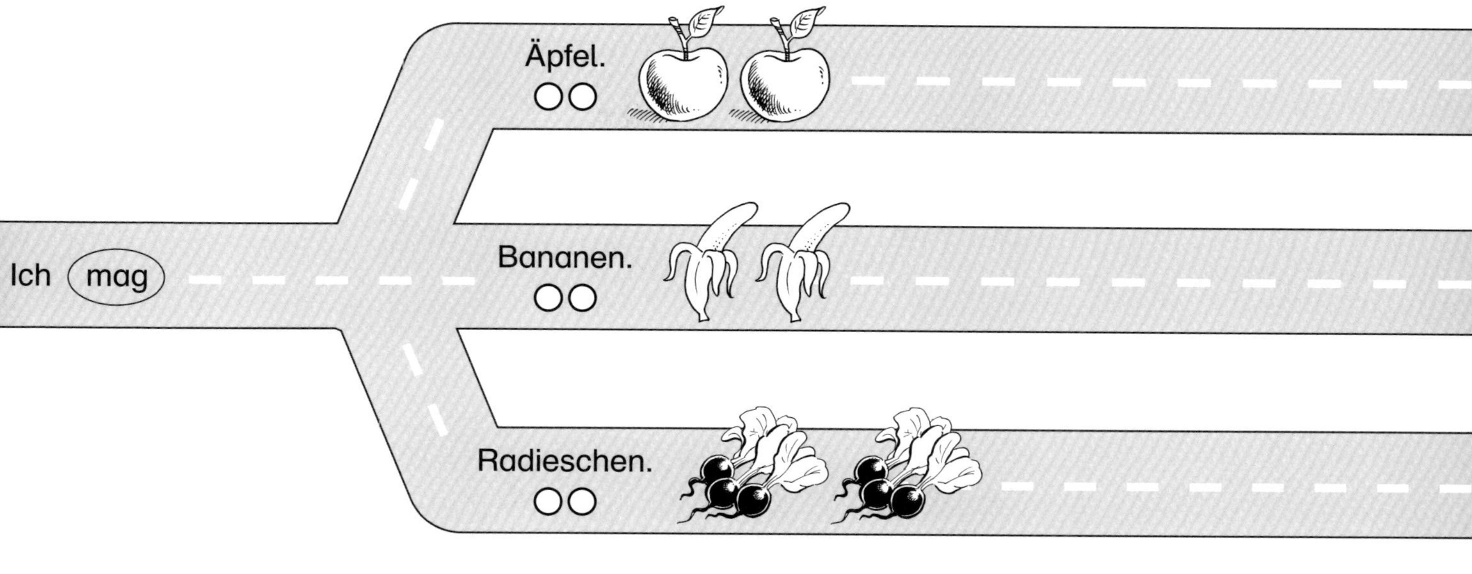

2. Sprecht den Mini-Dialog.

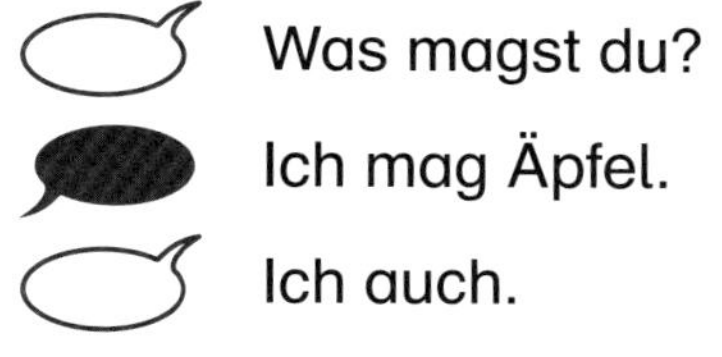

3. Bildet weitere Dialoge.

der Apfel die Äpfel	die Banane die Bananen	das Radieschen die Radieschen	der Joghurt die Joghurts
die Weintraube die Weintrauben	das Brötchen die Brötchen	die Paprika die Paprikas	die Erdbeere die Erdbeeren

LZ: Diff. 2, Satzstraße 30: Substantivdeklination ohne Artikel Plural – Akkusativ – Maskulinum/Femininum/ Neutrum

1. Bildet Sätze mit der Satzstraße.

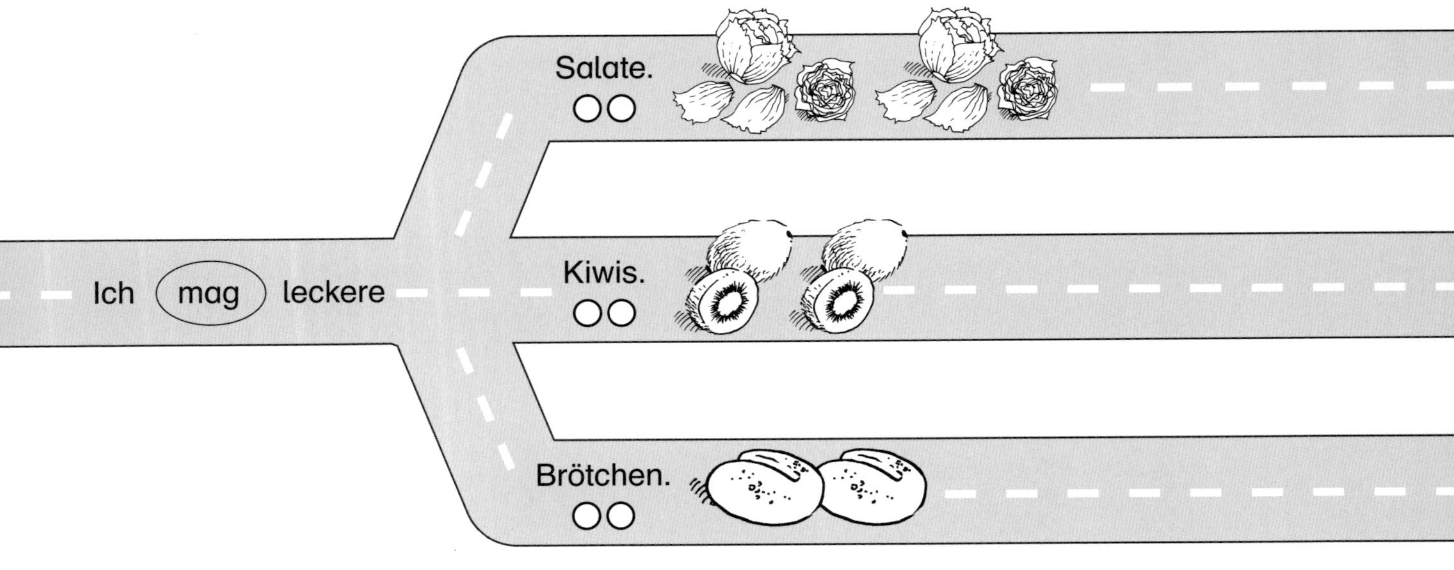

2. Sprecht den Mini-Dialog.

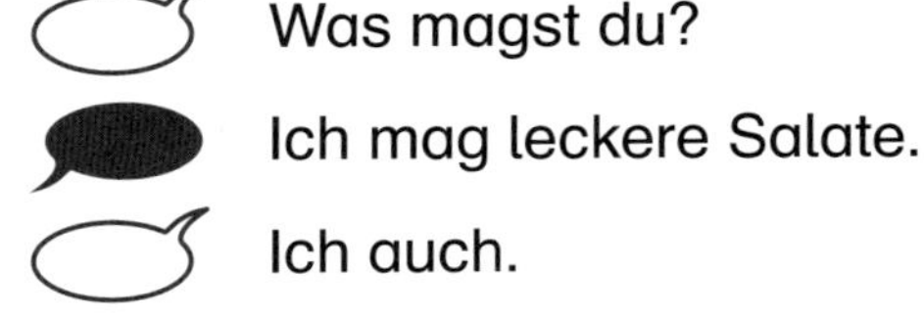

Was magst du?

Ich mag leckere Salate.

Ich auch.

3. Bildet weitere Dialoge.

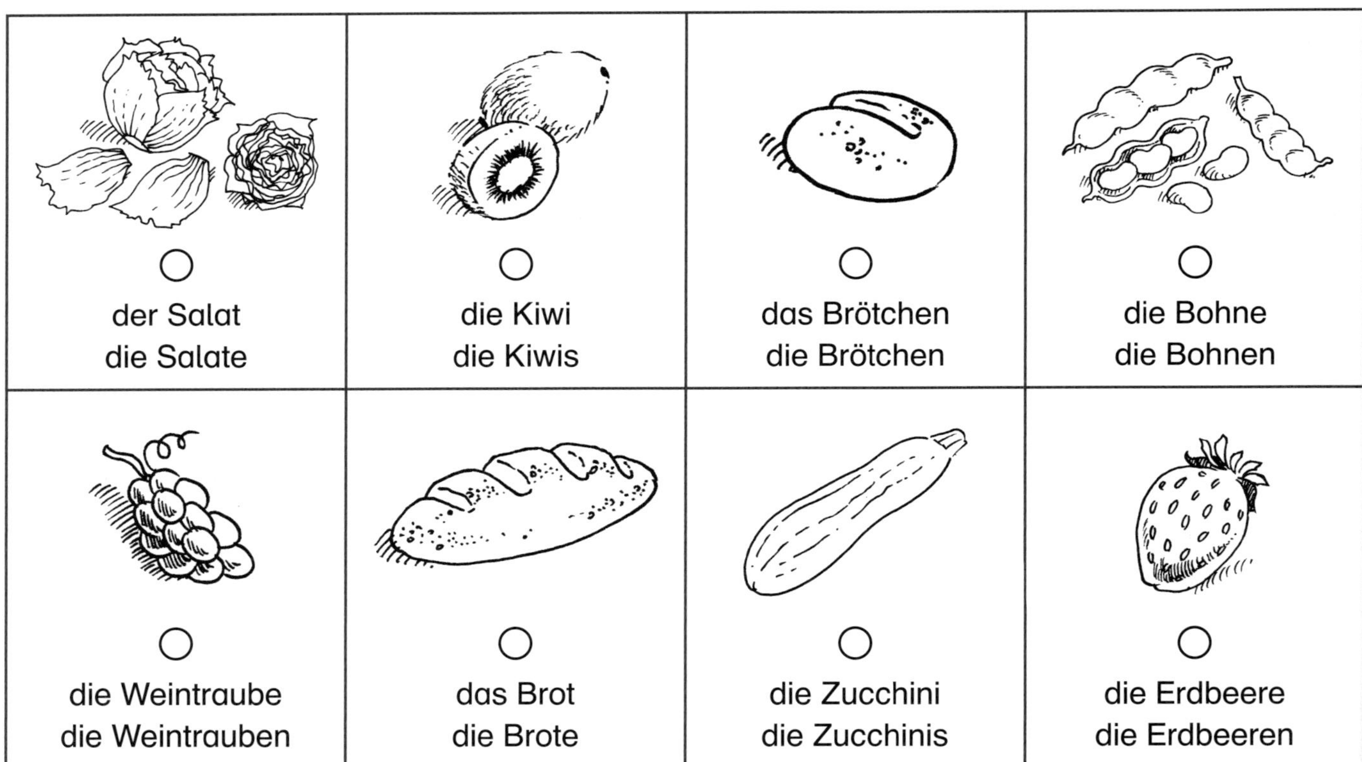

der Salat die Salate	die Kiwi die Kiwis	das Brötchen die Brötchen	die Bohne die Bohnen
die Weintraube die Weintrauben	das Brot die Brote	die Zucchini die Zucchinis	die Erdbeere die Erdbeeren

LZ: Diff. 2, Satzstraße 31: Substantivdeklination ohne Artikel mit Adjektiv Plural – Akkusativ – Maskulinum/Femininum/Neutrum

1. Bildet Sätze mit der Satzstraße.

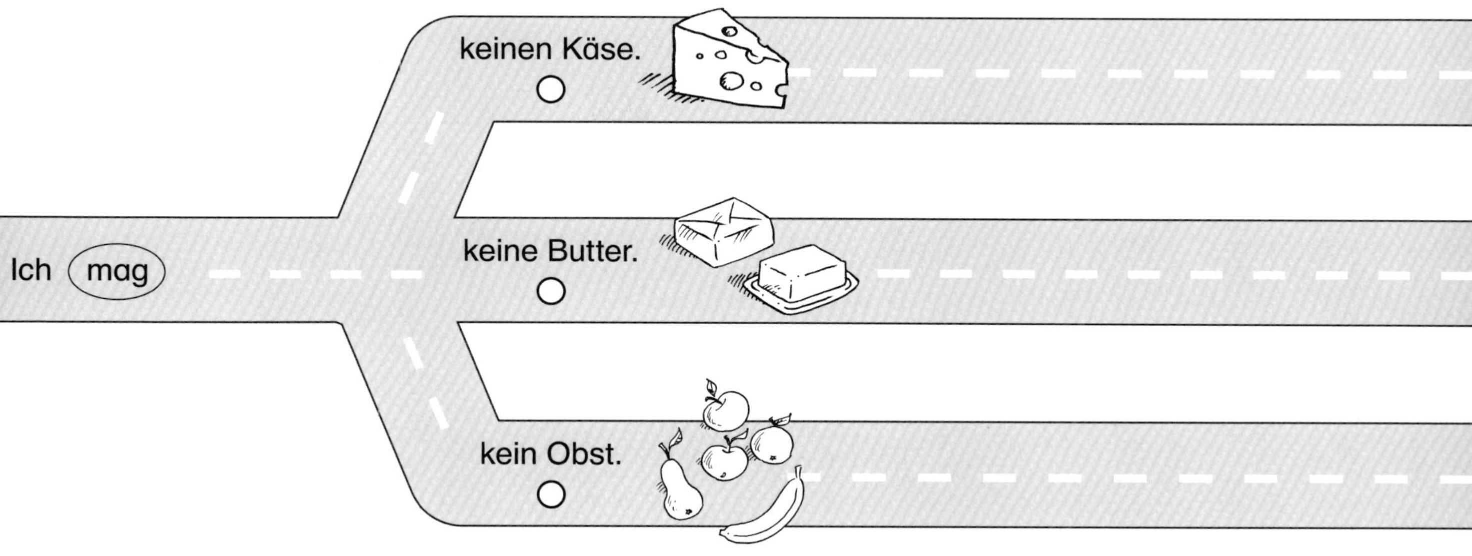

2. Sprecht den Mini-Dialog.

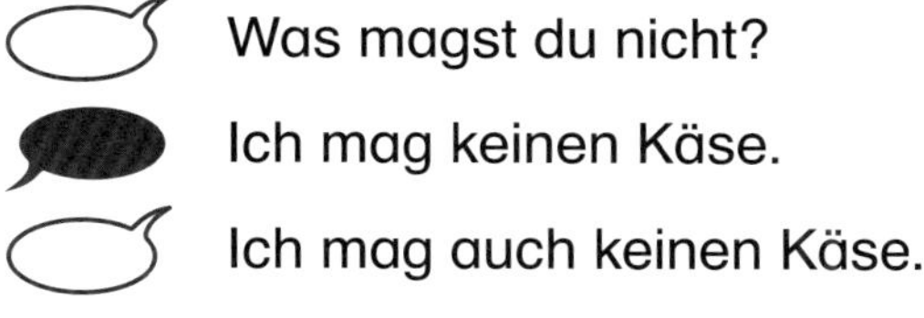

3. Bildet weitere Dialoge.

der Käse –	die Butter –	das Obst –	der Aufschnitt –
die Cola die Colas	das Öl die Öle	der Pfeffer –	das Fleisch –

LZ: Diff. 2, Satzstraße 32: Substantivdeklination mit Verneinung Singular – Akkusativ – Maskulinum/Femininum/Neutrum

1. Bildet Sätze mit der Satzstraße.

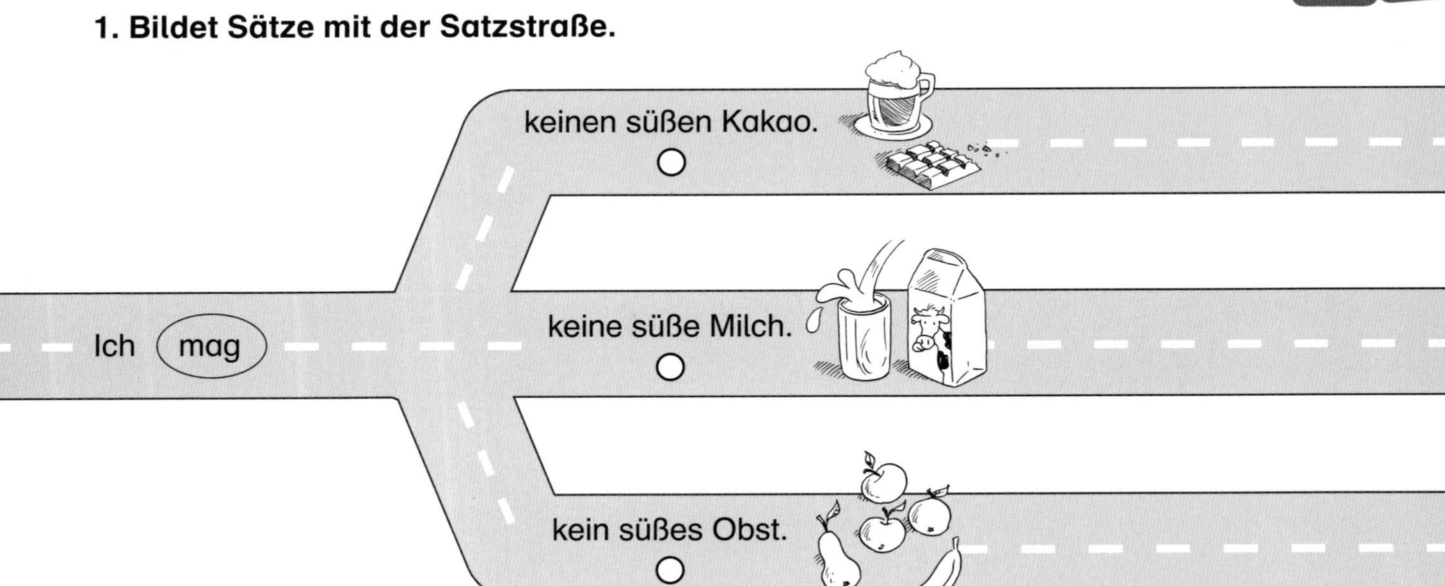

2. Sprecht den Mini-Dialog.

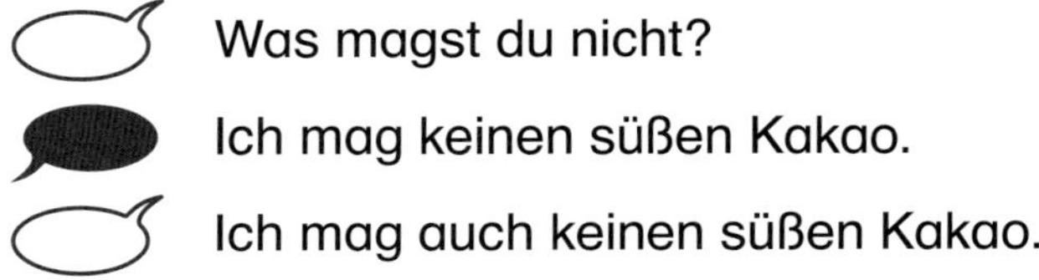

Was magst du nicht?

Ich mag keinen süßen Kakao.

Ich mag auch keinen süßen Kakao.

3. Bildet weitere Dialoge.

der Kakao die Kakaos	die Milch –	das Obst –	der Aufschnitt –
die Marmelade die Marmeladen	das Müsli die Müslis	der Käse –	der Blumenkohl die Blumenkohle

LZ: Diff. 2, Satzstraße 33: Substantivdeklination mit Verneinung mit Adjektiv Singular – Akkusativ – Maskulinum/Femininum/Neutrum

1. Bildet Sätze mit der Satzstraße.

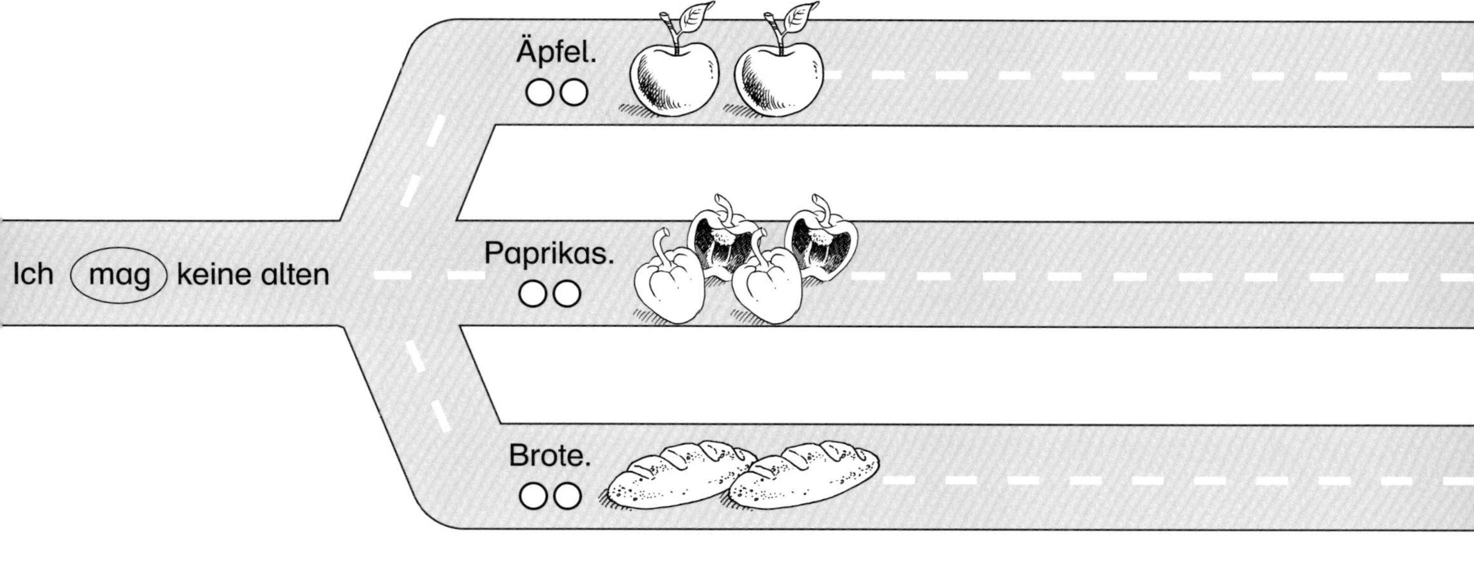

2. Sprecht den Mini-Dialog.

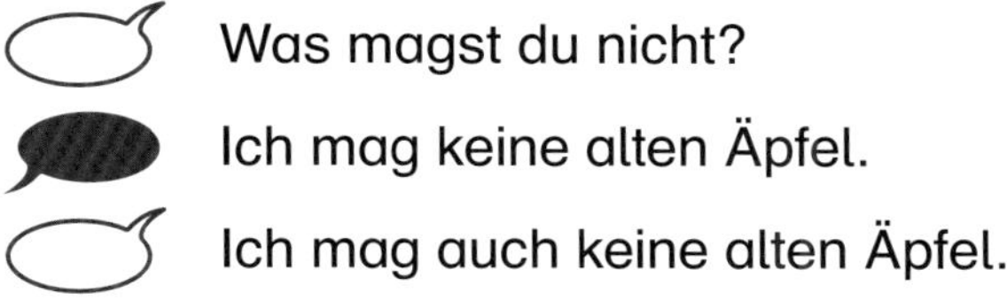

3. Bildet weitere Dialoge.

LZ: Diff. 2, Satzstraße 34: Substantivdeklination mit Verneinung mit Adjektiv Plural – Akkusativ – Maskulinum/Femininum/Neutrum

1. Bildet Sätze mit der Satzstraße.

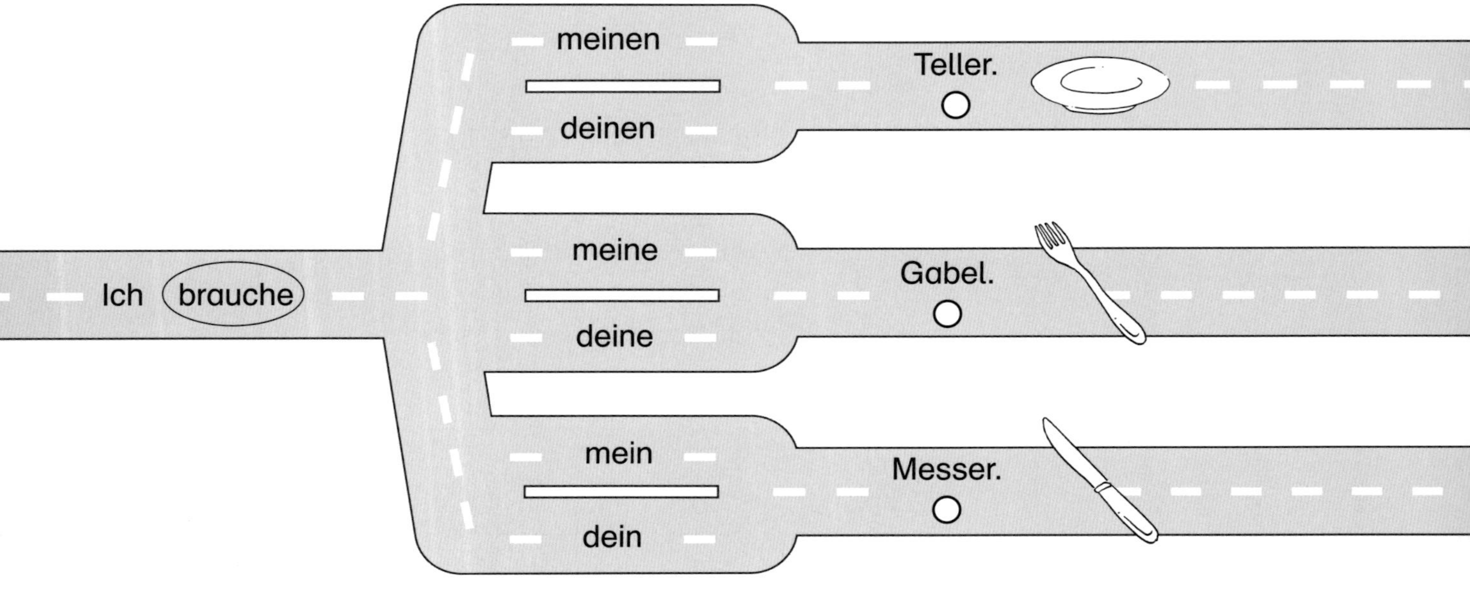

2. Sprecht den Mini-Dialog.

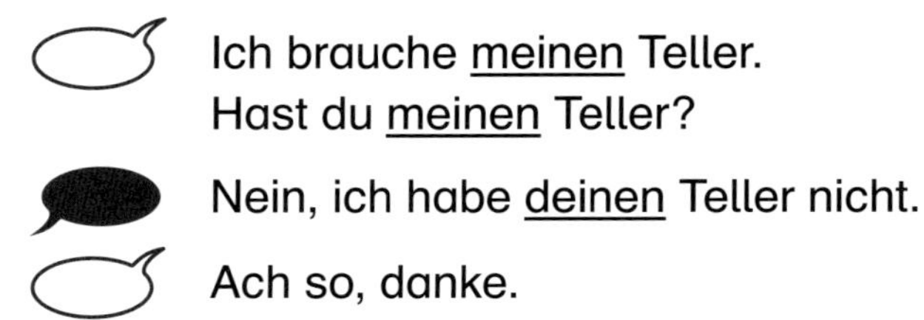

Ich brauche meinen Teller.
Hast du meinen Teller?

Nein, ich habe deinen Teller nicht.

Ach so, danke.

3. Bildet weitere Dialoge.

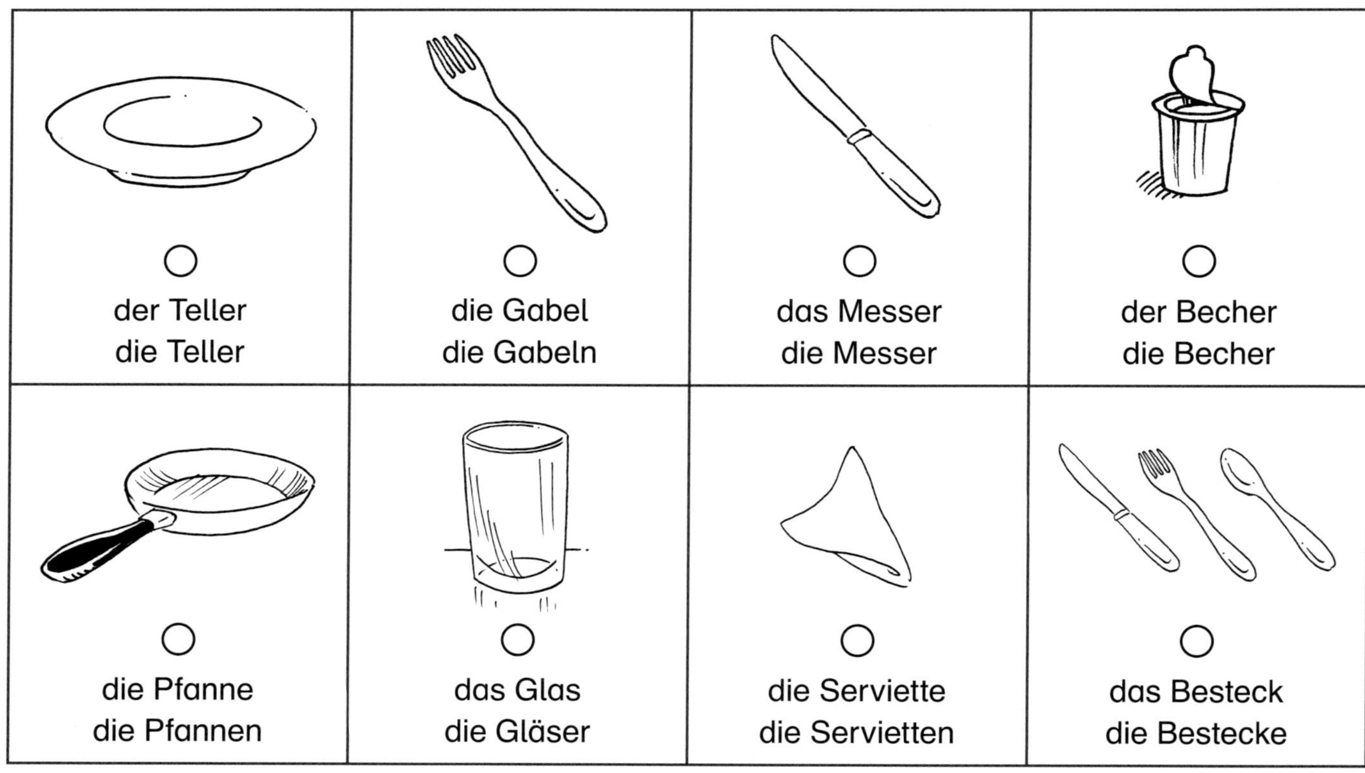

der Teller die Teller	die Gabel die Gabeln	das Messer die Messer	der Becher die Becher
die Pfanne die Pfannen	das Glas die Gläser	die Serviette die Servietten	das Besteck die Bestecke

LZ: Diff. 2, Satzstraße 35: Substantivdeklination mit dem Possessivartikel 1. & 2. Person Singular – Akkusativ – Maskulinum/Femininum/Neutrum – Singular

1. Bildet Sätze mit der Satzstraße.

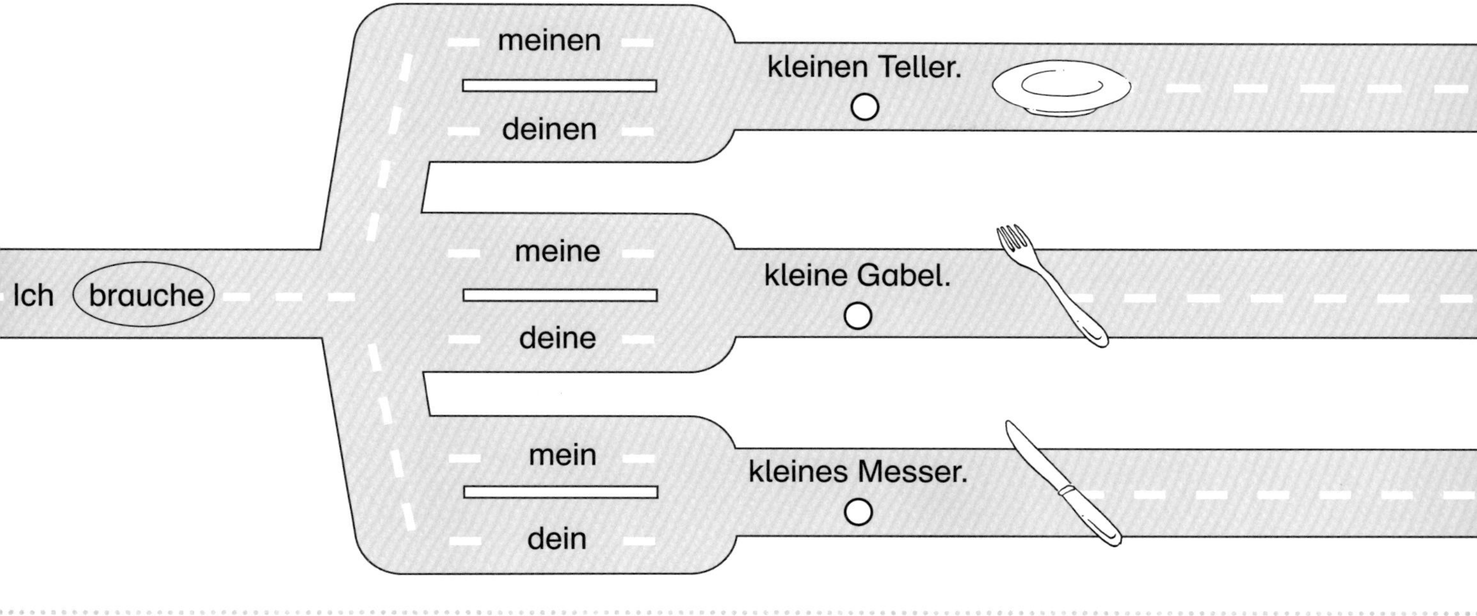

2. Sprecht den Mini-Dialog.

Ich brauche meinen kleinen Teller.
Hast du meinen kleinen Teller?

Nein, ich habe deinen kleinen Teller nicht.

Ach so, danke.

3. Bildet weitere Dialoge.

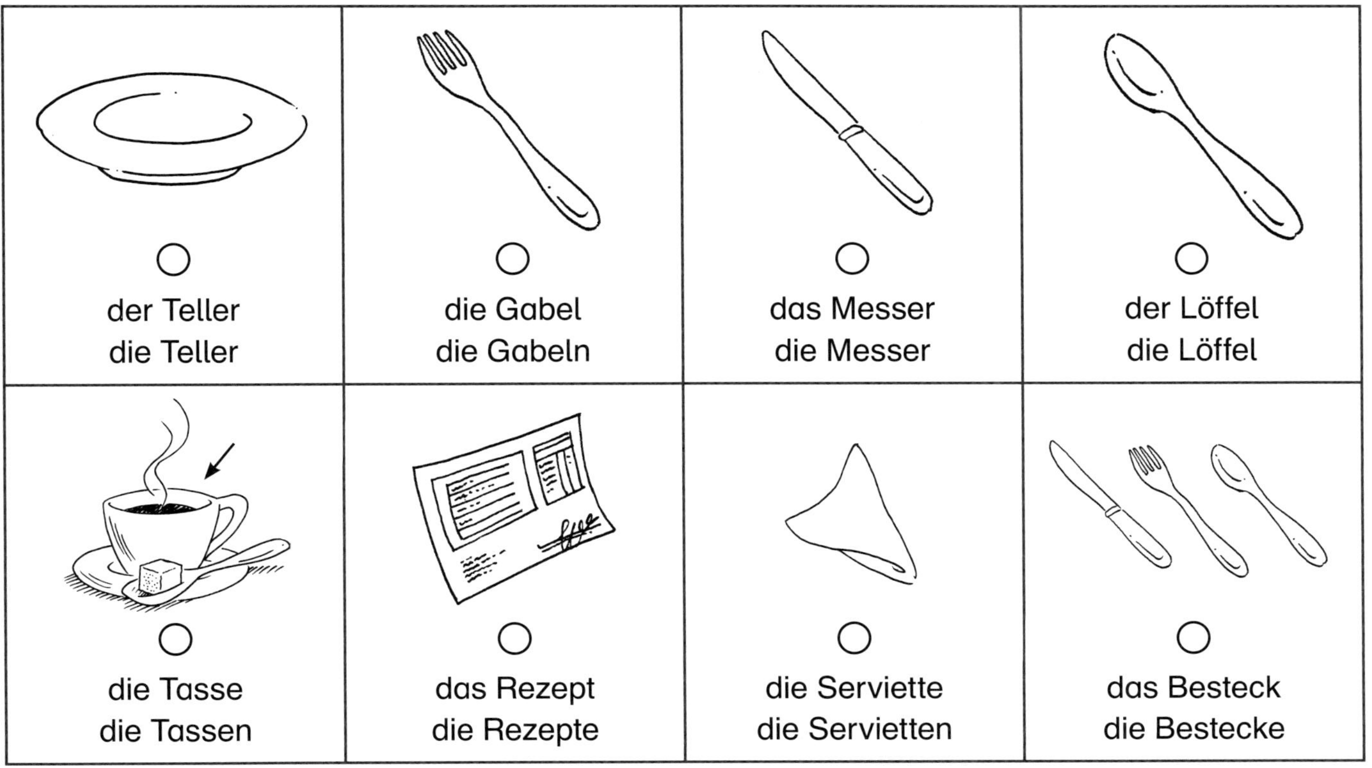

der Teller die Teller	die Gabel die Gabeln	das Messer die Messer	der Löffel die Löffel
die Tasse die Tassen	das Rezept die Rezepte	die Serviette die Servietten	das Besteck die Bestecke

LZ: Diff. 2, Satzstraße 36: Substantivdeklination mit dem Possessivartikel 1. & 2. Person Singular mit Adjektiv – Akkusativ – Maskulinum/Femininum/Neutrum – Singular

1. Bildet Sätze mit der Satzstraße.

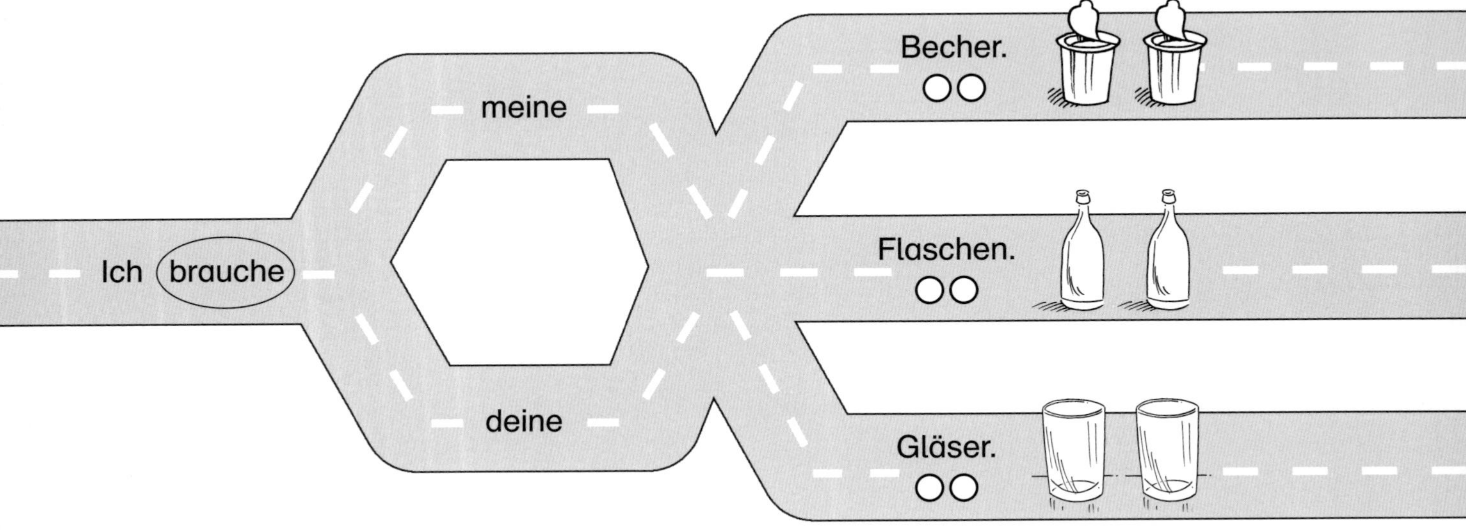

2. Sprecht den Mini-Dialog.

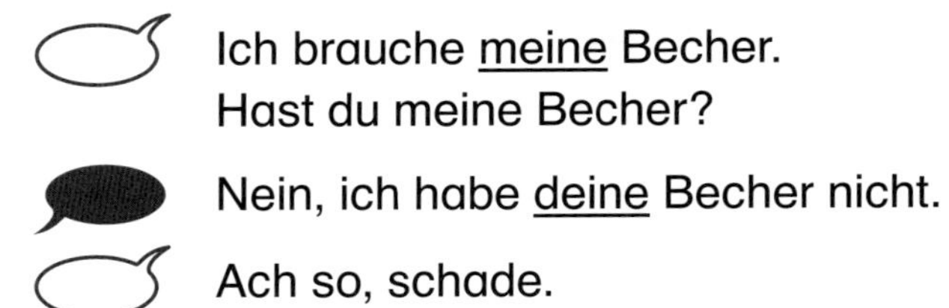

3. Bildet weitere Dialoge.

der Becher die Becher	die Gabel die Gabeln	das Messer die Messer	der Löffel die Löffel
die Tasse die Tassen	das Rezept die Rezepte	die Serviette die Servietten	der Teller die Teller

LZ: Diff. 2, Satzstraße 37: Substantivdeklination mit dem Possessivartikel 1. & 2. Person Singular – Akkusativ – Maskulinum/Femininum/Neutrum – Plural

1. Bildet Sätze mit der Satzstraße.

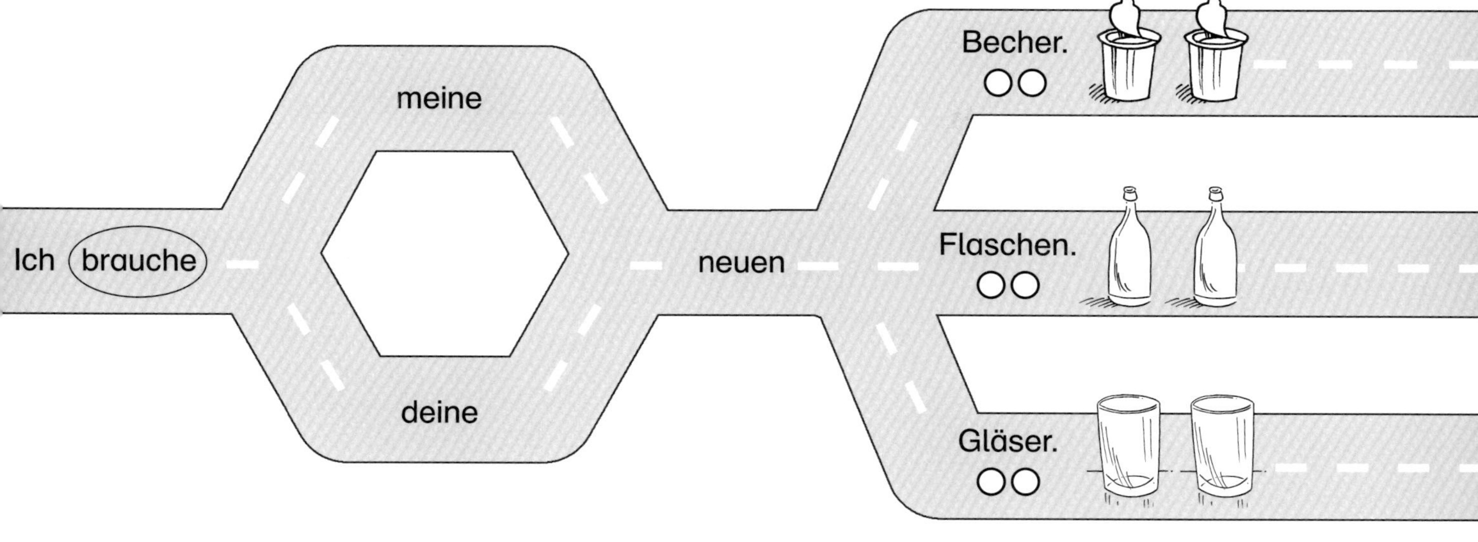

2. Sprecht den Mini-Dialog.

Ich brauche <u>meine</u> neuen Becher.
Hast du <u>meine</u> neuen Becher?

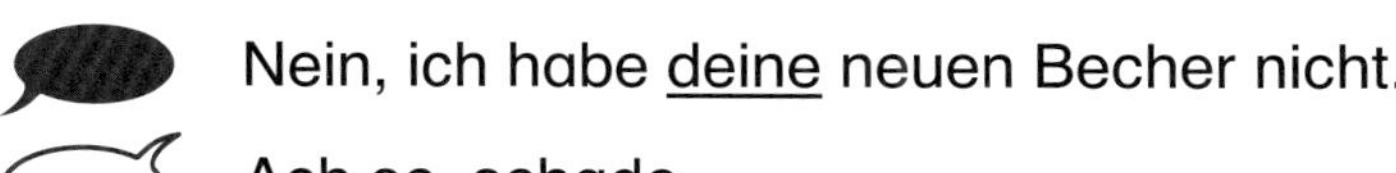

Nein, ich habe <u>deine</u> neuen Becher nicht.

Ach so, schade.

3. Bildet weitere Dialoge.

der Becher die Becher	die Flasche die Flaschen	das Glas die Gläser	der Löffel die Löffel
die Tasse die Tassen	das Rezept die Rezepte	die Serviette die Servietten	der Teller die Teller

LZ: Diff. 2, Satzstraße 38: Substantivdeklination mit dem Possessivartikel 1. & 2. Person Singular mit Adjektiv – Akkusativ – Maskulinum/Femininum/Neutrum – Plural

1. Bildet Sätze mit der Satzstraße.

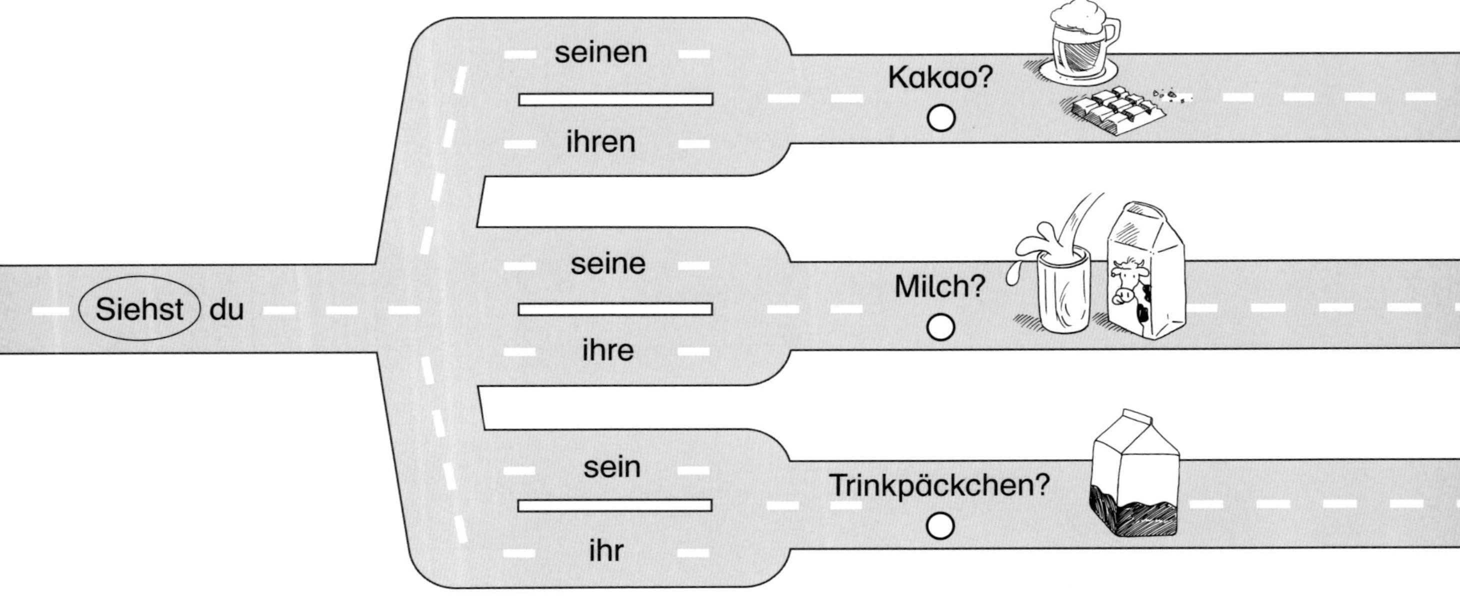

2. Sprecht den Mini-Dialog.

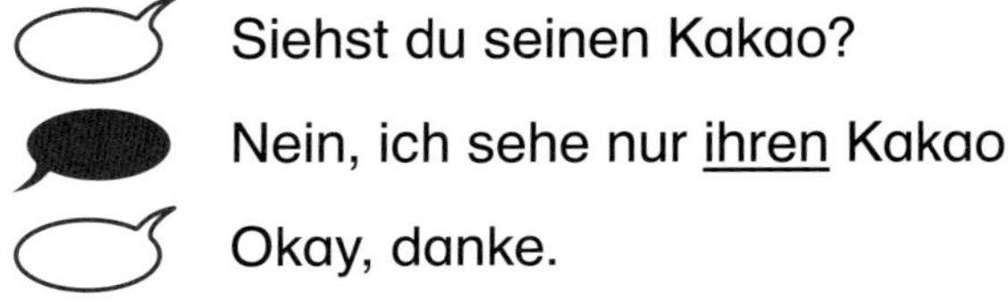

Siehst du seinen Kakao?

Nein, ich sehe nur <u>ihren</u> Kakao.

Okay, danke.

3. Bildet weitere Dialoge.

○ der Kakao die Kakaos	○ die Milch –	○ das Trinkpäckchen die Trinkpäckchen	○ der Orangensaft die Orangensäfte
○ die Cola die Colas	○ das Wasser –	○ der Kaffee die Kaffees	○ der Keks die Kekse

LZ: Diff. 2, Satzstraße 39: Satzfrage mit dem Possessivartikel 3. Person Singular – Akkusativ – Maskulinum/Femininum/Neutrum – Singular

1. Bildet Sätze mit der Satzstraße.

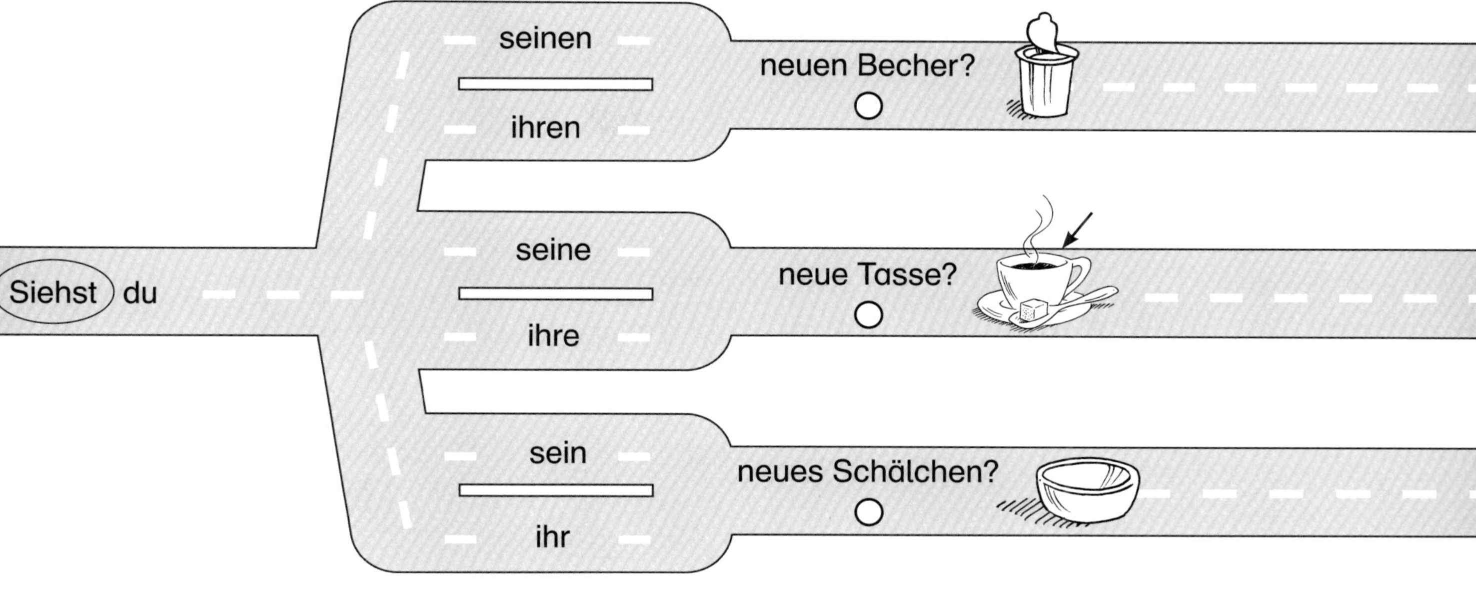

2. Sprecht den Mini-Dialog.

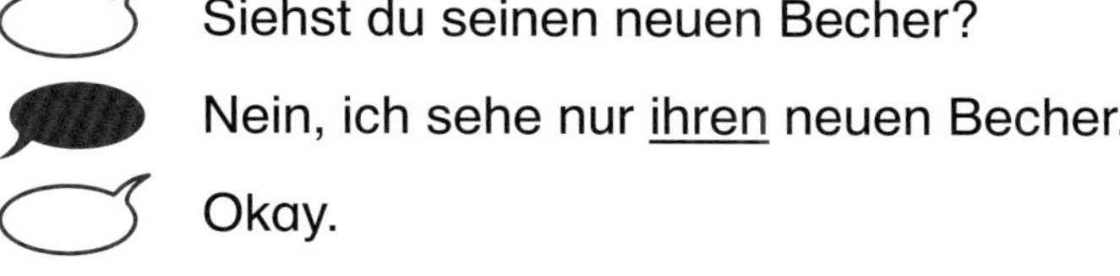

3. Bildet weitere Dialoge.

LZ: Diff. 2, Satzstraße 40: Satzfrage mit dem Possessivartikel 3. Person Singular mit Adjektiv – Akkusativ – Maskulinum/Femininum/Neutrum – Singular

1. Bildet Sätze mit der Satzstraße.

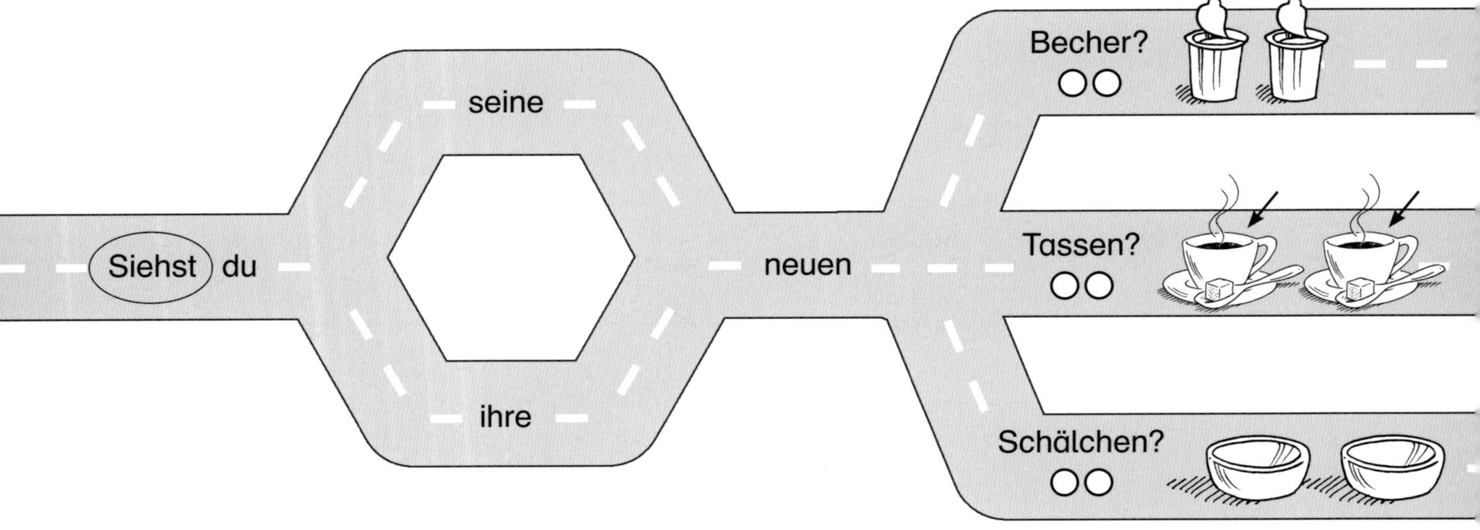

2. Sprecht den Mini-Dialog.

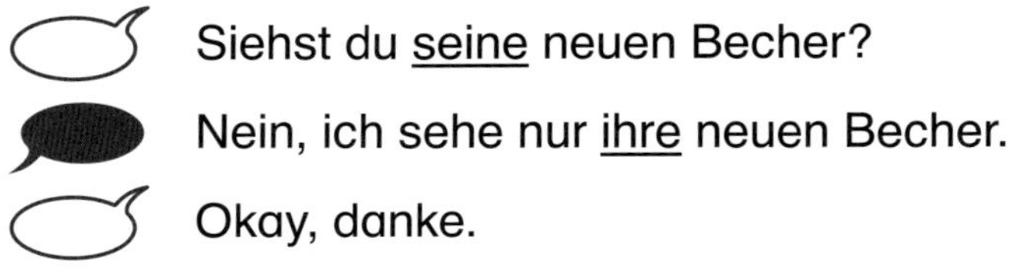

3. Bildet weitere Dialoge.

LZ: Diff. 2, Satzstraße 41: Satzfrage mit dem Possessivartikel 3. Person Singular mit Adjektiv – Akkusativ – Maskulinum/Femininum/Neutrum – Plural

1. Bildet Sätze mit der Satzstraße.

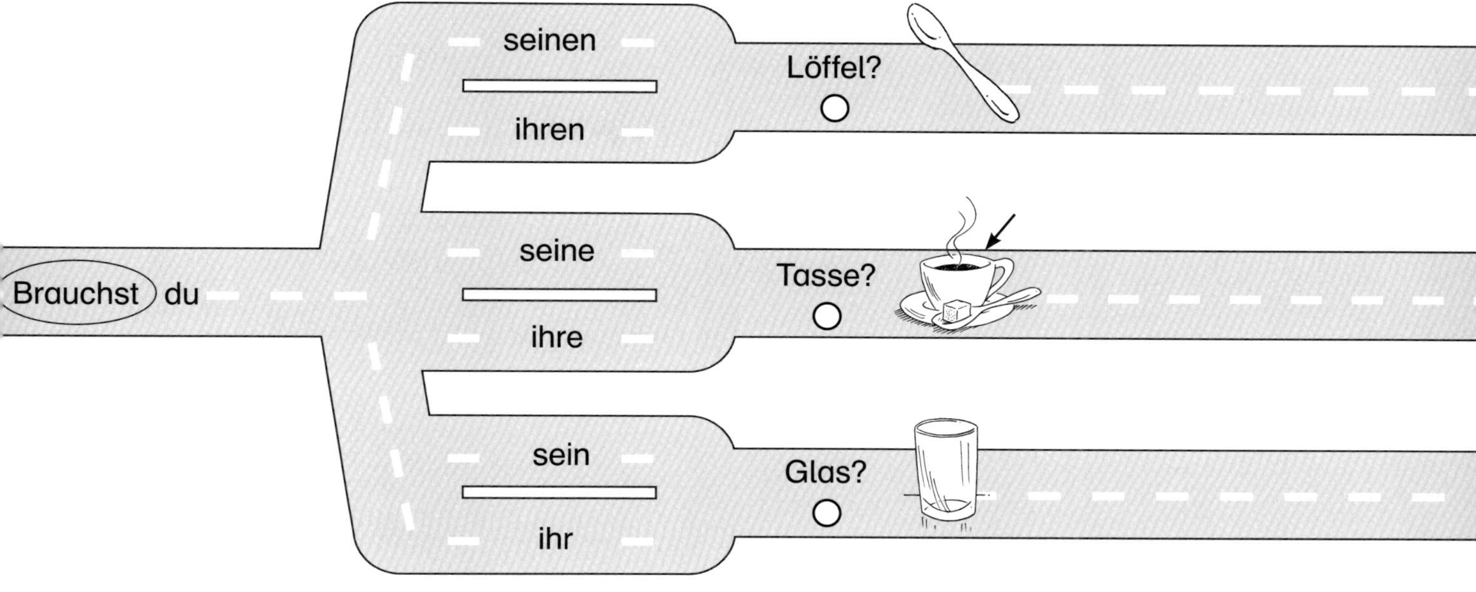

2. Sprecht den Mini-Dialog.

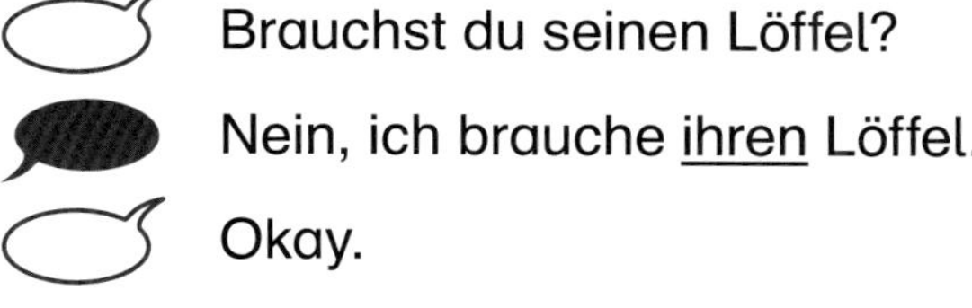

3. Bildet weitere Dialoge.

LZ: Diff. 2, Satzstraße 42: Satzfrage mit dem Possessivartikel 3. Person Singular – Akkusativ – Maskulinum/ Femininum/Neutrum – Singular

1. Bildet Sätze mit der Satzstraße.

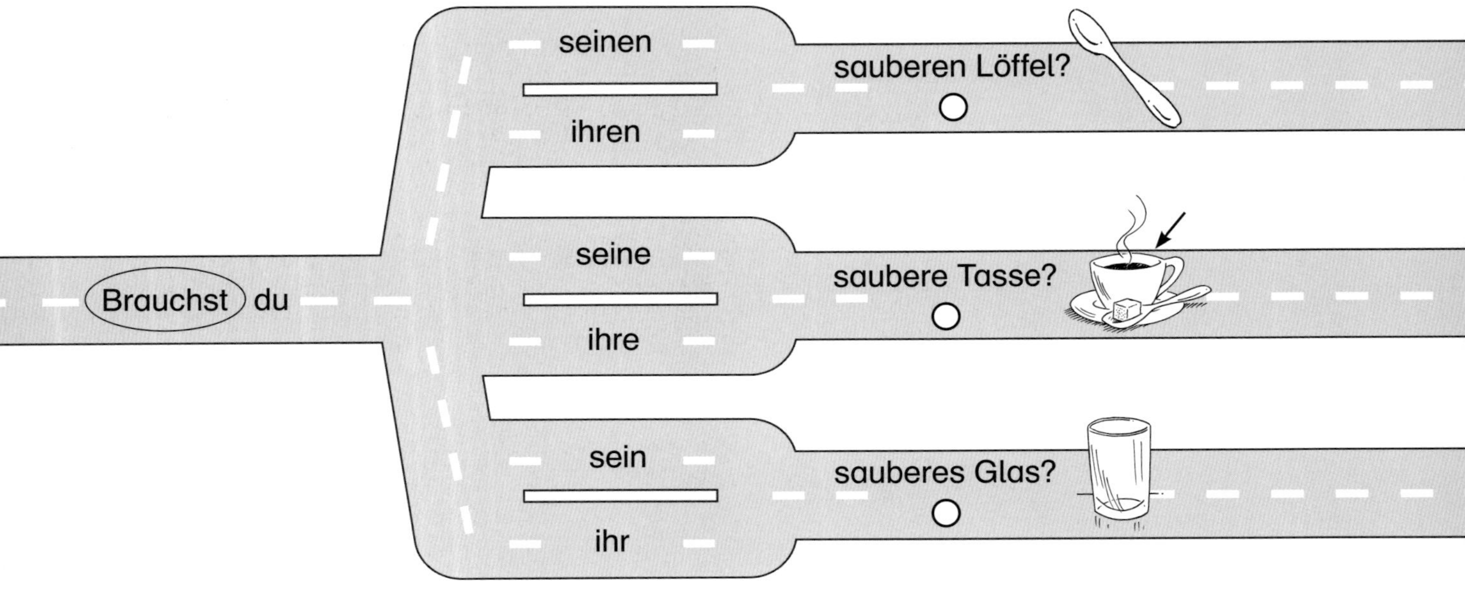

2. Sprecht den Mini-Dialog.

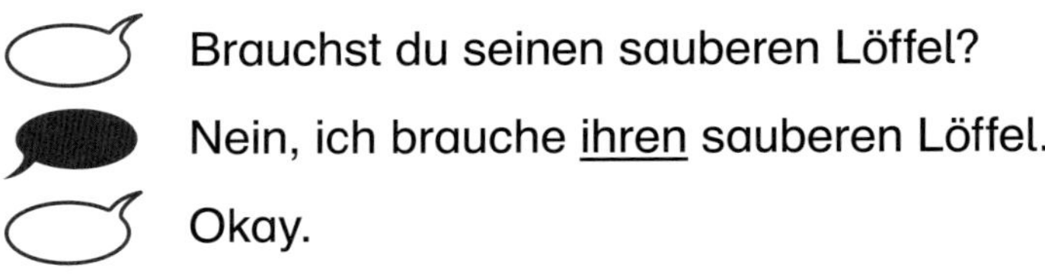

3. Bildet weitere Dialoge.

LZ: Diff. 2, Satzstraße 43: Satzfrage mit dem Possessivartikel 3. Person Singular mit Adjektiv – Akkusativ – Maskulinum/Femininum/Neutrum – Singular

1. Bildet Sätze mit der Satzstraße.

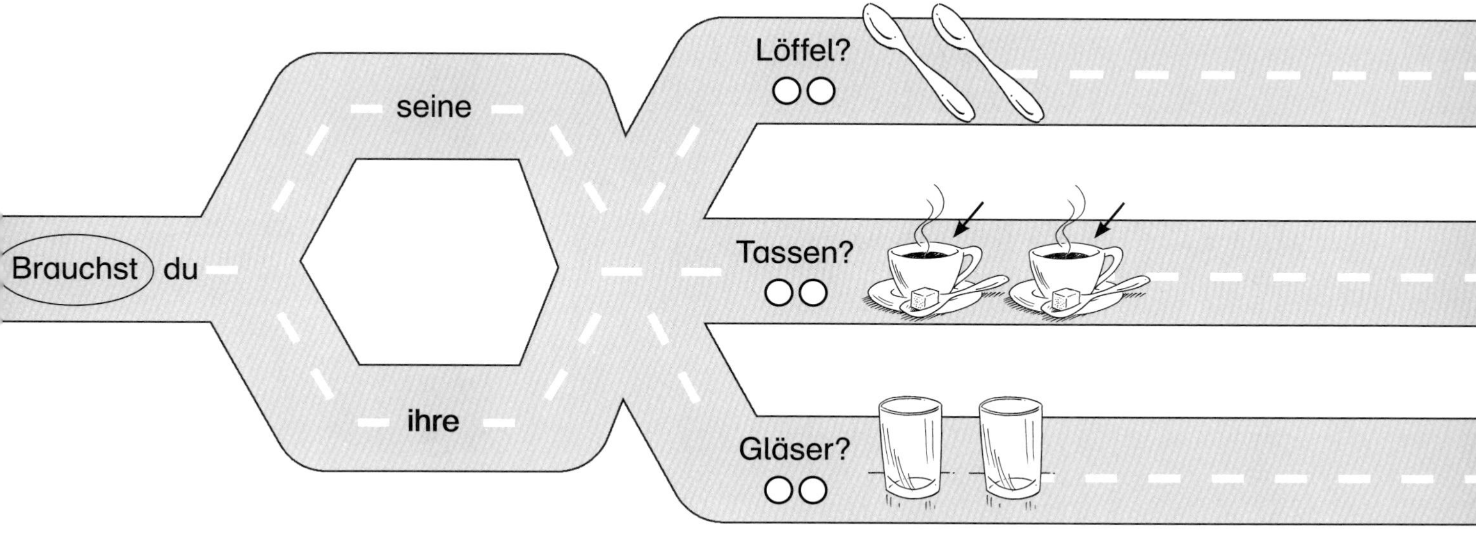

2. Sprecht den Mini-Dialog.

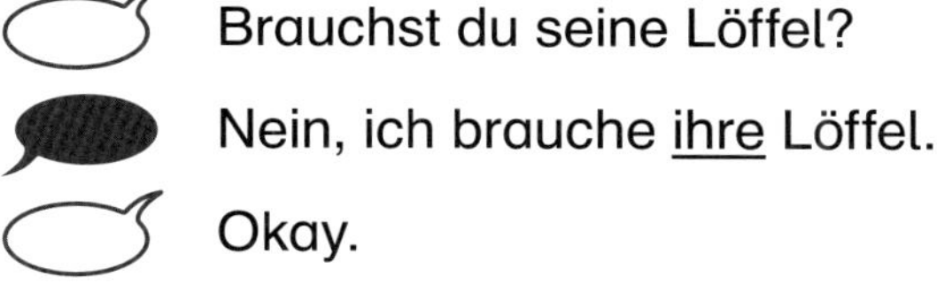

3. Bildet weitere Dialoge.

der Löffel die Löffel	die Tasse die Tassen	das Glas die Gläser	der Becher die Becher
die Gabel die Gabeln	das Messer die Messer	der Tisch die Tische	die Serviette die Servietten

LZ: Diff. 2, Satzstraße 44: Satzfrage mit dem Possessivartikel 3. Person Singular – Akkusativ – Maskulinum/Femininum/Neutrum – Plural

1. Bildet Sätze mit der Satzstraße.

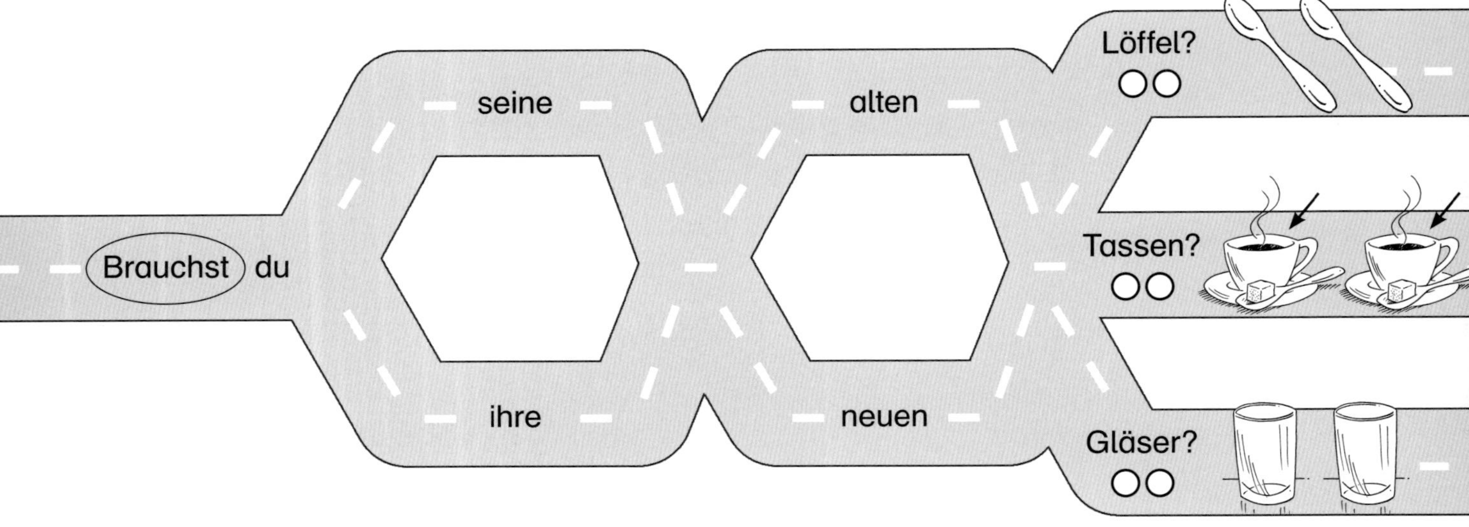

2. Sprecht den Mini-Dialog.

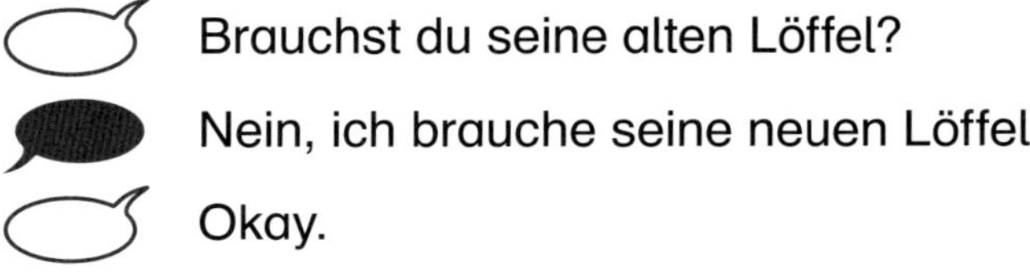

3. Bildet weitere Dialoge.

der Löffel die Löffel	die Tasse die Tassen	das Glas die Gläser	der Becher die Becher
die Gabel die Gabeln	das Messer die Messer	der Tisch die Tische	die Serviette die Servietten

LZ: Diff. 2, Satzstraße 45: Satzfrage mit dem Possessivartikel 3. Person Singular mit Adjektiv – Akkusativ – Maskulinum/Femininum/Neutrum – Plural

1. Bildet Sätze mit der Satzstraße.

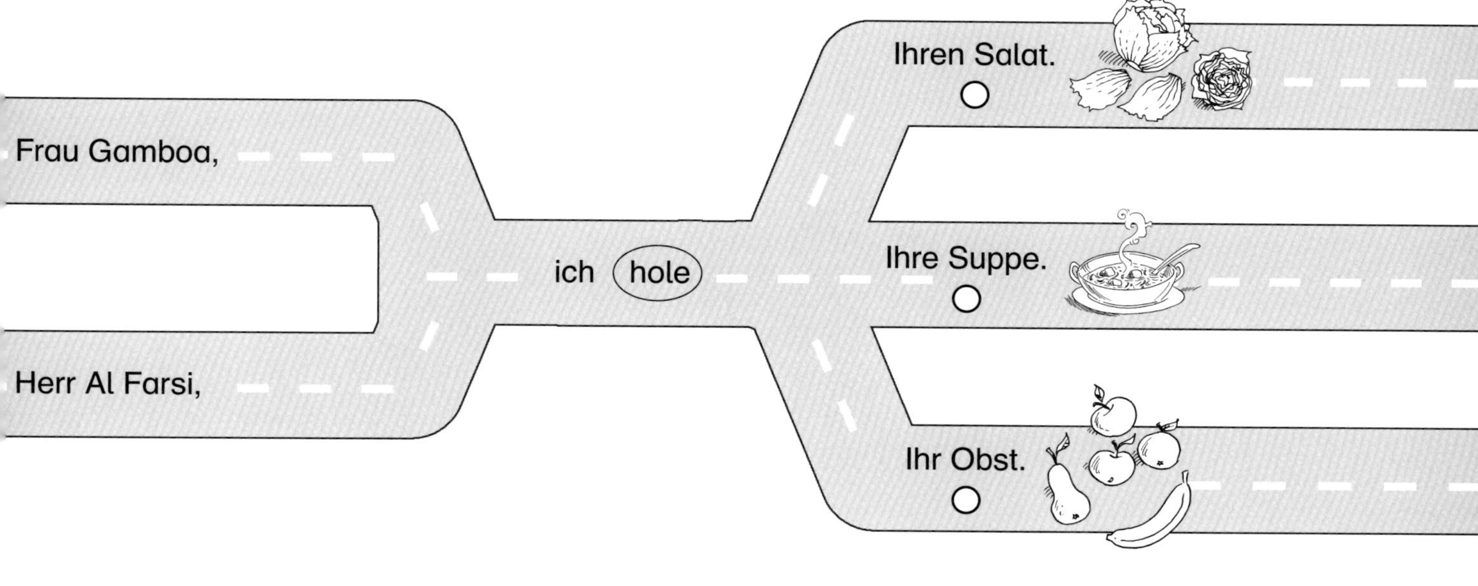

2. Sprecht den Mini-Dialog.

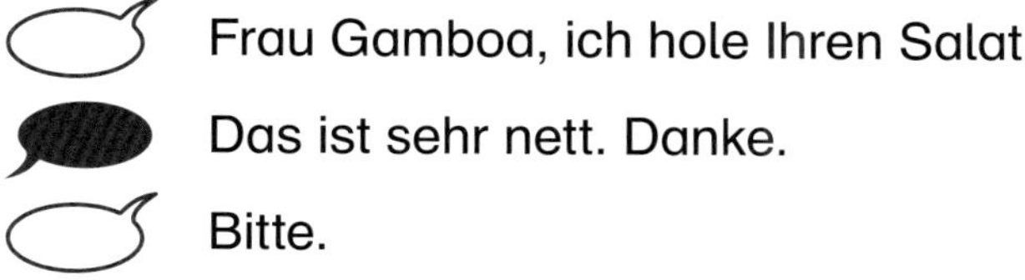

3. Bildet weitere Dialoge.

der Salat die Salate	die Suppe die Suppen	das Obst –	der Becher die Becher
die Schere die Scheren	das Brötchen die Brötchen	der Stuhl die Stühle	die Kreide die Kreiden

LZ: Diff. 2, Satzstraße 46: Substantivdeklination mit dem Possessivartikel Höflichkeitsform Singular – Akkusativ – Maskulinum/Femininum/Neutrum

1. Bildet Sätze mit der Satzstraße.

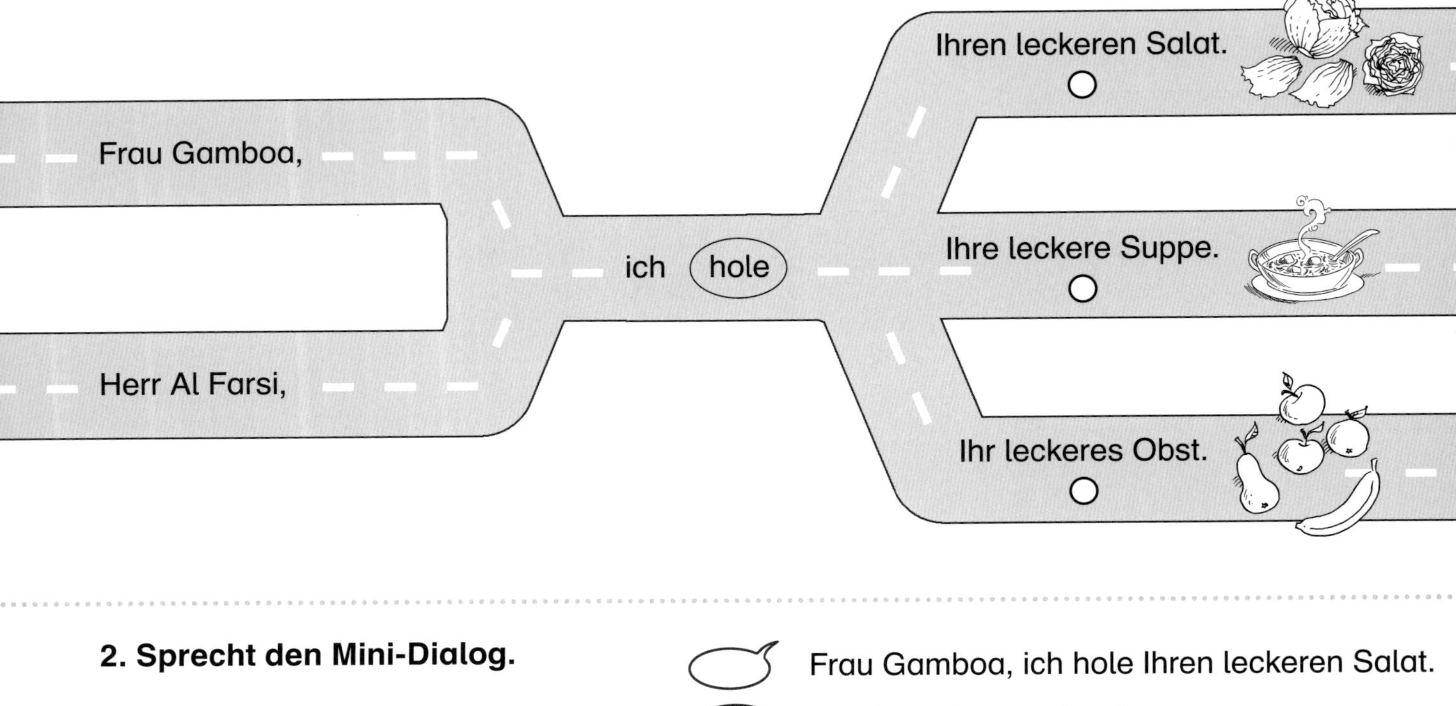

2. Sprecht den Mini-Dialog.

Frau Gamboa, ich hole Ihren leckeren Salat.

Das ist sehr nett. Danke.

Bitte.

3. Bildet weitere Dialoge.

der Salat die Salate	die Suppe die Suppen	das Obst –	der Apfel die Äpfel
die Kiwi die Kiwis	das Brötchen die Brötchen	der Tee die Tees	die Schokolade die Schokoladen

LZ: Diff. 2, Satzstraße 47: Substantivdeklination mit dem Possessivartikel Höflichkeitsform mit Adjektiv Singular – Akkusativ – Maskulinum/Femininum/Neutrum

1. Bildet Sätze mit der Satzstraße.

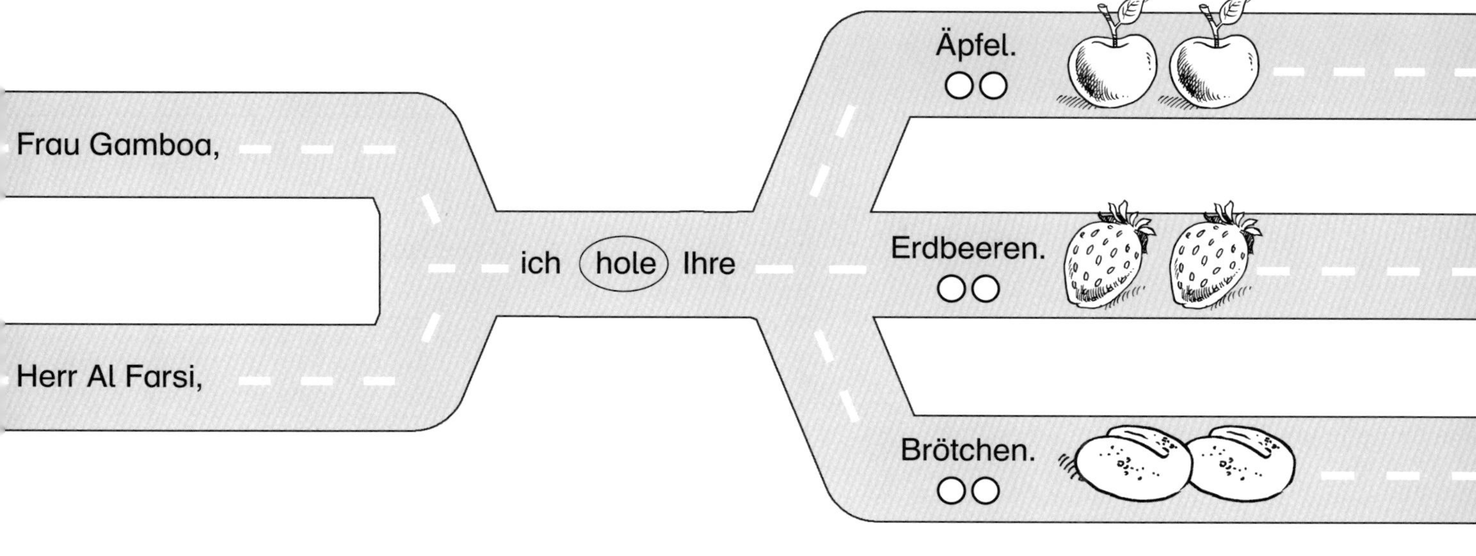

2. Sprecht den Mini-Dialog.

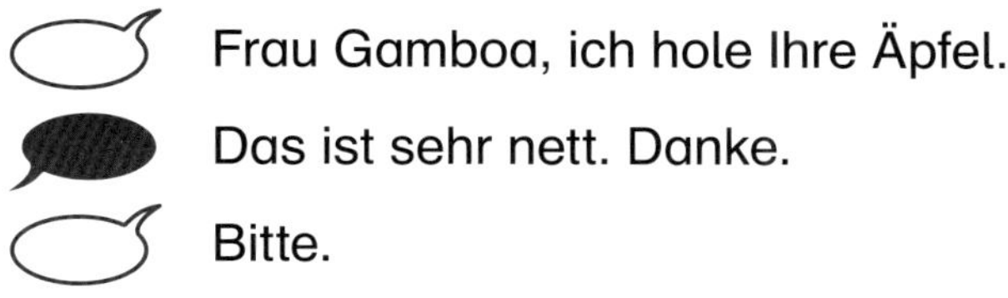

3. Bildet weitere Dialoge.

LZ: Diff. 2, Satzstraße 48: Substantivdeklination mit dem Possessivartikel Höflichkeitsform Plural – Akkusativ – Maskulinum/Femininum/Neutrum

1. Bildet Sätze mit der Satzstraße.

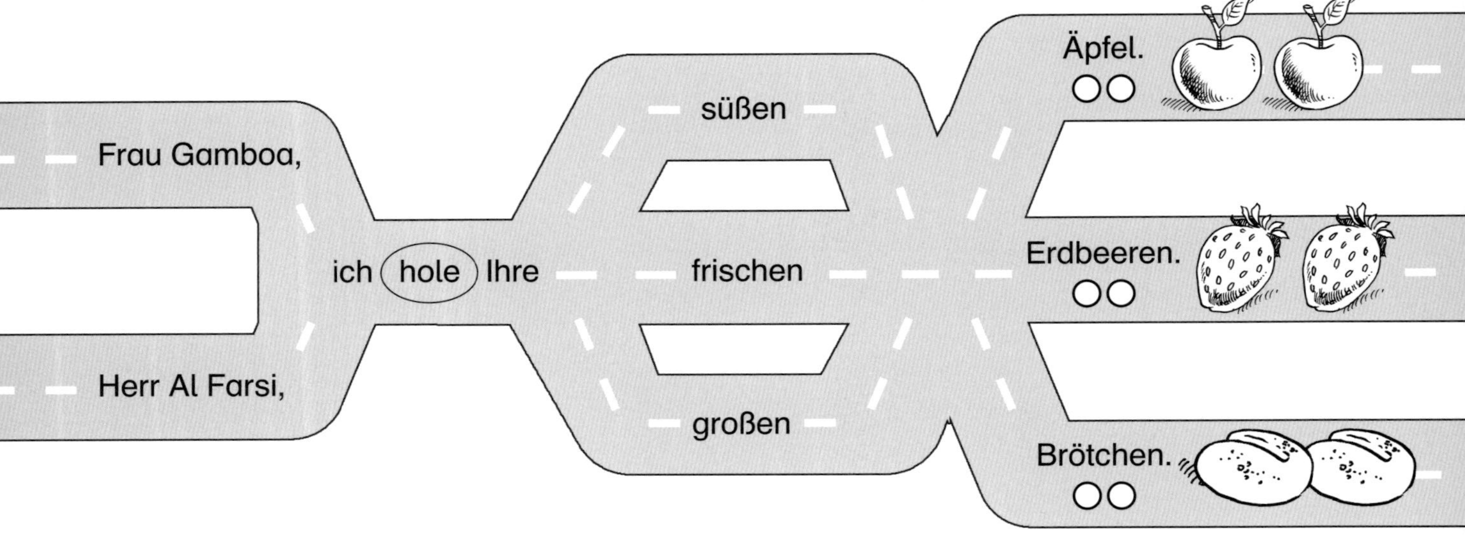

2. Sprecht den Mini-Dialog.

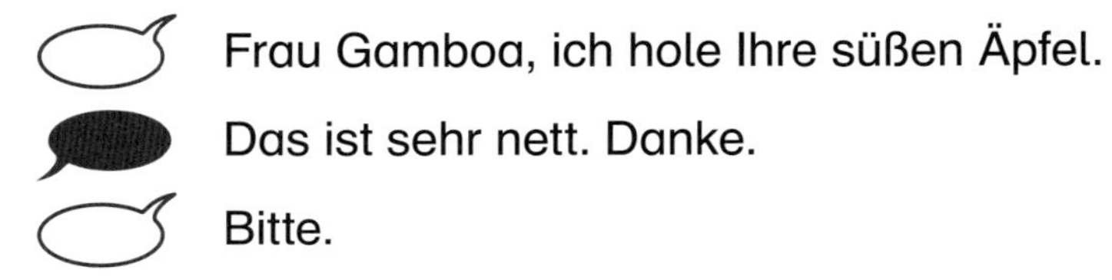

3. Bildet weitere Dialoge.

LZ: Diff. 2, Satzstraße 49: Substantivdeklination mit dem Possessivartikel Höflichkeitsform mit Adjektiv Plural – Akkusativ – Maskulinum/Femininum/Neutrum

1. Bildet Sätze mit der Satzstraße.

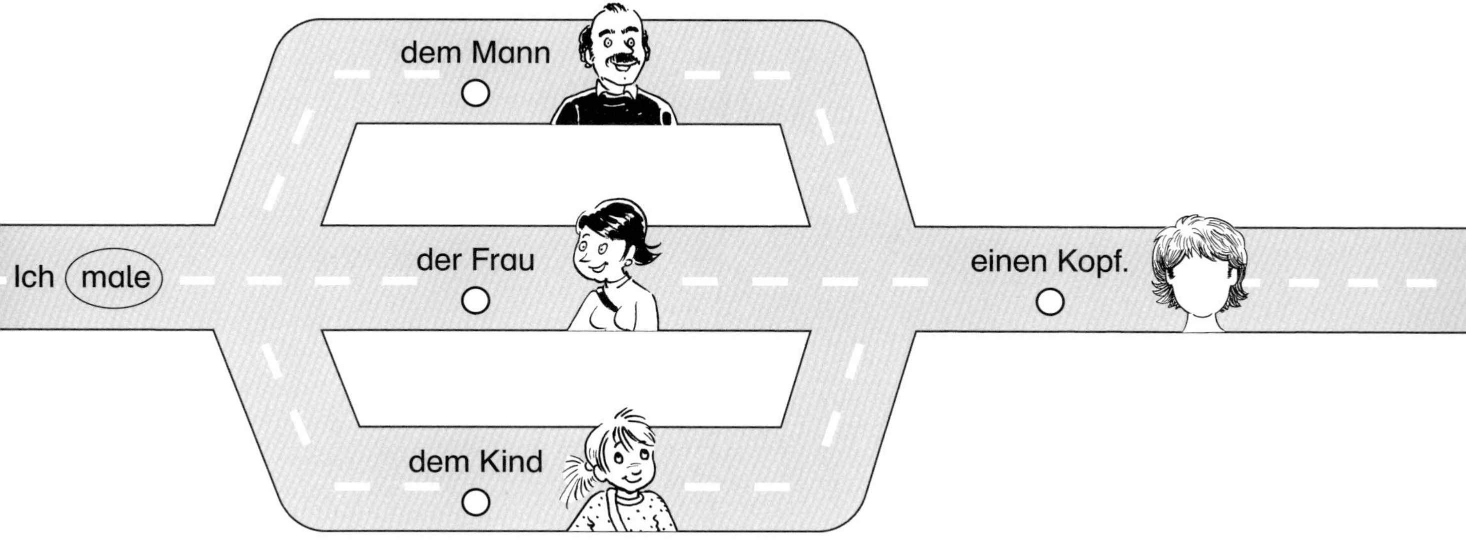

2. Sprecht den Mini-Dialog.

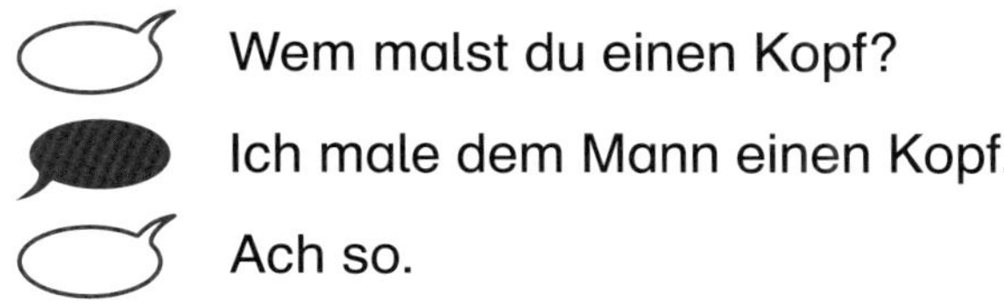

3. Bildet weitere Dialoge.

 der Mann die Männer *dem Mann*	 die Frau die Frauen *der Frau*	 das Kind die Kinder *dem Kind*	 der Bruder die Brüder *dem Bruder*
 die Sekretärin die Sekretärinnen *der Sekretärin*	 das Mädchen die Mädchen *dem Mädchen*	 der Gärtner die Gärtner *dem Gärtner*	 das Baby die Babys *dem Baby*

LZ: Diff. 2, Satzstraße 50: Substantivdeklination mit dem best. Artikel Singular – Dativ – Maskulinum/Femininum/ Neutrum – mit „malen“

1. Bildet Sätze mit der Satzstraße.

2. Sprecht den Mini-Dialog.

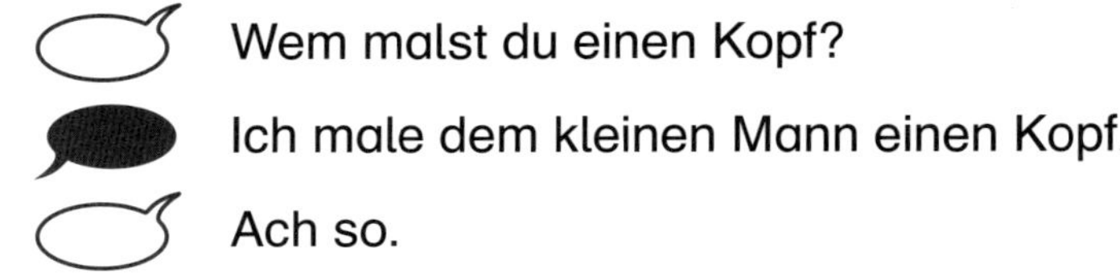

3. Bildet weitere Dialoge.

 der Mann die Männer *dem Mann*	 die Frau die Frauen *der Frau*	 das Kind die Kinder *dem Kind*	 der Bäcker die Bäcker *dem Bäcker*
 die Tierärztin die Tierärztinnen *der Tierärztin*	 das Mädchen die Mädchen *dem Mädchen*	 die Gärtnerin die Gärtnerinnen *der Gärtnerin*	 das Baby die Babys *dem Baby*

LZ: Diff. 2, Satzstraße 51: Substantivdeklination mit dem best. Artikel mit Adjektiv Singular – Dativ – Maskulinum/Femininum/Neutrum – mit „malen"

1. Bildet Sätze mit der Satzstraße.

2. Sprecht den Mini-Dialog.

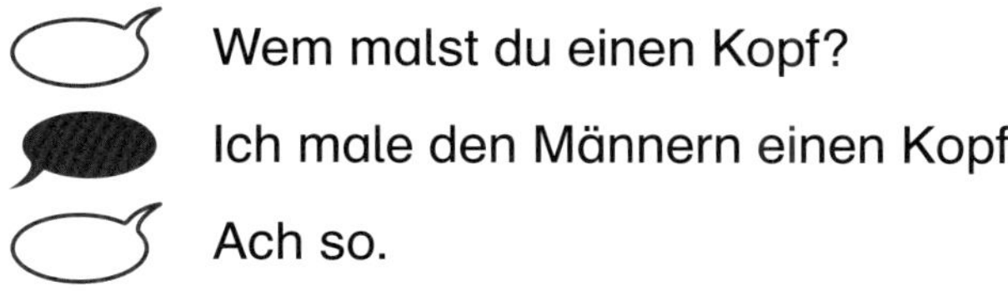

3. Bildet weitere Dialoge.

 der Mann die Männer *den Männern*	 die Frau die Frauen *den Frauen*	 das Kind die Kinder *den Kindern*	 der Hausmeister die Hausmeister *den Hausmeistern*
 die Tierärztin die Tierärztinnen *den Tierärztinnen*	 das Zebra die Zebras *den Zebras*	 die Gärtnerin die Gärtnerinnen *den Gärtnerinnen*	 das Baby die Babys *den Babys*

LZ: Diff. 2, Satzstraße 52: Substantivdeklination mit dem best. Artikel Plural – Dativ – Maskulinum/Femininum/Neutrum – mit „malen“

1. Bildet Sätze mit der Satzstraße.

2. Sprecht den Mini-Dialog.

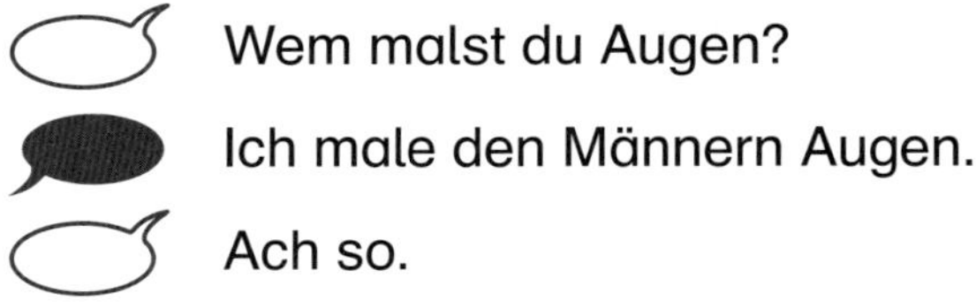

3. Bildet weitere Dialoge.

 der Mann die Männer *den Männern*	 die Frau die Frauen *den Frauen*	 das Kind die Kinder *den Kindern*	 der Hausmeister die Hausmeister *den Hausmeistern*
 die Tierärztin die Tierärztinnen *den Tierärztinnen*	 das Zebra die Zebras *den Zebras*	 die Gärtnerin die Gärtnerinnen *den Gärtnerinnen*	 das Baby die Babys *den Babys*

LZ: Diff. 2, Satzstraße 53: Substantivdeklination mit dem best. Artikel Plural – Dativ – Maskulinum/Femininum/Neutrum – mit „malen“

1. Bildet Sätze mit der Satzstraße.

2. Sprecht den Mini-Dialog.

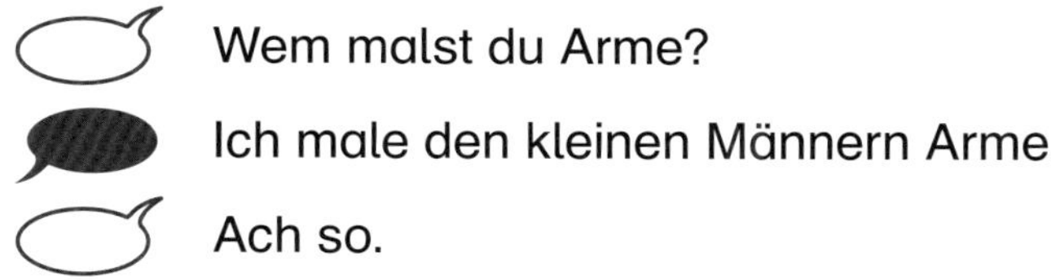

3. Bildet weitere Dialoge.

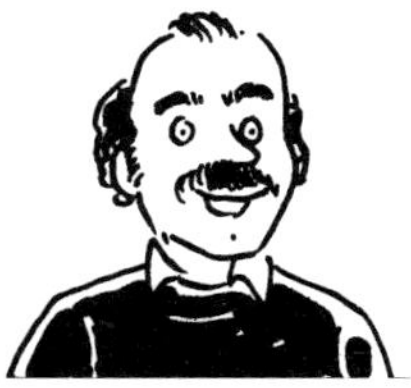 der Mann die Männer *den Männern*	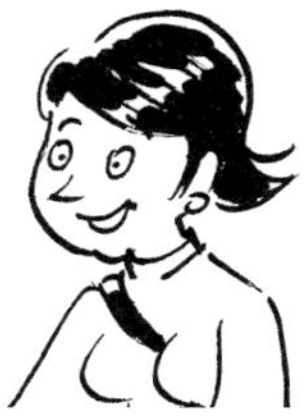 die Frau die Frauen *den Frauen*	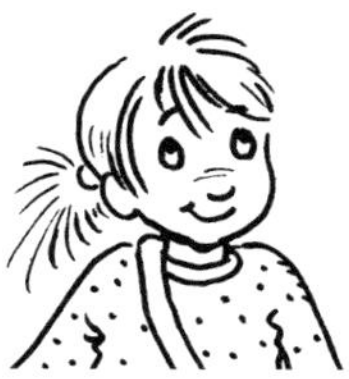 das Kind die Kinder *den Kindern*	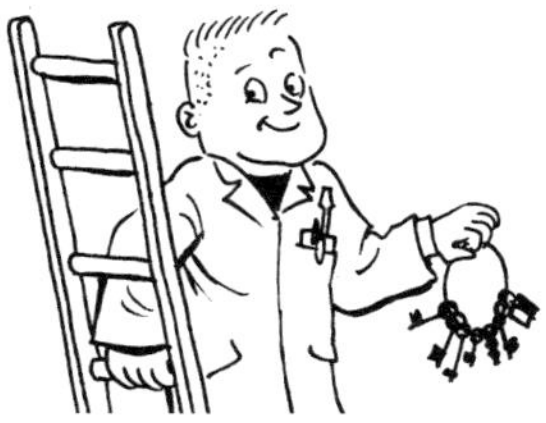 der Hausmeister die Hausmeister *den Hausmeistern*
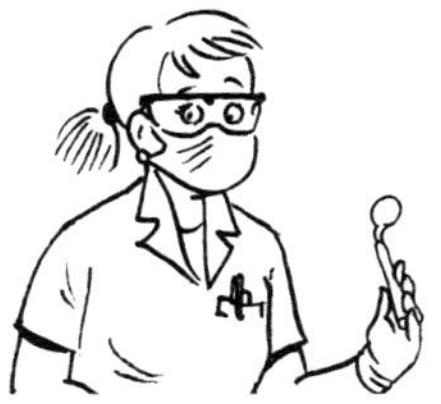 die Tierärztin die Tierärztinnen *den Tierärztinnen*	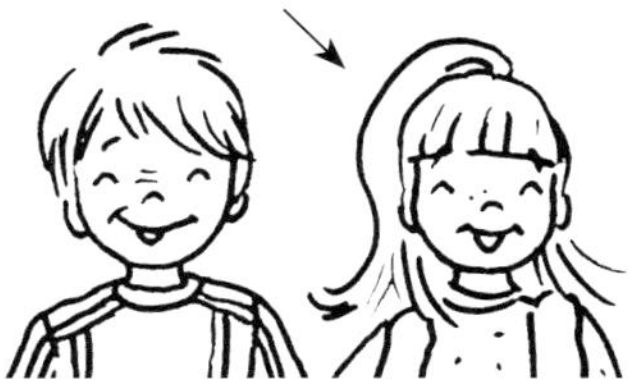 das Mädchen die Mädchen *den Mädchen*	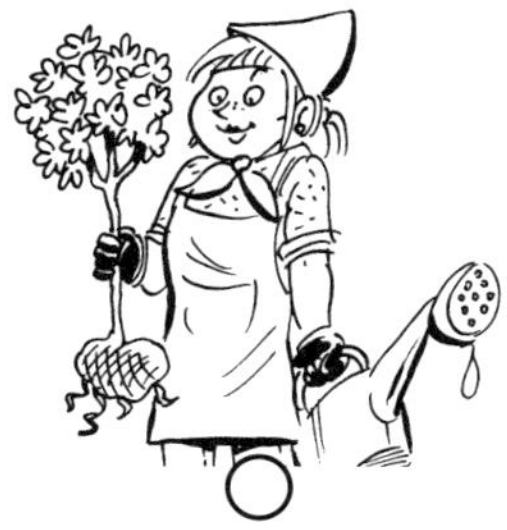 die Gärtnerin die Gärtnerinnen *den Gärtnerinnen*	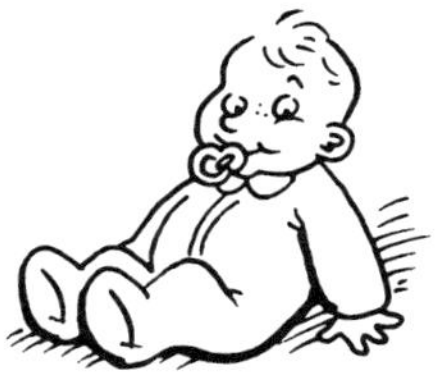 das Baby die Babys *den Babys*

LZ: Diff. 2, Satzstraße 54: Substantivdeklination mit dem best. Artikel mit Adjektiv Plural – Dativ – Maskulinum/Femininum/Neutrum – mit „malen“

1. Bildet Sätze mit der Satzstraße.

2. Sprecht den Mini-Dialog.

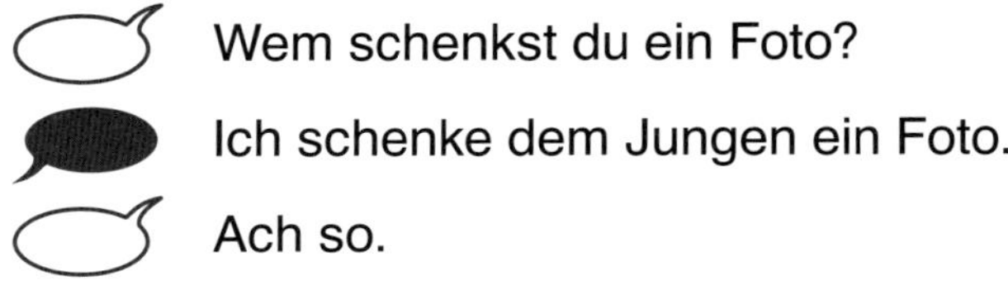

3. Bildet weitere Dialoge.

 der Junge die Jungen *dem Jungen*	 die Lehrerin die Lehrerinnen *der Lehrerin*	 das Mädchen die Mädchen *dem Mädchen*	 der Bäcker die Bäcker *dem Bäcker*
 die Ärztin die Ärztinnen *der Ärztin*	 das Kind die Kinder *dem Kind*	 die Bäckerin die Bäckerinnen *der Bäckerin*	 das Baby die Babys *dem Baby*

LZ: Diff. 2, Satzstraße 55: Substantivdeklination mit dem best. Artikel Singular – Dativ – Maskulinum/Femininum/ Neutrum – mit „schenken“

1. Bildet Sätze mit der Satzstraße.

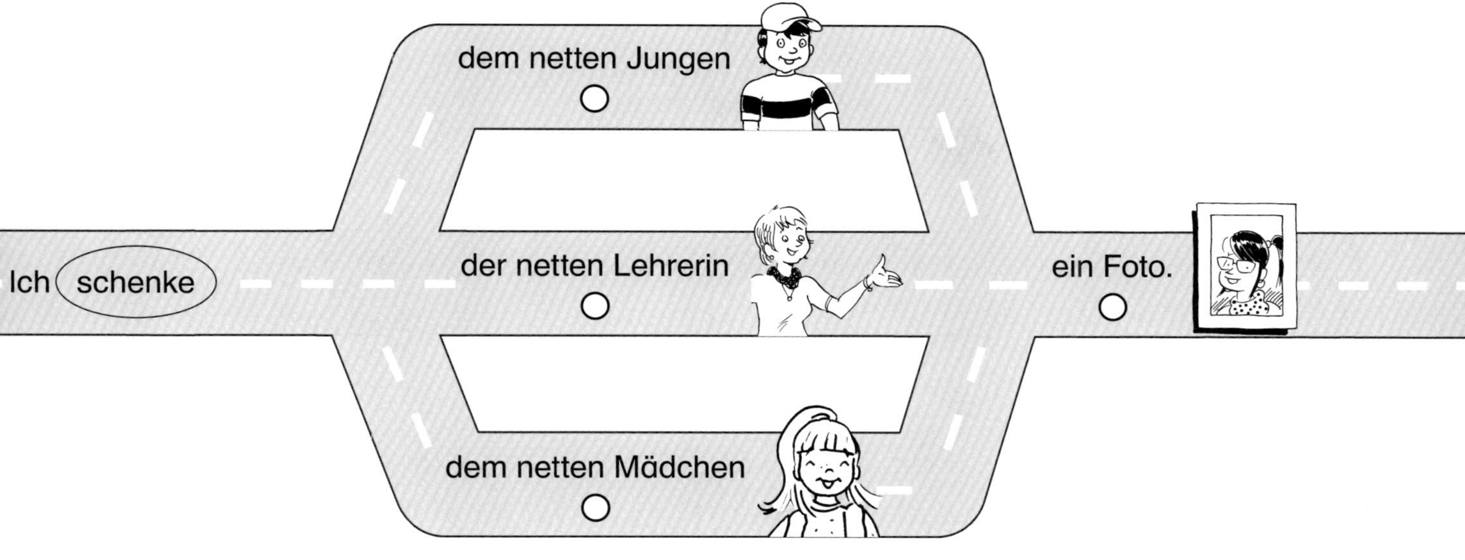

2. Sprecht den Mini-Dialog.

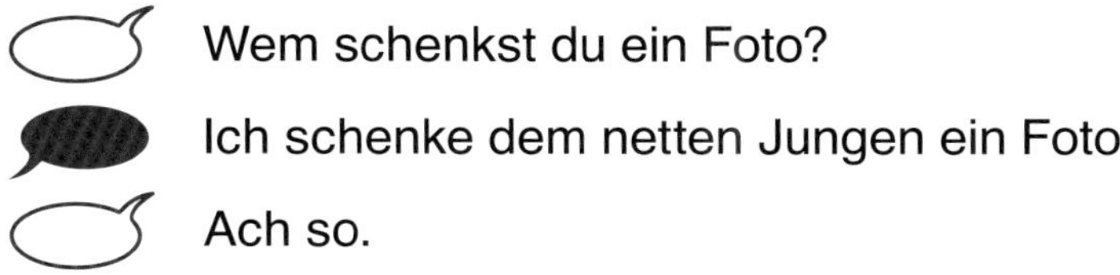

3. Bildet weitere Dialoge.

 der Junge die Jungen *dem Jungen*	 die Lehrerin die Lehrerinnen *der Lehrerin*	 das Mädchen die Mädchen *dem Mädchen*	 der Zahnarzt die Zahnärzte *dem Zahnarzt*
 die Ärztin die Ärztinnen *der Ärztin*	 das Kind die Kinder *dem Kind*	 die Schülerin die Schülerinnen *der Schülerin*	 das Baby die Babys *dem Baby*

LZ: Diff. 2, Satzstraße 56: Substantivdeklination mit dem best. Artikel mit Adjektiv Singular – Dativ – Maskulinum/Femininum/Neutrum – mit „schenken“

1. Bildet Sätze mit der Satzstraße.

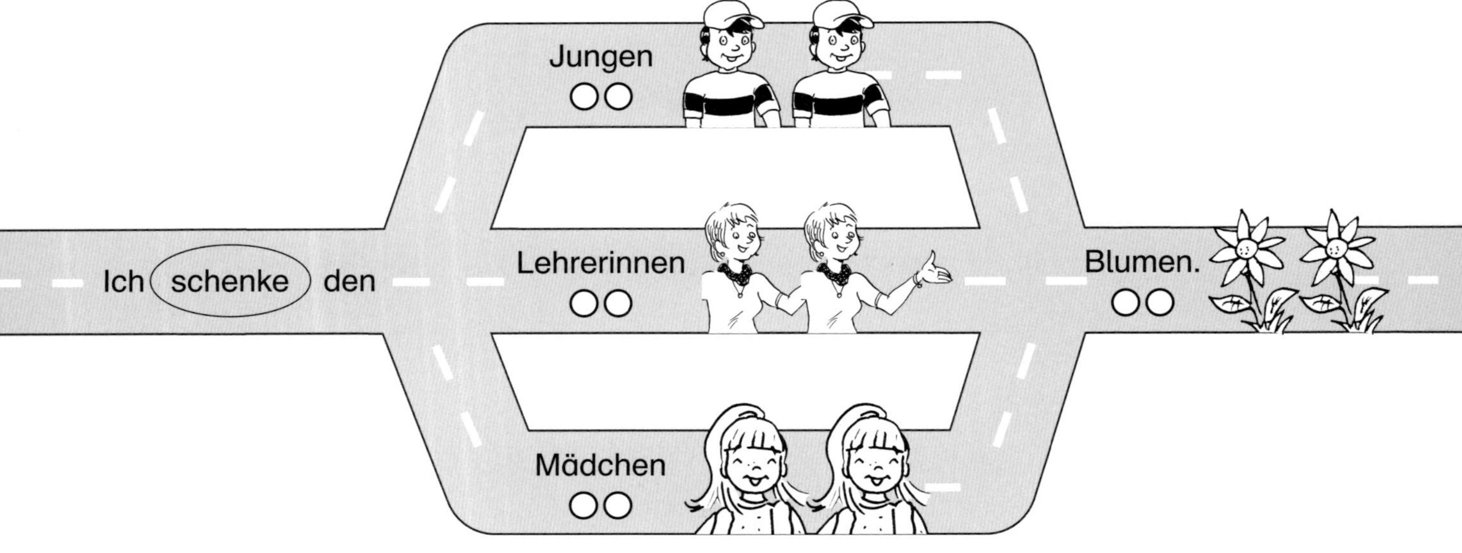

2. Sprecht den Mini-Dialog.

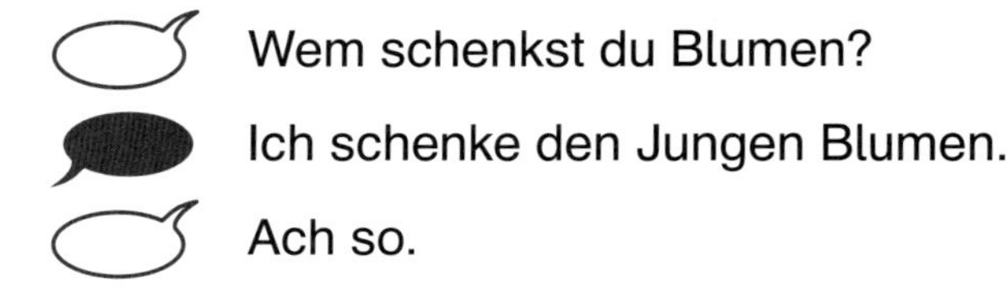

3. Bildet weitere Dialoge.

 ○ der Junge die Jungen *den Jungen*	 ○ die Lehrerin die Lehrerinnen *den Lehrerinnen*	 ○ das Mädchen die Mädchen *den Mädchen*	 ○ der Schüler die Schüler *den Schülern*
 ○ die Ärztin die Ärztinnen *den Ärztinnen*	 ○ das Kind die Kinder *den Kindern*	 ○ die Bäckerin die Bäckerinnen *den Bäckerinnen*	 ○ das Baby die Babys *den Babys*

LZ: Diff. 2, Satzstraße 57: Substantivdeklination mit dem best. Artikel Plural – Dativ – Maskulinum/Femininum/ Neutrum – mit „schenken“

1. Bildet Sätze mit der Satzstraße.

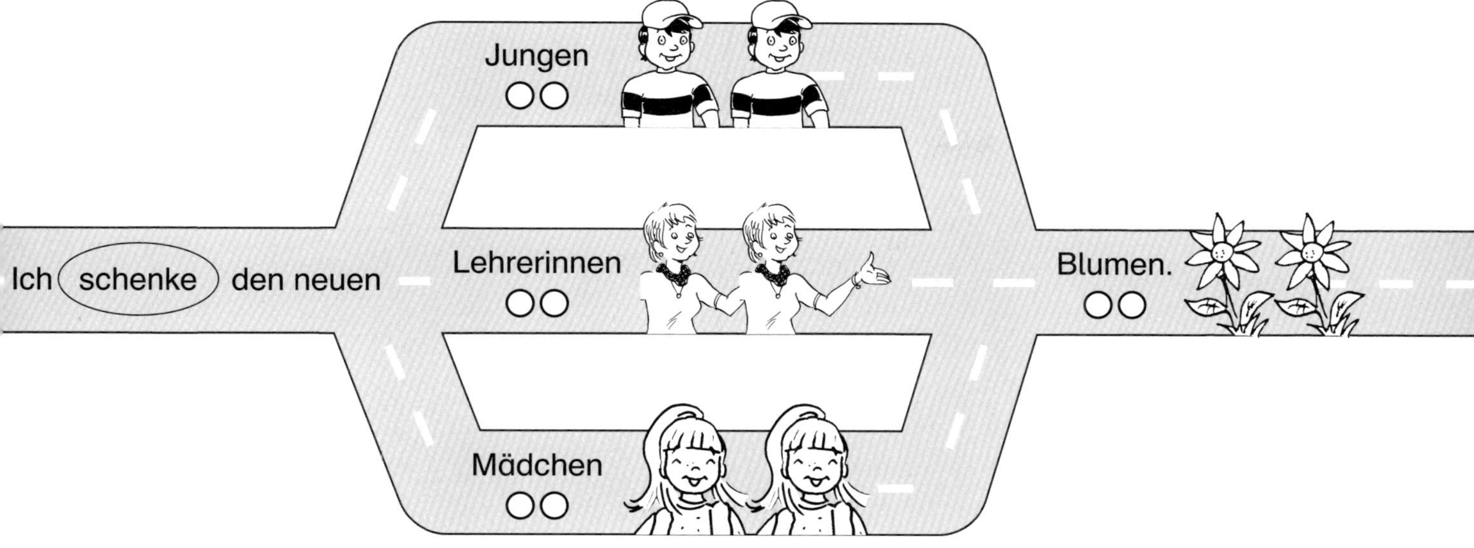

2. Sprecht den Mini-Dialog.

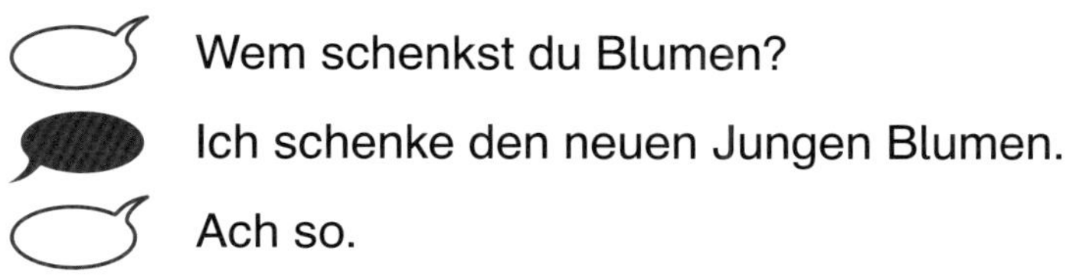

3. Bildet weitere Dialoge.

 der Junge die Jungen *den Jungen*	 die Lehrerin die Lehrerinnen *den Lehrerinnen*	 das Mädchen die Mädchen *den Mädchen*	 der Schüler die Schüler *den Schülern*
 die Schülerin die Schülerinnen *den Schülerinnen*	 das Kind die Kinder *den Kindern*	 die Bäckerin die Bäckerinnen *den Bäckerinnen*	 das Baby die Babys *den Babys*

LZ: Diff. 2, Satzstraße 58: Substantivdeklination mit dem best. Artikel mit Adjektiv Plural – Dativ – Maskulinum/ Femininum/Neutrum – mit „schenken“

1. Bildet Sätze mit der Satzstraße.

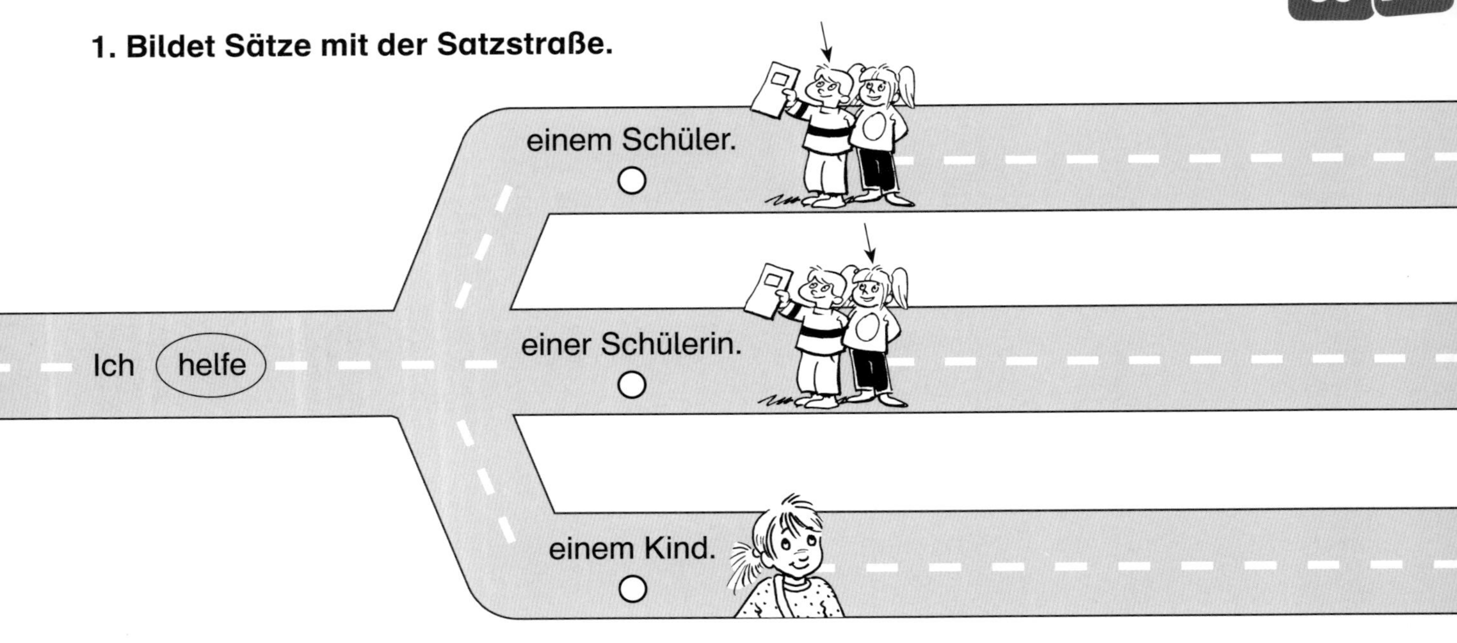

2. Sprecht den Mini-Dialog.

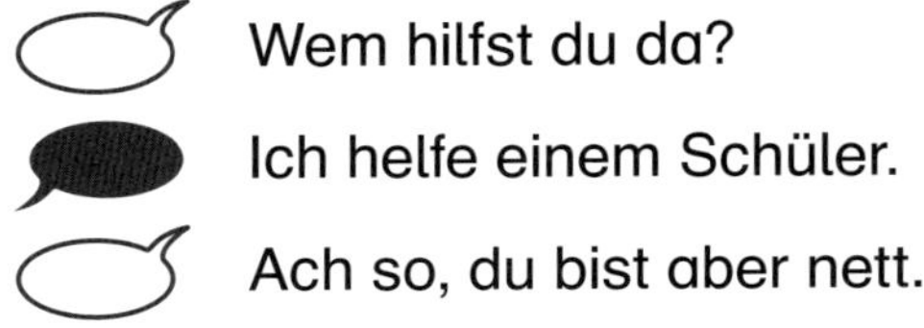

3. Bildet weitere Dialoge.

LZ: Diff. 2, Satzstraße 59: Substantivdeklination mit dem unbest. Artikel Singular – Dativ – Maskulinum/ Femininum/Neutrum – mit „helfen“

1. Bildet Sätze mit der Satzstraße.

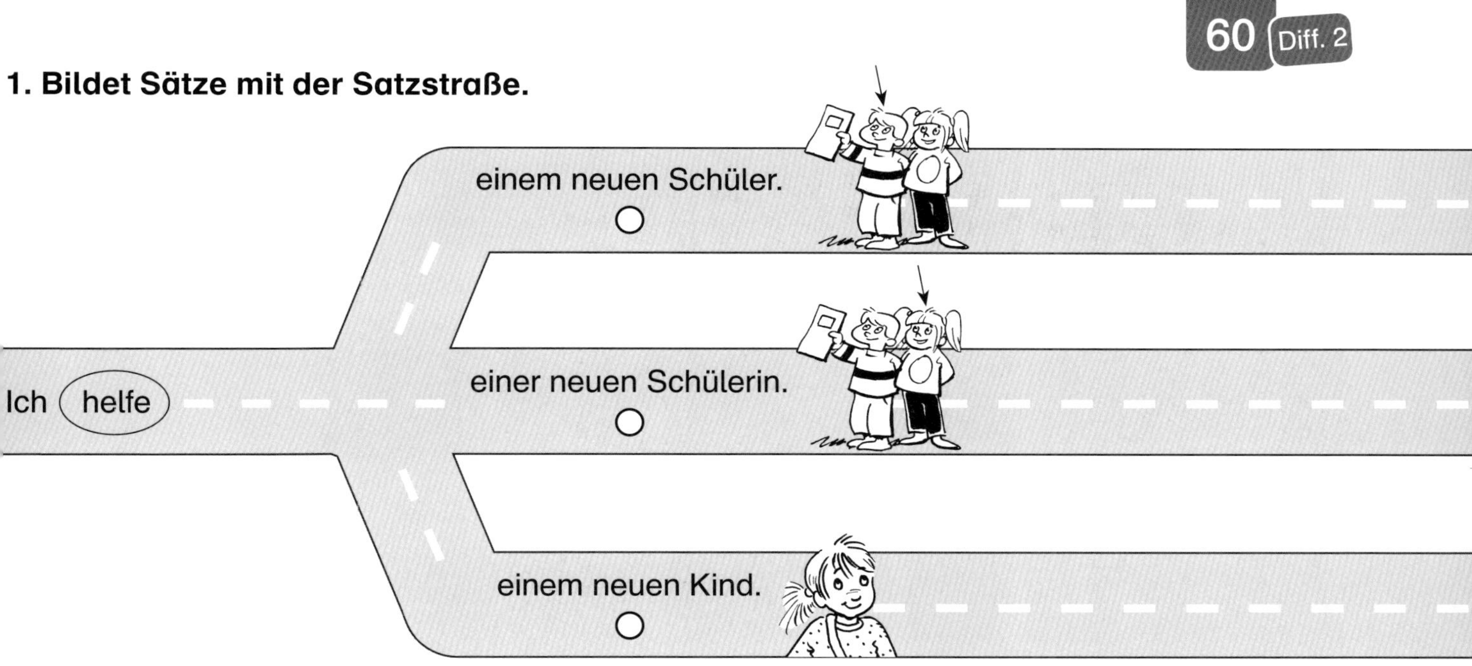

2. Sprecht den Mini-Dialog.

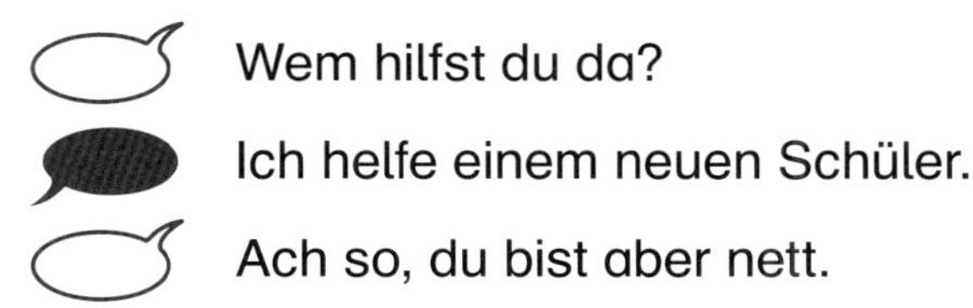

3. Bildet weitere Dialoge.

 der Schüler die Schüler *einem Schüler*	 die Schülerin die Schülerinnen *einem Schülerin*	 das Kind die Kinder *einem Kind*	 der Schulleiter die Schulleiter *einem Schulleiter*
 der Bäcker die Bäcker *einem Bäcker*	 der Zahnarzt die Zahnärzte *einem Zahnarzt*	 der Gärtner die Gärtner *einem Gärtner*	 der Hausmeister die Hausmeister *einem Hausmeister*

LZ: Diff. 2, Satzstraße 60: Substantivdeklination mit dem unbest. Artikel mit Adjektiv Singular – Dativ – Maskulinum/Femininum/Neutrum – mit „helfen"

1. Bildet Sätze mit der Satzstraße.

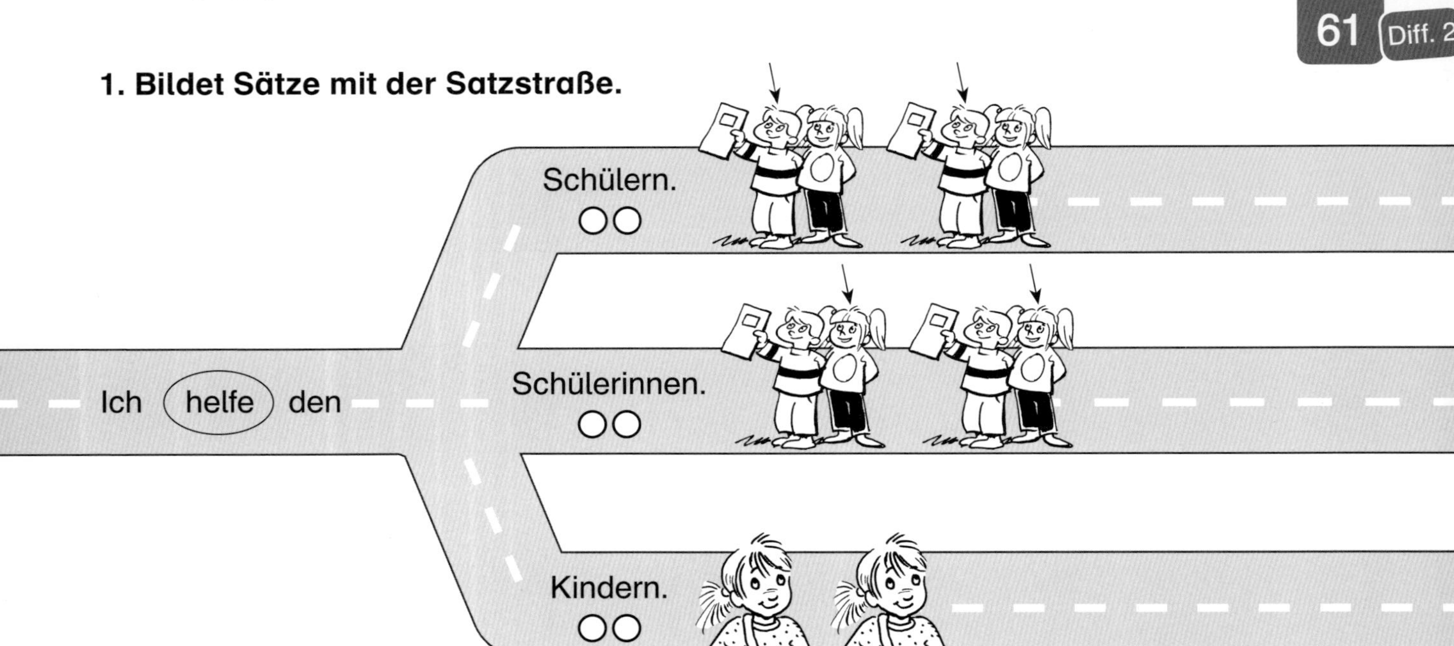

2. Sprecht den Mini-Dialog.

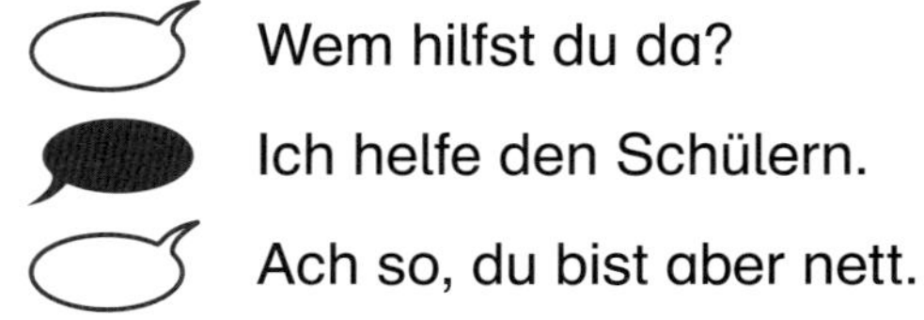

Wem hilfst du da?
Ich helfe den Schülern.
Ach so, du bist aber nett.

3. Bildet weitere Dialoge.

der Schüler die Schüler *den Schülern*	die Schülerin die Schülerinnen *den Schülerinnen*	das Kind die Kinder *den Kindern*	der Schulleiter die Schulleiter *den Schulleitern*
der Bäcker die Bäcker *den Bäckern*	der Zahnarzt die Zahnärzte *den Zahnärzten*	der Gärtner die Gärtner *den Gärtnern*	der Hausmeister die Hausmeister *den Hausmeistern*

LZ: Diff. 2, Satzstraße 61: Substantivdeklination mit dem best. Artikel Plural – Dativ – Maskulinum/Femininum/Neutrum – mit „helfen“

1. Bildet Sätze mit der Satzstraße.

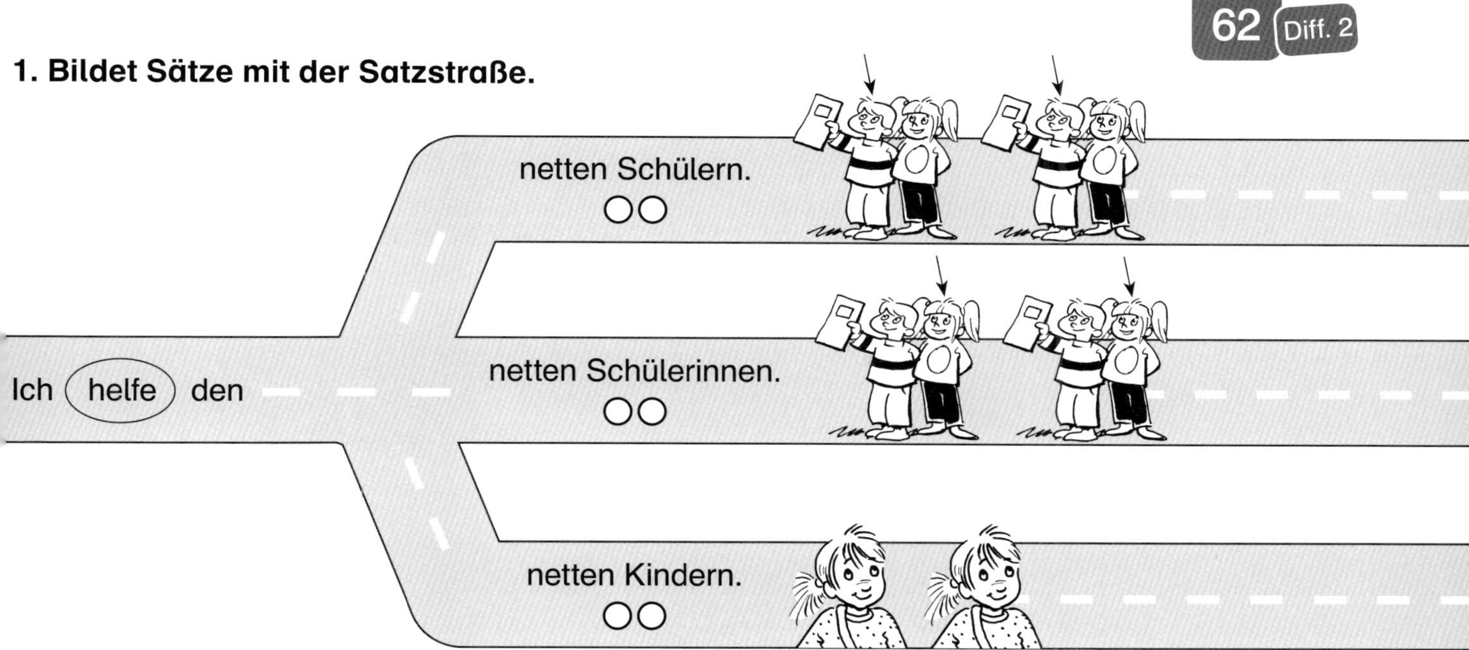

2. Sprecht den Mini-Dialog.

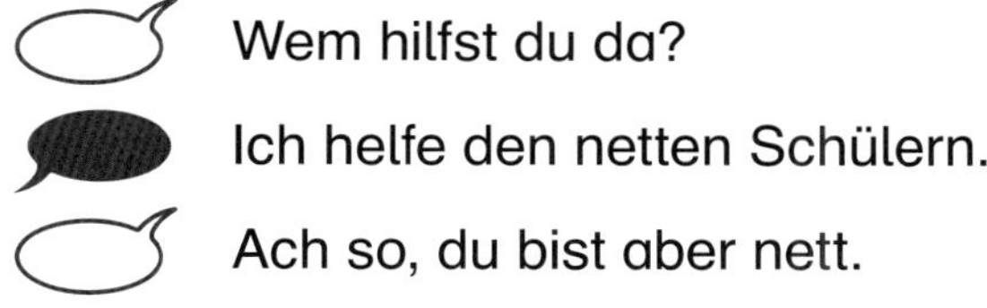

Wem hilfst du da?

Ich helfe den netten Schülern.

Ach so, du bist aber nett.

3. Bildet weitere Dialoge.

 der Schüler die Schüler *den Schülern*	 die Schülerin die Schülerinnen *den Schülerinnen*	 das Kind die Kinder *den Kindern*	 der Schulleiter die Schulleiter *den Schulleitern*
 der Bäcker die Bäcker *den Bäckern*	 der Zahnarzt die Zahnärzte *den Zahnärzten*	 der Gärtner die Gärtner *den Gärtnern*	 der Hausmeister die Hausmeister *den Hausmeistern*

LZ: Diff. 2, Satzstraße 62: Substantivdeklination mit dem best. Artikel mit Adjektiv Plural – Dativ – Maskulinum/Femininum/Neutrum – mit „helfen“

1. Bildet Sätze mit der Satzstraße.

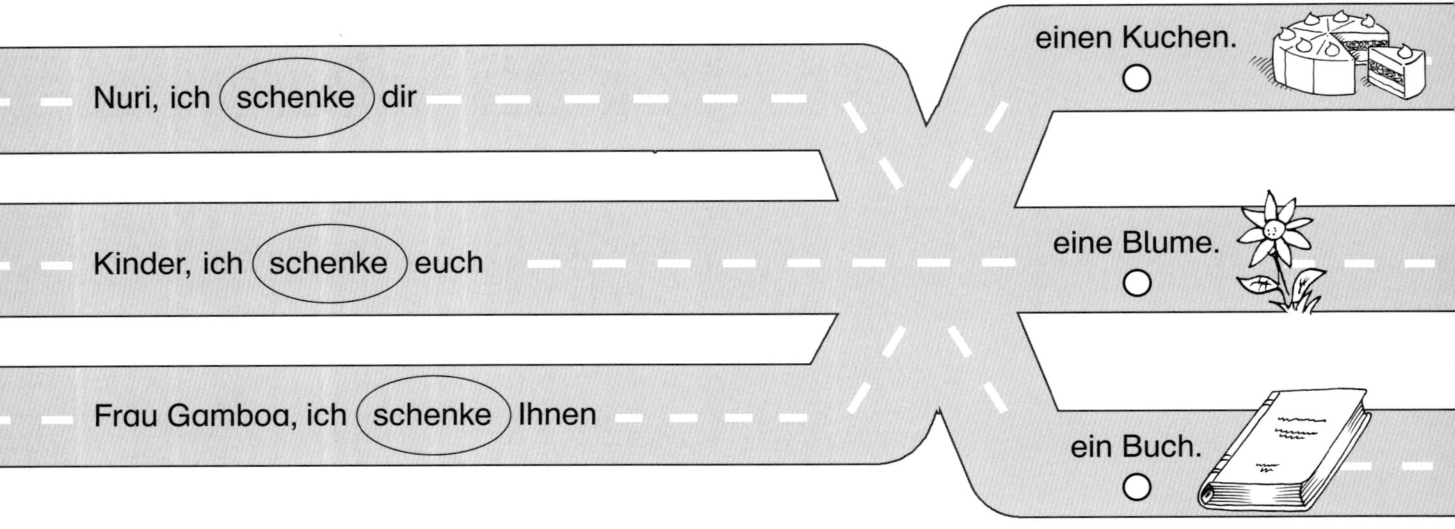

2. Sprecht den Mini-Dialog.

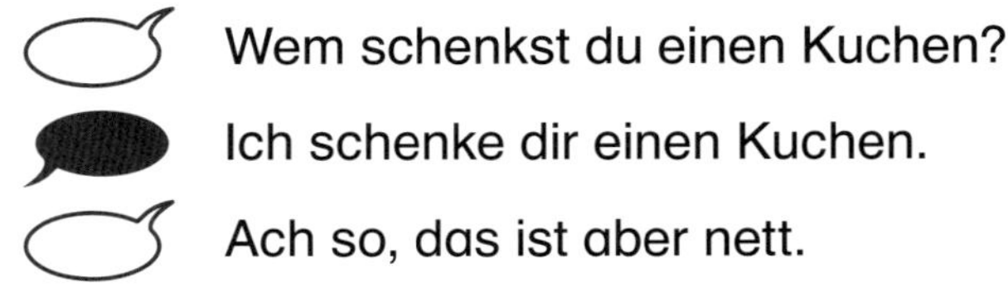

3. Bildet weitere Dialoge.

der Kuchen die Kuchen	die Blume die Blumen	das Buch die Bücher	der Apfel die Äpfel
die Tasche die Taschen	das Eis –	der Bleistift die Bleistifte	das Foto die Fotos

LZ: Diff. 2, Satzstraße 63: Personalpronomen 2. Person Singular & Plural & Höflichkeitsform – Dativ – Maskulinum/Femininum/Neutrum – Singular

1. Bildet Sätze mit der Satzstraße.

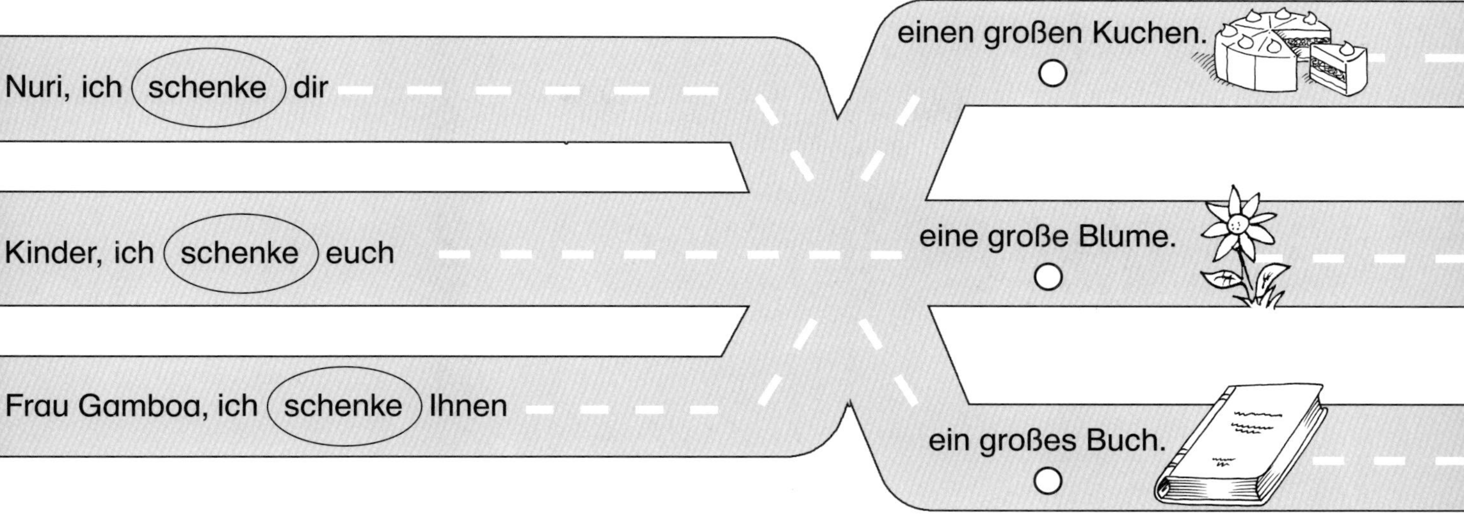

2. Sprecht den Mini-Dialog.

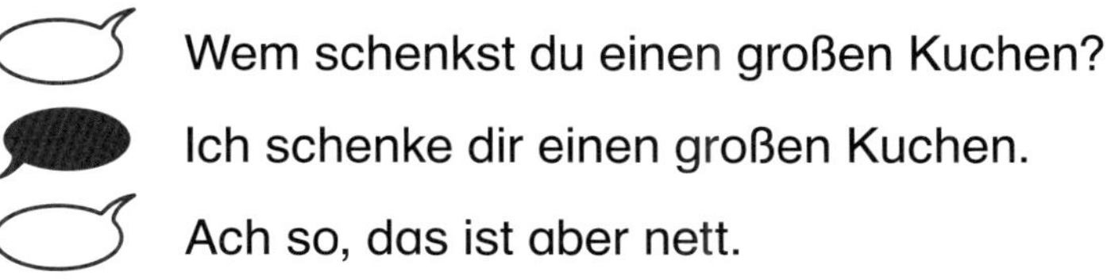

3. Bildet weitere Dialoge.

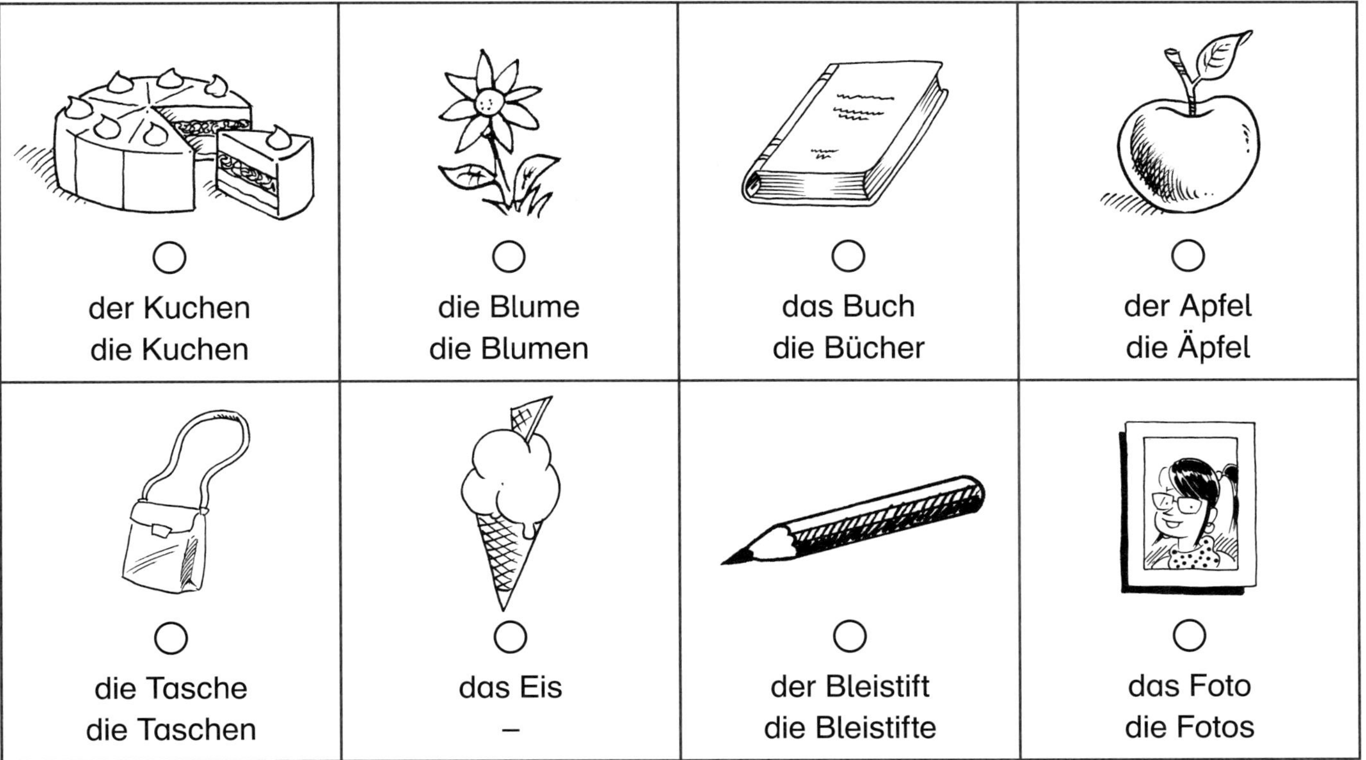

LZ: Diff. 2, Satzstraße 64: Personalpronomen 2. Person Singular & Plural & Höflichkeitsform mit Adjektiv – Dativ – Maskulinum/Femininum/Neutrum – Singular

1. Bildet Sätze mit der Satzstraße.

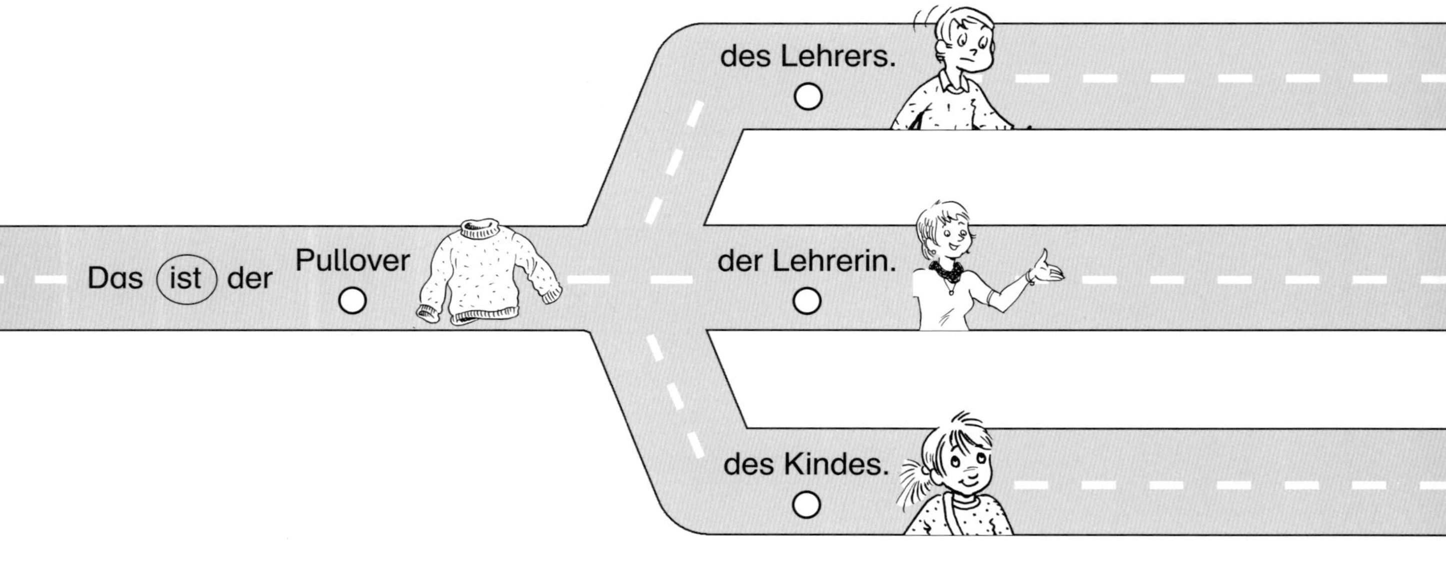

2. Sprecht den Mini-Dialog.

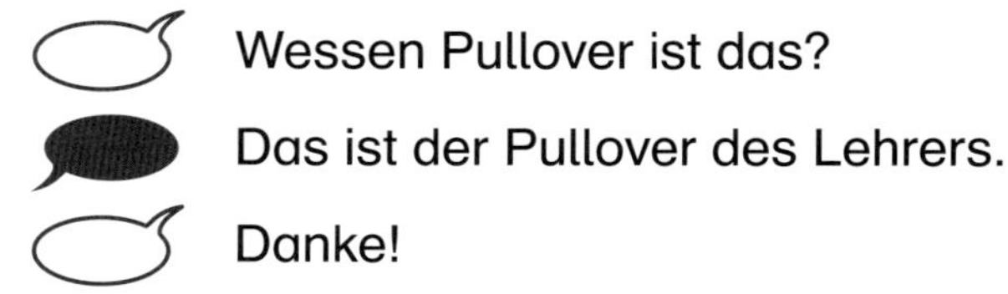

3. Bildet weitere Dialoge.

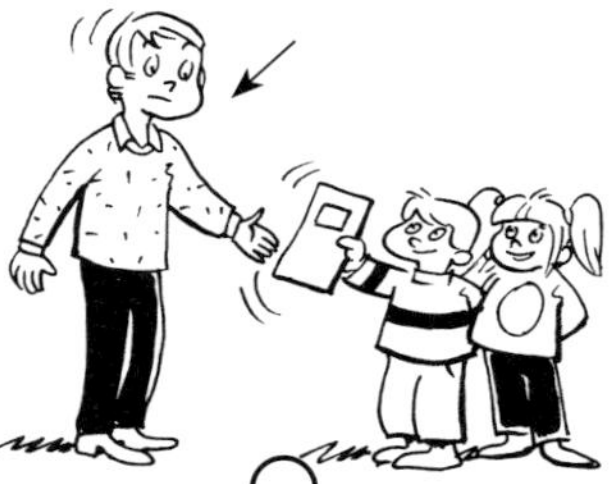 der Lehrer die Lehrer *des Lehrers*	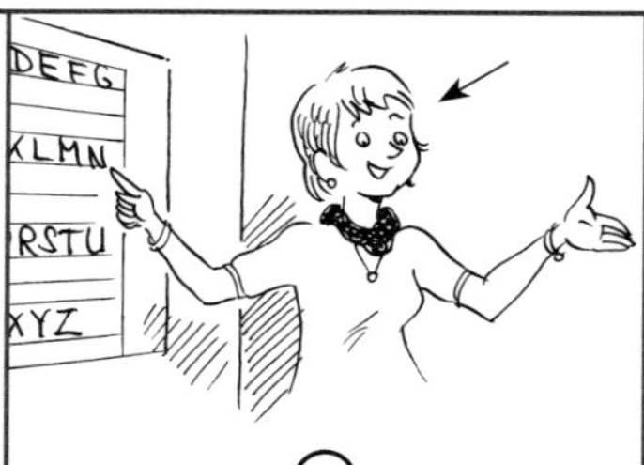 die Lehrerin die Lehrerinnen *der Lehrerin*	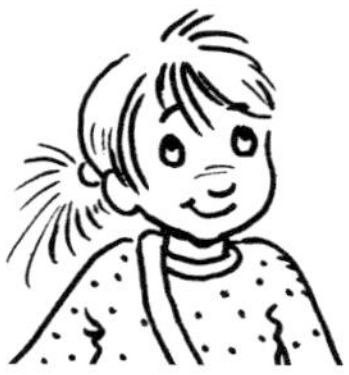 das Kind die Kinder *des Kindes*	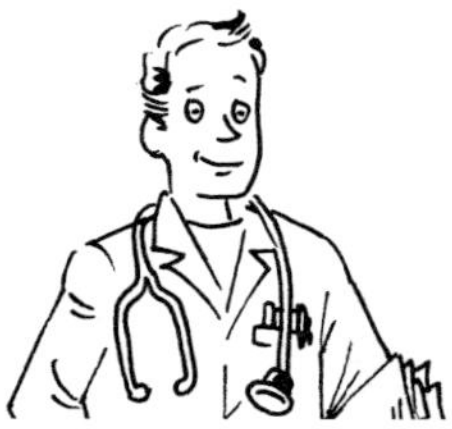 der Arzt die Ärzte *des Arztes*
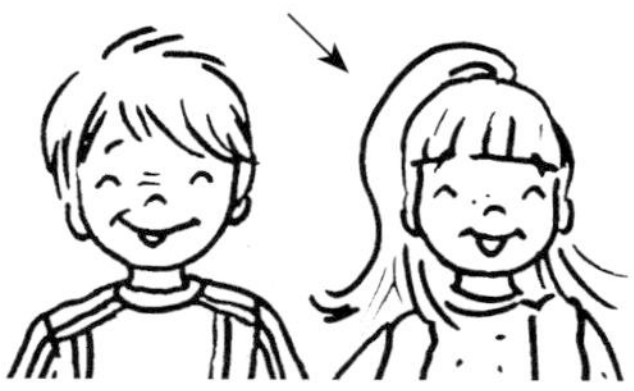 das Mädchen die Mädchen *des Mädchens*	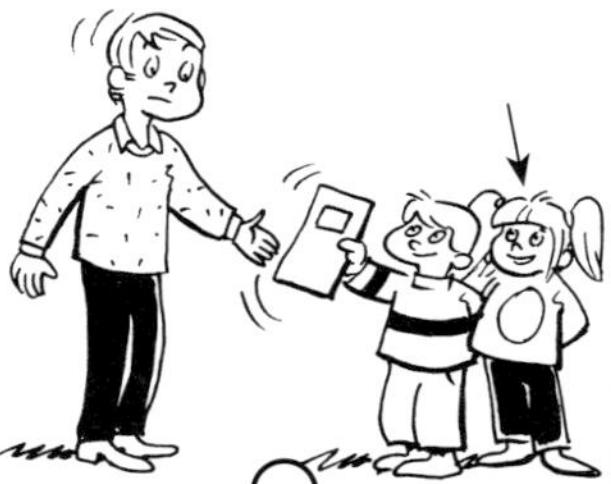 die Schülerin die Schülerinnen *der Schülerin*	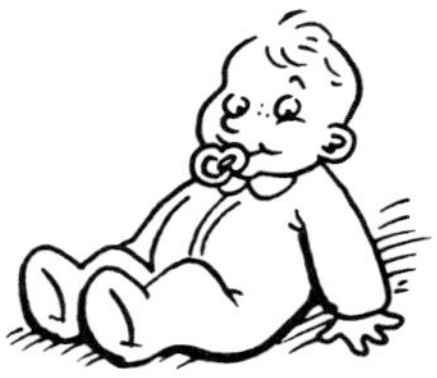 das Baby die Babys *des Babys*	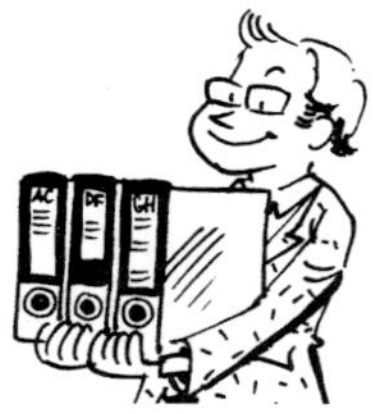 der Sekretär die Sekretäre *des Sekretärs*

LZ: Diff. 2, Satzstraße 65: Substantivdeklination mit dem best. Artikel Singular – Genitiv – Maskulinum/Femininum/Neutrum

1. Bildet Sätze mit der Satzstraße.

2. Sprecht den Mini-Dialog.

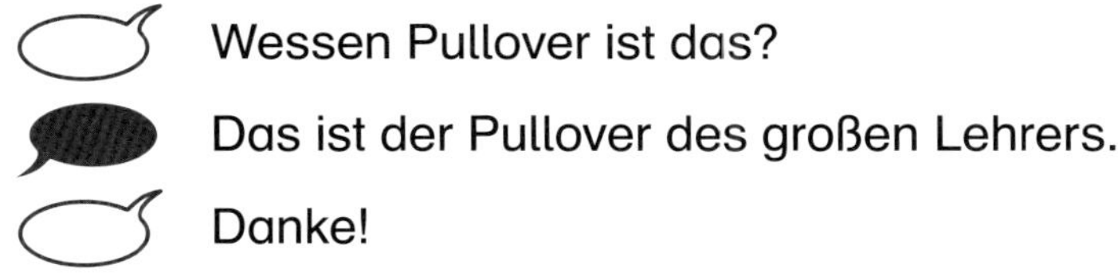

Wessen Pullover ist das?

Das ist der Pullover des großen Lehrers.

Danke!

3. Bildet weitere Dialoge.

 der Lehrer die Lehrer *des Lehrers*	 die Lehrerin die Lehrerinnen *der Lehrerin*	 das Kind die Kinder *des Kindes*	 der Arzt die Ärzte *des Arztes*
 das Mädchen die Mädchen *des Mädchens*	 die Schülerin die Schülerinnen *der Schülerin*	 das Baby die Babys *des Babys*	 der Sekretär die Sekretäre *des Sekretärs*

LZ: Diff. 2, Satzstraße 66: Substantivdeklination mit dem best. Artikel mit Adjektiv Singular – Genitiv – Maskulinum/Femininum/Neutrum

1. Bildet Sätze mit der Satzstraße.

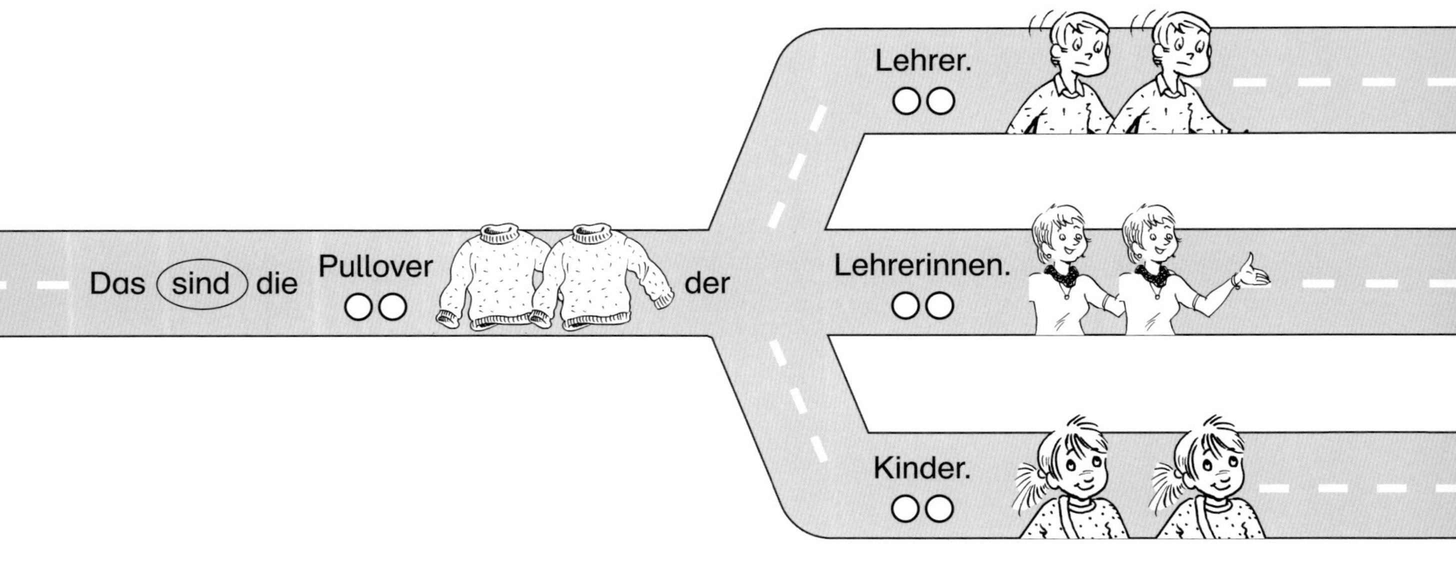

2. Sprecht den Mini-Dialog.

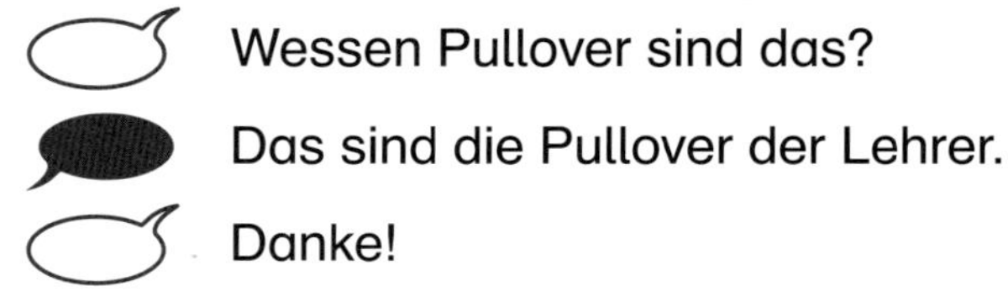

3. Bildet weitere Dialoge.

 der Lehrer die Lehrer *der Lehrer*	 die Lehrerin die Lehrerinnen *der Lehrerinnen*	 das Kind die Kinder *der Kinder*	 das Mädchen die Mädchen *der Mädchen*
 die Schülerin die Schülerinnen *der Schülerinnen*	 der Schüler die Schüler *der Schüler*	 die Zahnärztin die Zahnärztinnen *der Zahnärztinnen*	 der Zahnarzt die Zahnärzte *der Zahnärzte*

LZ: Diff. 2, Satzstraße 67: Substantivdeklination mit dem best. Artikel Plural – Genitiv – Maskulinum/Femininum/Neutrum

1. Bildet Sätze mit der Satzstraße.

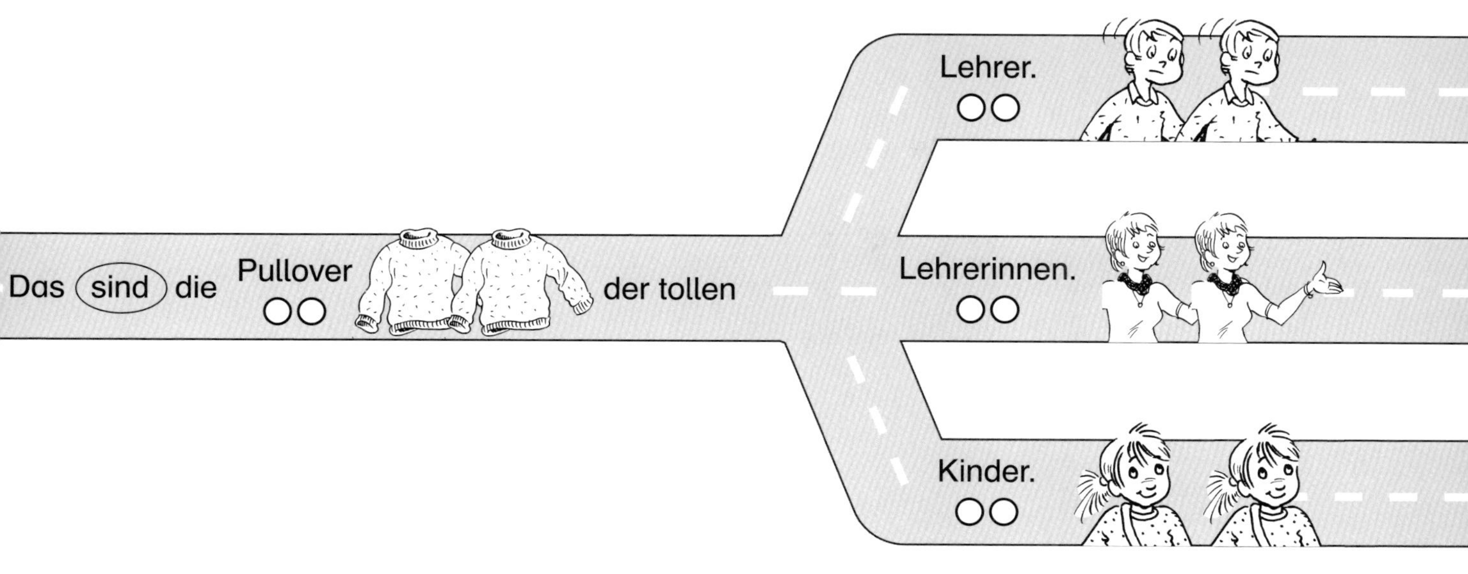

2. Sprecht den Mini-Dialog.

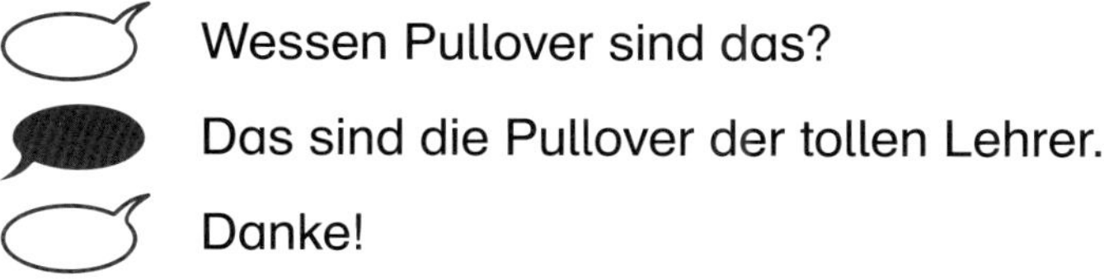

3. Bildet weitere Dialoge.

 der Lehrer die Lehrer *der Lehrer*	 die Lehrerin die Lehrerinnen *der Lehrerinnen*	 das Kind die Kinder *der Kinder*	 das Mädchen die Mädchen *der Mädchen*
 die Schülerin die Schülerinnen *der Schülerinnen*	 der Schüler die Schüler *der Schüler*	 die Zahnärztin die Zahnärztinnen *der Zahnärztinnen*	 der Zahnarzt die Zahnärzte *der Zahnärzte*

LZ: Diff. 2, Satzstraße 68: Substantivdeklination mit dem best. Artikel mit Adjektiv Plural – Genitiv – Maskulinum/Femininum/Neutrum

1. Bildet Sätze mit der Satzstraße.

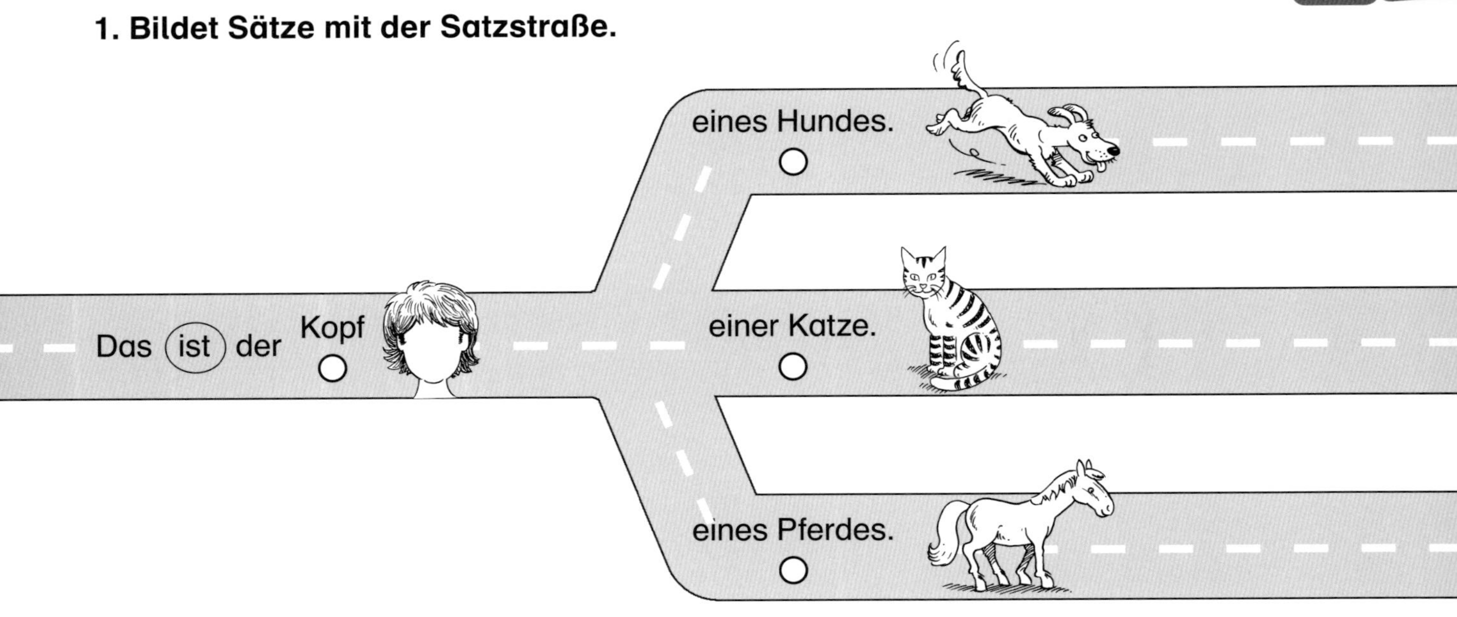

2. Sprecht den Mini-Dialog.

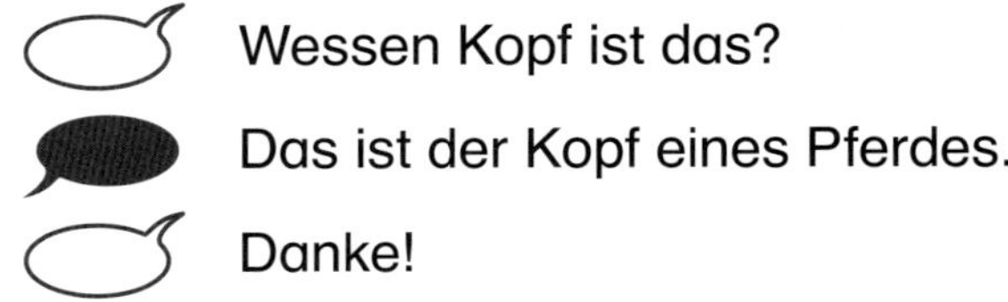

3. Bildet weitere Dialoge.

 der Hund die Hunde *eines Hundes*	 die Katze die Katzen *einer Katze*	 das Pferd die Pferde *eines Pferdes*	 der Igel die Igel *eines Igels*
 das Kind die Kinder *eines Kindes*	 die Kuh die Kühe *einer Kuh*	 das Kaninchen die Kaninchen *eines Kaninchens*	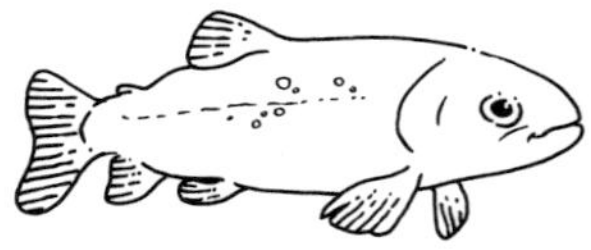 der Fisch die Fische *eines Fisches*

LZ: Diff. 2, Satzstraße 69: Substantivdeklination mit dem unbest. Artikel Singular – Genitiv – Maskulinum/Femininum/Neutrum

1. Bildet Sätze mit der Satzstraße.

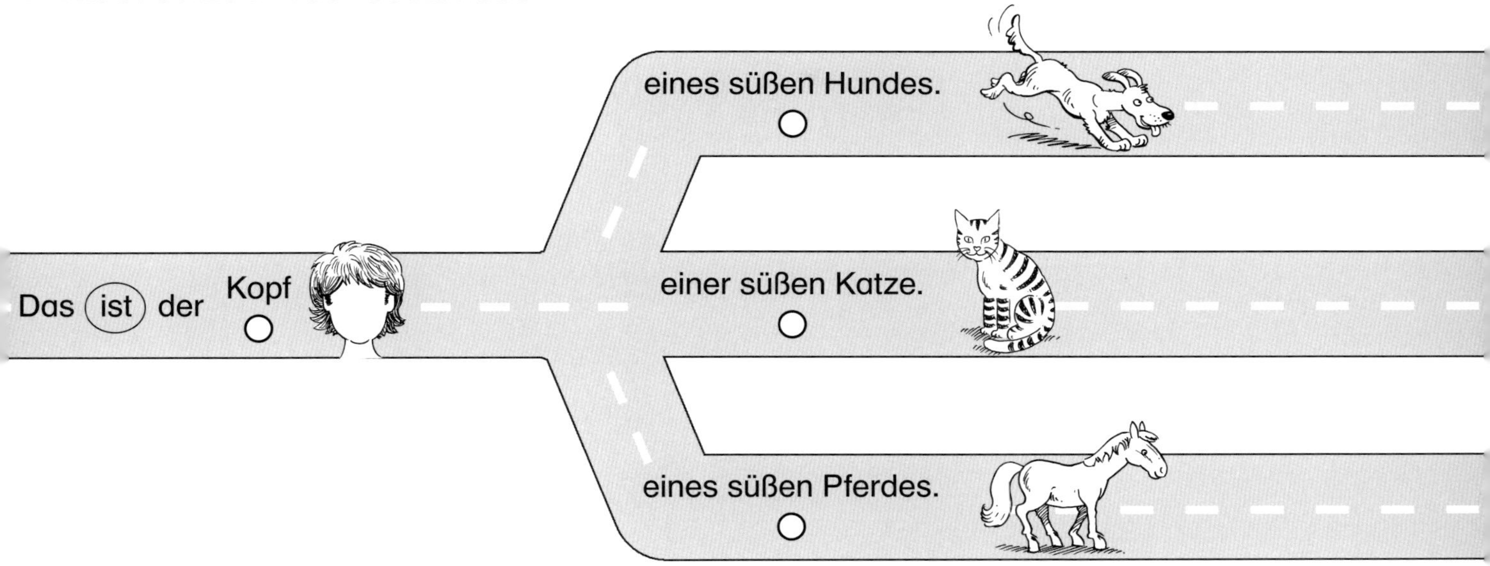

Das (ist) der Kopf ○

- eines süßen Hundes. ○
- einer süßen Katze. ○
- eines süßen Pferdes. ○

2. Sprecht den Mini-Dialog.

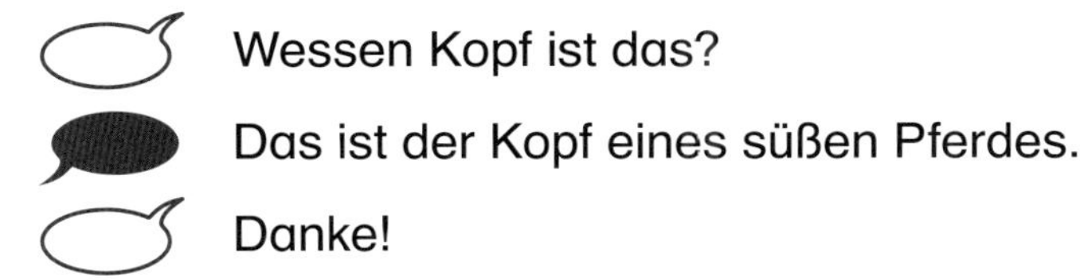

Wessen Kopf ist das?

Das ist der Kopf eines süßen Pferdes.

Danke!

3. Bildet weitere Dialoge.

 ○ der Hund die Hunde *eines Hundes*	 ○ die Katze die Katzen *einer Katze*	 ○ das Pferd die Pferde *eines Pferdes*	 ○ der Igel die Igel *eines Igels*
 ○ das Kind die Kinder *eines Kindes*	 ○ die Kuh die Kühe *einer Kuh*	 ○ das Kaninchen die Kaninchen *eines Kaninchens*	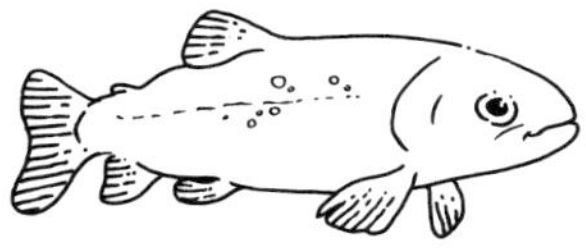 ○ der Fisch die Fische *eines Fisches*

LZ: Diff. 2, Satzstraße 70: Substantivdeklination mit dem unbest. Artikel mit Adjektiv Singular – Genitiv – Maskulinum/Femininum/Neutrum

1. Bildet Sätze mit der Satzstraße.

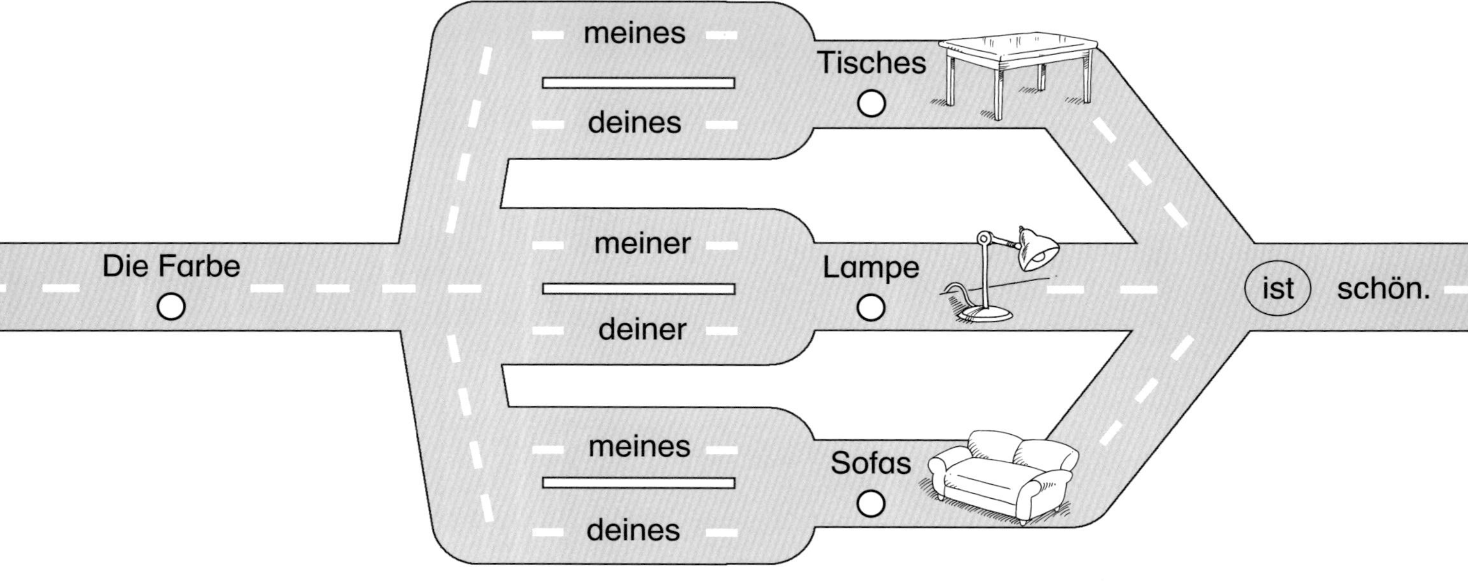

2. Sprecht den Mini-Dialog.

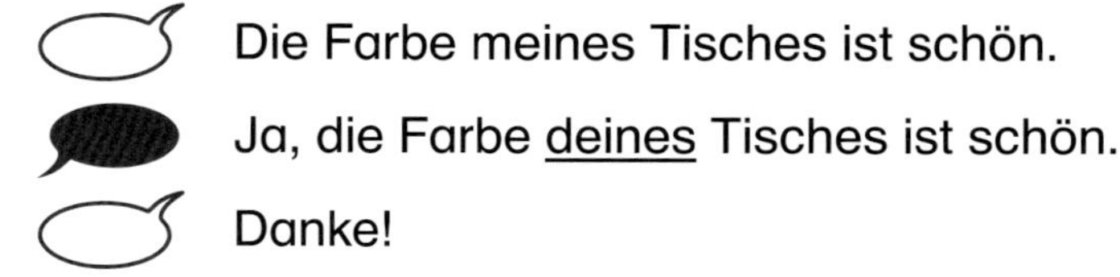

3. Bildet weitere Dialoge.

 der Tisch die Tische *meines Tisches*	 die Lampe die Lampen *deiner Lampe*	 das Sofa die Sofas *deines Sofas*	 der Schrank die Schränke *meines Schrankes*
 das Zimmer die Zimmer *deines Zimmers*	 die Wand die Wände *meiner Wand*	 der Sessel die Sessel *deines Sessels*	 das Regal die Regale *meines Regals*

LZ: Diff. 2, Satzstraße 71: Substantivdeklination mit dem Possessivartikel 1. & 2. Person Singular – Genitiv – Maskulinum/Femininum/Neutrum – Singular

1. Bildet Sätze mit der Satzstraße.

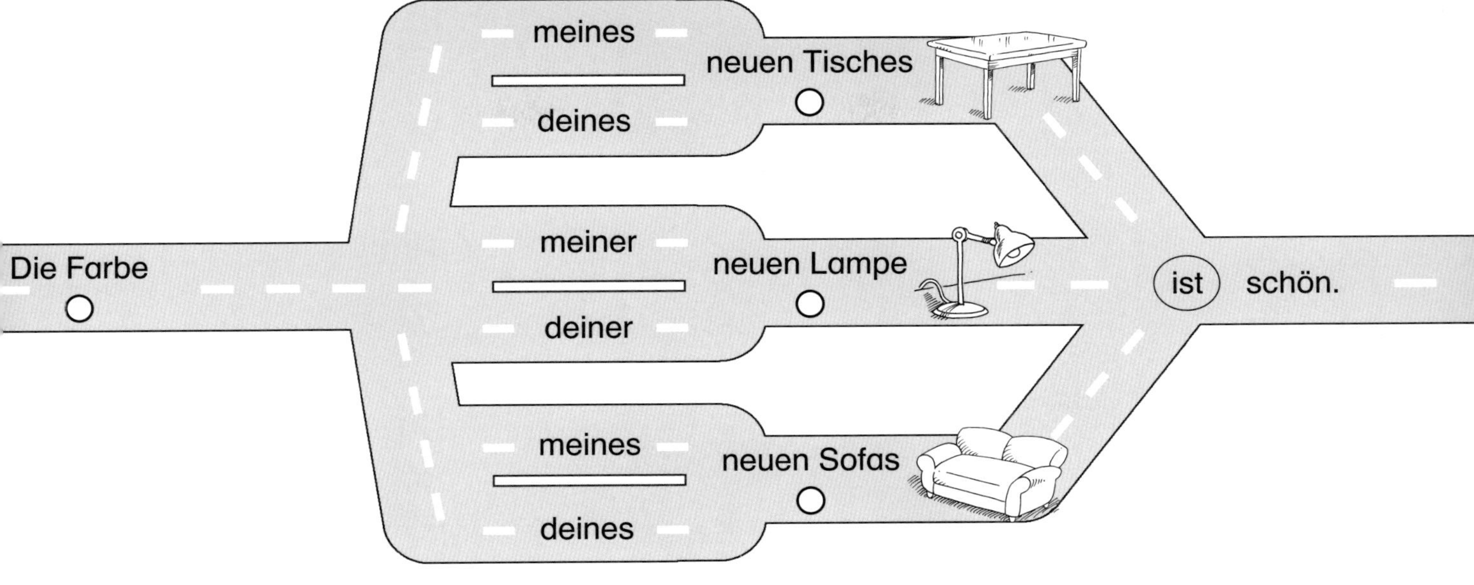

2. Sprecht den Mini-Dialog.

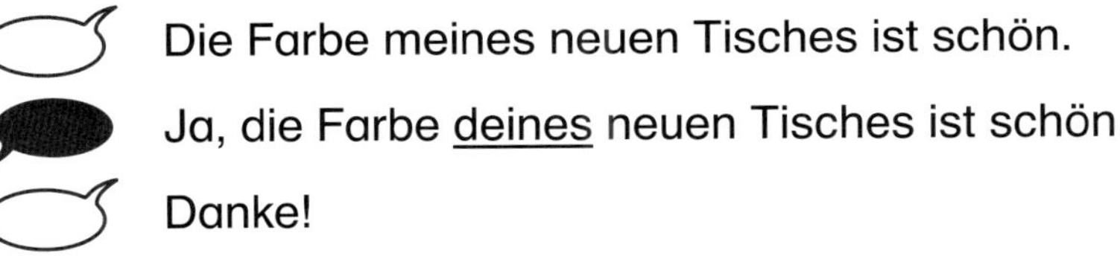

3. Bildet weitere Dialoge.

 der Tisch die Tische *deines Tisches*	 die Lampe die Lampen *meiner Lampe*	 das Sofa die Sofas *deines Sofas*	 der Schrank die Schränke *meines Schrankes*
 das Zimmer die Zimmer *deines Zimmers*	 die Wand die Wände *meiner Wand*	 der Sessel die Sessel *deines Sessels*	 das Regal die Regale *meines Regals*

LZ: Diff. 2, Satzstraße 72: Substantivdeklination mit dem Possessivartikel 1. & 2. Person Singular mit Adjektiv – Genitiv – Maskulinum/Femininum/Neutrum

1. Bildet Sätze mit der Satzstraße.

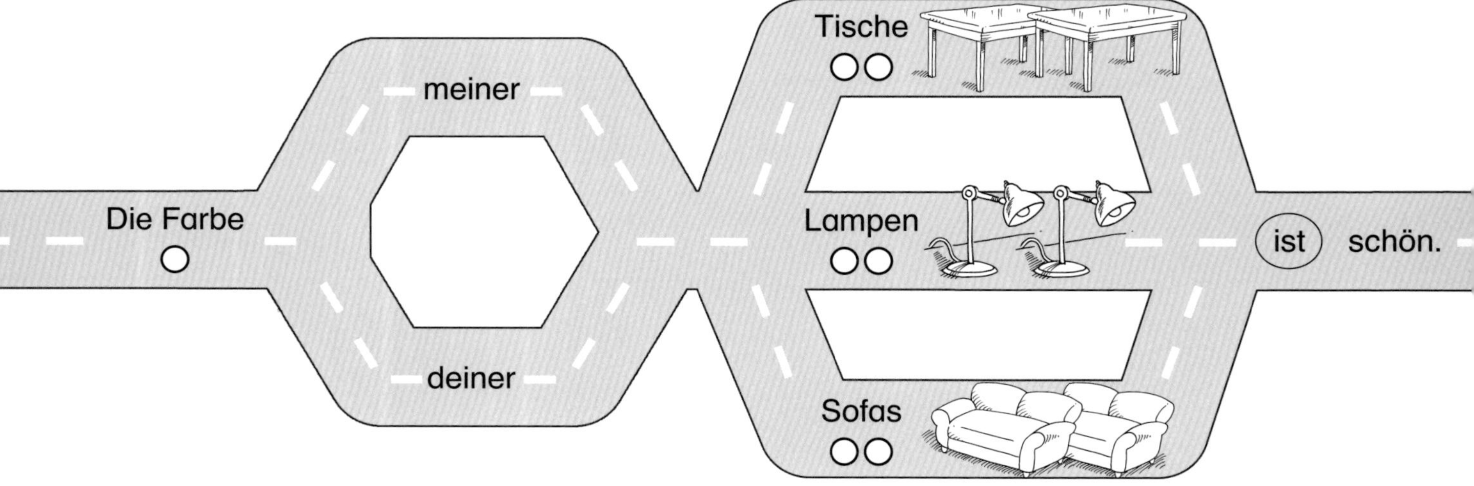

2. Sprecht den Mini-Dialog.

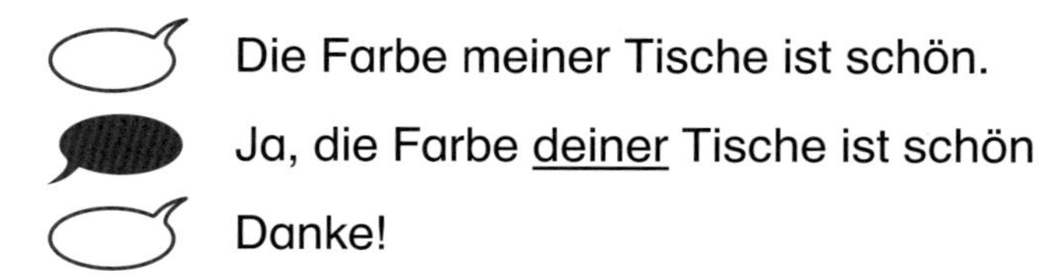

Die Farbe meiner Tische ist schön.

Ja, die Farbe <u>deiner</u> Tische ist schön.

Danke!

3. Bildet weitere Dialoge.

 der Tisch die Tische *meiner Tische*	 die Lampe die Lampen *deiner Lampe*	 das Sofa die Sofas *meiner Sofas*	 der Schrank die Schränke *deiner Schränke*
 das Zimmer die Zimmer *meiner Zimmer*	 die Wand die Wände *deiner Wände*	 der Sessel die Sessel *meiner Sessel*	 das Regal die Regale *deiner Regale*

LZ: Diff. 2, Satzstraße 73: Substantivdeklination mit dem Possessivartikel 1. & 2. Person Singular – Genitiv – Maskulinum/Femininum/Neutrum – Plural

1. Bildet Sätze mit der Satzstraße.

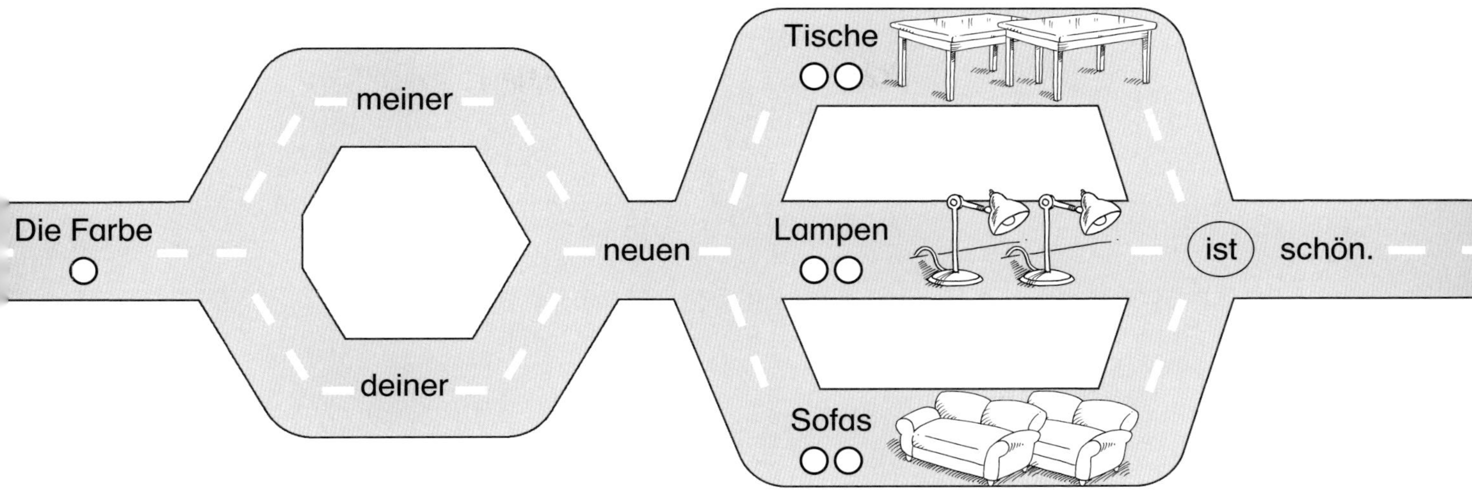

2. Sprecht den Mini-Dialog.

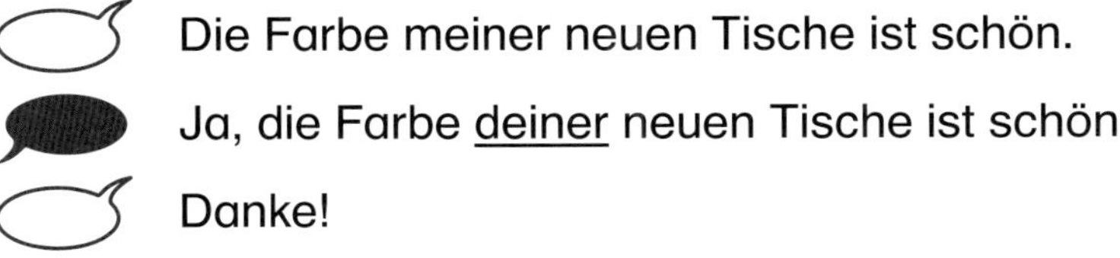

Die Farbe meiner neuen Tische ist schön.

Ja, die Farbe <u>deiner</u> neuen Tische ist schön.

Danke!

3. Bildet weitere Dialoge.

 der Tisch die Tische *meiner Tische*	 die Lampe die Lampen *deiner Lampen*	 das Sofa die Sofas *meiner Sofas*	 der Schrank die Schränke *deiner Schränke*
 das Zimmer die Zimmer *meiner Zimmer*	 die Wand die Wände *deiner Wände*	 der Sessel die Sessel *meiner Sessel*	 das Regal die Regale *deiner Regale*

LZ: Diff. 2, Satzstraße 74: Substantivdeklination mit dem Possessivartikel 1. & 2. Person Singular mit Adjektiv – Genitiv – Maskulinum/Femininum/Neutrum – Plural

1. Bildet Sätze mit der Satzstraße.

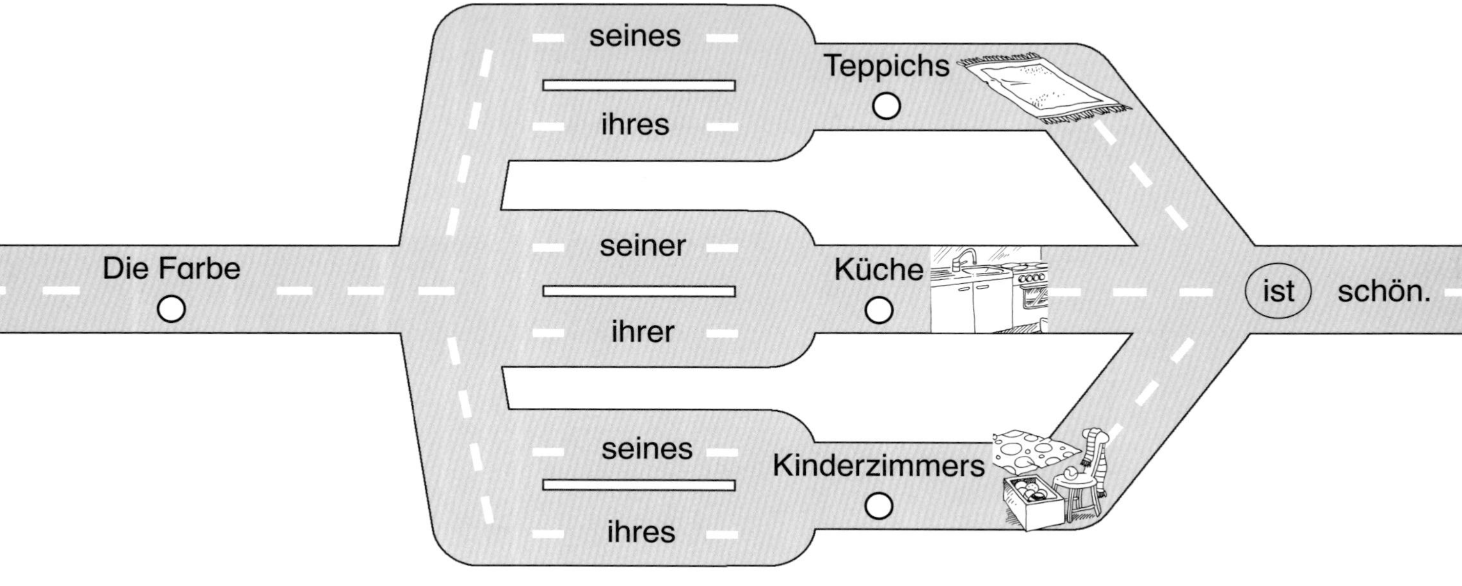

2. Sprecht den Mini-Dialog.

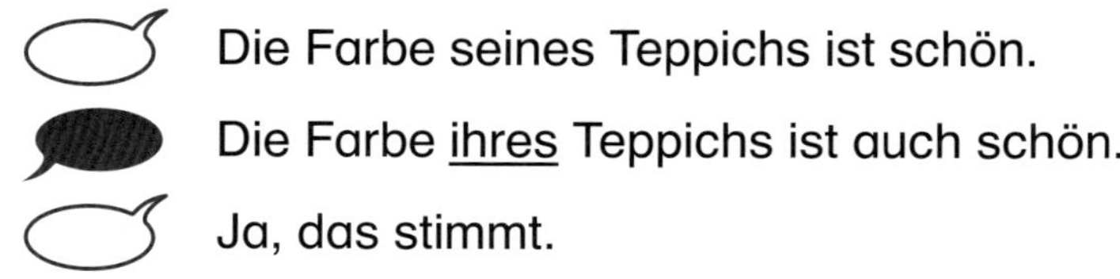

3. Bildet weitere Dialoge.

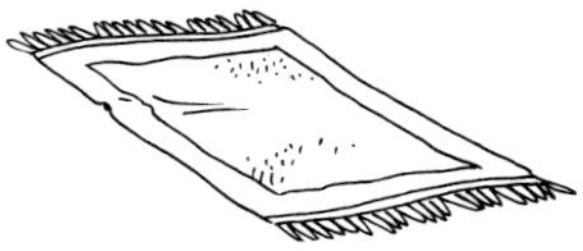 der Teppich die Teppiche *ihres Teppichs*	 die Küche die Küchen *seiner Küche*	 das Kinderzimmer die Kindezimmer *ihres Kinderzimmers*	 der Fernseher die Fernseher *seines Fernsehers*
 das Bett die Betten *ihres Bettes*	 die Tür die Türen *seiner Tür*	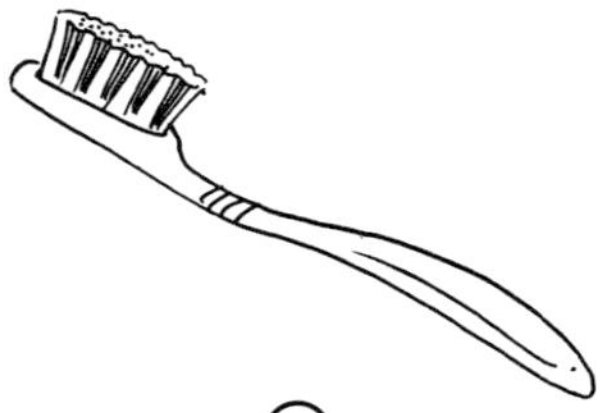 die Zahnbürste die Zahnbürsten *ihrer Zahnbürste*	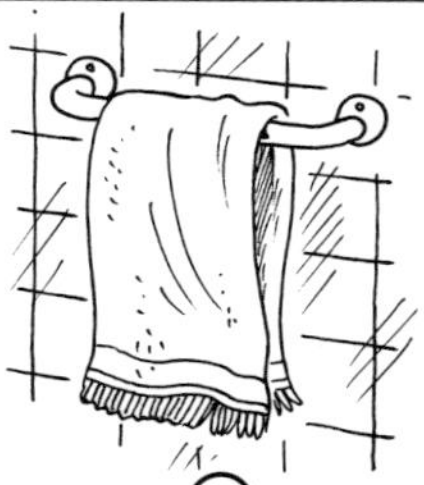 das Handtuch die Handtücher *seines Handtuchs*

LZ: Diff. 2, Satzstraße 75: Substantivdeklination mit dem Possessivartikel 3. Person Singular – Genitiv – Maskulinum/Femininum/Neutrum – Singular

1. Bildet Sätze mit der Satzstraße.

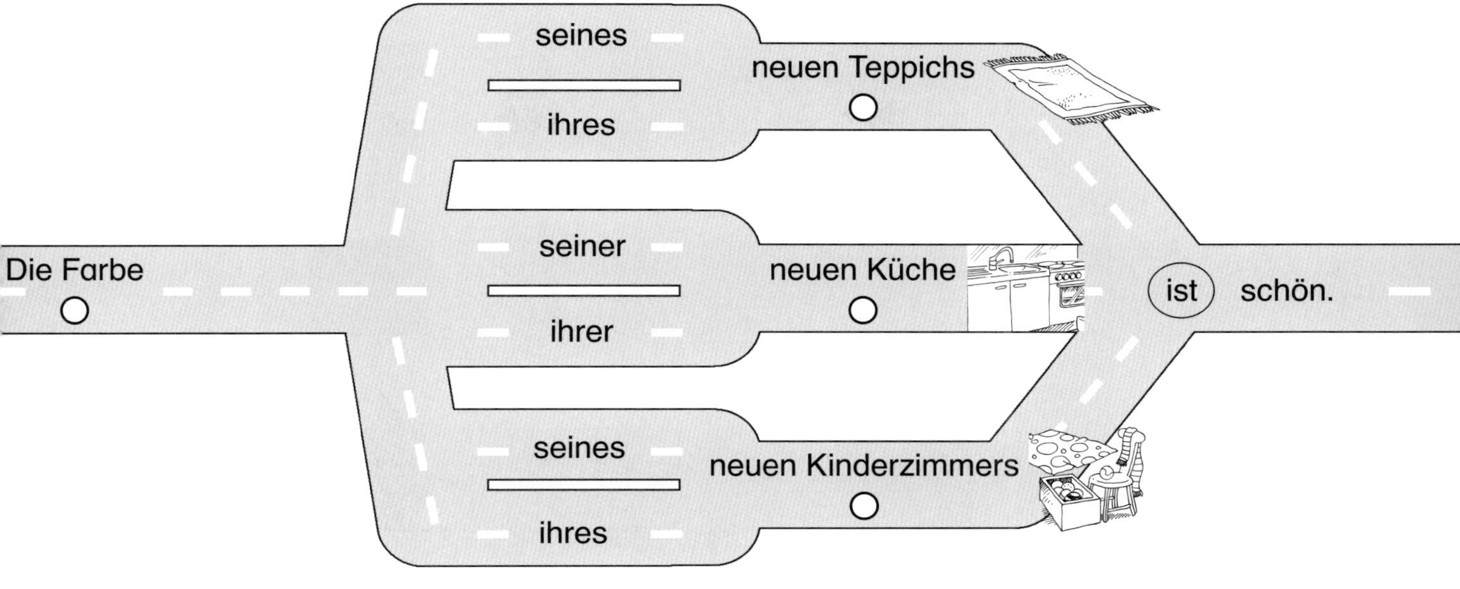

2. Sprecht den Mini-Dialog.

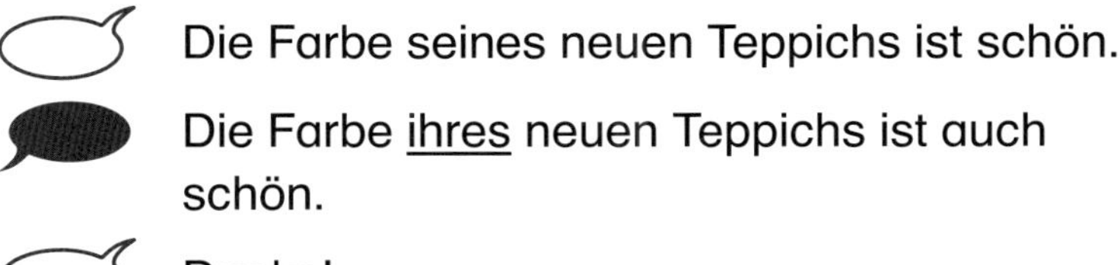

3. Bildet weitere Dialoge.

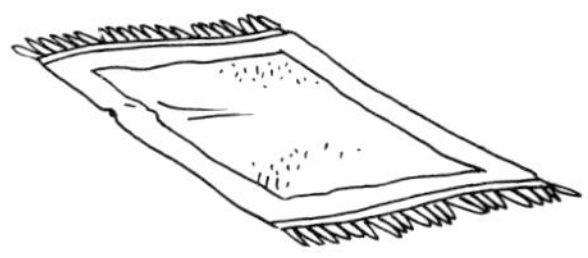 der Teppich die Teppiche *ihres Teppichs*	 die Küche die Küchen *seiner Küche*	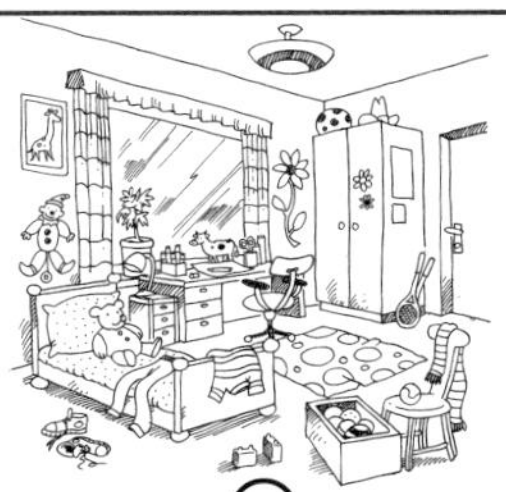 das Kinderzimmer die Kinderzimmer *ihres Kinderzimmers*	 der Fernseher die Fernseher *seines Fernsehers*
 das Bett die Betten *ihres Bettes*	 die Tür die Türen *seiner Tür*	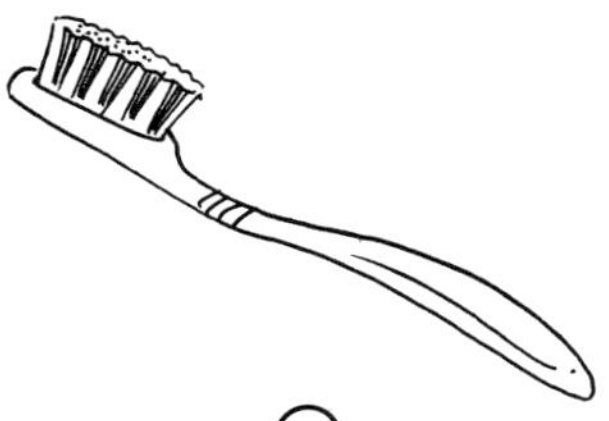 die Zahnbürste die Zahnbürsten *ihrer Zahnbürste*	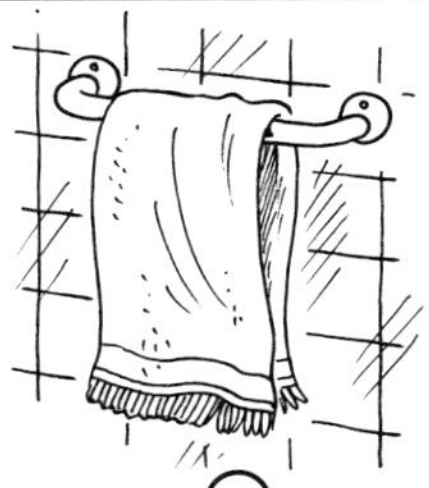 das Handtuch die Handtücher *seines Handtuchs*

LZ: Diff. 2, Satzstraße 76: Substantivdeklination mit dem Possessivartikel 3. Person Singular mit Adjektiv – Genitiv – Maskulinum/Femininum/Neutrum – Singular

1. Bildet Sätze mit der Satzstraße.

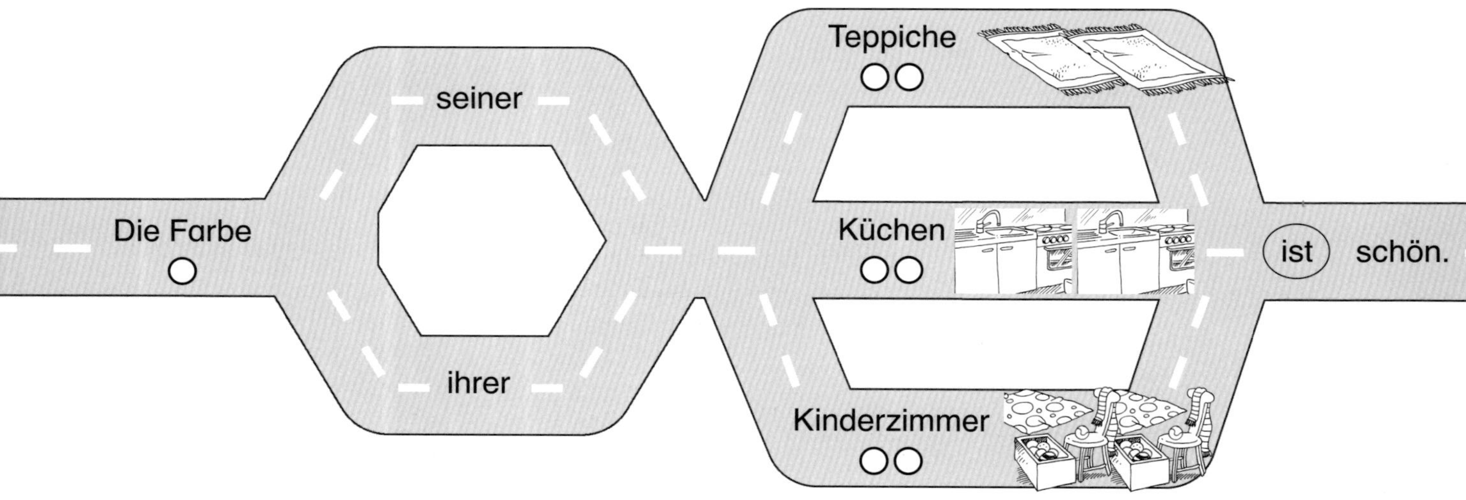

2. Sprecht den Mini-Dialog.

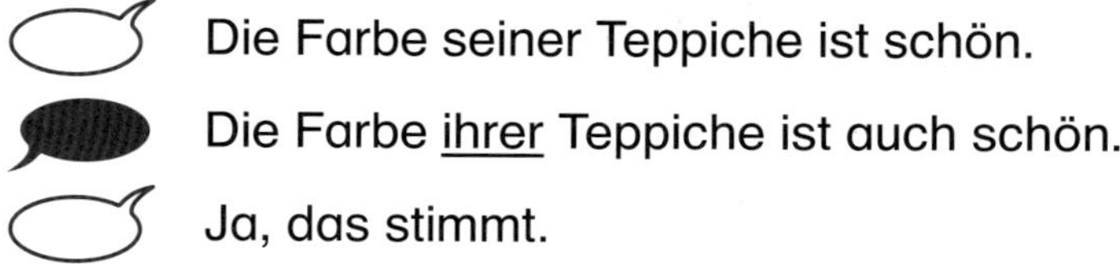

Die Farbe seiner Teppiche ist schön.

Die Farbe ihrer Teppiche ist auch schön.

Ja, das stimmt.

3. Bildet weitere Dialoge.

der Teppich die Teppiche *ihrer Teppiche*	die Küche die Küchen *seiner Küchen*	das Kinderzimmer die Kinderzimmer *ihrer Kinderzimmer*	der Fernseher die Fernseher *seiner Fernseher*
das Bett die Betten *ihrer Betten*	die Tür die Türen *seiner Türen*	die Zahnbürste die Zahnbürsten *ihrer Zahnbürsten*	das Handtuch die Handtücher *seiner Handtücher*

LZ: Diff. 2, Satzstraße 77: Substantivdeklination mit dem Possessivartikel 3. Person Singular – Genitiv – Maskulinum/Femininum/Neutrum – Plural

1. Bildet Sätze mit der Satzstraße.

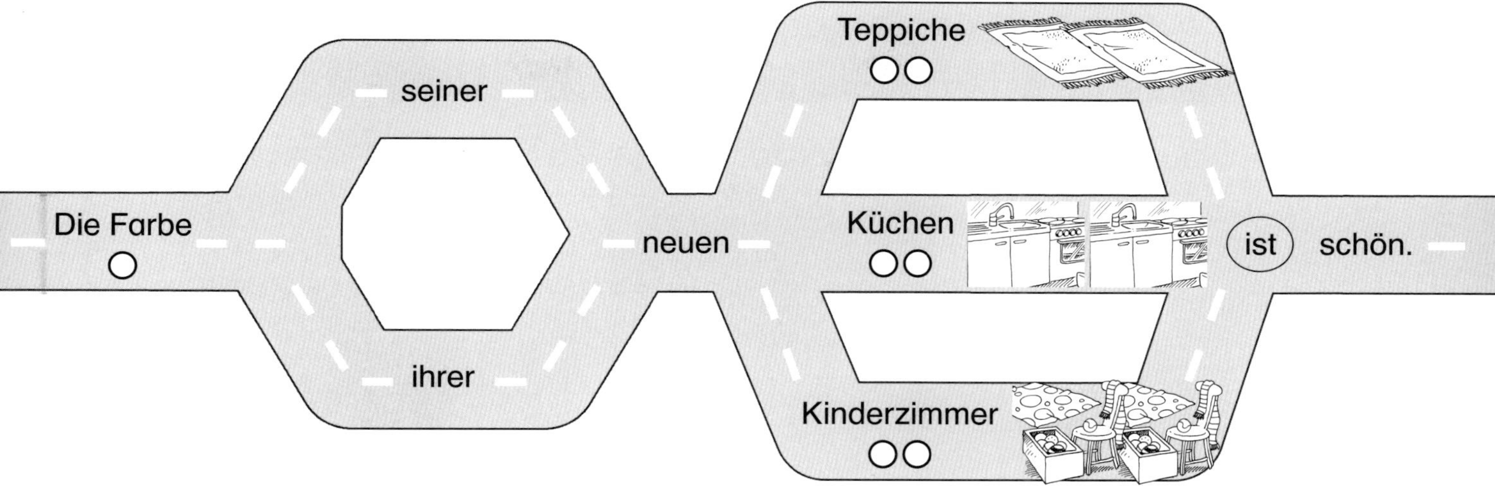

2. Sprecht den Mini-Dialog.

Die Farbe seiner neuen Teppiche ist schön.

Die Farbe <u>ihrer</u> neuen Teppiche ist auch schön.

Ja, das stimmt.

3. Bildet weitere Dialoge.

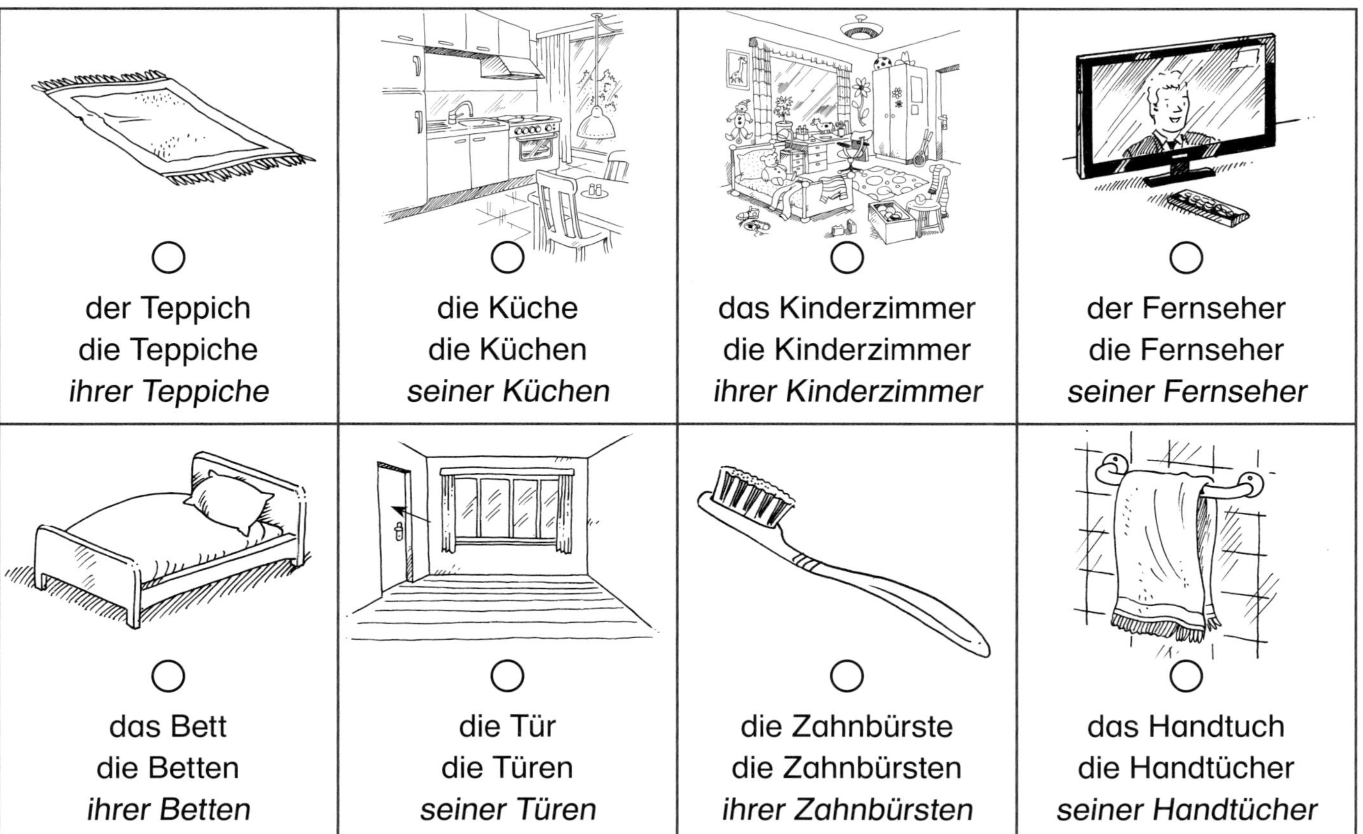

der Teppich die Teppiche *ihrer Teppiche*	die Küche die Küchen *seiner Küchen*	das Kinderzimmer die Kinderzimmer *ihrer Kinderzimmer*	der Fernseher die Fernseher *seiner Fernseher*
das Bett die Betten *ihrer Betten*	die Tür die Türen *seiner Türen*	die Zahnbürste die Zahnbürsten *ihrer Zahnbürsten*	das Handtuch die Handtücher *seiner Handtücher*

LZ: Diff. 2, Satzstraße 78: Substantivdeklination mit dem Possessivartikel 3. Person Singular mit Adjektiv – Genitiv – Maskulinum/Femininum/Neutrum – Plural